Ullstein

Ephraim Kishons

beste Familiengeschichten

Satiren

Ins Deutsche übertragen von
Friedrich Torberg

. . . und die beste Ehefrau von allen

Ein satirisches Geständnis

Ins Deutsche übertragen von
Gerhard Bronner und Friedrich Torberg

Ullstein

ein Ullstein Buch
Nr. 23408
im Verlag Ullstein GmbH,
Frankfurt/M – Berlin

Ungekürzte Ausgabe

Umschlaggestaltung:
Theodor Bayer-Eynck
Illustration:
Silvia Christoph
Alle Rechte vorbehalten
Taschenbuchausgabe mit freundlicher
Genehmigung der F. A. Herbig
Verlagsbuchhandlung GmbH, München
© 1975/1981 Langen Müller in der F. A.
Herbig Verlagsbuchhandlung GmbH,
München
Printed in Germany 1994
Druck und Verarbeitung:
Ebner Ulm
ISBN 3 548 23408 9

Juli 1994
1.–30. Tsd.
Gedruckt auf alterungs-
beständigem Papier mit
chlorfrei gebleichtem Zellstoff

Die Deutsche Bibliothek –
CIP-Einheitsaufnahme

Kishon, Ephraim:
[Beste Familiengeschichten]
Ephraim Kishons beste
Familiengeschichten: Satiren / ins Dt.
übertr. von Friedrich Torberg. ...und die
beste Ehefrau von allen: ein satirisches
Geständnis / ins Dt. übertr. von Gerhard
Bronner und Friedrich Torberg. [Ephraim
Kishon]. – 1.–30. Tsd. – Frankfurt/M;
Berlin: Ullstein, 1994
    (Ullstein-Buch; Nr. 23408)
    ISBN 3-548-23408-9
NE: Kishon, Ephraim: [Sammlung
<dt.>]; GT
Vw: Hoffmann, Ferenc [Wirkl. Name] →
Kishon, Ephraim

Vom selben Autor
in der Reihe
der Ullstein Bücher:

Der seekranke Walfisch (3428)
Der quergestreifte Kaugummi (20013)
Es war die Lerche (20033)
Mein Freund Jossele (20053)
Kishon für Kenner (20065)
Wenn das Auto Schnupfen hat (20137)
Schokolade auf Reisen (20158)
Kishons beste Reisegeschichten (20333)
Kein Öl, Moses? (20569)
Pardon, wir haben gewonnen (20693)
Abraham kann nichts dafür (20723)
Beinahe die Wahrheit (20766)
Picasso war kein Scharlatan (20898)
Im neuen Jahr wird alles anders (20981)
Kein Applaus für Podmanitzki (20982)
Kishon für Manager (22276)
Hausapotheke für Gesunde (22350)
Drehn Sie sich um, Frau Lot! (22427)
Total verkabelt (22439)
Kishons beste Autofahrergeschichten
(22451)
. . . und die beste Ehefrau von allen
(22601)
Das große Kishon-Karussell (22752)
Undank ist der Welten Lohn (22810)
Wie unfair, David (22837)
Arche Noah, Touristenklasse (22968)
Das Kamel im Nadelöhr (22996)
Der Fuchs im Hühnerstall (23158)
Auch die Waschmaschine ist nur ein
Mensch/Kishons beste
Autofahrergeschichten (23271)
Kishons beste Familiengeschichten
(23422)
Der Hund, der Knöpfe fraß (40012)
In Sachen Kain und Abel (40124)
Paradies neu zu vermieten (40150)

Ein Vater wird geboren

Gegen Morgen setzte sich meine Frau, bekanntlich die beste Ehefrau von allen, im Bett auf, starrte eine Weile in die Luft, packte mich an der Schulter und sagte:

»Es geht los. Hol ein Taxi.«

Ruhig, ohne Hast, kleideten wir uns an. Dann und wann raunte ich ihr ein paar beruhigende Worte zu, aber das war eigentlich überflüssig. Wir beide sind hochentwickelte Persönlichkeiten von scharf ausgeprägter Intelligenz, und uns beiden ist klar, daß es sich bei der Geburt eines Kindes um einen ganz normalen biologischen Vorgang handelt, der sich seit Urzeiten immer wieder milliardenfach wiederholt und schon deshalb keinen Anspruch hat, als etwas Besonderes gewertet zu werden.

Während wir uns gemächlich zum Aufbruch anschickten, fielen mir allerlei alte Witze oder Witz-Zeichnungen ein, die sich über den Typ des werdenden Vaters auf billigste Weise lustig machen und ihn als kettenrauchendes, vor Nervosität halb wahnsinniges Wrack im Wartezimmer der Gebärklinik darzustellen lieben. Nun ja. Wir wollen diesen Scherzbolden das Vergnügen lassen. Im wirklichen Leben geht es anders zu.

»Möchtest du nicht ein paar Illustrierte mitnehmen, Liebling?« fragte ich. »Du sollst dich nicht langweilen.«

Wir legten die Zeitschriften zuoberst in den kleinen Koffer, in dem sich auch etwas Schokolade und, natürlich, die Strickarbeit befand. Das Taxi fuhr vor. Nach bequemer Fahrt erreichten wir die Klinik. Der Portier notierte die Daten meiner Frau und führte sie zum Aufzug. Als ich ihr folgen wollte, zog er die Gittertüre dicht vor meinem Gesicht zu.

»Sie bleiben hier, Herr. Oben stören Sie nur.«

Gewiß, er hätte sich etwas höflicher ausdrücken können. Trotzdem muß ich zugeben, daß er nicht ganz unrecht hatte. Wenn die Dinge einmal so weit sind, kann der Vater sich nicht mehr nützlich machen, das ist offenkundig. In diesem Sinne äußerte sich auch meine Frau:

»Geh ruhig nach Haus«, sagte sie, »und mach deine Arbeit wie immer. Wenn du Lust hast, geh am Nachmittag ins Kino. Warum auch nicht.«

Wir tauschten einen Händedruck, und ich entfernte mich federnden Schrittes. Mancher Leser wird mich jetzt für kühl oder teilnahmslos halten, aber das ist nun einmal meine Wesensart: nüchtern, ruhig, vernünftig – kurzum: ein Mann.

Ich sah mich noch einmal in der Halle der Klinik um. Auf einer niedrigen Bank in der Nähe der Portiersloge saßen dicht gedrängt ein paar bleiche Gesellen, kettenrauchend, lippennagend, schwitzend. Lächerliche Erscheinungen, diese »werdenden Väter«. Als ob ihre Anwesenheit irgendeinen Einfluß auf den vorgezeichneten Gang der Ereignisse hätte!

Manchmal geschah es, daß eine vor Aufregung zitternde Gestalt von draußen auf die Portiersloge zustürzte und atemlos hervorstieß:

»Schon da?«

Dann ließ der Portier seinen schläfrigen Blick über die vor ihm liegenden Namenslisten wandern, stocherte in seinen Zähnen, gähnte und sagte gleichgültig:

»Mädchen.«

»Gewicht?«

»Zweifünfundneunzig.«

Daraufhin sprang der neugebackene Vater auf meinen Schoß und wisperte mir mit heißer, irrsinniger Stimme immer wieder »zweifünfundneunzig, zweifünfundneunzig« ins Ohr, der lächerliche Tropf. Wen interessiert schon das Lebendgewicht seines Wechselbalgs? Kann meinetwegen auch zehn Kilo wiegen. Wie komisch wirkt doch ein erwachsener Mann, der die Kontrolle über sich verloren hat. Nein, nicht komisch. Mitleiderregend.

Ich beschloß, nach Hause zurückzukehren und mich meiner Arbeit zu widmen. Auch waren mir bereits die Zigaretten ausgegangen. Dann fiel mir ein, daß ich vielleicht doch besser noch ein paar Worte mit dem Arzt sprechen sollte. Vielleicht brauchte er irgend etwas. Eine Aufklärung, einen kleinen Ratschlag. Natürlich war das nur eine Formalität, aber auch Formalitäten wollen erledigt sein.

Ich durchquerte den Vorraum und versuchte den Aufgang zur Klinik zu passieren. Der Portier hielt mich zurück. Auch als ich ihn informierte, daß mein Fall ein besonderer Fall sei, zeigte er sich in keiner Weise beeindruckt. Zum Glück kam in diesem Augenblick der Arzt die Stiegen herunter. Ich stellte mich vor und fragte ihn, ob ich ihm irgendwie behilflich sein könnte.

»Kommen Sie um fünf Uhr nachmittag wieder«, lautete seine Antwort. »Bis dahin würden Sie hier nur Ihre Zeit vergeuden.«

Nach diesem kurzen, aber aufschlußreichen Gedankenaustausch machte ich mich beruhigt auf den Heimweg. Ich setzte mich an den Schreibtisch, merkte aber bald, daß es heute mit der Arbeit nicht so recht klappen würde. Das war mir nie zuvor geschehen, und ich begann intensive Nachforschungen anzustellen, woran das denn wohl läge. Zuwenig Schlaf? Das Wetter? Oder störte mich die Abwesenheit meiner Frau? Ich wollte diese Möglichkeit nicht restlos ausschließen. Auch wäre die kühle Distanz, aus der ich die Ereignisse des Lebens sonst zu betrachten pflege, diesmal nicht ganz am Platze gewesen. Das Ereignis, das mir jetzt bevorstand, begibt sich ja schließlich nicht jeden Tag, auch wenn der Junge vermutlich ein Kind wie alle anderen sein wird, gesund, lebhaft, aber nichts Außergewöhnliches. Er wird seine Studien erfolgreich hinter sich bringen und dann die Diplomatenlaufbahn ergreifen. Schon aus diesem Grund sollte er einen Namen bekommen, der einerseits hebräisch ist und andererseits auch Nichtjuden leicht von der Zunge geht. Etwa Rafael. Nach dem großen niederländischen Maler. Am Ende wird der Schlingel noch Außenminister, und dann können sie in den Vereinten Nationen nicht einmal seinen Namen aussprechen. Man muß immer an die höheren Staatsinteressen denken. Übrigens soll er nicht allzu früh heiraten. Er soll Sport betreiben und an den Olympischen Spielen teilnehmen, wobei es mir vollkommen gleichgültig ist, ob er das Hürdenlaufen gewinnt oder das Diskuswerfen. In dieser Hinsicht bin ich kein Pedant. Und natürlich muß er alle Weltsprachen beherrschen. Und in der Aerodynamik Bescheid wissen. Wenn er sich allerdings mehr für Kernphysik interessiert, dann soll er eben Kernphysik studieren.

Und wenn es ein Mädchen wird?

Eigentlich könnte ich jetzt in der Klinik anrufen.

Gelassen, mit ruhiger Hand, hob ich den Hörer ab und wählte.

»Nichts Neues«, sagte der Portier. »Wer spricht?«

Ein sonderbar heiserer Unterton in seiner Stimme ließ mich aufhorchen. Ich hatte den Eindruck, als ob er mir etwas verheimlichen wollte. Aber die Verbindung war bereits unterbrochen.

Ein wenig nervös durchblätterte ich die Zeitung.

»Geburt einer doppelköpfigen Ziege in Peru.«

Was diese Idioten erfinden, um ihr erbärmliches Blättchen zu füllen! Man müßte alle Journalisten vertilgen.

Im Augenblick habe ich freilich Dringenderes zu tun. Zum Beispiel darf ich meinen Kontakt mit dem Arzt nicht gänzlich einschlafen lassen.

Ich sprang in ein Taxi, fuhr zur Klinik und hatte das Glück, unauffälligen Anschluß an eine größere Gesellschaft zu finden, die sich gerade zu einer Beschneidungsfeier versammelte.

»Schon wieder Sie?« bellte der Doktor, als ich ihn endlich gefunden hatte. »Was machen Sie hier?«

»Ich bin zufällig vorbeigekommen und dachte, daß ich mich vielleicht erkundigen könnte, ob es etwas Neues gibt. Gibt es etwas Neues?«

»Ich sagte Ihnen doch, daß Sie erst um fünf Uhr kommen sollen! Oder noch besser: Kommen Sie gar nicht. Wir verständigen Sie telefonisch.«

»Ganz wie Sie wünschen, Herr Doktor. Ich dachte nur . . .«

Er hatte recht. Dieses ewige Hin und Her war vollkommen sinnlos und eines normalen Menschen unwürdig. Ich wollte mich nicht auf die gleiche Stufe stellen mit diesen kläglichen Gestalten, die sich immer noch bleich und zitternd auf der Bank vor der Portiersloge herumdrückten.

Aus purer Neugier nahm ich unter ihnen Platz, um ihr Verhalten vom Blickpunkt des Psychologen aus zu analysieren. Mein Sitznachbar erzählte mir unaufgefordert, daß er der Geburt seines dritten Kindes entgegensähe. Zwei hatte er schon, einen Knaben (3,15 kg) und ein Mädchen (2,7 kg). Andere Bankbenützer ließen Fotografien herumgehen. Aus Verlegenheit, und wohl auch um den völlig haltlosen Schwächlingen einen kleinen Streich zu spielen, zog ich ein Röntgenbild meiner Frau aus dem achten Monat hervor.

»Süß«, ließen sich einige Stimmen vernehmen. »Wirklich herzig.«

Während ich ein neues Päckchen Zigaretten kaufte, beschlich mich das dumpfe Gefühl, etwas Wichtiges vergessen zu haben. Ich fragte den Portier, ob es etwas Neues gäbe. Der ungezogene Lümmel machte sich nicht einmal die Mühe einer artikulierten Auskunft. Er schüttelte nur den Kopf. Eigentlich schüttelte er ihn nicht einmal, sondern drehte ihn gelangweilt in eine andere Richtung.

Nach zwei Stunden begab ich mich in das Blumengeschäft auf der gegenüberliegenden Straßenseite, rief von dort aus den Arzt an und erfuhr von einer weiblichen Stimme, daß ich erst am Morgen wieder anrufen sollte. Es war, wie sich auf Befragen erwies, die Telefonistin. So springt man hierzulande mit angesehenen Bürgern um, die das Verbrechen begangen haben, sich um die nächste Generation zu sorgen.

Dann also ins Kino. Der Film handelte von einem jungen Mann, der seinen Vater haßt. Was geht mich dieser Bockmist aus Hollywood an. Außerdem wird es ein Mädchen. Im Unterbewußtsein hatte ich mich längst darauf eingestellt. Ich könnte sogar sagen, daß ich es schon längst gewußt habe. Ich hätte nichts dagegen einzuwenden, daß sie Archäologin wird, wenn sie nur keinen Piloten heiratet. Nichts da. Unter keinen Umständen akzeptiere ich einen Piloten als Schwiegersohn. Um Himmels willen – über kurz oder lang bin ich Großpapa. Wie die Zeit vergeht. Aber warum ist es hier so dunkel? Wo bin ich? Ach ja, im Kino. Zu dumm.

Ich taste mich hinaus. Die kühle Luft erfrischte mich ein wenig. Nicht sehr, nur ein wenig. Und was jetzt?

Vielleicht sollte ich in der Klinik nachfragen.

Ich erstand zwei große Sträuße billiger Blumen, weil man als Botenjunge eines Blumengeschäftes in jede Klinik Zutritt hat, warf dem Portier ein tonlos geschäftiges »Zimmer 24« hin und bewerkstelligte unter dem Schutz der Dunkelheit meinen Eintritt.

Um den Mund des Arztes wurden leichte Anzeichen von Schaumbildung merkbar.

»Was wollen Sie mit den Blumen, Herr? Stellen Sie sie aufs Eis, Herr! Und wenn Sie nicht verschwinden, lasse ich Sie hinauswerfen!«

Ich versuchte ihm zu erklären, daß es sich bei den Blumen lediglich um eine List gehandelt hätte, die mir den Eintritt in die Klinik ermöglichen sollte.

Natürlich, so fügte ich hinzu, wüßte ich ganz genau, daß noch nichts los sei, aber ich dachte, daß vielleicht doch etwas los sein könnte.

Der Doktor sagte etwas offenbar Unfreundliches auf russisch und ließ mich stehen.

Auf der Straße draußen fiel mir plötzlich ein, was ich vorhin vergessen hatte: Ich hatte seit vierundzwanzig Stunden keine Nahrung zu mir genommen. Rasch nach Hause zu einem kleinen Imbiß. Aber aus irgendwelchen Gründen blieb mir das Essen in der Kehle stecken, und ich mußte mit einigen Gläsern Brandy nachhelfen. Dann schlüpfte ich in meinen Pyjama und legte mich ins Bett.

Wenn ich nur wüßte, warum sich die Geburt dieses Kindes so lange verzögert.

Wenn ich es wüßte? Ich weiß es. Es werden Zwillinge. Das ist so gut wie sicher. Zwillinge. Auch recht. Da bekommt man alles, was sie brauchen, zu Engrospreisen. Ich werde ihnen eine praktische Erziehung angedeihen lassen. Sie sollen in die Textilbranche gehen und niemals Mangel leiden. Nur dieses entsetzliche Summen in meinem Hinterkopf müßte endlich aufhören. Und das Zimmer dürfte sich nicht länger drehen. Ein finsteres Zimmer, das sich trotzdem dreht, ist etwas sehr Unangenehmes.

Der Portier gibt vor, noch nichts zu wissen. Möge er eines qualvollen Todes sterben, der Schwerverbrecher. Sofort nach der Geburt meiner Tochter rechne ich mit ihm ab. Er wird sich wundern.

Rätselhafterweise sind mir schon wieder die Zigaretten ausgegangen. Wo bekommt man so spät in der Nacht noch Zigaretten? Wahrscheinlich nur in der Klinik.

Ich sauste zur Autobus-Haltestelle, wurde aber von einem Hausbewohner eingeholt, der mich aufmerksam machte, daß ich keine Hosen anhatte.

»Wie überaus dumm und kindisch von mir!« lachte ich, sauste zurück, um mir die Hosen anzuziehen, und konnte trotzdem nicht aufhören, immer weiter zu lachen. Erst in der Nähe der Klinik erinnerte ich mich an Gott. Im allgemeinen bete ich nicht, aber jetzt kam es mir wie selbstverständlich von den Lippen:

»Herr im Himmel, bitte hilf mir nur dieses eine Mal, laß das Mädchen einen Buben sein und wenn möglich einen normalen, nicht um meinetwillen, sondern aus nationalen Gründen, wir brauchen junge, gesunde Pioniere . . .«

Nächtliche Passanten gaben mir zu bedenken, daß ich mir eine Erkältung zuziehen würde, wenn ich so lange auf dem nassen Straßenpflaster kniete.

Der Portier machte bei meinem Anblick schon von weitem die arrogante Gebärde des halben Kopfschüttelns.

Mit gewaltigem Anlauf warf ich mich gegen das Gittertor, das krachend aufsprang, rollte auf die Milchglastüre zu, kam hoch, hörte das Monstrum hinter mir brüllen . . . brüll du nur, du Schandfleck des Jahrhunderts . . . wer mich jetzt aufzuhalten versucht, ist selbst an seinem Untergang schuld . . .

»Doktor! Doktor!« Meine Stimme hallte schaurig durch die nachtdunklen Korridore. Und da kam auch schon der Arzt herangerast.

»Wenn ich Sie noch einmal hier sehe, lasse ich Sie von der Feuerwehr retten! Sie sollten sich schämen! Nehmen Sie ein Beruhigungsmittel, wenn Sie hysterisch sind!«

Hysterisch? Ich hysterisch? Der Kerl soll seinem guten Stern danken, daß ich mein Taschenmesser kurz nach der Bar-Mizwah verloren habe, sonst würde ich ihm jetzt die Kehle aufschlitzen. Und so etwas nennt sich Arzt. Ein Wegelagerer in weißem Kittel. Ein getarnter Mörder, nichts anderes. Ich werde an die Regierung einen Brief schreiben, den sie sich hinter den Spiegel stecken wird. Und von dieser Bank bei der Portiersloge weiche ich keinen Zoll, ehe man mir nicht mein Kind ausliefert. Hat jemand von den Herren vielleicht eine Zigarette? Beim Portier kann ich keine mehr kaufen, er verfällt in nervöse Zuckungen, wenn er mich nur sieht. Na wenn schon. Natürlich bin ich aufgeregt. Wer wäre das in meiner Lage nicht. Schließlich ist heute der Geburtstag meines Sohnes. Auch wenn die Halle sich noch so rasend dreht und das Summen in meinem Hinterkopf nicht und nicht aufhören will . . .

Es geht auf Mitternacht, und noch immer nichts. Wie glücklich ist doch meine Frau, daß ihr diese Aufregung erspart bleibt. Guter Gott – und jetzt haben sie womöglich entdeckt, daß sie gar nicht schwanger ist, sondern nur einen aufgeblähten Magen hat vom vielen Popcorn. Diese Schwindler. Nein, Rafael wird nicht die Diplomatenlaufbahn ergreifen. Das Mädel soll Kindergärtnerin werden. Oder ich schicke die beiden in einen Kibbuz. Mein Sohn wird für meine Sünden büßen, ich sehe es kommen. Ich würde ja selbst in einen Kibbuz gehen, um das zu verhindern, aber ich habe keine Zigaretten mehr. Bitte um eine Zigarette, meine Herren, eine letzte Zigarette.

Es ist vorüber. Etwas Fürchterliches ist geschehen. Ich spüre es. Mein Instinkt hat mich noch nie betrogen. Das Ende ist da . . .

Auf allen vieren schleppte ich mich zur Portiersloge. Ich brachte kein Wort hervor. Ich sah meinen Feind aus flehentlich aufgerissenen Augen an.

»Ja«, sagte er. »Ein Junge.«

»Was?« sagte ich. »Wo?«

»Ein Junge«, sagte er. »Dreieinhalb Kilo.«

»Wieso«, sagte ich. »Wozu.«

»Hören Sie«, sagte er. »Heißen Sie Ephraim Kishon?«

»Einen Augenblick«, sagte ich. »Ich weiß es nicht genau.«

Ich zog meinen Personalausweis heraus und sah nach. Tatsächlich: Es sprach alles dafür, daß ich Ephraim Kishon hieß.

»Bitte?« sagte ich. »Was kann ich für Sie tun, gnädige Frau?«

»Sie haben einen Sohn!« röhrte der Portier. »Dreieinhalb Kilo! Einen Sohn! Verstehen Sie? Einen Sohn von dreieinhalb Kilo . . .«

Ich schlang meine Arme um ihn und versuchte sein überirdisch schönes Antlitz zu küssen. Der Kampf dauerte eine Weile und endete unentschieden. Dann entrang sich meiner Kehle ein fistelndes Stöhnen. Ich stürzte hinaus.

Natürlich kein Mensch auf der Straße. Gerade jetzt, wo man jemanden brauchen würde, ist niemand da.

Wer hätte gedacht, daß ein Mann meines Alters noch Purzelbäume schlagen kann.

Ein Polizist erschien und warnte mich vor einer Fortsetzung der nächtlichen Ruhestörung. Rasch umarmte ich ihn und küßte ihn auf beide Backen.

»Dreieinhalb Kilo«, brüllte ich ihm ins Ohr. »Dreieinhalb Kilo!«

»Maseltow!« rief der Polizist. »Gratuliere!«

Und er zeigte mir ein Foto seiner kleinen Tochter.

Ein junges Reis vom alten Stamm

Jede Premiere ist mit Lampenfieber und Aufregungen aller Art verbunden, aber die erste Vorstellung eines Neugeborenen vor der Verwandtschaft, sozusagen seine Uraufführung, stellt alles in den Schatten.

Da die beste Ehefrau von allen darauf bestanden hatte, unsern Sohn Rafi mitten in der Nacht zur Welt zu bringen, konnte ich die elterliche Inspektion erst am folgenden Tag vornehmen. Der Arzt ersuchte mich, unbedingt allein zu kommen – ein sehr vernünftiger Wunsch, dem ich willig Folge leistete. Ich nahm lediglich meine Mutter mit, einfach deshalb, weil sie meine Mutter ist, und außerdem, um Familienzwistigkeiten zu vermeiden, Rafis Großeltern mütterlicherseits. Natürlich mußte man unter den gegebenen Umständen auch Tante Ilka und Onkel Jakob berücksichtigen, aber sonst nur noch die Zieglers, die für den neuen Erdenbürger ein süßes kleines Geschenk vorbereitet hatten, bestehend aus gestrickten Miniaturschuhen in Weiß, einer ebensolchen Kopfbedeckung und einem Paar bezaubernder himmelblauer Höschen.

Übrigens stellten sich auch Tante Ilka und Onkel Jakob mit dem gleichen Geschenk ein, ebenso meine Mutter und eine Anzahl von

Freunden und Bekannten. Und der Milchmann. Schade, daß unser Kind mit der Zeit wachsen wird. Es wäre sonst bis ans Lebensende mit Kleidung versorgt gewesen. (Eines ist sicher: Wer mich in Hinkunft zu einer Beschneidungsfeier einlädt, bekommt von mir ein süßes kleines Geschenk.)

Nun verhielt es sich keineswegs so, als hätte ich über dem Neugeborenen etwa seine Mutter vergessen, o nein. Nur zu gut entsann ich mich des feierlichen Versprechens, das ich ihr während der schweren Stunden vor der Geburt gegeben hatte und in dem immer wieder die Worte »Brillantschmuck« und »Nerz« vorgekommen waren. Nach der glücklich vollzogenen Ankunft unseres Rafi begann ich die Lage allerdings etwas ruhiger zu betrachten und fand es lächerlich, jetzt, da der Sommer nahte, einen Pelzmantel zu kaufen. Ich begnügte mich damit, auf dem Weg zur Klinik einen Juwelier aufzusuchen. Mein Blick fiel auf ein diamantenbesetztes goldenes Armband und dann auf den Preis. Damit war die Sache erledigt. So etwas kann meine Frau nicht von mir verlangen. Wofür hält sie mich eigentlich? Für einen zweiten Onassis? Nur weil sie ein Baby zur Welt gebracht hat? Das haben schon andere Frauen vor ihr getan.

Ich erstand also einen wunderschönen, mit Goldfäden zusammengebundenen Strauß roter Nelken und eine Banane für Rafi. Überdies hatte ich meinen besten dunklen Anzug angelegt, solcherart den Respekt bekundend, den ich der Leistung meiner Ehefrau entgegenbrachte. Sie sollte sehen, daß ich ihr die Höllenqualen, die ich in der vorangegangenen Nacht durchlitten hatte, nicht übelnahm. Ich würde ihr gar nichts davon sagen. Meinetwegen brauchte sie sich keine Gewissensbisse zu machen.

Unterwegs schärfte uns meine Mutter ein, dem Baby gegenüber eine Distanz von mindestens anderthalb Metern zu wahren, damit es nicht mit den Viren, Mikroben und Bazillen in Kontakt käme, die wir mitbrächten. Der Ratschlag fand keine übermäßig günstige Aufnahme. Tante Ilka zum Beispiel hielt es für wichtiger, daß dem Baby – besonders von seiten der Großeltern – jene dümmliche Konversation erspart bliebe, die sich in Redewendungen wie »kutschilimutschili« zu ergehen liebte; dies wäre der erste Schritt zu einer völlig verfehlten Erziehung.

In einigermaßen gereizter Stimmung erreichten wir die Klinik.

Der Portier, der offenbar eine anstrengende Entbindungsnacht hinter sich hatte, gab sich gerade einem kleinen Nickerchen hin, so daß wir mühelos an ihm vorbeikamen. Eine Krankenschwester wies uns den Weg zu Rafis Mutter.

Mit angehaltenem Atem klopften wir an die Türe, traten ein – und standen in einem leeren Zimmer.

Onkel Jakob, der sich auf zwei Semester Pharmakologie berufen kann, klärte uns auf: Wahrscheinlich fände soeben die sogenannte Nachgeburtsuntersuchung statt.

In diesem Augenblick ertönte vom Korridor her der triumphierende Aufschrei Tante Ilkas:

»Hier! Hier!«

Wir stürzten hinaus – und da – auf einer Art Buffetwagen – nach unten ein wenig ausgebuchtet – weiß in weiß –

»Lieber Gott, das Kleine«, flüsterte Großmama mütterlicherseits. »Wie süß es ist. Wie süß . . .«

Auch meine Mutter brachte nur mühsam ein paar Worte hervor:

»O du mein Herzblättchen . . . o du mein geliebtes Herzblättchen . . .«

»Ich kann leider gar nichts sehen«, stellte ich fest.

»Natürlich nicht«, belehrte mich Tante Ilka. »Das Kleine ist ja völlig eingepackt.«

Behutsam zog sie das weiße Laken ein wenig zurück und fiel in Ohnmacht.

Da lag Rafi.

Ich sage nicht zuviel: ein Barockengel. Um sein zartes Köpfchen schwebte es wie ein goldener Heiligenschein.

Großmama brach in Tränen aus:

»Der ganze Oskar. Meinem seligen Bruder Oskar wie aus dem Gesicht geschnitten. Der Mund . . . und die Nase . . .«

»Und was ist mit den Ohren?« erkundigte sich Großpapa.

»Die hat er von mir!«

»Unsinn«, widersprach Onkel Jakob. »Wem ein Kind ähnlich sieht, erkennt man am Kinn. Und das Kinn hat er von Viktor. Genauso schiebt Viktor sein Kinn nach vorne, wenn er beim Bridge ein schlechtes Blatt bekommt.«

»Wenn ihr *mich* fragt«, mischte sich Frau Ziegler ein, »ist er ein genaues Ebenbild seiner Mutter. Ich sehe sie vor mir. Besonders die Augen. Er macht sie genauso auf und zu. Ganz genauso. Auf-zu, auf-zu . . .«

Ich meinerseits war ein wenig verwirrt. Beim Anblick des Kleinen hatte ich mein Herz laut schlagen gehört und dazu eine innere

Stimme, die mir zuraunte: »Das ist kein Spaß, alter Knabe, das ist dein Sohn, dein Sprößling, dein Stammhalter.« Ich liebte Rafi von der ersten Sekunde an, ich liebte ihn leidenschaftlich. Und trotzdem – ich weiß nicht recht, wie ich mich ausdrücken soll –: er sah eigentlich mehr einem alten Börsenmakler ähnlich als irgend jemandem sonst: glatzköpfig, zahnlos, mit tiefen Ringen unter den Augen und mit geröteter Haut . . . Gewiß, er war ein herziger kleiner Makler, das ließ sich nicht leugnen. Aber die Enttäuschung, daß er bei meinem Anblick nicht sofort »Papi, Papi!« gerufen hatte, nagte an mir.

Jetzt öffnete er den Mund und gähnte sich eins.

»Habt ihr seinen Gaumen gesehen?« stieß Tante Ilka hervor. »Onkel Emil, wie er leibt und lebt!«

Wahrlich, die Natur wirkt Wunder. Oder ist es nicht wunderbar, daß ein so winziges Wesen alle physischen und geistigen Eigenheiten seiner Vorfahren in sich vereinigt? Tief bewegt umstanden wir unseren Nachkommen.

»Entschuldigen Sie«, sagte eine Schwester und schickte sich an, den Buffetwagen wegzuschieben.

»Wo ist Frau Kishon?« fragte ich.

»Was für eine Frau Kishon?«

»Die Mutter. Ist das nicht der Sohn von Frau Kishon?«

»Das Baby hier? Das gehört Frau Sharabi. Außerdem ist es ein Mädchen . . .«

Und sie schob den häßlichen kleinen Wechselbalg mit sich fort.

Es ist höchste Zeit, daß etwas gegen die anarchischen Zustände in unseren Spitälern unternommen wird.

Latifa und die Schwarze Magie

Sollte der Leser glauben, daß wir es mit keinen weiteren Haushaltsproblemen zu tun bekommen hätten, so wäre er im Irrtum. Besonders seit der Ankunft unseres prächtigen kleinen Rafi nehmen die Probleme kein Ende. Eine schier unübersehbare Reihe von Sarahs, Mirjams und Leas ist seither an uns vorübergezogen, denn Rafi erwies sich als ein ungemein begabter Hausmädchen-Entferner. Kaum tritt eine neue weibliche Hilfskraft über die Schwelle unseres Hauses, beginnt Rafi, von irgendwelchen atavistischen Instinkten befeuert, seinen schrillen, langanhaltenden Kriegsgesang, der das aufzunehmende Mädchen unfehlbar zu folgender Bemerkung veranlaßt:

»Ich wußte nicht, daß Sie so weit vom Stadtzentrum wohnen. Leider −«

Und eine Sekunde später ist sie spurlos verschwunden.

Aber die Vorsehung ließ uns nicht im Stich. Ein sonniger, gnadenreicher Tag bescherte uns Latifa, die eine Empfehlung von ihrer Schwester Etroga mitbrachte. Etroga hatte vor drei oder vier Jahren in unserem Haushalt gearbeitet. Jetzt schickte sie uns zur Rache ihre Schwester. Aus irgendwelchen Gründen ließ Rafi die gewohnte proletarische Wachsamkeit vermissen: Während wir mit Latifa verhandelten − und das dauerte länger als eine halbe Stunde −, kam kein Laut über seine Lippen. Zu unserer grenzenlosen Freude nahm Latifa den Posten an.

Latifa war ein breitgesichtiges, kuhartiges Geschöpf. Ihr arabischer Dialekt bildete ein reizvolles Gegenstück zum fließenden Österreichisch meiner Schwiegermutter. Bald aber mußten wir entdecken, daß mit Latifa auch die schwarze Magie in unser Heim eingezogen war. Zunächst jedoch erfreute sich Latifa allgemeiner Beliebtheit, obwohl sie eine eher langsame Wesensart an den Tag legte und mit jeder ihrer schläfrigen Bewegungen deutlich bekundete, daß sie viel lieber in der Sonne oder im Kino gesessen wäre, statt sich mit Windeln und ähnlichem Zeug abzugeben.

Der erste schwerere Zusammenstoß mit Latifa entstand wegen des venezianischen Spiegels. Wir waren gerade dabei, einige innenarchitektonische Veränderungen in unserer Wohnung vorzunehmen. Während wir die Möbel prüfend hin und her schoben, ließ meine Gattin an Latifa den Auftrag ergehen, den erwähnten Spiegel in die Zimmerecke zu hängen. (Mein Schwiegervater hatte das unförmige Ding in Wien gekauft, auf Grund der schwindelhaften Versicherung des Händlers, daß man in Israel für diesen Wertgegenstand eine ganze Schafherde im Tausch bekäme.)

»Den Spiegel in die Ecke?« stöhnte Latifa. »Hat man je gehört, daß jemand freiwillig einen Spiegel in die Zimmerecke hängt? Jedes Kind kann Ihnen sagen, daß ein Spiegel in der Ecke entsetzliches Unglück über das ganze Haus bringt!« Und mit ungewohnter Lebhaftigkeit erzählte sie uns von einer ihrer Nachbarinnen, die allen Warnungen zum Trotz einen Spiegel in die Zimmerecke gehängt hatte. Was geschah? Eine Woche später gewann ihr Mann zehntausend Pfund in der Lotterie, erlitt vor Freude einen Schlaganfall und starb.

Wir waren tief betroffen. Und da wir uns keinem solchen Unheil aussetzen wollten, verkauften wir den Spiegel kurzerhand für zwanzig Piaster an einen Altwarenhändler, dem wir, um ihm die Transaktion schmackhaft zu machen, noch drei Paar Skier samt den dazugehörigen Stiefeln draufgaben.

Drei Tage später kam es abermals zu einer Krise, als wir Latifa aufforderten, den Plafond zu säubern.

»Entschuldigen Sie«, sagte Latifa. »Aber Sie glauben doch nicht im Ernst, daß ich auf eine Leiter hinaufsteigen werde, solange der Kleine im Haus ist? Er braucht nur ein einziges Mal unter der Leiter durchzukriechen und bleibt sein Leben lang ein Zwerg. Dann können Sie ihn an einen Zirkus verkaufen.«

»Na, na«, sagte meine Frau besänftigend, und ich schloß mich ihr an. »Na, na«, sagte ich besänftigend.

»Na, na? Was wollen Sie damit sagen? Der Tischler in unserem Haus hat einen Sohn, der ist jetzt fünfzehn Jahre alt und nur einen halben Meter groß, weil er als Kind immer unter den Leitern durchgekrochen ist. Wenn Sie aus Ihrem Sohn mit aller Gewalt einen Zwerg machen wollen, kann ich Sie nicht hindern. Aber ich möchte meine Hand nicht dazu hergeben.«

Als nächstes kam die Sache mit den Fensterscheiben. Latifa erklärte, nur ein Irrsinniger könne daran denken, die Fensterscheiben am Freitag putzen zu lassen – wo doch jeder Mensch weiß, daß dann sofort ein Brand ausbricht. Vergeblich bemühten wir uns, Latifa zu einer einmaligen Zuwiderhandlung gegen ihre wohlfundierten Lebensregeln zu bewegen. Sie blieb hart. Wenn wir ihr im weiten Umkreis – so verkündete sie – auch nur eine einzige normaldenkende Frauensperson zeigen könnten, die bereit wäre, am Freitag die Fenster zu putzen, dann würde sie für die nächsten drei Monate auf ihr Gehalt verzichten.

Wir gaben auf, gingen zum Fenster und blickten verzweifelt hinaus. Was sahen wir? In der Wohnung unseres Drogisten gegenüber war das Hausmädchen gerade damit beschäftigt, die Fenster zu putzen.

»So ein Gauner!« rief Latifa empört. »Erst gestern hat er eine Feuerversicherung abgeschlossen!«

Donnerstag nachmittag ersuchten wir Latifa, die Vorhänge abzunehmen. Sie taumelte, als hätte sie der Blitz getroffen, und brachte nur noch ein Flüstern zustande:

»Was?« flüsterte sie. »Was? Die Vorhänge abnehmen? Im Monat Kislew? Sind Sie verrückt? Damit der kleine Rafi krank wird?«

Diesmal waren wir entschlossen, nicht nachzugeben. Wir informierten Latifa unumwunden, daß wir ihr nicht glaubten, und außerdem gebe es um die Ecke einen Doktor. Latifa wiederholte, daß sie eine so verbrecherische Handlung wie das Abnehmen von Vorhängen im Monat Kislew nicht mit ihrem Gewissen vereinbaren könne. Daraufhin machten wir uns erbötig, die volle Verantwortung für alle etwa eintretenden Folgen zu übernehmen.

»Schön«, sagte Latifa. »Kann ich das schriftlich haben?«

Ich setzte mich an den Schreibtisch und fertigte eine eidesstattliche Erklärung aus, daß uns Frau Latifa Kudurudi für den Fall einer Vorhangabnahme vor einer Erkrankung unseres Söhnchens gewarnt hätte, aber von uns gezwungen worden wäre, die Vorhänge dessenungeachtet und auf unsere Verantwortung abzunehmen.

Latifa nahm die Vorhänge ab.

Am Abend klagte der kleine Rafi über Kopfschmerzen. In der Nacht bekam er Fieber. Am Morgen zeigte das Thermometer vierzig Grad. Latifa sah uns vorwurfsvoll an und zuckte die Schultern. Meine Frau lief um den Doktor, der bei Rafi eine Grippe feststellte.

»Aber wie ist das nur möglich?« schluchzte meine Frau. »Wir passen doch so gut auf ihn auf. Warum bekommt er plötzlich eine Grippe?«

»Warum?« kam Latifas Stimme aus dem Hintergrund des Zimmers. »Ich werde Ihnen sagen, warum! Weil ich die Vorhänge abnehmen mußte.«

»Was?« Der Doktor wandte sich um. »Was sagen Sie?«

»Jawohl«, sagte Latifa. »Die Vorhänge. Hat schon jemals ein vernünftiger Mensch im Kislew die Vorhänge abgenommen, wenn ein kleines Kind im Haus ist?«

»Das Mädchen hat vollkommen recht«, sagte der Doktor. »Wie können Sie bei diesem unfreundlichen, naßkalten Wetter die Vorhänge abnehmen? Kein Wunder, daß der Kleine sich erkältet hat. Ich muß schon sagen, daß mich Ihr Vorgehen sehr überrascht . . .«

Latifa trat wortlos an den Arzt heran, zeigte ihm das von mir ausgestellte Zeugnis und begab sich ebenso wortlos in die Küche.

Seither richten wir uns widerspruchslos nach Latifas Entscheidungen. Soviel wir bisher feststellen konnten, darf am Sonntag keine Wäsche gewaschen werden, weil sonst eine Überschwemmung entsteht, und das Polieren von Türklinken vor Frühlingsbeginn hat unfehlbar eine Schlangenplage zur Folge.

Im übrigen erklärte Latifa, daß die Wohnung siebenundzwanzig Tage lang nicht aufgeräumt werden dürfte, wenn Rafi gesund werden soll. Am nächsten Morgen betrat sie das Zimmer, setzte sich in den Lehnstuhl und verlangte nach den Zeitungen.

Die Mißwirtschaft in unserer Wohnung nimmt katastrophale Ausmaße an. Aber ich muß zugeben, daß Rafi nicht mehr hustet.

Im neuen Jahr wird alles anders

»Ephraim!« rief die beste Ehefrau von allen aus dem Nebenzimmer. »Ich bin beinahe fertig!«

Es war halb neun Uhr am Abend des 31. Dezember. Meine Frau saß seit Einbruch der Dämmerung vor dem großen Spiegel ihres Schlafzimmers, um für die Silvesterparty, die unser Freund Tibi zu Ehren des Gregorianischen Kalenders veranstaltete, Toilette zu machen. Die Dämmerung bricht am 31. Dezember kurz nach drei Uhr nachmittags ein. Aber jetzt war sie beinahe fertig, meine Frau. Es sei auch schon Zeit, sagte ich, denn wir haben Tibi versprochen, spätestens um zehn Uhr bei ihm zu sein.

Mit einer Viertelstunde Verspätung rechne ein Gastgeber sowieso, replizierte die beste Ehefrau von allen, und eine weitere Viertelstunde würde nicht schaden. Partys, besonders Silvesterpartys, seien am Anfang immer langweilig. Die Atmosphäre entwickle sich erst nach und nach. Und überdies, so schloß sie, wisse sie noch immer nicht, welches Kleid sie nehmen solle. Lauter alte Fetzen. »Ich habe nichts anzuziehen«, sagte die beste Ehefrau von allen.

Sie sagt das bei jeder Gelegenheit, gleichgültig wann und zu welchem Zweck wir das Haus verlassen. Dabei kann sie die Türe ihres Kleiderschranks kaum noch ins Schloß pressen, denn er birst vor lauter Garderobe. Daß Bemerkungen wie die oben zitierte dennoch zum Wortschatz ihres Alltags gehören, hat einen anderen Grund: Sie will mir zu verstehen geben, daß ich meinen Unterhaltspflichten nicht genüge, daß ich zu wenig Geld verdiene, daß ich minderwertig sei. Ich meinerseits, das gebe ich gerne zu, verstehe nichts von Frauenkleidern. Ich finde sie entsetzlich, alle ohne Ausnahme. Dessenungeachtet schiebt meine Frau die Entscheidung, was sie heute anziehen soll, jedesmal auf mich ab.

»Ich könnte das glatte Schwarze nehmen«, erwog sie jetzt. »Oder das hochgeschlossene Blaue.«

»Ja«, sagte ich.

»Was: ja? Also welches?«

»Das Hochgeschlossene.«

»Paßt zu keiner Silvesterparty. Und das Schwarze ist zu feierlich. Wir wär's mit der weißen Seidenbluse?«

»Klingt nicht schlecht.«

»Aber wirkt eine Bluse nicht zu sportlich?«

»Eine Bluse sportlich? Keine Spur!«

Eilig sprang ich herzu, um ihr beim Zuziehen des Reißverschlusses behilflich zu sein und einer neuerlichen Meinungsänderung vorzubeugen. Während sie nach passenden Strümpfen Ausschau hielt, zog ich mich ins Badezimmer zurück und rasierte mich.

Es scheint ein elementares Gesetz zu sein, daß passende Strümpfe niemals paarweise auftreten, sondern immer in Unikaten. So auch hier. Von den Strümpfen, die zur Bluse gepaßt hätten, war nur ein einziger vorhanden, und zu den Strümpfen, von denen ein Paar vorhanden war, paßte die Bluse nicht. Folglich mußte auf die Bluse verzichtet werden. Die Suche unter den alten Fetzen begann von vorne.

»Es ist zehn Uhr vorbei«, wagte ich zu bemerken. »Wir kommen zu spät.«

»Wenn schon. Dann versäumst du eben ein paar von den abgestandenen Witzen, die dein Freund Stockler immer erzählt.«

Ich stand fix und fertig da, aber meine Frau hatte die Frage »Perlmutter oder Silber« noch nicht entschieden. Von beiden Strumpfgattungen gab es je ein komplettes Paar, und das erschwerte die Entscheidung. Vermutlich würde sie bis elf Uhr nicht gefallen sein.

Ich ließ mich in einen Fauteuil nieder und begann, die Tageszeitungen zu lesen. Meine Frau suchte unterdessen nach einem zu den Silberstrümpfen passenden Gürtel. Den fand sie zwar, fand aber keine Handtasche, die mit dem Gürtel harmonierte.

Ich übersiedelte an den Schreibtisch, um ein paar Briefe und eine Kurzgeschichte zu schreiben. Auch für einen längeren Essay schwebte mir bereits ein Thema vor.

»Fertig!« ertönte von nebenan die Stimme meiner Frau. »Bitte hilf mir mit dem Reißverschluß!«

Manchmal frage ich mich, was die Frauen täten, wenn sie keine

Männer als Reißverschlußhelfer hätten. Wahrscheinlich würden sie dann nicht auf Silvesterpartys gehen. Meine Frau hatte einen Mann als Reißverschlußhelfer und ging trotzdem nicht. Sie setzte sich vor den Spiegel, schmückte sich mit einem schicken Nylonfrisierumhang und begann, an ihrem Make-up zu arbeiten. Erst kommt die flüssige Teintgrundlage, dann Puder. Die Augen sind noch unberührt von Wimperntusche. Die Augen schweifen umher und hoffen auf Schuhe zu stoßen, die zur Handtasche passen würden. Das eine Paar in Beige ist leider beim Schuster, die schwarzen mit den hohen Absätzen sind wunderschön, aber nicht zum Gehen geeignet, die mit den niedrigen Absätzen sind zum Gehen geeignet, aber sie haben niedrige Absätze.

»Es ist elf!« sagte ich und stand auf. »Wenn du noch nicht fertig bist, gehe ich allein.«

»Schon gut, schon gut! Warum die plötzliche Eile?«

Ich bleibe stehen und sehe, wie meine Frau den Nylonumhang ablegt, weil sie sich nun doch für das schwarze Cocktailkleid entschieden hat. Aber wo sind die dazugehörenden Strümpfe?

Um halb zwölf greife ich zu einer List. Ich gehe mit weithin hörbaren Schritten zur Wohnungstüre, lasse einen wütenden Abschiedsgruß erschallen, öffne die Türe und schlag sie krachend zu, ohne jedoch die Wohnung zu verlassen. Dann drücke ich mich mit angehaltenem Atem an die Wand und warte.

Nichts geschieht. Es herrscht Stille.

Eben. Jetzt hat sie den Ernst der Lage erkannt und beeilt sich. Ich habe sie zur Raison gebracht. Ein Mann muß gelegentlich auch seine Souveränität hervorkehren können.

Fünf Minuten sind vergangen. Eigentlich ist es nicht der Sinn der Silvesternacht, daß man sich in einem dunklen Vorzimmer reglos an die Wand preßt.

»Ephraim! Komm und zieh mir den Reißverschluß zu!«

Nun, wenigstens hat sie sich jetzt endgültig für die Seidenbluse entschieden (am schwarzen Kleid war eine Naht geplatzt). Sie ist auch schon im Begriff, die Strümpfe zu wechseln. Perlmutter oder Silber.

»So hilf mir doch ein bißchen, Ephraim! Was würdest du mir raten?«

»Daß wir zu Hause bleiben und schlafen gehen«, sagte ich, entledigte mich meines Smokings und legte mich ins Bett.

»Mach dich nicht lächerlich. In spätestens zehn Minuten bin ich fertig . . .«

»Es ist zwölf Uhr. Das neue Jahr hat begonnen. Mit Orgelton und Glockenschlag. Gute Nacht.« Ich drehe die Bettlampe ab und schlafe ein. Das letzte, was ich im alten Jahr noch gesehen habe, war meine Frau, die sich vor dem Spiegel die Wimpern tuschte, den Nylonumhang umgehängt. Ich haßte diesen Umhang, wie noch kein Umhang je gehaßt wurde. Der Gedanke an ihn verfolgte mich bis in den Schlaf. Mir träumte, ich sei der selige Charles Laughton, und zwar in der Rolle König Heinrichs VIII. – Sie erinnern sich, sechs Frauen hat er köpfen lassen. Eine nach der anderen wurde unter dem Jubel der Menge zum Schafott geführt, eine nach der anderen bat um die letzte Gunst, sich noch einmal im Nylonumhang zurechtmachen zu dürfen . . .

Nach einem tiefen, wohltätigen Schlummer erwachte ich im nächsten Jahr. Die beste Ehefrau von allen saß in einem blauen, hochgeschlossenen Kleid vor dem Spiegel und pinselte sich die Augenlider schwarz. Eine große innere Schwäche kam über mich.

»Ist dir klar, mein Junge«, hörte ich mein Unterbewußtsein wispern, »daß du eine Irre zur Frau hast?«

Ich sah nach der Uhr. Es ging auf halb zwei. Mein Unterbewußtsein hatte recht: Ich war mit einer Wahnsinnigen verheiratet. Schon zweifelte ich an meiner eigenen Zurechnungsfähigkeit. Mir war zumute wie den Verdammten in Sartres »Bei geschlossenen Türen«. Ich war zur Hölle verdammt, ich war in einen kleinen Raum gesperrt, mit einer Frau, die sich ankleidete und auskleidete und ankleidete und auskleidete für immer und ewig . . .

Ich fürchte mich vor ihr. Jawohl, ich fürchte mich. Eben jetzt hat sie begonnen, eine Unzahl von Gegenständen aus der großen schwarzen Handtasche in die kleine schwarze Handtasche zu tun und wieder in die große zurück. Sie ist beinahe angekleidet, auch ihre Frisur steht beinahe fest, es fragt sich nur noch, ob die Stirne frei bleiben soll oder nicht. Die Entscheidung fällt zugunsten einiger Haarsträhnen, die über die Stirn verteilt werden. So schwinden nach längerer Betrachtung die letzten Zweifel, daß eine freie Stirne doch besser wirkt.

»Ich bin fertig, Ephraim! Wir können gehen.«

»Hat das denn jetzt überhaupt noch einen Sinn, Liebling? Um zwei Uhr früh?«

»Mach dir keine Sorgen. Es werden noch genug von diesen ungenießbaren kleinen Zahnstocherwürstchen übrig sein . . .«

Sie ist mir offenbar ein wenig böse, die beste Ehefrau von allen, sie nimmt mir meine hemmungslose Ungeduld und mein brutales Drängen übel. Aber das hindert sie nicht an der nunmehr definitiven Vollendung ihres Make-up. Sie hat sogar den kleinen, schicken Nylonumhang schon abgestreift. Er liegt hinter ihr auf dem Fußboden. Leise, mit unendlicher Behutsamkeit, manövriere ich mich an ihn heran . . .

Ich habe den Nylonumhang eigenhändig verbrannt. In der Küche. Ich hielt ihn ins Abwaschbecken und zündete ihn an und beobachtete die Flammen, die ihn langsam auffraßen. So ähnlich muß Nero sich gefühlt haben, als er Rom brennen sah.

Als ich ins Zimmer meiner Frau zurückkam, war sie tatsächlich so gut wie fertig. Ich half ihr mit dem Reißverschluß ihres schwarzen Cocktailkleides, wünschte ihr viel Erfolg bei der Strumpfsuche, ging in mein Arbeitszimmer und setzte mich an den Schreibtisch.

»Warum gehst du weg?« rief schon nach wenigen Minuten meine Frau. »Gerade jetzt, wo ich beinahe fertig bin? Was treibst du denn?«

»Ich schreibe ein Theaterstück.«

»Mach schnell! Wir gehen gleich!«

»Ich weiß.«

Die Arbeit ging zügig vonstatten. In breiten Strichen umriß ich die Hauptfigur – es müßte ein bedeutender Künstler sein, vielleicht ein Maler oder ein Klaviervirtuose – oder ein satirischer Schriftsteller – er hat voll Tatendrang und Lebenslust seine Laufbahn begonnen – die aber nach einiger Zeit hoffnungslos versickert und versandet, er weiß nicht, warum. Endlich kommt er drauf: Seine Frau bremst und lähmt ihn, hemmt seine Bewegungsfreiheit, hält ihn immer wieder zurück, wenn er etwas vorhat. Er kann's nicht länger ertragen. Er wird sich aus ihren Fesseln befreien. In einer langen, schlaflosen Nacht beschließt er, sie zu verlassen. Schon ist er auf dem Weg zur Türe –

Da sieht er sie im Badezimmer vor dem Spiegel stehen, wo sie gerade ihr Gesicht säubert. Die Farbe ihres Lidschattens hat ihr mißfallen, und sie will einen neuen auflegen. Dazu muß man das ganze Make-up ändern, mit allem, was dazugehört, abschmieren, Öl wechseln, Batterie nachschauen, alles.

Nein, ein solches Leben hat keinen Sinn. Hoffentlich ist der Strick, den ich neulich in der Gerätekammer liegen sah, noch dort. Und hoffentlich hält er . . .

25

Irgendwie muß meine Frau gespürt haben, daß ich bereits auf dem Stuhl unterm Fensterkreuz stand.

»Ephraim!« rief sie. »Laß den Unsinn und mach mir den Reißverschluß zu! Was ist denn jetzt schon wieder los?«

Ach nichts. Gar nichts ist los. Es ist halb drei am Morgen, und meine Frau steht im Badezimmer vor dem Spiegel und sprüht mit dem Zerstäuber Parfüm auf ihr Haar, während ihre andere Hand nach den Handschuhen tastet, die seltsamerweise im Badezimmer liegen. Und seltsamerweise beendet sie beide Operationen erfolgreich, die Parfümzerstäubung und die Handschuhe. Es ist soweit. Kaum zu fassen, aber es ist soweit.

Ein leiser, schwacher Hoffnungsstrahl schimmert durch das Dunkel. So war's also doch der Mühe wert, geduldig auszuharren. In einer kleinen Weile werden wir wirklich weggehen, zu Tibi, zur Silvesterparty, es ist zwar schon drei Uhr früh, aber ein paar Leute werden bestimmt noch dort sein und noch in guter Stimmung, genau wie meine kleine Frau, sie funkelt von Energie und Unternehmungslust, sie tut die Gegenstände aus der großen schwarzen Handtasche in die kleine weiße, sie wirft einen letzten Blick in den Spiegel, und ich stehe hinter ihr, und sie wendet sich scharf zu mir um und sagt:

»Warum hast du dich nicht rasiert?«

»Ich habe mich rasiert, Liebling. Vor langer, langer Zeit. Als du begannst, Toilette zu machen. Da habe ich mich rasiert. Aber wenn du meinst . . .«

Ich ging ins Badezimmer. Aus dem Spiegel starrte mir das zerfurchte Gesicht eines jäh gealterten, von Schicksalsschlägen heimgesuchten Melancholikers entgegen, das Gesicht eines verheirateten Mannes, dessen Gattin im Nebenzimmer steht und von einem Fuß auf den andern steigt, bis sie sich nicht mehr beherrschen kann und ihre mahnende Stimme an sein Ohr dringt:

»So komm doch endlich! Immer muß ich auf dich warten!«

Seligs atmosphärische Störungen

Wir haben Schwierigkeiten mit unseren Nachbarn, den Seligs. Was die mit ihrem Radio aufführen, ist einfach unerträglich. Jeden Abend um 6 Uhr kommt Felix Selig todmüde nach Hause, hat aber noch Kraft genug, um zum Radio zu wanken und es auf volle Stärke einzustellen. Ob Nachrichten, Musik oder literarische Vorträge herauskommen, ist ihm gleichgültig. Wenn es nur Lärm macht. Und dieser Lärm dringt bis in die entlegensten Winkel unserer Wohnung.

Die Frage, wie wir uns dagegen wehren könnten, beschäftigt uns schon seit geraumer Zeit. Meine Frau, die den Seligs unter ungeheurer Selbstüberwindung einen Besuch abgestattet hat, behauptet, daß wir das Opfer eines akustischen Phänomens seien: das Radio dröhnt bei uns noch lauter als bei den Seligs selbst. Jedenfalls ist die Trennungswand zwischen den beiden Wohnungen so dünn, daß wir beim Entkleiden das Licht löschen, um keine lebenden Bilder an die Wand zu werfen. Daß durch diese Wand selbst das leiseste Flüstern hörbar wird, versteht sich von selbst. Nur ein Wunder konnte uns retten.

Und das Wunder geschah.

Eines Abends, als Seligs Höllenmaschine wieder ihren ohrenbetäubenden Lärm entfaltete, mußte ich mich wegen eines unvorhergesehenen Theaterbesuchs rasieren. Kaum hatte ich meinen elektrischen Rasierapparat eingeschaltet, als es in Seligs Radio laut zu knacksen begann. Ich zog den Steckkontakt heraus – und das Knacksen hörte auf. Ich schaltete ihn wieder ein – es knackste und krachte. Dann hörte ich Felix Seligs Stimme:

»Erna! Was ist mit unserem Radio los? Dieses Knacksen macht mich verrückt!«

Ungeahnte Perspektiven eröffneten sich.

Der nächste Abend fand mich wohl vorbereitet. Als Felix Selig um 6 Uhr nach Hause kam, wartete ich bereits mit gezücktem Rasierapparat. Felix torkelte zum Radio und drehte es an. Eine Minute ließ ich verstreichen – dann suchte mein elektrischer Rasierapparat Kontakt und fand ihn. Augenblicklich verwandelte sich in der nachbarlichen Wohnung eine wunderschöne Pianopassage der Haffner-Symphonie in ein Fortissimo-Krkrkrk. Felix nahm es zunächst noch hin, offenbar in der Hoffnung, daß die atmosphärische Störung bald vorüber sein würde. Endlich hatte er genug.

»Hör auf, um Himmels willen!« brüllte er völlig entnervt in den Kasten, und seine Stimme klang so beschwörend, daß ich unwillkürlich den Rasierapparat aus der Wand zog.

Jetzt stellte Felix das Radio ab, rief mit heiserer Stimme nach seiner Frau und sagte, für unsere angespannten Ohren deutlich hörbar:

»Erna, es ist etwas sehr Merkwürdiges geschehen. Der Apparat hat geknackst – ich habe ›Hör auf!‹ gebrüllt – und er hat aufgehört.«

»Felix«, antwortete Erna, »du bist überarbeitet. Das merke ich schon seit einiger Zeit. Heute wirst du früher schlafen gehen.«

»Du glaubst mir nicht?« brauste Felix auf. »Du mißtraust den Worten deines Mannes? Höre selbst!« Und er drehte das Radio an.

Wir konnten sie beinahe sehen, wie sie vor dem Kasten standen und auf das ominöse Knacksen warteten. Um die Spannung zu steigern, ließ ich eine Weile verstreichen.

»Ganz wie ich sagte«, sagte Frau Selig. »Du redest dummes Zeug. Wo bleibt das Knacksen?«

»Wenn ich's dir vorführen will, kommt's natürlich nicht«, fauchte der enttäuschte Felix. Dann wandte er sich mit hämischer Herausforderung direkt an das Radio: »Also du willst nicht knacksen, was?«

Ich schaltete den Rasierapparat ein. Krkrkrk.

»Tatsächlich«, flüsterte Erna. »Jetzt knackst er. Es ist wirklich unheimlich. Ich habe Angst. Sag ihm, daß er aufhören soll.«

»Hör auf«, sagte Felix mit gepreßter Stimme. »Bitte hör auf . . .«

Ich zog den Stecker heraus.

Am nächsten Tag traf ich Felix im Stiegenhaus. Er sah angegriffen aus, ging ein wenig schlotternd, und unter seinen verquollenen Augen standen große dunkle Ringe. Wir plauderten zuerst über das schöne Wetter – dann packte mich Felix plötzlich am Arm und fragte:

»Glauben Sie an übernatürliche Phänomene?«

»Selbstverständlich nicht. Warum?«

»Ich frage nur.«

»Mein Großvater, der ein sehr gescheiter Mann war«, sagte ich sinnend, »glaubte an derartige Dinge.«

»An Geister?«

»Nicht gerade an Geister. Aber er war überzeugt, daß tote Gegenstände – es klingt ein wenig lächerlich, entschuldigen Sie – also daß Dinge wie ein Tisch, eine Schreibmaschine, ein Grammophon, sozusagen ihre eigene Seele haben. Was ist los mit Ihnen, mein Lieber?«

»Nichts . . . danke . . .«

»Mein Großvater schwor, daß sein Grammophon ihn haßte. Was sagen Sie zu diesem Unsinn?«

»Es haßte ihn?«

»So behauptete er. Und eines Nachts – aber das hat natürlich nichts damit zu tun – fanden wir ihn leblos neben dem Grammophon liegen. Die Platte lief noch.«

»Entschuldigen Sie«, sagte mein Nachbar. »Mir ist ein wenig übel.«

Ich stützte ihn die Treppe hinauf, sauste in meine Wohnung und stellte den Rasierapparat bereit. Nebenan hörte ich Felix Selig mehrere Gläser Brandy hinabgurgeln, ehe er mit zitternder Hand sein Radio andrehte.

»Du haßt mich!« rief der vielgeprüfte Mann. (Seine Stimme kam, wie wir zu hören glaubten, von unten; wahrscheinlich kniete er.) »Ich weiß, daß du mich haßt. Ich weiß es.«

Krkrkrk. Ich ließ den Kontakt etwa zwei Minuten eingeschaltet, ehe ich ihn abstellte.

»Was haben wir dir getan?« erklang Frau Seligs flehende Stimme. »Haben wir dich schlecht behandelt?«

»Krkrkrk.«

Jetzt war es soweit. Unser Schlachtplan trat in die entscheidende Phase. Meine Frau ging hinüber zu Seligs.

Schmunzelnd hörte ich mit an, wie die Seligs meiner Frau erzählten, daß sich in ihrem Radio übernatürliche Kräfte manifestierten.

Nach einigem Nachdenken rückte meine Frau mit dem Vorschlag heraus, das Radio zu exorzieren.

»Geht das?« riefen die zwei Seligs wie aus einem Munde. »Können Sie das? Dann tun Sie's bitte!«

Das Radio wurde wieder angedreht. Der große Augenblick war gekommen.

»Geist im Radio«, rief die beste Ehefrau von allen. »Wenn du mich hörst, dann gib uns ein Zeichen!«

Rasierapparat einstellen – krkrkrkr.

»Ich danke dir.«

Rasierapparat abstellen.

»Geist«, rief meine Frau, »gib uns ein Zeichen, ob dieses Radio in Betrieb bleiben soll?«

Rasierapparat bleibt abgestellt.

»Willst du vielleicht, daß es lauter spielen soll?«

Rasierapparat bleibt abgestellt.

»Dann willst du vielleicht, daß die Seligs ihr Radio überhaupt nicht mehr benützen sollen?«

Rasierapparat einstellen.

Rasierapparat einstellen! Einstellen!!

Um Himmels willen, warum hört man nichts . . . kein Knacksen, kein Krkrkrk, nichts . . .

Der Rasierapparat streikte. Die Batterie war ausgebrannt, oder sonstwas. Jahrelang hatte er tadellos funktioniert, und gerade jetzt . . .

»Geist, hörst du mich nicht?« Meine Frau hob die Stimme. »Ich frage: Willst du, daß die Seligs aufhören, diesen entsetzlichen Kasten zu verwenden? Gib uns ein Zeichen! Anworte!!«

Verzweifelt stieß ich den Apparat in den Kontakt, wieder und wieder – es half nichts. Nicht das leiseste Krkrkrk erklang. Vielleicht haben tote Gegenstände wirklich eine Seele.

»Warum knackst du nicht?« rief meine Frau, nun schon ein wenig schrill. »Gib uns ein Zeichen, du Idiot! Sag den Seligs, daß sie nie wieder ihr Radio spielen sollen! Ephraim!!«

Jetzt war sie um eine Kleinigkeit zu weit gegangen. Ich glaubte zu sehen, wie die Seligs sich mit einem vielsagenden Blick zu ihr umwandten . . .

Am nächsten Tag ließ ich den Rasierapparat reparieren. Expreßreparaturen kosten viel Geld.

»Die Batterie war ausgebrannt«, sagte mir der Elektriker. »Ich habe eine neue hineingetan. Jetzt wird es auch in Ihrem Radio keine Störungen mehr geben.«

Seither dröhnt das Radio unseres Nachbars ungestört in jedem Winkel unserer Wohnung. Ob tote Gegenstände eine Seele haben, weiß ich nicht. Aber sie haben bestimmt keinen Humor.

Babysitting und was man dafür tun muß

Frau Regine Popper muß nicht erst vorgestellt werden. Sie gilt allgemein als bester Babysitter der Nation und hat wiederholt mit weitem Vorsprung die Staatsligameisterschaft gewonnen. Sie ist pünktlich, tüchtig, zuverlässig, loyal und leise – kurzum, eine Zauberkünstlerin im Reich der Windeln. Noch nie hat unser Baby Rafi sich über sie beklagt. Frau Popper ist eine Perle.

Ihr einziger Nachteil besteht darin, daß sie in Tel Giborim wohnt, von wo es keine direkte Verbindung zu unserem Haus gibt. Infolgedessen muß sie sich der Institution des Pendelverkehrs bedienen, wie er hierzulande von den Autotaxis betrieben wird, und der jeweils vier bis fünf Personen befördert. Diese Institution heißt hebräisch »Scherut«. Mit diesem Scherut gelangt Frau Popper bis zur Autobuszentrale, und dort muß sie auf einen andern Scherut warten, und manchmal gibt es keinen Scherut, und dann muß sie ihre nicht unbeträchtliche Leibesfülle in einen zum Platzen vollgestopften Bus zwängen, und bei solchen Gelegenheiten kommt sie in völlig desolatem und zerrüttetem Zustand bei uns an, und ihre Blicke sind ein einziger stummer Vorwurf und sagen:

»Schon wieder kein Scherut.«

Allabendlich gegen acht beginnen wir um einen Scherut für Frau Popper zu beten. Manchmal hilft es, manchmal nicht. Das macht uns immer wieder große Sorgen für die Zukunft, denn Frau Popper ist unersetzlich. Schade nur, daß sie in Tel Giborim wohnt. Ohne Telefon.

Was soll diese lange Einleitung? Sie soll zu jenem Abend überleiten, an dem wir das Haus um halb neun verlassen wollten, um ins Kino zu gehen. Bis dahin hatte ich noch ein paar wichtige Briefe zu schreiben. Leider floß mein Stil – möglicherweise infolge der lähmenden Hitze – an jenem Abend nicht so glatt wie sonst, und ich war, als Punkt halb neun die perfekte Perle Popper erschien, noch nicht ganz fertig. Ihre Blicke offenbarten sofort, daß es wieder einmal keinen Scherut gegeben hatte.

»Ich bin gelaufen«, keuchte sie. »Was heißt gelaufen? Gerannt bin ich. Zu Fuß. Wie eine Verrückte.«

In solchen Fällen gibt es nur eines: Man muß sofort aus dem Haus, um Frau Poppers Marathonlauf zu rechtfertigen. Andernfalls hätte sie sich ja ganz umsonst angestrengt.

Aber ich wollte unbedingt noch mit meinen wichtigen Briefen fertig werden, bevor wir ins Kino gingen.

Schon nach wenigen Minuten öffnete sich die Türe meines Arbeitszimmers:

»Sie sind noch hier?«

»Nicht mehr lange . . .«

»Unglaublich. Ich renne mir die Seele aus dem Leib – und Sie sitzen gemütlich hier und haben Zeit!«

»Er wird gleich fertig sein.« Die beste Ehefrau von allen stellte sich schützend vor mich.

»Warum lassen Sie mich überhaupt kommen, wenn Sie sowieso zu Hause bleiben?«

»Wir bleiben nicht zu Hause. Aber wir würden Sie selbstverständlich auch bezahlen, wenn —«

»Das ist eine vollkommen überflüssige Bemerkung!« Frau Regine Popper richtete sich zu majestätischer Größe auf. »Für nicht geleistete Arbeit nehme ich kein Geld. Nächstens überlegen Sie sich bitte, ob Sie mich brauchen oder nicht.«

Um weiteren Auseinandersetzungen vorzubeugen, ergriff ich die Schreibmaschine und verließ eilends das Haus, ebenso eilends gefolgt von meiner Frau. In der kleinen Konditorei gegenüber schrieb ich die Briefe fertig. Das Klappern der Schreibmaschine erregte anfangs einiges Aufsehen, aber dann gewöhnten sich die Leute daran. Ins Kino kamen wir an diesem Abend nicht mehr. Meine Frau — nicht nur die beste Ehefrau von allen, sondern auch von bemerkenswertem realpolitischem Flair — schlug vor, das noch verbleibende Zeitminimum von drei Stunden mit einem Spaziergang auszufüllen. Bei Nacht ist Tel Aviv eine sehr schöne Stadt. Besonders der Strand, die nördlichen Villenviertel, das alte Jaffa und die Ebene von Abu Kabir bieten lohnende Panoramen.

Kurz vor Mitternacht waren wieder zu Hause, müde, zerschlagen, mit Wasserblasen an den Füßen.

»Wann«, fragte Frau Regine Popper, während wir ihr den fälligen Betrag von 5,75 Pfund aushändigten, »wann brauchen Sie mich wieder?«

Eine rasche, klare Entscheidung, wie sie dem Manne ansteht, war dringend geboten. Andererseits durfte nichts Unbedachtes vereinbart werden, denn da Frau Popper kein Telefon besitzt, läßt sich eine einmal getroffene Vereinbarung nicht mehr rückgängig machen.

»Übermorgen?« fragte Frau Popper. »Um acht?«

»Übermorgen ist Mittwoch«, murmelte ich. »Ja, das paßt uns sehr gut. Vielleicht gehen wir ins Kino . . .«

Der Mensch denkt, und Gott ist dagegen. Mittwoch um sieben Uhr abend begann mein Rücken zu schmerzen. Ein plötzlicher Schweißausbruch warf mich aufs Lager. Kein Zweifel: Ich fieberte. Die beste Ehefrau von allen beugte sich besorgt über mich:

»Steh auf«, sagte sie und schnippte ungeduldig mit den Fingern. »Die Popper kann jeden Moment hier sein.«

»Ich kann nicht. Ich bin krank.«

»Sei nicht so wehleidig, ich bitte dich. Oder willst du riskieren, daß sie uns noch zu Hause trifft und fragt, warum wir sie für nichts und wieder nichts den weiten Weg aus Tel Giborim machen lassen? Komm. Steh auf.«

»Mir ist schlecht.«

»Mir auch. Nimm ein Aspirin und komm!«

Die Schweizer Präzisionsmaschine, die sich unter dem Namen Popper in Israel niedergelassen hat, erschien pünktlich um acht, schwer atmend.

»Schalom«, zischte sie. »Schon wieder kein . . .«

In panischer Hast kleidete ich mich an. Wäre sie mit einem Scherut gekommen, dann hätte man sie vielleicht umstimmen können. So aber, nach einer langen Fahrt im qualvoll heißen Autobus und einem vermutlich noch längeren Fußmarsch, erstickte ihre bloße Erscheinung jeden Widerstand im Keim. Wir verließen das Haus, so schnell mich meine vom Fieber geschwächten Beine trugen. Draußen mußte ich mich sofort an eine Mauer lehnen. Kaum hatte ich den Schwindelanfall überwunden, packte mich ein Schüttelfrost. An den geplanten Kinobesuch war nicht zu denken. Mit Mühe schleppte ich mich am Arm meiner Frau zu unserem Wagen und kroch hinein, um mich ein wenig auszustrecken. Ich bin von eher hohem Wuchs, und unser Wagen ist eher klein.

»O Herr!« stöhnte ich. »Warum, oh Herr, muß ich mich hier zusammenkrümmen, statt zu Hause im Bett zu liegen?« Aber der Herr gab keine Antwort.

Mein Zustand verschlimmerte sich von Viertelstunde zu Viertelstunde. Ich glaubte, in dem engen, vom langen Parken in der Sonne noch glühendheißen Wagen ersticken zu müssen. Auch die einbrechende Dunkelheit brachte mir keine Linderung.

»Laß mich heimgehen, Weib«, flüsterte ich.

»Jetzt?« Unheilverkündend klang die Stimme der besten Ehefrau von allen durch das Dunkel. »Nach knappen eineinhalb Stunden? Glaubst du, Regine Popper kommt wegen eineinhalb Stunden eigens aus Tel Giborim?«

»Ich glaube gar nichts. Ich will nicht sterben für Regine Popper. Ich bin noch jung, und das Leben ist schön. Ich will leben. Ich gehe nach Hause.«

»Warte noch zwanzig Minuten. Oder wenigstens dreißig.«

»Nein. Nicht einmal eine halbe Stunde. Ich bin am Ende. Ich gehe.«

»Weißt du was?« Knapp vor dem Haustor fing sie mich ab. »Wir schlüpfen heimlich ins Haus, so daß sie uns nicht hört, setzen uns still ins Schlafzimmer und warten . . .«

Das klang halbwegs vernünftig. Ich stimmte zu. Behutsam öffneten wir die Haustüre und schlichen uns ein. Aus meinem Arbeitszimmer drang ein Lichtstrahl. Dort also hatte Frau Popper sich eingenistet. Interessant. Wir setzten unseren Weg auf Zehenspitzen fort, wobei uns die Kenntnis des Terrains sehr zustatten kam. Aber kurz vor dem Ziel verriet uns ein Knarren der Holzdiele.

»Wer ist da?« röhrte es aus dem Arbeitszimmer.

»Wir sind's!« Rasch knipste meine Frau das Licht an und schob mich durch die Türe. »Ephraim hat das Geschenk vergessen.«

Welches Geschenk? Wie kam sie darauf? Was meinte sie damit? Aber da war, mit einem giftigen Seitenblick nach mir, die beste Ehefrau von allen schon an das nächste Bücherregal herangetreten und entnahm ihm die »Geschichte des englischen Theaters seit Shakespeare«, einen schweren Band im Lexikonformat, den sie mir sofort in die zittrigen Arme legte. Dann, nachdem wir uns bei Frau Popper für die Störung entschuldigt hatten, gingen wir wieder.

Draußen brach ich endgültig zusammen. Von meiner Stirne rann in unregelmäßigen Bächen der Schweiß, und vor meinen Augen sah ich zum erstenmal im Leben kleine rote Punkte flimmern. Bisher hatte ich das immer für ein billiges Klischee gehalten, aber es gibt sie wirklich, die kleinen roten Punkte. Und sie flimmern wirklich vor den Augen. Besonders wenn man unter einem Haustor sitzt und weint.

Die beste Ehefrau von allen legte mir ihre kühlenden Hände auf die Schläfen:

»Es gab keine andere Möglichkeit. Wie fühlst du dich?«

»Wenn Gott mich diese Nacht überleben läßt«, sagte ich, »dann übersiedeln wir nach Tel Giborim. Am besten gleich in das Haus, wo Regine Popper wohnt.«

Eine halbe Stunde später war ich so weit zu Kräften gekommen, daß wir einen zweiten Versuch wagen konnten. Diesmal ging alles gut. Wir hatten ja schon Übung. Lautlos fiel die Haustüre ins Schloß, ohne Knarren passierten wir den Lichtschein, der aus dem Arbeitszimmer drang, und unentdeckt gelangten wir ins Schlafzimmer, wo wir uns angekleidet hinstreckten; es standen uns noch drei Stunden bevor.

Über die anschließende Lücke in meiner Erinnerung kann ich naturgemäß nichts aussagen.

»Ephraim!« Wie aus weiter Ferne klang mir die Stimme meiner Frau ans Ohr. »Es ist halb sechs! Ephraim! Halb sechs!« Jetzt erst merkte ich, daß sie unablässig an meinen Schultern rüttelte.

Ich blinzelte ins Licht des jungen Tages. Schon lange, schon sehr lange hatte kein Schlaf mich so erquickt. Rein strategisch betrachtet, waren wir allerdings übel dran. Wie sollten wir Frau Popper aus ihrer befestigten Stellung herauslocken?

»Warte«, sagte die beste Ehefrau von allen und verschwand.

Aus Rafis Zimmer wurde plötzlich die gellende Stimme eines mit Hochfrequenz heulenden Kleinkindes hörbar. Kurz darauf kehrte meine Frau zurück.

»Hast du ihn gezwickt?« fragte ich.

Sie bejahte von der halboffenen Türe her, durch die wir jetzt Frau Poppers füllige Gestalt in Richtung Rafi vorübersprinten sahen.

Das gab uns Zeit, das Haus zu verlassen und es mit einem lauten, fröhlichen »Guten Morgen!« sogleich wieder zu betreten.

»Eine feine Stunde, nach Hause zu kommen!« bemerkte tadelnd Frau Regine Popper und wiegte auf fleischigen Armen den langsam ruhiger werdenden Rafi in den Schlaf. »Wo waren Sie so lange?«

»Bei einer Orgie.«

»Ach Gott, die heutige Jugend . . .«

Frau Regine Popper schüttelte den Kopf, brachte den nun wieder friedlich schlummernden Rafi in sein Bettchen zurück, bezog ihre Gage und trat in den kühlen Morgen hinaus, um nach einem Scherut Ausschau zu halten.

Kleine Frühjahrsreinigung

Vor dem Passah- oder auch Pessach- oder auch Überschreitungsfest, das zur Erinnerung an unseren ersten Auszug aus Ägypten gefeiert wird, säubern die orthodoxen Juden ihr Haus vom Keller bis zum First, um alle Spuren von Gesäuertem zu vertilgen. Da meine Familie und ich nicht zur orthodoxen Klasse zählen, tun wir nichts dergleichen. Was sich bei uns abspielt, möge aus den folgenden Seiten meines Tagebuches hervorgehen.

Sonntag. Heute beim Frühstück sprach die beste Ehefrau von allen wie folgt:

»Pessach oder nicht – die Zeit der Frühjahrsreinigung ist gekommen. Aber heuer werde ich deswegen nicht das ganze Haus auf den Kopf stellen. Großreinemachen kostet nicht nur sehr viel Arbeit, sondern auch sehr viel Geld. Außerdem könnte es Rafis Wachstum gefährden. Wir werden also – da wir ja ohnedies ein sauberer Haushalt sind und nicht nur einmal im Jahr unter religiösen Vorwänden für Sauberkeit sorgen – nichts weiter tun, als gründlich Staub wischen und aufkehren. Von dir verlange ich nur, daß du zwei neue Besen kaufst. Unsere alten sind unbrauchbar.«

»Mit großer Freude«, antwortete ich und eilte zum einschlägigen Handelsmann. Dort erstand ich zwei langhaarige, künstlerisch geformte Prachtbesen und war voll Dankbarkeit für die weise, hausfrauliche Zurückhaltung meiner Ehegattin.

Als ich heimkam, fand ich unser Haus von einem murmelnden Bächlein umflossen. Die beste Ehefrau von allen hatte den klugen Entschluß gefaßt, vor Beginn der Entstaubungsarbeiten den Fußboden ein wenig anzufeuchten, und hatte zu diesem Zweck eine weibliche Hilfskraft gemietet; und noch eine zweite, die als Wasserträgerin fungierte.

»In einem Tag haben wir das alles hinter uns«, sagte die beste Ehefrau von allen.

Das freute mich von Herzen, denn aus technischen Gründen gab es an diesem Abend nur weiche Eier zum Nachtmahl, und das vertrug sich nicht ganz mit dem hohen Lebensstandard, an den ich nun einmal gewöhnt bin. Übrigens wurden am Nachmittag auch die Fensterläden heruntergenommen, welche quietschten, wenn der Wind blies. Der Schlosser sagte, daß wir neue Fensterangeln brauchten, weil die alten verbogen waren, und daß ich die neuen bei Fuhrmanns Metall- und Eisenwarenhandlung in Jaffa kaufen sollte. Da ich von einem so beschäftigten Mann, wie es ein Schlosser ist, wirklich nicht verlangen konnte, daß er diesen Ankauf selbst tätigte, ging ich nach Jaffa, um Fensterangeln zu kaufen.

Montag. Kam gegen Mittag von Fuhrmanns Metall- und Eisenwarenhandlung zurück. Hatte für 27 Pfund original belgische Fensterangeln gekauft. Fuhrmann sagte, er hätte auch in Israel erzeugte zum Preis von 1,20, aber die seien nichts wert. »Die belgischen halten Ihnen fürs ganze Leben«, versicherte er mir. »Wenn Sie gut aufpassen, dann halten sie sogar fünf Jahre.«

Das murmelnde Bächlein war mittlerweile zum reißenden Wildbach geworden. Durch das Haustor konnte ich nicht eintreten, weil der Tapezierer sämtliche Stühle und Sessel aus dem ganzen Haus im

Vorraum zusammengepfercht hatte, die Möbel aus dem Vorraum befanden sich in der Küche, die Küchengeräte im Badezimmer und das Badezimmer auf der Terrasse. Ich sprang durchs Fenster ins Haus und fiel in einen Bottich mit ungelöschtem Kalk.

Mein Eheweib sprach: »Ich dachte, daß wir bei dieser Gelegenheit auch die Wände neu weißen sollten, denn in ihrem jetzigen Zustand bieten sie einen abscheulichen Anblick. So können wir unsern Onkel Egon unmöglich empfangen.«

Meiner Zustimmung gewiß, stellte sie mich dem Zimmermaler vor und beauftragte mich, mit ihm zu unterhandeln. Schließlich war ja ich der Herr im Haus. Wir einigten uns auf 500 Pfund, einschließlich der Türen.

Der Schlosser inspizierte Fuhrmanns Fensterangeln und fand, daß sie nur zwei Zoll lang waren. Ob ich denn nicht wüßte, daß wir drei Zoll lange brauchten? Er schickte mich zu Fuhrmann zurück.

Die beste Ehefrau von allen schlief mit Rafi im Büchergestell, zu Füßen der Encyclopaedia Britannica. Ich schlief in der Wiege. Ein verirrter Schuhleisten hielt mich viele Stunden lang wach. Zum Nachtmahl hatten wir Rühreier mit Salz.

Dienstag. Fuhrmann behauptete, daß die Fensterangeln drei Zoll maßen, und schickte mich nach Hause. Im Garten trat ich in eine Pfütze frisch angemachter Lackiererfarbe und reinigte mich mühsam in der Vorhalle, wo sich jetzt das Badezimmer befand, denn im Badezimmer wurden die Wandkacheln gerade auf türkisblau geändert (350 Pfund). Meine Gattin meinte nicht zu Unrecht, daß man solche Kleinigkeiten ein für allemal in Ordnung bringen sollte. Der Elektriker, den wir zwecks Behebung eines Kurzschlusses herbeigerufen hatten, teilte uns mit, daß wir die Bergmann-Schalter, die Fleischmann-Kontakte und die Goldfisch-Sicherungen auswechseln müßten (180 Pfund). Der Schlosser gab zu, daß die belgischen Fensterangeln tatsächlich drei Zoll maßen, aber britische Zoll, nicht deutsche. Er hatte deutsche Zoll gemeint. Schickte mich zu Fuhrmann zurück.

Als der Zimmermaler in der Mitte der Küchendecke angelangt war, erhöhte er sprunghaft seinen Preis und gab auch eine einleuchtende Begründung dafür:

»In den Wochen vor Pessach bin ich immer etwas teurer, weil sich alle Leute sagen, daß sie nicht bis Pessach warten wollen, denn zu Pessach besinnt sich dann ein jeder, und dadurch wird alles teurer, und deshalb kommen sie immer schon ein paar Wochen vor Pessach, und deshalb bin ich in den Wochen vor Pessach immer etwas teurer.«

Außerdem verlangte er von mir eine besondere Art von Furnieren, die nur in Chadera erzeugt werden. Er verlangte auch einen ganz bestimmten Vorkriegslack, zwei Päckchen Zigaretten und einen italienischen Strohhut. Das Ensemble seiner Gehilfen war mittlerweile auf vier angewachsen und stimmte bei der Arbeit einen fröhlichen Quartettgesang an.

Das Schlafproblem löste sich anstandslos. Ich raffte alle Kleider aus unserem großen Schrank zusammen und stopfte sie in den Kühlschrank, legte den leeren Schrank rücklings auf den Balkon und versank in einen tiefen, naphtalinumwölkten Schlaf. Mir träumte, ich sei gestorben. Der Beerdigungszug wurde von einer Handwerkerdelegation angeführt, die einen überirdisch langen Pinsel trug.

Die beste Ehefrau von allen zeigte sich von ihrer lebenstüchtigsten Seite. Sie schlief mit Rafi im Wäschekorb und erwachte frisch und rosig. Weiche Eier.

Mittwoch. Fuhrmann erklärte mir, daß es bei Fensterangeln keinen Unterschied zwischen britischem und deutschem Zollmaß gäbe und warf mich hinaus. Als ich das dem Schlosser berichtete, wurde er nachdenklich. Dann fragte er mich, wozu wir die Fensterangeln überhaupt brauchten. Eine Antwort erübrigte sich, da wir ohnedies nicht mehr in die Wohnung hineinkonnten: Im Lauf der Nacht war ein Mann erschienen und hatte die Fußböden ausgehoben. Denn es war seit langem der Wunsch meiner Gattin, die Fußböden einige Grade heller getönt zu haben (340 Pfund). »Nur das noch«, sagte sie, »nur das noch, und dann ist es vorbei.«

Um diese Zeit waren bereits siebzehn Mann an der Arbeit, mich eingeschlossen. Die Maurer, die gerade eine Zwischenwand niederrissen, machten einen ohrenbetäubenden Lärm. »Ich habe mit dem Gebäudeverwalter gesprochen, der eine Art Architekt ist«, teilte mir die beste Ehefrau von allen mit. »Er riet mir, die Zwischenwand zwischen Rafis Zimmer und deinem Arbeitszimmer niederreißen zu lassen, dann bekommen wir endlich ein großes Gästezimmer, und unser jetziges Gästezimmer wird überflüssig, weil wir ja wirklich keine zwei Gästezimmer brauchen, so daß wir das alte Gästezimmer teilen könnten, und dann hätte Rafi sein Kinderzimmer und du hättest dein Arbeitszimmer.«

Um das meinige beizutragen, stieg ich auf eine Leiter und

schnippte mit der großen Gartenschere sämtliche Lüster ab. Wenn schon, denn schon, sage ich immer. Dann befestigte ich einen alten Schrankkoffer an einem wurmstichigen Balken und ging zur Ruhe.

Der Gebäudeverwalter (120 Pfund) teilte mir mit (50 Pfund), daß es am besten wäre (212 Pfund), die ganze Küche auf den Dachboden und den Dachboden ins Badezimmer zu verlegen. Ich bat ihn, das mit meiner Gattin zu besprechen, die ja nur ein paar kleinere Veränderungen im Hause durchführen wollte. Meine Gattin schloß sich im Grammophon ein und sagte, sie fühle sich nicht wohl. Zwei rohe Eier.

Donnerstag. Ging heute von Fuhrmann nicht nach Hause. Verbrachte die Nacht auf einer Gartenbank und fand endlich Ruhe und Schlaf. Zum Frühstück Gras und etwas Wasser aus dem Springbrunnen. Delikat. Fühle mich wie neu geboren.

Freitag. Daheim erwartete mich eine frohe Überraschung. Wo einst mein Haus sich erhoben hatte, gähnte mir jetzt eine tiefe Grube entgegen. Zwei Archäologen durchstöberten die Ruinen nach interessanten Scherben. Die beste Ehefrau von allen stand, mit Rafi auf dem Arm, im Garten und wischte den Staub von den Trümmern. Zwei Polizisten hielten die Schar der Andenkenjäger zurück.

»Ich dachte«, sagte die beste Ehefrau von allen, »daß wir die kleine Frühjahrs-Reinigung doch gleich dazu ausnützen könnten, das ganze Zeug niederzureißen und es dann anständig aufzubauen ...«

»Du hast vollkommen recht, meine Teure«, antwortete ich. »Aber damit warten wir bis nach Pessach, weil dann alles viel billiger ist.«

Eines steht fest: In unserem ganzen Haus ist keine Spur von Ungesäuertem zu finden.

Ein lasterhaftes Hotel

Ich hatte mich entschlossen, die Sommerferien heuer mit meiner Frau zu verbringen. Unsere Wahl fiel auf ein bestrenommiertes Hotel im kühlen Norden, ein ruhiges und bescheidenes Haus, weit weg vom Lärm der großen Städte. Auch gibt es dort weder Rock noch Roll. Auch muß man dort keinen puren Whisky trinken, um als Angehöriger des »smart set« zu gelten.

Ich meldete ein Ferngespräch an und bestellte ein Zimmer für meine Frau und mich.

»Sehr wohl, mein Herr.« Die Stimme des Portiers barst von diskretem Diensteifer. »Kommen Sie gemeinsam an?«

»Selbstverständlich«, antwortete ich. »Was ist das für eine dumme Frage?«

Nachdem wir gemeinsam angekommen waren, füllte ich mit ein paar genialisch hingeworfenen Federstrichen den Meldezettel aus. Und was geschah dann? Dann händigte der Portier jedem von uns einen Schlüssel aus.

»Der Herr hat Nummer 17, die Dame Nummer 203.«

»Augenblick«, sagte ich. »Ich hatte ein Doppelzimmer bestellt.«

»Sie wollen ein gemeinsames Zimmer?«

»Selbstverständlich. Das ist meine Frau.«

Mit weltgewandten Schritten näherte sich der Portier unserem Gepäck, um die kleinen Schilder zu begutachten, die unsern Namen trugen. In diesem Augenblick durchzuckte es mich wie ein fahler Blitz: Die Schilder trugen gar nicht unsern Namen. Nämlich nicht alle. Meine Frau hatte sich zwei Koffer von ihrer Mutter ausgeborgt, und die Schilder dieser Koffer trugen begreiflicherweise den Namen Erna Spitz.

Der Portier kehrte blicklos hinter das Empfangspult zurück und händigte meiner Frau einen Schlüssel ein.

»Hier ist der Schlüssel zu Ihrem gemeinsamen Zimmer, Frau Kishon.« Die beiden letzten Worte wußte er unnachahmlich zu dehnen.

»Wollen Sie . . . wenn Sie vielleicht . . .«, stotterte ich. »Vielleicht wollen Sie unsere Personalausweise sehen?«

»Nicht nötig. Wir kontrollieren diese Dinge nicht. Das ist Ihre Privatangelegenheit.«

Es war keine reine Freude, die erstaunlich langgestreckte Hotelhalle zu durchmessen. Gierige Augenpaare folgten uns, gierige Mäuler grinsten sarkastisch und dennoch anerkennend. Mir fiel plötzlich auf, daß meine kleine Frau, die beste Ehefrau von allen, nun also doch dieses knallrote Kleid angezogen hatte, das immer so viel Aufsehen macht. Auch ihre Absätze waren viel zu hoch. Verdammt noch einmal. Der fette, glatzköpfige Kerl dort drüben – wahrscheinlich aus der Import-Export-Branche – zeigte mit dem Finger nach uns und flüsterte etwas in das Ohr der attraktiven Blondine, die neben ihm im Fauteuil saß. Ekelerregend. Daß ein so

junges Ding sich nicht geniert, in aller Öffentlichkeit mit diesem alten Lüstling aufzutreten. Als gäbe es im ganzen Land keine netten
jungen Männer, wie ich einer bin.

»Hallo, Ephraim!«

Ich drehe mich um. Der ältere der beiden Brüder Schleißner,
flüchtige Bekannte von mir, lümmelt in einer Ecke, winkt mir zu
und macht eine Geste, die so viel bedeutet wie »Alle Achtung!« Er
soll sich hüten. Gewiß, meine Frau kann sich sehen lassen – aber
gleich »Alle Achtung«? Was fällt ihm eigentlich ein?

Das Abendessen im großen Speisesaal war ein einziger Alptraum. Während wir bescheiden zwischen den Tischen hindurchgin-
gen, drangen von allen Seiten Gesprächsfetzen an unser Ohr: »Hat
das Baby zu Hause bei seiner Frau gelassen . . . Ein bißchen mollig,
aber man weiß ja, daß er . . . Wohnen in einem Zimmer zusammen,
als wären sie . . . Kenne seine Frau seit Jahren. Ein Prachtgeschöpf.
Und er bringt es über sich, mit so einer . . .«

Schleißner sprang auf, als wir uns seinem Tisch näherten, und zog
seine Begleiterin hinter sich her, deren Ringfinger deutlich von
einem Ehering geziert war. Er stellte sie uns als seine Schwester vor.
Geschmacklos. Einfach geschmacklos. Ich machte die beiden mit
meiner Frau bekannt. Schleißner küßte ihr die Hand und ließ ein
provokant verständnisvolles Lachen hören. Dann nahm er mich
beiseite.

»Zu Hause alles in Ordnung?« fragte er. »Wie geht's deiner
Frau?«

»Du hast doch gerade mit ihr gesprochen!«

»Schon gut, schon gut.« Er faßte mich verschwörerisch am Arm
und zerrte mich zur Bar, wo er sofort einen doppelten Wodka für
mich bestellte. Ich müßte mir diese altmodischen Hemmungen abgewöhnen, erklärte er mir gönnerhaft. Und was heißt denn da überhaupt »betrügen«? Es ist Sommer, es ist heiß, wir alle sind müde
und erholungsbedürftig, derlei kleine Eskapaden helfen dem geplagten Gatten bei der Überwindung der Schwierigkeiten, die ihm
die Gattin macht, jeder versteht das, alle machen es so, was ist schon
dabei. Und er sei überzeugt, daß meine Frau, falls sie davon erfährt,
mir verzeihen würde.

»Aber ich bin doch mit meiner Frau hier!« stöhnte ich.

»Warum so verschämt, mein Junge? Gar kein Anlaß . . .«

Es war zwecklos. Ich kehrte zu meiner Frau zurück und er zu seiner »Schwester«. Langsam und zögernd zerstreuten sich die männ-

lichen Bestien, die in der Zwischenzeit den Tisch meiner Frau umlagert hatten. Zu meinem Befremden mußte ich feststellen, daß sie an solcherlei Umlagerung Gefallen fand. Sie war von einer fast unnatürlichen Lebhaftigkeit, und in ihren Augen funkelte es verräterisch. Einer der Männer, so erzählte sie mir – übrigens ein sehr gut aussehender –, hätte sie rundheraus aufgefordert, »diesen lächerlichen Zwerg stehenzulassen und in sein Zimmer zu übersiedeln«.

»Natürlich habe ich ihn abgewiesen«, fügte sie beruhigend hinzu. »Ich würde niemals ein Zimmer mit ihm teilen. Er hat viel zu große Ohren.«

»Und daß du mit mir verheiratet bist, spielt keine Rolle?«

»Ach ja, richtig«, besann sich mein Eheweib. »Ich bin schon ganz verwirrt.«

Etwas später kam der Glatzkopf aus der Import-Export-Branche auf uns zu und stellte uns sein blondes Wunder vor. »Gestatten Sie – meine Tochter«, sagte er.

Ich verspürte Lust, ihm die Faust ins schmierige Gesicht zu schlagen. Meine Tochter! Wirklich eine Unverschämtheit. Sie sah ihm überhaupt nicht ähnlich. Nicht einmal eine Glatze hatte sie. Langsam wurde es mir zu dumm.

»Gestatten Sie – meine Freundin.« Und ich deutete mit eleganter Handbewegung auf meine Frau. »Fräulein Erna Spitz.«

Das war der erste Schritt zu einer fundamentalen Umwertung unserer ehelichen Beziehungen. Meine Frau veränderte sich mit bewundernswerter Geschwindigkeit. Wollte ich vor Leuten nach ihrer Hand fassen oder sie auf die Wange küssen, entwand sie sich mir mit der Bemerkung, daß sie auf ihren Ruf achten müsse. Einmal, beim Abendessen, versetzte sie mir sogar einen schmerzhaften Klaps auf die Hand. »Bist du verrückt geworden?« zischte sie. »Was sollen sich die Leute denken? Vergiß nicht, daß du ein verheirateter Mann bist. Es wird sowieso schon genug über uns getratscht.«

Damit hatte sie recht. Beispielsweise war uns zu Ohren gekommen, daß wir in einer Vollmondnacht nackt im Meer gebadet hätten. Anderen Gerüchten zufolge konsumierten wir gemeinsam Rauschgift. Schleißners »Schwester« wußte sogar, daß wir nur deshalb hierhergekommen wären, weil der Gatte meiner Begleiterin uns in unserem vorangegangenen Liebesnest in Safed aufgespürt hätte; die Flucht wäre uns nur ganz knapp geglückt.

»Stimmt das?« fragte die Schleißner-Schwester. »Ich sag's niemandem weiter.«

»Es stimmt nicht ganz«, erklärte ich bereitwillig. »Der Gatte meiner Freundin war zwar in Safed, aber mit dem Stubenmädchen. Und der Liebhaber des Stubenmädchens – nebenbei glücklich verheiratet und Vater von drei Kindern – ist ihnen dorthin nachgeeilt und hat ihm das Mädchen wieder entrissen. Daraufhin beschloß der Gatte, sich an uns zu rächen. Und seither will die wilde Jagd kein Ende nehmen!«

Die Schwester schwor aufs neue, stumm wie ein Grab zu bleiben, und empfahl sich, um den Vorfall mit den übrigen Hotelgästen zu besprechen.

Eine Viertelstunde später wurden wir in die Hoteldirektion gerufen, wo man uns nahelegte, vielleicht doch getrennte Zimmer zu nehmen. Der Form halber.

Ich blieb hart. Nur der Tod würde uns trennen, sagte ich.

Nach und nach wurde die Lage unhaltbar – allerdings aus einem andern Grund, als man vermuten sollte. Meine kleine Frau, die beste Ehefrau von allen, machte es sich nämlich zur Regel, die teuersten Speisen zu wählen und französischen Champagner als Tischgetränk zu bestellen. In einem kleinen silbernen Kübel mit Eis darinnen. Als eine Woche vergangen war, rückte sie mit der unverblümten Forderung nach Pelzen und Juwelen heraus. Das sei in solchen Fällen üblich, behauptete sie.

Gerade noch rechtzeitig erfolgte der Umschwung. Eines Morgens tauchte ein Journalist aus Haifa auf, einer dieser Allerweltsreporter, die mit jedem Menschen per du sind und sich überall auskennen.

»Einen gottverlassenen Winkel habt ihr euch da ausgesucht«, murrte er wenige Stunden nach seiner Ankuft. »Ich hätte nicht geglaubt, daß es irgendwo so sterbensfad sein kann wie hier. Schleißner kommt mit seiner Schwester, du kommst mit deiner Frau, und dieser glatzköpfige Zivilrichter weiß sich nichts Besseres mitzubringen als seine Tochter. Sie ist Klavierlehrerin. Jetzt sag mir bloß: Wie hast du es in dieser kleinbürgerlichen Atmosphäre so lange ausgehalten?«

Am nächsten Tag verließen wir das Hotel. Friede kehrte in unsere Ehe ein.

Nur ab und zu wirft meine Frau mir noch vor, daß ich sie betrogen hätte, und zwar mit ihr selbst.

In dem Supermarkt

Man kann nie wissen, ob ein Schiff, das mit Waren nach Israel unterwegs ist, auch wirklich ankommen wird. Vielleicht läuft es auf eine Sandbank auf oder wird durch eine Meuterei oder sonst etwas am Ankommen gehindert. So erklärt sich die frenetische Kaufhysterie, die unter der Bevölkerung ausbrach, als der erste Supermarkt – ein weiteres Zeichen unserer kulturellen Verbundenheit mit dem Westen – in Tel Aviv eröffnet wurde.

Drei Tage lang übten meine Frau und ich heroische Zurückhaltung. Dann war es vorbei. Wir hatten gerade noch die Kraft zu einer letzten Vorsichtsmaßregel: Um dem Schicksal einiger unserer Nachbarn zu entgehen, die an einem einzigen Einkaufsnachmittag Bankrott gemacht hatten, ließen wir unsere Brieftaschen zu Hause und nahmen statt dessen unseren Erstgeborenen, den allgemein als »Rafi« bekannten Knaben, in den Supermarkt mit.

Gleich am Eingang herrschte lebensgefährliches Gedränge. Wir wurden zusammengepreßt wie – tatsächlich, da war es auch schon:

»Sardinen!« rief meine Frau mit schrillem Entzücken und machte einen sehenswerten Panthersatz direkt an den strategisch postierten Verkaufstisch, um den sich bereits zahllose Hausfrauen mit Zähnen und Klauen balgten. Man hätte an Hand der dort aufgestapelten Sardinenbüchsen eine kleine Weltreise zusammenstellen können: Es gab französische, spanische, portugiesische, italienische, jugoslawische, albanische, cypriotische und heimische Sardinen, es gab Sardinen in Öl, in Tomatensauce, in Weinsauce und in Yoghurt.

Meine Frau entschied sich für norwegische Sardinen und nahm noch zwei Dosen von ungewisser Herkunft dazu.

»Hier ist alles so viel billiger«, sagte sie.

»Aber wir haben doch kein Geld mitgenommen?«

»In meiner Handtasche war zufällig noch eine Kleinigkeit.«

Und damit bemächtigte sie sich eines dieser handlichen Einkaufsgestelle auf Rädern, um die elf Sardinenbüchsen hineinzutun. Nur aus Neugier, nur um zu sehen, was das eigentlich sei, legte sie eine Dose mit der Aufschrift »Gold-Sirup« dazu. Plötzlich erbleichte sie und begann zu zittern:

»Rafi! Um Himmels willen – wo ist Rafi?«

Der geneigte Leser ist gebeten, sich die Panik zweier Eltern auszumalen, deren Kind unter den Hufen einer einhertrampelnden Büffelherde verschwunden ist. So ungefähr war uns zumute.

»Rafi!« brüllten wir beide aus vollem Hals. »Rafael! Liebling!«

»Spielwarenabteilung zweiter Block links«, informierte uns ein erfahrenes Mitglied des Verkaufsstabes.

Im nächsten Augenblick zerriß ein betäubender, explosionsartiger Knall unser Trommelfell. Der Supermarkt erzitterte bis in die Grundfesten und neigte sich seitwärts. Wir seufzten erleichtert auf. Rafi hatte sich an einer kunstvoll aufgerichteten Pyramide von etwa fünfhundert Kompottkonserven zu schaffen gemacht und hatte mit dem untrüglichen Instinkt des Kleinkindes die zentrale Stützkonserve aus der untersten Reihe herausgezogen. Um unseren kleinen Liebling für den erlittenen Schock zu trösten, kauften wir ihm ein paar Süßigkeiten, Honig, Schweizer Schokolade, holländischen Kakao, etwas pulverisierten Kaffee und einen Beutel Pfeifentabak. Während ich den Überschuß auf unserem Einkaufswägelchen verstaute, sah ich dort noch eine Flasche Parfüm, ein Dutzend Notizbücher und zehn Kilo rote Rüben liegen.

»Weib!« rief ich aus. »Das ist nicht unser Wagen!«

»Nicht? Na wenn schon.«

Ich muß gestehen, daß diese Antwort etwas für sich hatte. Es war im ganzen kein schlechter Tausch, den wir da machten. Außer den bereits genannten Objekten enthielt unser neuer Wagen noch eine erkleckliche Anzahl freundlich gerundeter Käsesorten, Kompotte in verschiedenen Farben, Badetücher und einen Besen.

»Können wir alles brauchen«, erklärte meine Frau. »Fragt sich nur, womit wir's bezahlen sollen.«

»So ein Zufall.« Ich schüttelte verwundert den Kopf. »Eben habe ich in meiner Hosentasche die Pfundnoten entdeckt, die ich neulich so lange gesucht hatte.«

Von Gier getrieben, zogen wir weiter, wurden Zeugen eines mitreißenden Handgemenges dreier Damen, deren Laufkarren in voller Fahrt zusammengestoßen waren, und mußten dann aufs neue nach Rafis Verbleib forschen. Wir fanden ihn am ehemaligen Eierverkaufsstand.

»Wem gehört dieser Wechselbalg?« schnaubte der Obereierverkäufer, gelb vor Wut und Eidotter. »Wer ist für dieses Monstrum verantwortlich?«

Wir erteilten ihm die gewünschte Auskunft, indem wir unseren Sohn eilig abschleppten, kauften noch einige Chemikalien für Haushaltszwecke und kehrten zu unserem Wagen zurück, auf den irgend jemand in der Zwischenzeit eine Auswahl griechischer

Weine, eine Kiste Zucker und mehrere Kannen Öl aufgehäuft hatte. Um Rafi bei Stimmung zu halten, setzten wir ihn zuoberst auf den Warenberg und kauften ihm ein japanisches Schaukelpferd, dem wir zwei Paar reizende Hausschuhe für Rafis Eltern unter den Sattel schoben.

»Noch!« stöhnte meine Gattin mit glasigen Augen.

»Mehr!«

Wir angelten uns einen zweiten Wagen, stießen zur Abteilung »Fleisch und Geflügel« vor und erstanden mehrere Hühner, Enten und Lämmer, verschiedene Wurstwaren, Frankfurter, geräucherte Zunge, geräucherte Gänsebrust, Rauchfleisch, Kalbsleberpastete, Gänseleberpastete, Dorschleberpastete, Karpfen, Krabben, Krebse, Lachs, einen Mosche Rabenu, einen Alexander den Großen, einen halben Wal und etwas Lebertran. Nach und nach kamen verschiedene Eierkuchen hinzu, Paprika, Zwiebeln, Kapern, eine Fahrkarte nach Capri, Zimt, Vanille, Vaselin, vasomotorische Störungen, Bohnen, Odol, Spargel, Speisesoda, Äpfel, Nüsse, Pfefferkuchen, Feigen, Datteln, Langspielplatten, Wein, Weib, Gesang, Spinat, Hanf, Melonen, ein Carabinieri, Erdbeeren, Himbeeren, Brombeeren, Blaubeeren, Haselnüsse, Kokosnüsse, Erdnüsse, Nüsse, Mandarinen, Mandolinen, Mandeln, Oliven, Birnen, elektrische Birnen (sechzig Watt), ein Aquarium, Brot, Schnittlauch, Leukoplast, ein Flohzirkus, ein Lippenstift, ein Mieder, Ersatzreifen, Stärke, Kalorien, Vitamine, Proteine, ein Sputnik und noch ein paar kleinere Anschaffungen.

Unseren aus sechs Wagen bestehenden Zug zur Kasse zu dirigieren, war nicht ganz einfach, weil das Kalb, das ich an den letzten Wagen angebunden hatte, immer zu seiner Mutter zurück wollte. Schließlich waren wir soweit, und der Kassier begann schwitzend die Rechnung zusammenzustellen. Ich nahm an, daß sie ungefähr dem Defizit der israelischen Handelsbilanz entsprechen würde, aber zu meinem Erstaunen belief sie sich auf nicht viel mehr als viertausend Pfund. Was uns am meisten beeindruckte, war die Geschicklichkeit, mit der die Verkäufer unsere Warenbestände in große, braune Papiersäcke verpackten. Nach wenigen Minuten war alles fix und fertig. Nur Rafi fehlte.

»Haben Sie nicht irgendwo einen ganz kleinen Buben gesehen?« fragten wir in die Runde.

Einer der Packer kratzte sich nachdenklich am Hinterkopf.

»Augenblick . . . Einen blonden Buben?«

»Ja. Er beißt.«

»Da haben Sie ihn.« Der Packer öffnete einen der großen Papiersäcke. Drinnen saß Rafi und kaute zufrieden an einer Tube Zahnpasta.

»Entschuldigen Sie«, sagte der Packer. »Ich dachte, Sie hätten den Kleinen hier gekauft.«

Wir bekamen für Rafi zweitausendsiebenhundert Pfund zurückerstattet und verließen den Supermarkt. Draußen warteten schon die beiden Lastautos.

Schreckensrotkäppchen

Zeit: 9 Uhr abends. Die Eltern sind im Kino. Rafi ist in der Obhut der unvergleichlichen Regine Popper zurückgeblieben. Er liegt mit offenen Augen im Bettchen und kann nicht einschlafen. Die Straßenbeleuchtung wirft unheimliche Licht- und Schattengebilde in die Ecken des Zimmers. Draußen stürmt es. Der Wüstenwind trägt ab und zu das Geheul von Schakalen heran. Manchmal wird auch der klagende Ruf eines Uhus hörbar.

Frau Popper: Schlaf, Rafilein! Schlaf doch endlich!

Rafi: Will nicht.

Frau Popper: Alle braven Kinder schlafen jetzt.

Rafi: Du bist häßlich.

Frau Popper: Möchtest du etwas zum Trinken haben?

Rafi: Eiscreme.

Frau Popper: Wenn du brav einschläfst, bekommst du Eiscreme. Soll ich dir wieder so eine schöne Geschichte erzählen wie gestern?

Rafi: Nein! Nein!

Frau Popper: Es ist aber eine sehr schöne Geschichte. Die Geschichte von Rotkäppchen und dem bösen Wolf.

Rafi (wehrt sich verzweifelt): Will kein Rotkäppchen! Will keinen bösen Wolf!

Frau Popper (vereitelt seinen Fluchtversuch): So. Und jetzt sind wir hübsch ruhig und hören brav zu. Es war einmal ein kleines Mädchen, das hieß Rotkäppchen.

Rafi: Warum?

Frau Popper: Weil sie auf ihrem kleinen Köpfchen immer ein kleines rotes Käppchen trug.

Rafi: Eiscreme!

Frau Popper: Morgen. Und was tat das kleine Rotkäppchen? Es ging seine Großmutter besuchen, die mitten im Wald in einer kleinen Hütte lebte. Der Wald war fürchterlich groß, und wenn man einmal drin war, fand man nie wieder heraus. Die Bäume reichten bis in den Himmel. Es war ganz finster in diesem Wald.

Rafi: Will nicht zuhören!

Frau Popper: Jeder kleine Junge kennt die Geschichte vom Rotkäppchen. Was werden Rafis Freunde sagen, wenn sie erfahren, daß Rafi die Geschichte nicht kennt?

Rafi: Weiß nicht.

Frau Popper: Siehst du? Rotkäppchen ging durch den Wald, durch den schrecklich großen, finstern Wald. Sie war ganz allein und hatte solche Angst, daß sie an allen Gliedern zitterte und bebte . . .

Rafi: Gut, ich schlaf jetzt ein.

Frau Popper: Du darfst Tante Regine nicht unterbrechen. Das kleine Rotkäppchen ging immer weiter, ganz allein, immer weiter, ganz allein. Ihr kleines Herzchen klopfte zum Zerspringen, und sie bemerkte gar nicht, daß hinter einem Baum ein großer Schatten lauerte. Es war der Wolf.

Rafi: Welcher Wolf? Warum der Wolf? Will keinen Wolf!

Frau Popper: Es ist ja nur ein Märchen, du kleiner Dummkopf. Und der Wolf hatte so große Augen und so gelbe Zähne (sie demonstriert es) – hrr, hrr!

Rafi: Wann kommt Mami zurück?

Frau Popper: Und der große, böse Wolf lief zu der Hütte, wo die Großmutter schlief – öffnete leise die Türe – schlich bis zum Bett – und – hamm, hamm – fraß die Großmutter auf.

Rafi (stößt einen Schrei aus, springt aus dem Bett und versucht zu fliehen).

Frau Popper (in wilder Jagd rund um den Tisch): Rafi! Rafael! Geh sofort ins Bett zurück, sonst erzähl ich dir die Geschichte nicht weiter! Komm, Liebling, komm . . . Weißt du, was das kleine Rotkäppchen tat, als es den Wolf in Großmutters Bett liegen sah? Es fragte: »Großmutter, warum hast du so große Augen? Und warum hast du so große Ohren? Und warum hast du so schreckliche Krallen an den Händen?« Und –

Rafi (springt aufs Fensterbrett, stößt das Fenster auf): Hilfe! Hilfe!

Frau Popper (reißt ihn zurück, gibt ihm einen Klaps auf den Popo, schließt das Fenster): Und plötzlich sprang der Wolf aus dem

Bett und – hamm, hamm –

Rafi: Mami, Mami!

Frau Popper: – fraß das kleine Rotkäppchen auf, mit Haut und Haar und Käppchen – hamm, hamm, hrr, krr!

Rafi (kriecht heulend unters Bett, drückt sich gegen die Wand).

Frau Popper (legt sich vor das Bett): Hrr, krr, hamm, hamm ... Aber auf einmal kam der Onkel Jäger mit seinem großen Schießgewehr und – puff, bumm – schoß den bösen Wolf tot. Großmutter und Rotkäppchen aber sprangen fröhlich aus dem bösen Bauch des bösen Wolfs.

Rafi (steckt den Kopf hervor): Ist es schon aus?

Frau Popper: Noch nicht. Sie füllten den Bauch des bösen Wolfs mit großen Steinen, mit vielen, entsetzlich großen Steinen, und – plop, plumps – warfen ihn in den Bach.

Rafi (oben auf dem Schrank): Aus?

Frau Popper: Aus, mein kleiner Liebling. Eine schöne Geschichte, nicht wahr?

Mami (soeben nach Hause gekommen, tritt ein): Rafi, komm sofort herunter! Was ist denn los, Frau Popper?

Frau Popper: Das Kind ist heute ein wenig unruhig. Ich habe ihm zur Beruhigung eine Geschichte erzählt.

Mami (indem sie Rafis schweißverklebtes Haar streichelt): Danke, Frau Popper. Was täten wir ohne Sie?

Kontakt mit Linsen

»Ephraim«, sagte meine Frau, die beste Ehefrau von allen, »Ephraim – bin ich schön?«

»Ja«, sagte ich. »Warum?«

Es zeigte sich, daß die beste Ehefrau von allen sich schon seit geraumer Zeit mit diesem Problem beschäftigt hatte. Sie weiß natürlich und gibt auch zu, daß nichts Besonderes an ihr dran ist. Trotzdem jedoch und immerhin: Irgend etwas, so meint sie, sei doch an ihr dran. Das heißt: wäre an ihr dran, wenn sie keine Brille tragen müßte.

»Eine Frau mit Brille«, sagte sie, »ist wie eine gepreßte Blume.«

Dieser poetische Vergleich war nicht auf ihrem Mist gewachsen. Sie mußte den Unsinn irgendwo gelesen haben. Wahrscheinlich in einem Zeitungsinserat, das die gigantischste Erfindung seit der

Erfindung des Rades anpries: die Kontaktlinsen. Die ganze zivilisierte Welt ist voll damit. Zwei winzige gläserne Linsen, höchstens 5 Millimeter im Durchmesser, die man ganz einfach auf den Augapfel aufsetzt – und schon ist alles in Ordnung. Deine Umgebung sieht nichts, die menschliche Gesellschaft sieht nichts, nur dein scharf bewehrtes Auge sieht alles. Es ist ein Wunder und eine Erlösung, besonders für kurzsichtige Schauspielerinnen, Korbballspieler und alte Jungfern.

Auch über unser kleines Land hat der Zauber sich ausgebreitet. »Ein Mannequin aus Haifa«, so hieß es auf einem der jüngsten Werbeplakate, »begann Kontaktlinsen zu tragen – und war nach knapp drei Monaten bereits die geschiedene Frau eines gutaussehenden südamerikanischen Millionärs.«

Eine sensationelle Erfindung. Es lebe die Kontaktlinse! Nieder mit den altmodischen, unbequemen Brillen, die eine starre Glaswand zwischen uns und die Schönheit weiblicher Augen schieben!

»Ich habe mir die Adresse eines hervorragenden Experten verschafft«, informierte mich meine Gattin. »Kommst du mit?«

»Ich?«

»Natürlich du. Du bist es ja, für den ich schön sein will.«

Im Wartezimmer des hervorragenden Experten warteten ungefähr tausend Patienten. Die meisten von ihnen waren mit dem Gebrauch von Kontaktlinsen bereits vertraut. Einige hatten sich so sehr daran gewöhnt, daß nicht einmal sie selbst mit Sicherheit sagen konnten, ob sie Kontaktlinsen trugen oder nicht. Das war offenbar der Grund, warum sie den hervorragenden Experten aufsuchten.

Ein Herr in mittleren Jahren demonstrierte gerade die Leichtigkeit, mit der sich die Linse anbringen ließ. Er legte sie auf die Spitze seines Zeigefingers, dann, bitte aufzupassen, hob er den Finger direkt an seine Pupille – und ohne mit der Wimper zu zucken – halt – wo ist die Linse?

Die Linse war zu Boden gefallen. Achtung! Vorsicht! Bitte um Ruhe! Bitte um keine wie immer geartete Bewegung!

Wir machten uns das entstandene Chaos zunutze und schlüpften ins Ordinationszimmer des Spezialisten, eines netten jungen Mannes, der seinen Beruf als Optiker mit enthusiastischer Gläubigkeit ausübte.

»Es ist ganz einfach«, verkündete er. »Das Auge gewöhnt sich nach und nach an den Fremdkörper, und in erstaunlich kurzer Zeit –«

»Verzeihung«, unterbrach ich ihn. »In *wie* erstaunlich kurzer Zeit?«

»Das hängt davon ab.«

»Wovon hängt das ab?«

»Von verschiedenen Umständen.«

Der Fachmann begann eine Reihe fachmännischer Tests durchzuführen und erklärte sich vom Ergebnis hoch befriedigt. Die Beschaffenheit des Okular-Klimas meiner Gattin, so erläuterte er, sei für Kontaktlinsen ganz besonders gut geeignet. Dann demonstrierte er, wie einfach sich die Linse auf die Pupille placieren ließ und wie einfach sie sechs Stunden später wieder zu entfernen war.

Ein kleines Schnippen des Fingers genügte.

Die beste Ehefrau von allen erklärte sich bereit, die riskante Prozedur auf sich zu nehmen.

Eine Woche später wurden ihr die perfekt zugeschliffenen Linsen in einem geschmackvollen Etui zugestellt, wofür ich einen geschmackvollen Scheck in Höhe von 300 Pfund auszustellen hatte.

Noch am gleichen Abend, im Rahmen einer kleinen Familien-Reunion, begann sie mit dem Gewöhnungsprozeß, streng nach den Regeln, an die sie sich fortan halten wollte: erster Tag – 15 Minuten, zweiter Tag – 20 Minuten, dritter Tag – Dritter Tag? Was für ein dritter Tag, wenn ich fragen darf? Genauer gefragt: Was für ein zweiter? Und ganz genau: Was für ein erster?

Kurzum: Nachdem sie die beiden mikroskopisch kleinen, unmerklich gewölbten Dinger vorschriftsmäßig gesäubert hatte, legte sie die eine Linse auf ihre Fingerspitze und bewegte ihren Finger in Richtung Pupille. Der Finger kam näher, immer näher – er wurde größer, immer größer – er wuchs – er nahm furchterregende Dimensionen an –

»Ephraim, ich habe Angst!« schrie sie in bleichem Entsetzen.

»Nur Mut, nur Mut«, sagte ich beruhigend und aufmunternd zugleich. »Du darfst nicht aufgeben. Schließlich habe ich für das Zeug 300 Pfund gezahlt. Versuch's noch einmal.«

Sie versuchte es noch einmal. Zitternd, mit zusammengebissenen Zähnen, führte sie den Finger mit der Linse an ihr Auge heran – näher als beim ersten Versuch – schon war er ganz nahe vor dem Ziel – schon hatte er das Ziel angepeilt – und schwupps! war er im Weißen ihres Auges gelandet.

Es dauerte ungefähr eine halbe Stunde, bis die Linse richtig auf der Pupille saß. Aber dann war's herrlich! Keine Brillen – das Auge bewahrt seine natürliche Schönheit – seinen Glanz – sein Glitzern – es ist eine wahre Pracht. Natürlich gab es noch kleine Nebeneffekte und Störungen. Zum Beispiel waren die Nackenmuskeln zeitweilig paralysiert, und der Ausdruck des ständig nach oben gekehrten Gesichts war ein wenig starr. Aber anders hätte das bejammernswerte Persönchen ja überhaupt nichts gesehen, anders hätte sie unter ihren halb geschlossenen Augenlidern auch noch zwinkern müssen. Und mit dem Zwinkern wollte es nicht recht klappen. Es tat weh. Es tat, wenn sie es auch nur ansatzweise versuchte, entsetzlich weh. Deshalb versuchte sie es gar nicht mehr. Sie saß da wie eine tiefgekühlte Makrele, regungslos gegen die Rückenlehne des Sessels gelehnt, und die Tränen liefen ihr aus den starr zur Decke gerichteten Augen. Volle fünfzehn Minuten lang. Dann ertrug sie es nicht länger und entfernte die Linsen.

Das heißt: Sie würde die Linsen entfernt haben, wenn sie die Linsen hätten entfernen lassen. Sie ließen sich aber nicht. Sie trotzten den immer verzweifelteren Versuchen, sie zu entfernen. Sie rührten sich nicht.

»Steh nicht herum und glotz nicht so blöd!« winselte die beste Ehefrau von allen. »Tu etwas! Rühr dich!«

Ich konnte den tadelnden Unterton in ihrer Stimme wohl verstehen. Schließlich hatte sie all diese Pein nur meinetwegen auf sich genommen. Ich suchte in meinem Werkzeugkasten nach einem geeigneten Instrument, mit dem sich die tückischen kleinen Gläser hätten entfernen lassen, schüttete den gesamten Inhalt des Kastens auf den Boden, fand aber nur eine rostige Beißzange und mußte zwischendurch immer wieder die Schmerzensschreie meiner armen Frau anhören. Schließlich rief ich telefonisch eine Ambulanz herbei.

»Hilfe!« schrie ich ins Telefon. »Ein dringender Fall! Zwei Kontaktlinsen sind meiner Frau in die Augen gefallen! Es eilt!«

»Idiot!« rief die Ambulanz zurück. »Gehen Sie zu einem Optiker!«

Ich tat, wie mir geheißen, hob die unausgesetzt Jammernde aus ihrem Sessel, wickelte sie um meine Schultern, trug sie zum Auto, raste zu unserem Spezialisten und stellte sie vor ihn hin.

In Sekundenschnelle, mit einer kaum merklichen Bewegung zweier Finger, hatte er die beiden Linsen entfernt.

»Wie lange waren sie denn drin?« erkundigte er sich.

»Eine Viertelstunde freiwillig, eine Viertelstunde gezwungen.«

»Nicht schlecht für den Anfang«, sagte der Experte und händigte uns als Abschiedsgeschenk eine kleine Saugpumpe aus Gummi ein, ähnlich jenen, die man zum Säubern verstopfter Abflußrohre in der Küche verwendet, nur viel kleiner. Diese Miniaturpumpe sollte man, wie er uns einschärfte, direkt auf die Miniaturlinse ansetzen, und zwar derart, daß ein kleines Vakuum entsteht, welches bewirkt, daß die Linse von selbst herausfällt. Es war ganz einfach.

Man würde kaum glauben, welche Mißhandlungen das menschliche Auge erträgt, wenn es nur will. Jeden Morgen, pünktlich um 9.30 Uhr, überwand die beste Ehefrau von allen ihre panische Angst und preßte die beiden Glasscherben in ihre Augen. Dann machte sie sich mit kleinen, zögernden Schritten auf den Weg in mein Zimmer, tastete sich mit ausgestreckten Armen an meinen Schreibtisch heran und sagte: »Rate einmal, ob ich jetzt die Linsen drin habe.«

Das stand im Einklang mit dem Text des Inserats, demzufolge es völlig unmöglich war, das Vorhandensein der Linsen mit freiem Auge festzustellen. Daher ja auch die große Beliebtheit dieses optischen Wunders.

Den Rest der täglichen Prüfungszeit verbrachte meine Frau mit leisem, aber beständigem Schluchzen. Bisweilen schwankte sie haltlos durch die Wohnung, und über ihre vertrockneten Lippen kamen ein übers andremal die Worte: »Ich halt's nicht aus . . . ich halt's nicht aus . . .«

Sie litt, es ließ sich nicht leugnen. Auch ihr Äußeres litt. Sie wurde, um es mit einem annähernd zutreffenden Wort zu sagen, häßlich. Ihre geröteten Augen quollen beim geringsten Anlaß über, und das ständige Weinen machte sich auch in ihren Gesichtszügen nachteilig geltend. Obendrein dauerte die Qual von Tag zu Tag länger. Und dazu die täglichen Eilfahrten zum Optiker, damit er die Linsen entferne. Denn die kleine Gummipumpe war ein Versager, das zeigte sich gleich beim ersten Mal, als meine Frau sie in Betrieb nahm. Das Vakuum, das programmgemäß entstand, hätte ihr fast das ganze Auge herausgesaugt.

Niemals werde ich den Tag vergessen, an dem das arme kleine Geschöpf zitternd vor mir stand und verzweifelt schluchzte:

»Die linke Linse ist in meinen Augenwinkel gerutscht. Wer weiß, wo sie sich jetzt herumtreibt.«

Ich erwog ernsthaft, eine Krankenschwester aufzunehmen, die im Entfernen von Kontaktlinsen spezialisiert wäre, aber es fand sich keine. Auch unsere Gespräche über die Möglichkeit einer Emigration oder einer Scheidung führten zu nichts.

Gerade als ich alle Hoffnung aufgeben wollte, buchstäblich im letzten Augenblick, erfolgte die Wendung zum Besseren: Die beiden Linsen gingen verloren. Wir wissen bis heute nicht, wie und wo. Sie sind ja so klein, diese Linslein, so rührend klein, daß sie augenblicklich im Großstadtverkehr verschwinden, wenn man sie zufällig aus dem Fenster gleiten läßt . . .

»Und was jetzt?« jammerte die beste Ehefrau von allen. »Jetzt, wo ich mich gerade an sie gewöhnt habe, sind sie weg. Was soll ich tun?«

»Willst du das wirklich wissen?« fragte ich.

Sie nickte unter Tränen und nickte abermals, als ich sagte:

»Trag wieder deine Brille.«

Es geht ganz leicht. Am ersten Tag 15 Minuten, am zweiten 20 – und nach einer Woche hat man sich an die Brille gewöhnt. Deshalb kann man aber trotzdem von Zeit zu Zeit ohne Brille zu einer Party gehen und vor aller Welt damit prahlen, wie großartig diese neuen Kontaktlinsen sind. Man sieht sie gar nicht. Wenn man nicht gerade das Pech hat, den Büfett-Tisch umzuwerfen, glaubt's einem jeder und man wird zum Gegenstand allgemeinen Neides.

Auf Mäusesuche

Es war eine windige, in jeder Hinsicht unfreundliche Nacht, als ich kurz nach zwei Uhr durch ein gedämpftes Raschelgeräusch in unserem Wäscheschrank geweckt wurde. Auch meine Frau, die beste Ehefrau von allen, fuhr aus dem Schlaf empor und lauschte mit angehaltenem Atem in die Dunkelheit.

»Eine Maus«, flüsterte sie. »Wahrscheinlich aus dem Garten. Was sollen wir tun, was sollen wir tun? Um des Himmels willen, was sollen wir tun?«

»Vorläufig nichts«, antwortete ich mit der Sicherheit eines Mannes, der in jeder Situation den nötigen Überblick behält. »Vielleicht verschwindet sie aus freien Stücken.«

Sie verschwand aus freien Stücken nicht. Im Gegenteil. Das fahle Licht des Morgens entdeckte uns die Spuren ihrer subversiven Wühl- und Nagetätigkeit: zwei schwerbeschädigte Tischtücher.

»Das Biest!« rief meine Frau in unbeherrschtem Zorn. »Man muß dieses Biest vertilgen!«

In der folgenden Nacht machten wir uns an die Arbeit. Kaum hörten wir die Maus an der Holzwand des Schrankes nagen – übrigens ein merkwürdiger Geschmack für eine Maus –, als wir das Licht andrehten und zusprangen. In meiner Hand schwang ich den Besen, in den Augen meiner Gattin glomm wilder Haß.

Ich riß die Schranktür auf. Im zweiten Fach rechts unten, hinter den Bettdecken, saß zitternd das kleine graue Geschöpfchen. Es zitterte so sehr, daß auch die langen Barthaare rechts und links mitzitterten. Nur die stecknadelkopfgroßen, pechschwarzen Äuglein waren starr vor Angst.

»Ist es nicht süß«, seufzte die beste Ehefrau von allen und verbarg sich ängstlich hinter meinem Rücken. »Schau doch, wie das arme Ding sich fürchtet. Daß du dich unterstehst, es zu töten! Schaff's in den Garten zurück.«

Gewohnt, den kleinen Wünschen meiner kleinen Frau nachzugeben, streckte ich die Hand aus, um das Mäuschen beim Schwänzchen zu fassen. Das Mäuschen verschwand zwischen den Bettdecken. Und während ich die Bettdecken entfernte, eine nach der andern, verschwand das Mäuschen zwischen den Tischtüchern und dann zwischen den Handtüchern. Und dann zwischen den Servietten. Und als ich den ganzen Wäschekasten geleert hatte, saß das kleine Mäuschen unter der Couch.

»Du dummes Mäuschen du«, sagte ich mit schmeichlerischer Stimme. »Siehst du denn nicht, daß man nur dein Bestes will? Daß man dich nur in den Garten zurückbringen will? Du dumme kleine Maus?« Und ich warf mit aller Kraft den Besen nach ihr.

Nach dem dritten mißglückten Versuch zogen wir die Couch in die Mitte des Zimmers, aber Mäuschen saß da schon längst unterm Büchergestell. Dank der tatkräftigen Hilfe meiner Frau dauerte es nur eine halbe Stunde, bis wir alle Bücher aus den Regalen entfernt hatten. Das niederträchtige Nagetier lohnte unsere Mühe, indem es auf einen Fauteuil sprang und in der Polsterung verschwand. Um diese Zeit ging mein Atem bereits in schweren Stößen.

»Weh dir, wenn du ihr was tust«, warnte mich die beste Ehefrau von allen. »So ein süßes kleines Geschöpf!«

»Schon gut, schon gut«, knirschte ich, während ich das auseinandergefallene Büchergestell wieder zusammenfügte. »Aber wenn ich das Vieh erwische, übergebe ich es einem Laboratorium für Experimente am lebenden Objekt . . .«

Gegen fünf Uhr früh fielen wir im Zustand völliger geistiger und körperlicher Erschöpfung ins Bett. Mäuschen nährte sich die ganze Nacht rechtschaffen von den Innereien unseres Fauteuils.

Ein schriller Schrei ließ mich bei Tagesanbruch aus dem Schlaf hochfahren. Meine Frau deutete mit zitterndem Finger auf unsern Fauteuil, in dessen Armlehne ein faustgroßes Loch prangte: »Das ist zuviel! Hol sofort einen Mäusevertilger!«

Ich rief eines unserer bekanntesten Mäusevertilgungsinstitute an und erzählte die Geschichte der vergangenen Nacht. Der geschäftsführende Zweite Chefingenieur ließ mich wissen, daß seine Gesellschaft keine Einzelfälle übernehme, sondern sich nur mit der Vertilgung größerer Mäusefamilien beschäftige. Da es mir unzweckmäßig erschien, bloß aus diesem Grund mehrere Generationen von Mäusen in unserem Wäscheschrank heranzuzüchten, erstand ich in einem nahe gelegenen Metallwarengeschäft eine Mausefalle. Meine Frau, eine Seele von einem Weib, protestierte zunächst gegen »das barbarische Werkzeug«, ließ sich dann aber von mir überzeugen, daß die Mausefalle ein heimisches Fabrikat war und sowieso nicht funktionieren würde. Unter der Wucht dieses Arguments fand sie sich sogar bereit, mir ein kleines Stückchen Käserinde zu überlassen. Wir stellten die Mausefalle in einer dunklen Ecke auf und konnten überhaupt nicht einschlafen. Die Nagegeräusche in meiner Schreibtischlade störten uns zu sehr.

Plötzlich senkte sich vollkommene Stille über unser Schlafgemach. Meine Frau riß die Augen vor Entsetzen weit auf, ich aber sprang mit lautem Triumphgeheul aus dem Bett. Gleich darauf war es kein Triumphgeheul mehr, sondern ein Wehgeheul: die Falle schnappte zu, und meine große Zehe verwandelte sich mit erstaunlicher Schnelle in eine Art Fleischsalat.

Sofort begann meine Frau mir kalte und warme Kompressen aufzulegen, ohne jedoch aus ihrer Erleichterung ein Hehl zu machen. Wie sich zeigte, hatte sie die ganze Zeit um das Leben Klein-Mäuschens gezittert. »Auch eine Maus«, sagte sie wörtlich, »ist ein Geschöpf Gottes und tut schließlich nur, was die Natur sie zu tun heißt.«

Dann trat sie vorsichtig an die Mausefalle heran und machte die Stahlfedern unschädlich.

Was hieß die Natur das Mäuschen tun? Die Natur schickte es zu unseren Reisvorräten, die – wie ich einem morgendlichen Aufschrei meiner Gattin entnahm – vollkommen unbrauchbar geworden waren.

»Trag die Mausefalle zur Reparatur!« heischte meine Gattin.

In der Metallwarenhandlung erfuhr ich, daß keine Ersatzteile für Mausefallen auf Lager wären. Der Geschäftsinhaber empfahl mir, eine neue Mausefalle zu kaufen, die Federn herauszunehmen und sie in die alte Mausefalle einzusetzen. Ich folgte seinem Rat, stellte das wieder instand gesetzte Mordinstrument in die Zimmerecke und markierte – ähnlich wie Hänsel und Gretel im finstern Wald – den Weg vom Kasten zur Falle mit kleinen Stückchen von Käse und Schinken aus Plastik.

Es wurde eine aufregende Nacht. Mäuschen hatte sich im Schreibtisch häuslich eingerichtet und verzehrte meine wichtigsten Manuskripte. Wenn es ab und zu eine kleine Erholungspause einlegte, hörten wir in der angespannten Stille unsere Herzen klopfen. Endlich konnte meine Frau nicht länger an sich halten:

»Wenn das arme kleine Ding in deiner Mörderfalle zugrunde geht, ist es aus zwischen uns«, schluchzte sie. »Was du da tust, ist grausam und unmenschlich.« Sie klang wie die langjährige Präsidentin des Tierschutzvereins von Askalon. »Es müßte ein Gesetz gegen Mausefallen geben. Und die süßen langen Schnurrbarthaare, die das Tierchen hat . . .«

»Aber es läßt uns nicht schlafen«, wandte ich ein. »Es frißt unsere Wäsche auf und meine Manuskripte.«

Meine Frau schien mich überhaupt nicht gehört zu haben:

»Vielleicht ist es ein Weibchen«, murmelte sie. »Vielleicht bekommt sie Junge . . .«

Das ständige Knabbern, das munter aus meiner Schreibtischlade kam, ließ nicht auf eine bevorstehende Geburt schließen.

Um es kurz zu machen: Als der Morgen dämmerte, schliefen wir endlich ein, und als wir am Vormittag erwachten, herrschte vollkommene Stille. In der Zimmerecke aber, dort, wo die Mausefalle stand . . . dort sahen wir . . . im Drahtgestell . . . etwas Kleines . . . etwas Graues . . .

»Mörder!«

Das war alles, was meine Frau mir zu sagen hatte. Seither haben wir kein Wort mehr miteinander gesprochen. Und was noch schlimmer ist: Wir können ohne das vertraute Knabbergeräusch nicht schlafen. Bekannten gegenüber ließ meine Frau durchblicken, dies sei die gerechte Strafe für meine Bestialität.

Gesucht: eine Maus.

Ein Fläschchen fürs Kätzchen

Wir alle haben unsere Schwächen. Manche von uns trinken, manche sind dem Spielteufel verfallen, manche sind Mädchenjäger oder Finanzminister. Meine Frau, die beste Ehefrau von allen, liebt nicht nur Mäuse, sie ist auch Katzenliebhaberin. Die Katzen, die sie lieb hat, sind aber keine reinrassigen Edelprodukte aus Siam oder Angora, sondern ganz gewöhnliche, ja geradezu ordinäre kleine Biester, die in den Straßen umherstreunen und durch klägliches Miauen kundtun, daß sie sich verlassen fühlen. Sobald die beste Ehefrau von allen eine dieser armseligen Kreaturen erspäht, bricht ihr das Herz, Tränen stürzen ihr aus den Augen, sie preßt das arme kleine Ding an sich, bringt es mit nach Hause und umgibt es mit Liebe, Sorgfalt und Milch. Bis zum nächsten Morgen.

Am nächsten Morgen ist ihr das alles schon viel zu langweilig.

Am nächsten Morgen spricht sie zu ihrem Gatten wie folgt:

»Möchtest du mir nicht wenigstens ein paar Kleinigkeiten abnehmen? Ich kann nicht alles allein machen. Rühr dich gefälligst.«

Und so geschah es auch mit Pussy. Sie hatte Pussy tags zuvor an einer Straßenecke entdeckt und ohne Zögern adoptiert. Zu Hause stellte sie sofort einen großen Teller mit süßer Milch vor Pussy hin und schickte sich an, mit mütterlicher Befriedigung zuzuschauen, wie Pussy den Teller leerlecken würde.

Pussy tat nichts dergleichen. Sie schnupperte nur ganz kurz an der Milch und drehte sich wieder um.

Fassungslos sah es die Adoptivmama. Wenn Pussy keine Milch nähme, würde sie ja verhungern. Es mußte sofort etwas geschehen. Aber was?

Im Verlauf der nun einsetzenden Beratung entdeckten wir, daß Pussy zur großen, glücklichen Familie der Säugetiere gehörte und folglich die Milch aus einer Flasche eingeflößt bekommen könnte.

»Das trifft sich gut«, sagte ich. »Wir haben ja für unsern Zweitgeborenen, das Knäblein Amir, nicht weniger als acht sterilisierte Milchflaschen im Hause, und –«

»Was fällt dir ein? Die Milchflaschen unseres Amirlein für eine Katze? Geh sofort hinunter in die Apotheke und kauf ein Schnullerfläschchen für Pussy!«

»Das kannst du nicht von mir verlangen.«

»Warum nicht?«

»Weil ich mich schäme. Ein erwachsener Mensch, noch dazu ein anerkannter Schriftsteller, den man in der ganzen Gegend auch persönlich kennt, kann doch unmöglich in eine Apotheke gehen und ein Schnullerfläschchen für eine Katze verlangen.«

»Papperlapapp«, replizierte meine Gattin. »Nun geh schon endlich.«

Ich ging mit dem festen Entschluß, die wahre Bestimmung des Fläschchens geheimzuhalten.

»Ein Milchfläschchen, bitte«, sagte ich dem Apotheker.

»Wie geht es dem kleinen Amir?« fragte er.

»Danke, gut. Er wiegt bereits zwölf Pfund.«

»Großartig. Was für eine Flasche soll es denn sein?«

»Die billigste«, sagte ich.

Ringsum entstand ein ominöses Schweigen. Die Menschen, die sich im Laden befanden – es waren ihrer fünf oder sechs –, rückten deutlich von mir ab und betrachteten mich aus feindselig geschlitzten Augen. »Seht ihn euch nur an, den Kerl«, bedeuteten ihre Blicke. »Gut gekleidet, Brillenträger, fährt ein großes Auto – aber für seinen kleinen Sohn kauft er die billigste Flasche. Es ist eine Schande.«

Auch vom Gesicht des Apothekers war das freundliche Lächeln verschwunden:

»Wie Sie wünschen«, sagte er steif. »Ich möchte Sie nur darauf aufmerksam machen, daß diese billigen Flaschen sehr leicht zerbrechen.«

»Macht nichts«, antwortete ich leichthin. »Dann leime ich sie wieder zusammen.«

Der Apotheker wandte sich achselzuckend ab und kam mit einer größeren Auswahl von Milchflaschen zurück. Es waren lauter Prachterzeugnisse der internationalen Milchflaschen-Industrie. Nur ganz am Ende des Sortiments, schamhaft versteckt, lag ein kleines, häßliches, schäbiges Fläschchen in Braun. Ich nahm alle Kraft zusammen:

»Geben Sie mir das braune.«

Das abermals entstandene Schweigen, noch ominöser als das erste, wurde von einer dicklichen Dame unterbrochen:

»Es geht mich nichts an«, sagte sie, »und ich will mich nicht in Ihre Privatangelegenheiten mischen. Aber Sie sollten sich das doch noch einmal überlegen. Ein Kind ist der größte Schatz, den Gott uns schenken kann. Wenn Sie so schlecht dran sind, mein Herr, daß Sie sparen müssen, dann sparen Sie überall anders, nur nicht an Ihrem kleinen Sohn. Für ein Kind ist das Beste gerade gut genug. Glauben Sie einer mehrfachen Mutter!«

Ich tat, als hätte ich nichts gehört, und erkundigte mich nach den Preisen der verschiedenen Flaschen. Sie rangierten zwischen 5 und 8 israelischen Pfunden. Die braune, auf die meine Wahl gefallen war, kostete nur 35 Aguroth.

»Mein kleiner Bub ist sehr temperamentvoll«, sagte ich ein wenig stotternd. »Ein rechtes Teufelchen. Zerschlägt alles, was ihm in die Hände kommt. Es wäre ganz sinnlos, eine teure Flasche für ihn zu kaufen. Er ruiniert sie sofort.«

»Warum sollte er?« fragte der Apotheker. »Wenn Sie sein kleines Köpfchen mit der linken Hand vom Nacken aus stützen . . . sehen Sie: so . . . während Sie ihm mit der rechten Hand die Milch einflößen, ist alles in Ordnung. Oder scheint Ihnen das nicht der Mühe wert?«

Vor meinem geistigen Auge erschien Pussy, in sauberen Windeln gegen meine linke Hand gestützt und begehrlich nach dem Fläschchen schnappend. Ich schüttelte den Kopf, um das Spukbild zu vertreiben.

»Sie wissen wohl nicht, wie man ein Kleinkind behandelt?« ließ die dicke mehrfache Mutter sich vernehmen. »Ja, ja, die jungen Ehepaare von heute . . . Aber dann sollten Sie wenigstens eine Nurse haben. Haben Sie eine Nurse?«

»Nein . . . das heißt . . .«

»Ich werde Ihnen eine sehr gute Nurse verschaffen!« entschied die Dicke. »So, wie Sie Ihr Baby behandeln, kriegt es ja einen Schock fürs ganze Leben . . . warten Sie . . . ich habe zufällig die Telefonnummer bei mir . . .«

Und schon war meine Wohltäterin am Telefon, um eine Nurse für mich zu engagieren. Verzweifelt sah ich mich um. Die Ausgangstür war nur drei Meter von mir entfernt. Hätten die beiden untersetzten Männergestalten, die meinen Blick offenbar bemerkt hatten, nicht die Tür blockiert, dann wäre ich mit einem Satz draußen gewesen und heulend im Nebel verschwunden. Aber es war zu spät.

»Sie sollten der Dame dankbar sein«, empfahl mir der Apotheker. »Sie hat vier Kinder, und alle sind bei bester Gesundheit. Verlassen Sie sich drauf: sie verschafft Ihnen eine ausgezeichnete Nurse, die den kleinen Amir von seinen nervösen Zuständen heilen wird.«

Ich darf bei dieser Gelegenheit einflechten, daß mein zweitgeborener Sohn Amir das normalste Kind im ganzen Nahen Osten ist und keinerlei »Zustände« hat, von denen ihn irgend jemand heilen müßte. Es blieb mir nur noch die Hoffnung, daß die geschulte Nurse am andern Ende des Telefons nicht zu Hause wäre.

Sie war zu Hause. Die feiste Madame, die sich nicht in meine Privatangelegenheiten mischen wollte, teilte mir triumphierend mit, daß Fräulein Mirjam Kussevitzky, diplomierte Nurse, bereit wäre, morgen bei mir vorzusprechen. »Paßt Ihnen elf Uhr vormittags?« fragte das Monstrum.

»Nein«, antwortete ich, »da habe ich zu tun.«

»Und um eins?«

»Fechtstunde.«

»Auch Ihre Frau?«

»Auch meine Frau.«

»Dann vielleicht um zwei?«

»Da schlafen wir.«

»Um vier?«

»Da schlafen wir noch immer. Fechten macht müde.«

»Sechs?«

»Um sechs erwarten wir Gäste.«

»Acht?«

»Um acht gehen wir ins Museum.«

»Das hat man davon, wenn man jemandem uneigennützig helfen will!« rief die uneigennützige Helferin mit zornbebender Stimme und schmiß den Hörer hin. »Dabei hätte Ihnen dieser Informationsbesuch keine Kosten verursacht, wie Sie in Ihrem Geiz wahrscheinlich befürchten. Es ist wirklich unerhört.«

Ein leichter Schaum trat auf ihre Lippen. Die übrigen Anwesenden zogen einen stählernen Ring um mich. Es sah bedrohlich nach Lynchjustiz aus.

Aus dem Hintergrund kam die eisige Stimme des Apothekers: »Soll ich Ihnen also die braune Flasche einpacken? Die billigste?«

Ich bahnte mir den Weg zu ihm und nickte ein stummes Ja. Insgeheim gelobte ich, wenn ich gesund und lebendig von hier wegkäme, ein Waisenhaus für verlassene Katzen zu stiften.

Der Apotheker unternahm einen letzten Bekehrungsversuch: »Sehen Sie sich doch nur diesen billigen Gummiverschluß an, oben auf der Flasche. Er ist von so schlechter Qualität, daß er sich schon nach kurzem Gebrauch ausdehnt. Das Kind kann Gott behüte daran ersticken.«

»Na wenn schon«, erwiderte ich mit letzter Kraft. »Dann machen wir eben ein neues.«

Aus dem drohenden Ring, der mich jetzt wieder umgab, löste sich ein vierschrötiger Geselle, trat auf mich zu und packte mich am Rockaufschlag.

»Sind Sie sich klar darüber«, brüllte er mir ins Gesicht, »daß man mit diesen billigen Flaschen keine Babies füttert, sondern Katzen?«

Das war zuviel. Ich war am Ende meiner Widerstandskraft.

»Geben Sie mir die beste Flasche, die Sie haben«, hauchte ich dem Apotheker zu.

Ich verließ den Laden mit einer sogenannten »Super-Pyrex«-Babyflasche, der eine genaue Zeit- und Quantitätstabelle beilag sowie ein Garantieschein für zwei Jahre und ein anderer gegen Feuer-, Wasser- und Erdbebenschaden. Preis: 8,50 Pfund.

»Warum, du Idiot«, fragte die beste Ehefrau von allen, als ich die Kostbarkeit ausgepackt hatte, »warum mußtest du die teuerste Flasche kaufen?«

»Weil ein verantwortungsbewußter Mann an allem sparen darf, nur nicht an seinen Katzen«, erwiderte ich.

Die Stimme des Blutes

Es ist eine weithin bekannte Tatsache, daß wir beide, meine Frau und ich, unsere Familienangelegenheiten streng diskret behandeln und daß ich mir niemals einfallen ließe, sie etwa literarisch auszuwerten. Es kann ja auch keinen Menschen interessieren, was bei uns zu Hause vorgeht.

Nehmen wir beispielsweise den Knaben Amir, der in Wahrheit noch ein Baby ist, und zwar ein außerordentlich gut entwickeltes Baby. Nach Ansicht der Ärzte, die wir gelegentlich zu Rate ziehen, liegt sein Intelligenzniveau 30–35 % über dem absoluten Minimum, und die restlichen 65–70 % werden mit der Zeit noch hinzukommen. Amir hat blaue Augen, wie König David sie hatte, und rote Haare, ebenfalls wie König David. Das mag ein faszinierendes Zusammentreffen sein – für die Öffentlichkeit ist es uninteressant.

Manchmal allerdings kommt es im Leben des Kleinkinds zu einem Ereignis, über das man unmöglich schweigend hinweggehen kann. So auch hier. Amir stand nämlich eines Tages auf und blieb stehen. Auf beiden Beinen.

Man glaubt es nicht? Nun ja, gewiß, früher oder später lernen alle Kinder, auf beiden Beinen zu stehen. Aber Amir stand auf beiden Beinen, ohne es jemals gelernt zu haben, ohne Ankündigung oder Vorbereitung.

Es war ungefähr fünf Uhr nachmittag, als aus dem Baby-Trakt unserer Wohnung ein völlig unerwartetes, sieghaftes Jauchzen erklang – wir stürzten hinzu –, und tatäschlich: Klein-Amir stand da und hielt sich am Gitter seiner Gehschule fest. Tatsächlich, er stand fest auf beiden Beinen, sehr zum Unterschied von der Exportwirtschaft des Staates Israel. Unsere Freude war grenzenlos.

»Großartig!« riefen wir. »Gut gemacht, Amir! Bravo! Mach's noch einmal!«

Hier ergaben sich nun einige Schwierigkeiten. Das Kind hatte erstaunlich frühzeitig, oder in jedem Fall nicht zu spät, das Geheimnis des Aufstehens ohne Hilfe erforscht, aber die Technik des Wiederhinsetzens war ihm noch nicht geläufig. Und da ein Kleinkind unmöglich den ganzen Tag lang stehen kann, gab der kleine Liebling deutliche Zeichen von sich, daß wir ihm beim Niederlassen behilflich sein sollten. Was wir auch taten.

Amir steht sehr gerne auf. Er ist, wenn man so sagen darf, darauf versessen, zu stehen. Mindestens siebzigmal am Tag erklingt aus seiner Ecke der Ruf:

»Papi! Papi!«

Ich bin es, den er ruft. Ich, sein Vater, der ihn gezeugt hat. Darin liegt etwas zutiefst Bewegendes. Seine Mutter beschäftigt sich mit ihm fast ununterbrochen, sie füttert ihn mit allerlei Milch und verschiedenen Sorten von Brei, sie hegt und pflegt ihn nach besten Kräften – aber der wunderbare, fast atavistische Urinstinkt des Kindes spürt ganz genau, wer der Herr im Haus ist und wem es vertrauen darf. Deshalb bricht Amir jedesmal, wenn er aufsteht und sich nicht wieder hinsetzen kann, in den gleichen Ruf aus, in den Ruf:

»Papi! Papi!«

Und Papi kommt. Papi eilt herbei. Gleichgültig, was ich gerade tue und in welcher Lage ich mich befinde, vertikal oder horizontal – wenn mein Kind nach mir ruft, lasse ich alles stehen und liegen und bin an seiner Seite. Zugegeben: Es ist ein schwerer Schlag für das Selbstbewußtsein meiner Frau. Es bringt selbst mich in eine gewisse Verlegenheit, daß das Kind, obwohl es in gewissem Sinn auch das ihre ist, sich so klar und eindeutig für seinen Vater entscheidet. Zum Glück ist meine Frau eine intelligente, aufgeklärte Person und weiß ihre Eifersucht zu verbergen. Vor ein paar Tagen gab sie mir sogar ausdrücklich zu verstehen, daß ich mir keine Sorgen machen müsse:

»Es ist alles in Ordnung, Ephraim«, sagte sie, als ich wieder einmal von einer der Niederlassungs-Zeremonien zurückkam. »Amirs Liebe gehört dir. Damit muß ich mich abfinden.«

So etwas kann einem richtig wohltun.

Andererseits möchte man von Zeit zu Zeit auch schlafen.

Solange das Kind nur während des Tages aufstand, war es mir eine frohe Selbstverständlichkeit, ihm beim Niedersetzen zu helfen. Aber als ich ihm immer öfter bis in die frühen Morgenstunden zu Hilfe eilen mußte, hätte ein scharfer Beobachter bei mir gewisse Anzeichen von Nervosität entdecken können. Ich brauche mindestens drei Stunden Schlaf, sonst beginne ich zu stottern. Und nicht einmal diese drei Stunden wollte der Balg mir gönnen.

In jener unvergeßlichen Bartholomäusnacht hatte ich zwecks Ableistung Erster Hilfe schon dreißigmal mein Lager verlassen, während die beste Ehefrau von allen friedlich auf dem ihren ruhte, in tiefem Schlaf, mit regelmäßigen Atemzügen und manchmal mit einem sanften Lächeln um ihre Lippen, wenn sie, in den Schlummer hinein, den fernen »Papi!«-Ruf vernahm. Ich verargte ihr dieses Lächeln nicht. Mein Sohn hatte ja schließlich mich gerufen und nicht sie. Trotzdem empfand ich es irgendwie als ungerecht, daß ich, der überarbeitete, abgeschundene Vorstand des Haushalts, zwischen meinem Bett und dem Baby-Winkel pausenlos hin und her flitzen mußte, während die hauptberufliche Mutter ungestört neben mir dahinschnarchte.

Ein leiser Groll gegen Amir keimte in meinem Innern auf. Erstens hätte er schon längst gelernt haben können, sich ohne Hilfe hinzusetzen, wie die anderen erwachsenen Kinder. Und zweitens war es kein schöner Zug von ihm, sich seiner lieben Mutter gegenüber, die ihn aufopfernd und unermüdlich hegte, so schlecht zu benehmen. Er ist eben rothaarig, wie ich schon sagte.

Als die beste Ehefrau von allen wieder einal ihre Zeit beim Friseur vergeudete, nahm ich Amir auf meine Knie und sprach langsam und freundlich auf ihn ein:

»Amir – ruf nicht immer ›Papi‹, wenn du etwas brauchst.

Gewöhn dir an, ›Mami‹ zu rufen. Mami, Mami. Hörst du, mein kleiner Liebling? Mami, Mami, Mami.«

Amir, auch das glaube ich schon gesagt zu haben, ist ein sehr aufgewecktes Kind. Und die beste Ehefrau von allen ist sehr oft beim Friseur.

Nie werde ich den historischen Augenblick vergessen, als mitten in der Nacht zum ersten Mal aus Amirs Ecke der revolutionäre Ruf erklang:

»Mami! Mami!«

Ich griff mit starkem Arm nach meiner Ehefrau und rüttelte sie so lange, bis sie erwachte.

»Mutter«, flüsterte ich in die Dunkelheit, »dein Sohn steht auf beiden Beinen.«

Mutter brauchte einige Zeit und einige weitere Rufe, ehe sie die Situation erfaßte. Schwerfällig, um nicht zu sagen: widerwillig, erhob sie sich, schlaftrunken torkelnd kam sie nach einer Weile zurück. Aber sie sagte nichts und streckte sich wieder hin, wie jemand, der aus dem Halbschlaf wieder in den ganzen zu verfallen plant.

»Mach dich darauf gefaßt, Liebling«, raunte ich ihr zu, »daß unser Sohn dich noch öfter rufen wird.«

Und so geschah es.

In den folgenden Wochen durfte ich mich nach langer, langer Zeit wieder eines völlig ungestörten Schlummers erfreuen. Unser kleines, süßes, blauäugiges Wunder hatte unter meiner Führung den richtigen Weg gefunden und hatte die Bedeutung der Mutterschaft vollauf begriffen. Die Lage normalisierte sich. Mutter bleibt Mutter, so will es die Natur. Und wenn ihr Kind nach ihr ruft, dann muß sie dem Ruf folgen. In einer besonders gesegneten Nacht stellte sie mit zweiundvierzig Ruf-Folgeleistungen einen imposanten Rekord auf.

»Ich bin von Herzen froh, daß Amir zu dir zurückgefunden hat«, sagte ich eines Morgens beim Frühstück, als sie endlich soweit war, die Augen halb offenzuhalten. »Findest du nicht auch, daß die Mutter-Kind-Beziehung das einzig Natürliche ist?«

Leider nahm die einzig natürliche Situation ein jähes Ende. Es mochte vier Uhr früh sein, als ich mich unsanft wachgerüttelt fühlte.

»Ephraim«, flötete die beste Ehefrau von allen, »dein Sohn ruft dich.«

Ich wollte es zuerst nicht glauben. Aber da klang es aufs neue durch die Nacht:

»Papi! Papi!«

Und dabei blieb es. Amir hatte wieder zu mir herübergewechselt. Sollte das etwa daran liegen, daß ich um diese Zeit beinahe täglich in der Stadt zu tun hatte und oft viele Stunden lang von zu Hause wegblieb?

Was schenken wir der Kindergärtnerin?

Ich liege voll angekleidet auf meiner Couch. Hell leuchtet die Lampe über meinem Kopf. Und in diesem Kopf jagen einander die wildesten Gedanken.

Vor dem Spiegel am anderen Ende des Zimmers steht die beste Ehefrau von allen und krümmt sich. Das tut sie immer, wenn sie ganz genau sehen will, was sie tut. Jetzt eben bedeckt sie ihr Gesicht mit Bio-Placenta-Creme, diesem bekanntlich wunderbaren Mittel zur Regenerierung der Hautzellen. Ich wage nicht, sie zu stören. Noch nicht.

Für einen schöpferischen Menschen meines Alters kommt unweigerlich die Stunde der Selbsterkenntnis. Seit Wochen, nein, seit Monaten bedrängt mich ein grausames Dilemma. Ich kann es allein nicht bewältigen. Einen Schritt, der über den Rest meines Lebens entscheiden wird, muß ich mit jemandem besprechen. Wozu bin ich verheiratet? Ich gebe mir einen Ruck.

»Liebling«, sage ich mit ganz leicht zitternder Stimme, »ich möchte mich mit dir beraten. Bitte reg dich nicht auf und zieh keine voreiligen Schlüsse. Also. Seit einiger Zeit habe ich das Gefühl, daß ich am Ende meiner kreativen Laufbahn angelangt bin und daß es besser wäre, wenn ich mit dem Schreiben Schluß mache. Oder zumindest für ein paar Jahre pausiere. Was ich brauche, ist Ruhe, Sammlung und Erholung. Vielleicht geht's dann wieder ... Hörst du mir zu?«

Die beste Ehefrau von allen bedeckt ihr Gesicht mit einer neuen Lage Bio-Placenta und schweigt.

»Was rätst du mir?« frage ich zaghaft und dennoch eindringlich. »Sag mir die Wahrheit.«

Jetzt wandte sich die Bio-Placenta-Konsumentin um, sah mich lange an und seufzte.

»Ephraim«, sagte sie, »wir müssen etwas für die Kindergärtnerin kaufen. Sie wird nach Beer-Schewa versetzt und fährt Ende der Woche weg. Es gehört sich, daß wir ihr ein Abschiedsgeschenk machen.«

Das war, genaugenommen, keine befriedigende Antwort auf meine Schicksalsfrage. Und darüber wollte ich Madame nicht im unklaren lassen.

»Warum hörst du mir eigentlich niemals zu, wenn ich etwas Wichtiges mit dir besprechen will?«

»Ich habe dir genau zugehört.« Über die Bio-Placenta-Schicht lagerte sich eine ziegelrote Salbe. »Ich kann mich an jedes Wort erinnern, das du gesagt hast.«

»Wirklich? Was habe ich gesagt?«

»Du hast gesagt: Warum hörst du mir eigentlich niemals zu, wenn ich etwas Wichtiges mit dir besprechen will.«

»Stimmt. Und warum hast du mir nicht geantwortet?«

»Weil ich nachdenken muß.«

Das hatte etwas für sich. Es war ja schließlich kein einfaches Problem, mit dem ich sie da konfrontierte.

»Glaubst du«, fragte ich vorsichtig, »daß es sich vielleicht nur um eine vorübergehende Lustlosigkeit handelt, die ich aus eigener Kraft überwinden könnte? Eine schöpferische Pause, sozusagen?«

Keine Antwort.

»Hast du mich verstanden?«

»Natürlich habe ich dich verstanden. Ich bin ja nicht taub. Eine schöpferische Pause aus eigener Kraft überwinden, oder so ähnlich.«

»Nun?«

»Wie wär's mit einer Bonbonniere?«

»Wieso?«

»Das schaut nach etwas aus und ist nicht übermäßig teuer, findest du nicht auch?«

»Ob ich's finde oder nicht – mein Problem ist damit nicht gelöst, Liebling. Wenn ich für ein bis zwei Jahre zu schreiben aufhöre, oder vielleicht für drei – womit soll ich mich dann beschäftigen? Womit soll ich das intellektuelle Vakuum ausfüllen, das in mir entstehen wird? Womit?«

Jetzt wurden die cremebedeckten Wangen einer Reihe von leichten Massage-Schlägen ausgesetzt, aus deren Rhythmus man mit ein wenig Phantasie das Wort »Kindergärtnerin« heraushören konnte.

»Hörst du mir zu?« fragte ich abermals.

»Frag mich nicht ununterbrochen, ob ich dir zuhöre. Natürlich höre ich dir zu. Was bleibt mir schon übrig. Du sprichst ja laut genug.«

»So. Und wovon habe ich jetzt gesprochen?«

»Von der Beschäftigung mit einem Vakuum, das du intellektuell ausfüllen willst.«

Sie hat tatsächlich jedes Wort behalten. Ich nahm den Faden wieder auf.

»Vielleicht sollte ich's mit der Malerei versuchen? Oder mit der Musik? Nur für den Anfang. Gewissermaßen als Übergang.«

»Ja, meinetwegen.«

»Ich könnte natürlich auch auf die Wasserbüffel-Jagd gehen oder Reißnägel sammeln.«

»Warum nicht.«

Ein Löschpapier über die ziegelrote Creme, künstliche Wimpern unter die Augenbrauen, und dann ihre Stimme:

»Man muß sich das genau überlegen.«

Darauf wußte ich nichts zu sagen.

»Warum sagst du nichts, Ephraim?«

»Meiner Meinung nach ist es höchste Zeit, die Leiche unserer Waschfrau auszugraben und sie in den grünen Koffer zu sperren . . . Hast du mir zugehört?«

»Die Leiche der Waschfrau in den Koffer sperren.«

So leicht ist meine kleine Frau nicht zu beeindrucken. Jetzt bürstet sie mit einem winzigen, selbstverständlich aus dem Ausland importierten Bürstchen ihre Augenlider. Ich unternehme einen letzten Versuch.

»Wenn sie kinderliebend ist, die Tiergärtnerin, dann könnten wir ihr ein Zebrapony schenken.«

Auch das ging ins Leere. Meine Gesprächspartnerin stellte das Radio an und sagte:

»Keine schlechte Idee.«

»In diesem Fall«, schloß ich ab, »laufe ich jetzt rasch hinüber zu meiner Lieblingskonkubine und bleibe über Nacht bei ihr.«

»Ja, ich höre. Du bleibst über Nacht.«

»Also?«

»Wenn ich's mir richtig überlege, kaufen wir ihr doch besser eine Vase als eine Bonbonniere. Kindergärtnerinnen lieben Blumen.«

Damit verfügte sich die beste Ehefrau von allen ins Badezimmer, um sich von der Gesichtspflege zu reinigen.

Ich werde wohl noch eine Zeitlang schreiben müssen.

Toto-Experten

Die im allgemeinen nicht sehr glückliche Finanzpolitik unseres Landes hat endlich einen Erfolg zu verzeichnen: das Fußballtoto, das fast ebenso große Umsätze erzielt wie die staatliche Lotterie. Natürlich besteht zwischen den beiden Einrichtungen ein fundamentaler Unterschied. Die Lotterie basiert auf purem Glück, das Toto hingegen erfordert vom Spieler eine überdurchschnittliche Vertrautheit mit den Geheimnissen der Fußball-Nationalliga.

Der Vorgang als solcher ist denkbar einfach. Man erwirbt in einer der zahlreichen Toto-Verkaufsstellen einen Schein, schließt die Augen, wartet auf eine prophetische Erleuchtung und schreibt die Resultate der kommenden Wochenendspiele in die passende Rubrik. »1« bedeutet den Sieg der erstgenannten Mannschaft, »2« den Sieg der zweiten. »X« bedeutet Unentschieden, und das Ganze bedeutet, daß man am Wochenende ständig das Radio laufenläßt, um nach Schluß der Übertragungen festzustellen, daß man 12 Resultate richtig erraten und 2 530 000 Pfund gewonnen hat.

»Geh hin«, sagte die beste Ehefrau von allen, »und mach einen Totozwölfer.«

Das ist, was mich betrifft, leichter gesagt als getan, denn ich für meine Person bin kein Fußballexperte. Zwar hatte ich mehrmals versucht, mich mit diesem Sport anzufreunden, aber mein teuer bezahlter Tribünensitz war immer schon von einem vierschrötigen Gesellen besetzt, der meinen höflichen Hinweis, daß dies mein Platz sei, mit einem monotonen »Verschwind!« abtat.

Unter diesen Umständen wandte ich mich an Uri. Uri verfügt als regelmäßiger Matchbesucher über enorme Sachkenntnis und gab mir eine tiefschürfende Analyse der augenblicklichen Fußballsituation, ehe er sich an die Ausfüllung meines Totoscheins machte.

»Der Mittelstürmer von Hapoël-Sodom hat sich letzten Sonntag in Haifa einen Knöchelbruch zugezogen und kann gegen Makkabi-Jaffa nicht antreten, so daß seine Mannschaft bestenfalls für ein Unentschieden gut ist. Hingegen wird die technisch hervorragende Hakoah-Beer-Schewa unter den schlechten Bodenverhältnissen in Ramat Gan weniger leiden als die Hausherren und folglich gegen den dortigen Makkabi gewinnen.«

Mit gleich verheißungsvoller Detailkenntnis äußerte er sich über alle Spiele. Ich schrieb eifrig mit, trug das ausgefüllte Formular zur Totostelle und wartete geduldig auf den Sonntag.

Wie sich zeigte, war von meinen sämtlichen Tips nur ein einziger richtig, und zwar infolge eines Schreibfehlers meinerseits. Der Totozwölfer dieser Woche ging an eine Hausfrau in Jerusalem. Uri hatte mich um eine schöne Summe Geldes gebracht.

»Das war zu erwarten«, sagten meine Freunde. »Leute, die etwas von Fußball verstehen, können im Toto nicht gewinnen. Toto ist etwas für Ahnungslose. Der Dumme hat's Glück.«

Allmählich lernte ich ein paar erprobte Systeme kennen, beispielsweise den sogenannten »Bevölkerungstest«, demzufolge immer die Mannschaft jener Stadt, die über mehr Einwohner verfügt, im Nachteil ist. Es verliert also mit größter Wahrscheinlichkeit Tel Aviv gegen Haifa, Haifa gegen Tiberias, Tiberias gegen Caesarea und Caesarea gegen Kfar Mordechai. Ferner gibt es das »System Heimvorteil«, das sich immer gegen die Gastmannschaft auswirkt, ohne Rücksicht auf Einwohnerzahlen. Aber die beste Methode ist die, nichts vom Fußball zu verstehen. Es heißt, daß besonders gerissene Totospieler sich der Dienste eines garantierten Ignoranten versichern, eines dreijährigen Kindes etwa, einer alten Jungfer, eines israelischen Politikers, und auf diese Weise regelmäßig einen Elfer erraten oder mindestens einen Zehner.

Verzweiflung packte mich. Noch vor wenigen Monaten war ich in Fußballdingen ein kompletter Idiot gewesen und hätte die Totogewinne nur so gescheffelt. Aber nach der Enttäuschung mit Uri hatte ich mir die vermeintlich nötigen Fachkenntnisse angeeignet – und die kamen mir jetzt bei der Wahl von »1«, »2« und »X« rettungslos in die Quere. Ich zahlte schwer für den Verlust meiner Unschuld.

»Wir müssen einen Vollkretin finden«, sagte die beste Ehefrau von allen.

Unsere Suche blieb erfolglos. In der ganzen Nachbarschaft waren alle einschlägigen Talente bereits fest engagiert (die Zwiglitzers hielten sich sogar ein altes Beduinenweib aus dem Negev). Außerdem wurde die Situation noch dadurch erschwert, daß selbst die ahnungslosesten Totohelfer nach einiger Zeit, nämlich wenn sie lange genug mit Tippen beschäftigt waren, ihre Ahnungslosigkeit einbüßten.

Diese traurige Erfahrung machten wir auch mit unserem Söhnchen Amir.

Der Einfall, ihn für den Totoschein heranzuziehen, war uns gekommen, als ein achtjähriges Kind im Kibbuz Chefzi-bah einen Zwölfer erraten und damit mehr als 30 000 Pfund gewonnen hatte. Am nächsten Tag setzten wir unser kleines Amirlein aufs Töpfchen, und ich begann ihm die Liste der Totospiele vorzulesen:

»Was gefällt dir besser, Liebling – Samson-Beth Alfa oder Davidschleuder-Eilat?«

»Eli!« (Und damit konnte er nur Eilat meinen.)

»Walfisch-Askalon oder Kabbala-Safed?«

»Ballaballa!«

Es war vollkommen klar, ja mehr als das: Es war fast vollkommen richtig. In dieser Woche gewannen wir mit Amirs Hilfe 172 Pfund für einen Zehner, in der nächsten 416 für einen Elfer. In der dritten Woche jedoch überraschte mich unser Orakel mit der Frage:

»Papi, Makkabi Jaffa Jaffa gewinnt Meisterschaft, ja?« Aus und vorbei. Amir war zum Fachmann geworden. Wahrscheinlich hatten sie ihn im Kindergarten verpatzt. »Nicht einmal auf seinen eigenen Sohn kann man sich heutzutage verlassen«, klagte ich. »Was tun wir jetzt, Weib?«

Die beste Ehefrau von allen sah angestrengt ins Weite. Ihr Blick fiel auf Pinkas, den Wachthund des Nachbarhauses, der faul vor seiner Hütte lag und in die Sonne blinzelte.

Wir brachten ihm seine Lieblingssuppe und legten ihm dann die Tototabelle vor. Wenn er den Kopf hob, setzte ich »1« in die betreffende Kolonne, wenn er sich die Schnauze leckte, wurde es »2«, wenn er gar nichts tat, wurde es »X«.

In dieser Woche gewannen wir 524 Pfund, etwas später 476, dann sogar 591. Wir hegten und pflegten Pinkas, wir hätschelten und verwöhnten ihn, wir brachten ihm auserlesene Leckerbissen. Wenn meine Frau im Fleischerladen Knochen verlangte, setzte sie immer hinzu: »Aber bitte von den großen, wir brauchen sie fürs Toto.« Pinkas schien sich zu einer absolut sicheren Einnahmequelle zu entwickeln. Es schien nur so. Als ich gestern wieder mit dem Totoschein zu ihm kam und ihm die erste Paarung vorlas, rümpfte er bei »Hapoël-Tel Aviv« ganz deutlich die Nase. Ich wollte es zuerst nicht glauben, rief meine Frau herbei und wiederholte die Worte »Hapoël-Tel Aviv«, ohne ihr vorher etwas zu sagen. Sie erbleichte.

»Hat er jetzt die Nase gerümpft?«

»Er hat«, sagte ich.

»Und als er bei »Makkabi-Jaffa« die Ohren spitzte, konnte es keine Zweifel mehr geben. Auch Pinkas war unter die Experten gegangen.

Wir werden jetzt wieder in der staatlichen Lotterie spielen. Dort haben Instinkt und Ahnungsvermögen noch eine Chance.

Onkel Morris und das Kolossalgemälde

Der Tag begann wie jeder andere Tag. Im Wetterbericht hieß es »wechselnd wolkig bis heiter«, die See war ruhig, alles sah ganz normal aus. Aber zu Mittag hielt plötzlich ein Lastwagen vor unserem Haus. Ihm entstieg Morris, ein angeheirateter Onkel meiner Gattin mütterlicherseits.

»Ihr seid übersiedelt, höre ich«, sagte Onkel Morris. »Ich habe euch ein Ölgemälde für die neue Wohnung mitgebracht.«

Und auf einen Wink seiner freigebigen Hand brachten zwei stämmige Träger das Geschenk angeschleppt.

Wir waren tief bewegt. Onkel Morris ist der Stolz der Familie meiner Frau, ein sagenhaft vermögender Mann von großem Einfluß in einflußreichen Kreisen. Gewiß, sein Geschenk kam ein wenig spät, aber schon die bloße Tatsache seines Besuchs war eine Ehre, die man richtig einschätzen mußte.

Das Gemälde bedeckte ein Areal von vier Quadratmetern, einschließlich des gotisch-barocken Goldrahmens, und stellte das jüdische Gesamterbe dar. Rechts vorne erhob sich ein kleines »Städel«. Es lag teils in der Diaspora, teils in einem Alptraum, und war von vielem Wasser und vielem sehr blauem Himmel umgeben. Zuoberst prangte die Sonne in natürlicher Größe, zuunterst weideten Kühe und Ziegen. Auf einem schmalen Fußpfad wandelte ein Rabbi mit zwei Torarollen; ihm folgte eine Anzahl von Talmudschülern, darunter einige Wunderkinder, sowie ein Knabe kurz vor Erreichung des dreizehnten Lebensjahrs, der sich für seine Bar-Mizwah vorbereitete. Im Hintergrund sah man eine Windmühle, eine Gruppe von Geigern, den Mond, eine Hochzeit und einige arbeitende Mütter, die im Fluß ihre Wäsche wuschen. Auf der linken Seite öffnete sich die hohe See, komplett mit Segelbooten und Fischernetzen. Aus der Ferne grüßten Vögel und die Küste Amerikas.

Noch nie in unserem ganzen Leben hatten wir ein derartiges Konzentrat von Scheußlichkeit erblickt, obendrein in quadratischem Format, in neoprimitivem Stil und in Technicolor.

»Wahrhaft atembeklemmend, Onkel Morris«, sagten wir. »Aber das ist ein viel zu nobles Geschenk für uns. Das können wir nicht behalten!«

»Macht keine Geschichten«, begütigte Onkel Morris. »Ich bin ein alter Mann und kann meine Sammlung nicht mit ins Grab nehmen.«

Als Onkel Morris, der Stolz der Familie meiner Frau, gegangen war, saßen wir lange vor dem in Öl geronnenen Schrecknis und schwiegen. Die ganze Tragik des jüdischen Volkes begann uns aufzudämmern. Es war, als füllte sich unsere bescheidene Wohnung bis zum Rande mit Ziegen, Wolken, Wasser und Talmudschülern. Wir forschten nach der Signatur des Täters, aber er hatte sie feig verborgen. Ich schlug vor, die quadratische Ungeheuerlichkeit zu verbrennen. Meine Gattin schüttelte traurig den Kopf und wies auf die eigentümliche Empfindlichkeit hin, durch die sich ältere Verwandte auszeichnen. Onkel Morris würde uns eine solche Kränkung niemals verzeihen, meinte sie.

Wir beschlossen, daß wenigstens niemand anderer das Grauen je zu Gesicht bekommen sollte, schleppten es auf den Balkon, drehten es mit der öligen Seite zur Mauer und ließen es stehen.

Eine der dankenswertesten Eigenschaften des menschlichen Geistes ist die Fähigkeit, zu vergessen. Wir vergaßen das Schreckensgemälde, das von hinten nicht einmal so schlecht aussah, und gewöhnten uns allmählich an die riesige Leinwand auf unserem Balkon. Eine Schlingpflanze begann sie instinktiv zu überwuchern.

Manchmal des Nachts konnte es freilich geschehen, daß meine Frau jäh aus ihrem Schlummer emporfuhr, kalten Schweiß auf der Stirn:

»Und wenn Onkel Morris zu Besuch kommt?«

»Er kommt nicht«, murmelte ich verschlafen. »Warum sollte er kommen?«

Er kam.

Bis ans Ende meiner Tage wird mir dieser Besuch im Gedächtnis haften. Wir saßen gerade beim Essen, als die Türglocke erklang. Ich öffnete. Onkel Morris stand draußen und kam herein. Das Ölgemälde schlummerte auf dem Balkon, mit dem Gesicht zur Wand.

»Wie geht es euch?« fragte der Onkel meiner Gattin mütterlicherseits.

Im ersten Schreck – denn auch ich bin nur ein Mensch – erwog ich, mich durch die offengebliebene Tür davonzumachen und draußen im dichten Nebel zu verschwinden. Gerade da erschien meine Frau, die beste Ehefrau von allen; bleich, aber gefaßt stand sie im Türrahmen und zwitscherte:

»Bitte nur noch ein paar Sekunden, bis ich Ordnung gemacht habe! Ephraim, unterhalte dich solange mit Onkel Morris. Das kann nur gut für dich sein.«

Ich versperrte Onkel Morris unauffällig den Weg ins Nebenzimmer und verwickelte ihn in ein angeregtes Gespräch. Von nebenan klangen verdächtige Geräusche, schwere Schritte und ein sonderbares Pumpern, als schleppte jemand eine Leiter hinter sich her. Dann machte ein fürchterlicher Krach die Wände erzittern, und dann erklang die schwache Stimme der besten Ehefrau von allen: »Ihr könnt hereinkommen.«

Wir betraten das Nebenzimmer. Meine Frau lag erschöpft auf der Couch und atmete schwer. An der Wand hing, noch leise schaukelnd, Onkelchens Ölgeschenk, verdunkelte das halbe Fenster und sah merkwürdig dreidimensional aus, denn es bedeckte noch zwei kleinere Gemälde nebst der Kuckucksuhr, und zwar dort, wo die Berge waren, die sich infolgedessen deutlich hervorwölbten.

Auf Onkel Morris machte die bevorzugte Behandlung, die wir seinem Geschenk angedeihen ließen, den denkbar günstigsten Eindruck. Nur den Platz, an dem wir es aufgehängt hatten, fand er ein wenig dunkel. Wir baten ihn, nächstens nicht unangemeldet zu kommen, damit wir uns auf seinen Besuch vorbereiten könnten.

»Papperlapapp«, brummte Onkel Morris leutselig. »Für einen alten Mann wie mich braucht man keine Vorbereitungen. Ein Glas Tee, ein paar belegte Brote, etwas Gebäck – das ist alles . . .«

Seit diesem Zwischenfall lebten wir in ständiger Bereitschaft. Von Zeit zu Zeit hielten wir überraschende Alarmübungen ab: Wir stellen uns schlafend – meine Frau ruft plötzlich: »Morris!« – ich springe mit einem Panthersatz auf den Balkon – unterdessen fegt meine Frau alles von den Wänden des Zimmers herunter – eine Notleiter liegt griffbereit unterm Bett – und im Handumdrehen ist alles hergerichtet. Wir nannten diese Übung »Unternehmen Haman« (weil es etwas mit Aufhängen zu tun hat).

Nach einer Woche intensiven Trainings bewältigten wir die ganze Prozedur – vom Ausruf »Morris« über das aufgehängte Bild bis zur

Verwischung sämtlicher Spuren – in knappen zweieinhalb Minuten. Ein bemerkenswerter sportlich-artistischer Rekord.

Eines schicksalsschweren Schabbats kündigte uns Morris seinen Besuch an. Da er erst am Nachmittag kommen wollte, hatten wir genügend Zeit zur Vorbereitung und beschlossen, das Äußerste aus der Sache herauszuholen. Ich stellte rechts und links in schrägem Winkel zum Gemälde zwei Scheinwerfer auf, die ich mit rotem, grünem und gelbem Cellophanpapier verkleidete. Meine Frau besteckte den Goldrahmen mit erlesenen Blumen und Blüten. Und als wir dann noch das Scheinwerferlicht einschalteten, durften wir uns sagen, daß kein Grauen jemals diesem hier gleichkäme.

Pünktlich um fünf Uhr nachmittags ging die Türglocke. Während meine Frau sich anschickte, Onkel Morris liebevoll zu empfangen, richtete ich zur Steigerung des Effekts den einen Scheinwerfer auf die weidenden Ziegen und den andern auf die waschenden Mütter. Dann öffnete sich die Tür. Dr. Perlmutter, einer der wichtigsten Männer im Ministerium für Kultur und Erziehungswesen, trat mit seiner Gattin ein.

Dr. Perlmutter gehört zur geistigen Elite unseres Landes. Sein verfeinerter Geschmack ist in intellektuellen Kreisen geradezu sprichwörtlich. Seine Gattin leitet eine repräsentative Galerie. Und diese beiden kamen jetzt herein.

Einige Sekunden lang schien die Zeit stillzustehen. Dann sah es aus, als wollte Dr. Perlmutter in Ohnmacht fallen. Dann unternahm ich, mit dem Rücken zum Öl, eine lahme Rettungsaktion und verdeckte wenigstens die weidenden Ziegen. Dann sagte jemand in meiner Kehle:

»Was für eine freudige Überraschung. Bitte nehmen Sie Platz.«

Dr. Perlmutter, immer noch leise schwankend, hatte seine Brille abgenommen und rieb hartnäckig an den Gläsern.

Die verdammten Blumen. Wenn wenigstens diese verdammten Blumen auf dem gotisch-barocken Goldrahmen nicht wären.

»Eine sehr hübsche Wohnung haben Sie«, murmelte Frau Dr. Perlmutter. »Und so hübsche . . . hm . . . Gemälde . . .«

Ich fühlte ganz deutlich, wie die Talmudschüler in meinem Rücken chassidische Tänze aufführten. Im übrigen vergingen die nächsten Minuten in angespannter Reglosigkeit. Die Augen unserer Gäste waren starr auf *das Ding* gerichtet. Schließlich gelang es meiner tapferen Frau, den einen der beiden Scheinwerfer abzuschalten, aber von den Schultern des Rabbiners abwärts blieb die Szenerie in gleißendes Licht getaucht. Dr. Perlmutter klagte über Kopfschmerzen und verlangte ein Glas Wasser. Als meine tapfere Frau mit dem Glas Wasser aus der Küche zurückkam, schmuggelte sie mir einen kleinen Zettel mit einer illegalen Nachricht zu. Der Text lautete: »Ephraim, mach was!«

»Entschuldigen Sie, daß wir so plötzlich bei Ihnen eindringen«, sagte Frau Dr. Perlmutter mit belegter Stimme. »Aber mein Mann wollte mit Ihnen über eine Vortragsreise nach Amerika sprechen.«

»Ja?« jauchzte ich. »Wann?«

»Keine Eile«, sagte Dr. Perlmutter und erhob sich. »Die Angelegenheit ist nicht mehr so dringend.«

Es war klar, daß ich jetzt endlich mit einer Erklärung herausrükken mußte, sonst wären wir aus dem Kreis der zivilisierten Menschheit für immer ausgestoßen. Meine kleine tapfere Frau kam mir zu Hilfe:

»Sie wundern sich wahrscheinlich, wie dieses Bild hergekommen ist?« wisperte sie.

Beide Perlmutters, schon an der Türe, wandten sich um:

»Ja«, sagten sie beide.

In diesem Augenblick kam, mit genauer Berechnung, Onkel Morris. Wir stellten ihn unseren Gästen vor und merkten mit Freude, daß sie Gefallen an ihm fanden.

»Sie wollten uns etwas über dieses . . . hm . . . über dieses Ding erzählen«, mahnte Frau Dr. Perlmutter meine kleine tapfere Frau.

»Ephraim«, sagte meine kleine tapfere Frau. »Ephraim. Bitte.« Ich ließ meinen Blick in die Runde wandern – vom verzweifelten Antlitz meiner Gattin und den versteinerten Perlmutter-Gesichtern – über die Wunderkinder im Schatten der Windmühle – bis zum stolzgeschwellt strahlenden Onkel Morris.

»Es ist ein sehr schönes Bild«, brachte ich krächzend hervor. »Es hat Atmosphäre . . . einen meisterhaften Pinselstrich . . . und Sonne . . . sehr viel Sonne . . . Wir haben es von unserem Onkel hier geschenkt bekommen.«

»Sie sind Sammler?« fragte Frau Dr. Perlmutter. »Sie sammeln –«

»Nein, solche Sachen nicht«, unterbrach Onkel Morris und lächelte abwehrend. »Aber die Jugend von heute – seid nicht bös, Kinder, wenn ich offen bin –, die völlig geschmacklose Jugend von heute bevorzugt diese monströsen Potpourris.«

»Nicht unbedingt«, sagte ich mit einer Stimme, deren plötzliche

Härte und Entschlossenheit mich selbst ein wenig überraschte. Aber jetzt gab es kein Halten mehr. Schon blitzte die Schere in meinen Händen. »Wir haben auch für Bilder kleineren Formats etwas übrig.«

Damit hatte ich die Schere am linken Flußufer angesetzt. Dieses, drei Kühe und ein Stückchen Himmel waren ihr erstes Opfer. Als nächstes schnitt ich den Kahn und die zwei Geiger aus. Dann die Windmühle. Dann ging es durcheinander. Die elementare Wollust des Schöpferischen überkam mich. Mit heiserem Gurgeln stürzte ich mich auf das Fischernetz und stülpte es über den Rabbi. Die waschenden Mütter mischten sich unter die Wunderkinder. An der Küste Amerikas herrschte Mondfinsternis. Die Ziegen bereiteten sich zur Bar-Mizwah vor . . .

Als ich aufsah, waren wir allein in der Wohnung. Um so besser. So konnten meine Frau und ich alles in Ruhe arrangieren.

Eine Viertelstunde später waren wir im Besitze von zweiunddreißig Bildern im handlichen Format. Wir werden eine Galerie im Zentrum der Stadt eröffnen.

A la recherche du temps perdu

Mit gewinnendem Lächeln wandte sich die beste Ehefrau von allen an mich:

»Höre, Liebling? Am nächsten Sonntag haben wir unsern Abituriententag.«

»Wer – wir?«

»Der Jahrgang meines Gymnasiums. Alle werden dort sein. Alle meine ehemaligen Schulkameradinnen und Schulkameraden. Wenn's dir nichts ausmacht, ich meine, wenn du Lust hast, dann komm bitte mit.«

»Es macht mir etwas aus. Ich habe keine Lust. Bitte geh allein.«

»Allein geh ich nicht. Du willst mir nicht den kleinsten Gefallen tun. Es ist immer dasselbe.«

Ich ging mit.

Alle waren dort. Alle waren in bester Laune, wie immer bei solchen Gelegenheiten. Kaum erschien jemand neuer, wurde er von allen umarmt. Auch meine Frau wurde von allen umarmt und wurde mit »Poppy« angesprochen. Poppy! Man nannte sie Poppy! Und meine Frau fühlte sich auch noch wohl dabei. Ich hingegen fühlte mich so einsam und verlassen wie Israel im Weltsicherheitsrat.

Die fröhliche, wohlgelaunte, lärmende Unterhaltung hüpfte von einem Thema zum andern.

»Weiß jemand etwas von Tschaschik? Stimmt es, daß er beim Rigorosum durchgefallen ist? Würde mich nicht überraschen. Er war ja nie ein großes Kirchenlicht . . . Wie geht es Schoschka? Sie soll angeblich sehr gealtert sein . . . Nein, das liegt nicht nur daran, daß ihr zweiter Mann um zwanzig Jahre jünger ist als sie . . . Erinnerst du dich, wie sie damals das Stiegengeländer hinuntergerutscht ist, mit Stockler dicht hinter ihr? Und dann das nächtliche Bad mit Niki, bei Vollmond . . .«

Tosende Heiterkeit brach aus. Einige schlugen sich auf die Schenkel.

»Das ist noch gar nichts. Benny hat sie ja später mit Kugler zusammen erwischt . . . Wir wollten damals vor Lachen beinahe zerspringen . . . Besonders Sascha. Und ausgerechnet er mußte mit Bergers Mutter Charleston tanzen, der Idiot . . . Und die Sache mit Moskowitsch war auch nicht ohne . . .«

Ich kam mir vor wie ein Ausgestoßener. Ich kannte keine Seele dieses Jahrgangs. Ich gehöre zum Jahrgang 1948 des Berzsenyi-Realgymnasiums in Budapest. Hat jemand etwas dagegen?

Eine schrille Frauenstimme lenkte die allgemeine Aufmerksamkeit auf sich:

»Was glaubt ihr, wen ich vor zwei Jahren in Paris gesehen habe? Klatschkes! Hat keinen guten Eindruck auf mich gemacht. Angeblich verkauft er ordinäre Ansichtskarten an ausländische Touristen. Er hatte ja schon immer eine etwas sonderbare Beziehung zur Kunst.«

»Na ja«, warf ich ein. »Von Klatschkes war ja schließlich nichts anderes zu erwarten.« Jemand widersprach mir: »Immerhin wollte er ursprünglich Architekt werden.«

»Mach dich nicht lächerlich«, gab ich zurück. »Klatschkes und Architektur. Ich möchte wetten, daß er keine gerade Linie zusammenbringt.«

Mit dieser Bemerkung erntete ich einen hörbaren Lacherfolg, der mein Selbstvertrauen erheblich steigerte.

»Ist es wahr, daß Joske und Nina geheiratet haben?« fragte mich mein Nebenmann. »Ich kann mir das gar nicht vorstellen. Joske und *Nina*!«

»Ich kann mir nicht einmal vorstellen, wie sie auf der Hochzeit ausgesehen haben«, bemerkte ich und rief damit neuerliche Heiterkeit hervor. »Man braucht sich ja nur zu erinnern, wie Nina damals ihren Büstenhalter verloren hat. Und Joske mit seinen Kaninchen! Immer, wenn ich einen Krautkopf sehe, muß ich an Joske denken . . .« Das war mein größter Lacherfolg bisher. Das Gelächter wollte kein Ende nehmen.

Von da an gab ich die Zügel der Konversation nicht mehr aus der Hand. Immer neue Erinnerungen an die guten alten Zeiten kramte ich hervor, zum jauchzenden Vergnügen der Anwesenden. Als besonders wirksam erwies sich die Geschichte, wie Sascha seinen alten schäbigen Wagen zweimal verkauft hatte und was Berger in seinem Bett fand, als er von einer nächtlichen Kegelpartie mit Moskowitsch zurückkam . . .

Auf dem Heimweg blickte die beste Ehefrau von allen bewundernd zu mir auf: »Du hast die ganze Gesellschaft in deinen Bann geschlagen. Ich wußte gar nicht, daß du über solchen Esprit verfügst.«

»Das liegt an dir«, entgegnete ich mit nachsichtigem Lächeln. »Du warst ja nie eine gute Menschenkennerin, Poppy!«

Koexistenz mit Ameisen

Ebenerdige Wohnung haben einen Vorteil und einen Nachteil. Der Vorteil: daß man keine Stiegen steigen muß. Der Nachteil: daß auch die Ameisen keine Stiegen steigen müssen.

Jeden Morgen überschreitet eine Armee von Ameisen unsere Schwelle, kriecht die Küchenwand hinauf, bis sie den Brotkorb erreicht hat, und verteilt sich über die Abwaschbecken. Von diesen Ausgangspositionen beginnt ein nimmermüdes Kommen und Gehen, das den ganzen Tag lang anhält, zweifellos nach einem wohldurchdachten System, von dem wir aber nichts weiter zu sehen bekommen als die Ameisen. Und heuer ist ein besonders ameisenreicher Sommer.

»Nur ein paar von ihnen zu erschlagen, hilft nichts«, entschied die beste Ehefrau von allen. »Man muß das Nest aufspüren.«

Wir verfolgten die Prozession in entgegengesetzter Richtung; sie führte in den Garten, verschwand kurzfristig unterm Gesträuch, kam wieder an die Oberfläche und verlief im Zickzack nach Norden.

An der Stadtgrenze hielten wir inne.

»Sie kommen von auswärts.« Schwer atmend wandte meine Frau sich um. »Aber wie haben sie den Weg in unser Haus gefunden?«

Solche Fragen kann natürlich nur die Ameisenkönigin beantworten. Die arbeitenden Massen vertrauen ihren Gewerkschaftsführern, erfüllen ihr Arbeitspensum und schleppen ab, was abzuschleppen ist.

Nach einigen Tagen sorgfältiger Beobachtung kaufte meine Frau ein bestens empfohlenes Ameisenpulver und bestreute das Aufmarschterrain von der Hausschwelle bis zur Küche und weiter hinauf mit dem tödlichen Gift. Am nächsten Morgen kamen die Ameisen nur langsam vorwärts, weil sie die vielen kleinen Pulverhügel übersteigen mußten. Eine andere Wirkung zeigte sich nicht. Als nächstes setzten wir eine Insektenspritze ein. Die Vorhut fiel, die Hauptstreitkräfte marschierten weiter. »Sie sind sehr widerstandsfähig, das muß man ihnen lassen«, stellte meine psychologisch geschulte Gattin fest und wusch die ganze Küche mit Karbol. Zwei Tage blieben die Ameisen weg. Wir auch. Nach Abschluß der kurzen Feier erschienen die Ameisenregimenter in voller Stärke und legten noch größeren Eifer an den Tag als zuvor. Unter anderem entdeckten sie den Tiegel mit dem Hustensirup. Sie haben nie wieder gehustet.

Die beste Ehefrau von allen distanzierte sich von ihren anfangs verkündeten Grundsätzen und begann, die Ameisen einzeln zu töten, Tausende an jedem Morgen. Dann ließ sie es sein.

»Es kommen immer neue«, seufzte sie. »Eine unerschöpfliche Masse. Wie die Chinesen.«

Irgend jemand gab ihr einen Tip: Angeblich können Ameisen den Geruch von Gurken nicht vertragen. Am nächsten Tag war unsere Küche mit Gurken gepflastert, aber die Ameisen hatten die Neuigkeit offenbar nicht gehört und nahmen ihren Weg nach kurzem Schnuppern zwischen den Gurken hindurch. Einige kicherten sogar. Wir riefen das Gesundheitsamt an und baten um Rat:

»Was tut man, um Ameisen loszuwerden?«

»Das möchte ich selbst gerne wissen«, antwortete der Beamte. »Ich habe die Küche voller Ameisen.«

Nach ein paar weiteren, kläglich gescheiterten Abwehrversuchen entschlossen wir uns, den ungleichen Kampf aufzugeben. Während wir frühstücken, zieht die Ameisenprozession an uns vorüber und nimmt die gewohnten Stellungen ein, ohne uns weiter zu stören. Wir brauchen uns nicht darum zu kümmern, ob alles in Ordnung ist. Es ist alles in Ordnung. Die Ameisen gehören zum Haus. Sie kennen uns bereits und behandeln uns mit reservierter Höflichkeit, wie es unter Gegnern, die gelernt haben, einander zu respektieren, zur Tradition gehört. Es ist ein nachahmenswertes Beispiel friedlicher Koexistenz.

Les parents terribles

Als wir uns einmal zu einer Erholungsreise entschlossen hatten, meine Frau und ich, machten wir uns an die Ausarbeitung eines detaillierten Reiseplans. Alles klappte, nur ein einziges Problem blieb offen: Was werden die Kinder sagen? Nun, Rafi ist schon ein großer Junge, mit dem man vernünftig reden kann. Er begreift, daß Mami und Papi vom König der Schweiz eingeladen wurden und daß man einem König nicht nein sagen darf, sonst wird er wütend. Das wäre also in Ordnung. Aber was machen wir mit Amir? In seinem Alter ist das Kleinkind bekanntlich am heftigsten an seine Eltern attachiert. Wir wissen von Fällen, in denen verantwortungslose Eltern ihr Kind für zwei Wochen allein ließen – und das arme Wurm trug eine Unzahl von Komplexen davon, die schließlich zu seinem völligen Versagen im Geographieunterricht führten. Ein kleines Mädchen in Natanja soll auf diese Art sogar zur Linkshänderin geworden sein.

Ich besprach das Problem beim Mittagessen mit meiner Frau, der besten Ehefrau von allen. Aber als wir die ersten französischen Vokabeln wechselten, legte sich über das Antlitz unseres jüngsten Sohnes ein Ausdruck unbeschreiblicher, herzzerreißender Trauer. Aus großen Augen sah er uns an und fragte mit schwacher Stimme: »Walum? Walum?«

Das Kind hatte etwas gemerkt, kein Zweifel. Das Kind war aus dem inneren Gleichgewicht geraten. Er hängt sehr an uns, der kleine Amir, ja, das tut er.

Ein kurzer Austausch stummer Blicke genügte meiner Frau und mir, um uns den Plan einer Auslandsreise sofort aufgeben zu lassen. Es gibt eine Menge Ausland, aber es gibt nur einen Amir. Wir fahren nicht, und damit gut. Wozu auch? Wie könnte uns Paris gefallen, wenn wir ununterbrochen daran denken müßten, daß Amir inzwischen zu Hause sitzt und mit der linken Hand zu schreiben beginnt? Man hält sich Kinder nicht zum Vergnügen, wie Blumen oder Zebras. Kinder zu haben, ist eine Berufung, eine heilige Pflicht, ein Lebensinhalt. Wenn man seinen Kindern keine Opfer bringen kann, dann läßt man besser alles bleiben und geht auf eine Erholungsreise.

Das war genau unser Fall. Wir hatten uns sehr auf diese Erholungsreise gefreut, wir brauchten sie, physisch und geistig, und es wäre uns sehr schwergefallen, auf sie zu verzichten. Wir wollten ins Ausland fahren.

Aber was tun wir mit Amir, dem traurigen, dem großäugigen Amir?

Wir berieten uns mit Frau Golda Arje, unserer Nachbarin. Ihr Mann ist Verkehrspilot, und sie bekommt zweimal im Jahr Freiflugtickets. Wenn wir sie richtig verstanden haben, bringt sie ihren Kindern die Nachricht jeweils stufenweise bei, beschreibt ihnen die Schönheiten der Länder, die sie überfliegen wird, und kommt mit vielen Fotos nach Hause. So nimmt das Kind an der Freude der Eltern teil, ja es hat beinahe das Gefühl, die Reise miterlebt zu haben. Ein klein wenig Behutsamkeit und Verständnis, mehr braucht's nicht. Noch vor hundert Jahren wären Frau Golda Arjes Kinder, wenn man ihnen gesagt hätte, daß ihre Mutti nach Amerika geflogen ist, in hysterische Krämpfe verfallen oder wären Taschendiebe geworden. Heute, dank der Psychoanalyse und dem internationalen Flugverkehr, finden sie sich mühelos mit dem Unvermeidlichen ab.

Wir setzten uns mit Amir zusammen. Wir wollten offen mit ihm reden, von Mann zu Mann.

»Weißt du, Amirlein«, begann meine Frau, »es gibt so hohe Berge in –«

»Nicht wegfahren!« Amir stieß einen schrillen Schrei aus. »Mami, Papi nicht wegfahren! Amir nicht allein lassen! Keine Berge! Nicht fahren!«

Tränen strömten über seine zarten Wangen, angstbebend preßte sich sein kleiner Kinderkörper gegen meine Knie.

»Wir fahren nicht weg!« Beinahe gleichzeitig sprachen wir beide es aus, gefaßt, tröstend, endgültig. Die Schönheiten der Schweiz und Italiens zusammengenommen rechtfertigen keine kleinste Träne in unseres Lieblings blauen Augen. Sein Lächeln gilt uns mehr als jedes Alpenglühen. Wir bleiben zu Hause. Wenn das Kind etwas älter ist, sechzehn oder zwanzig, wird man weitersehen. Damit schien das

Problem gelöst.

Leider trat eine unvorhergesehene Komplikation auf: Am nächsten Morgen beschlossen wir, trotzdem zu fahren. Wir lieben unseren Sohn Amir, wir lieben ihn über alles, aber wir lieben auch Auslandsreisen sehr. Wir werden uns von dem kleinen Unhold nicht um jedes Vergnügen bringen lassen.

In unserem Bekanntenkreis gibt es eine geschulte Kinderpsychologin. An sie wandten wir uns und legten ihr die delikate Situation genau auseinander.

»Ihr habt einen schweren Fehler gemacht«, bekamen wir zu hören. »Man darf ein Kind nicht anlügen, sonst trägt es seelischen Schaden davon. Ihr müßt ihm die Wahrheit sagen. Und unter gar keinen Umständen dürft ihr heimlich die Koffer packen. Im Gegenteil, der Kleine muß euch dabei zuschauen. Er darf nicht das Gefühl haben, daß ihr ihm davonlaufen wollt . . .«

Zu Hause angekommen, holten wir die beiden großen Koffer vom Dachboden, klappten sie auf und riefen Amir ins Zimmer.

»Amir«, sagte ich geradeheraus und mit klarer, kräftiger Stimme, »Mami und Papi –«

»Nicht wegfahren!« brüllte Amir. »Amir liebt Mami und Papi! Amir nicht ohne Mami und Papi lassen! Nicht wegfahren!«

Das Kind war ein einziges, großes Zittern. Seine Augen schwammen in Tränen, seine Nase tropfte, seine Arme flatterten in hilflosem Schrecken durch die Luft. Er stand unmittelbar vor einem nie wieder gutzumachenden Schock, der kleine Amir. Nein, das durfte nicht geschehen. Wir nahmen ihn in die Arme, wir herzten und kosten ihn: »Mami und Papi fahren nicht weg . . . warum glaubt Amir, daß Mami und Papi wegfahren . . . Mami und Papi haben Koffer heruntergenommen und nachgeschaut, ob vielleicht Spielzeug für Amir drinnen . . . Mami und Papi bleiben zu Hause . . . immer . . . ganzes Leben . . . nie wegfahren . . . immer nur Amir . . . nichts als Amir . . . Europa pfui . . .«

Aber diesmal war Amirs seelische Erschütterung schon zu groß. Immer wieder klammerte er sich an mich, in jedem neuen Aufschluchzen lag der Weltschmerz von Generationen. Wir selbst waren nahe daran, in Tränen auszubrechen. Was hatten wir da angerichtet, um Himmels willen? Was ist in uns gefahren, daß wir diese kleine, zarte Kinderseele so brutal verwunden konnten?

»Steh nicht herum wie ein Idiot!« ermahnte mich meine Frau. »Bring ihm einen Kaugummi!«

Amirs Schluchzen brach so übergangslos ab, daß man beinahe die Bremsen knirschen hörte:

»Kaugummi? Papi blingt Amir Kaugummi aus Eulopa?«

»Ja, mein Liebling, ja, natürlich. Kaugummi. Viel, viel Kaugummi. Mit Streifen.«

Das Kind weint nicht mehr. Das Kind strahlt übers ganze Gesicht:

»Kaugummi mit Stleifen, Kaugummi mit Stleifen! Papi Amir Kaugummi aus Eulopa holen! Papi wegfahren! Papi schnell wegfahren! Viel Kaugummi für Amir!«

Das Kind hüpft durchs Zimmer, das Kind klatscht in die Hände, das Kind ist ein Sinnbild der Lebensfreude und des Glücks:

»Papi wegfahren! Mami wegfahren! Beide wegfahren! Schnell, schnell! Walum Papi noch hier! Walum, walum . . .«

Und jetzt stürzten wieder die Tränen aus den Augen, sein kleiner Körper bebte, seine Hände krampften sich am Koffergriff fest, mit seinen schwachen Kräften wollte er den Koffer zu mir heranziehen.

»Wir fahren ja, Amir, kleiner Liebling«, beruhigte ich ihn. »Wir fahren sehr bald.«

»Nicht bald! Jetzt gleich! Mami und Papi jetzt gleich wegfahren!«

Das war der Grund, warum wir unsere Abreise ein wenig vorverlegen mußten. Die letzten Tage waren recht mühsam. Der Kleine gab uns allerlei zu schaffen. In der Nacht weckte er uns durchschnittlich dreimal aus dem Schlaf, um uns zu fragen, warum wir noch hier sind und wann wir endlich fahren. Er hängt sehr an uns, Klein Amir, sehr. Wir werden ihm viele gestreifte Päckchen Kaugummi mitbringen. Auch die Kinderpsychologin bekommt ein paar Päckchen.

Ein pädagogischer Sieg

Als wir in Rom das Flugzeug zur Heimreise bestiegen, war uns seltsam unbehaglich zumute. Etwas lag in der Luft. Wir hätten nicht zu sagen vermocht, was es war – aber es lag.

»Die Pilotenkanzel gefällt mir nicht«, murmelte die beste Ehefrau von allen.

Ich schwieg.

»Und dieses merkwürdige Motorengeräusch«, äußerte sie einige

Minuten später, während das Flugzeug die Piste entlangrollte.

Auch mir schien etwas an dem Geräusch nicht ganz geheuer. Um die Nervosität meiner Frau nicht noch zu steigern, blieb ich bei meinem Schweigen und betete stumm in mich hinein.

Das Flugzeug hob sich vom Boden ab. Es brauchte beunruhigend lange, ehe es an Höhe gewann.

Was war das nur. Was, um des Himmels willen . . .

»Ich hab's!« rief meine Frau plötzlich aus. »Der gestreifte Kaugummi! Wir haben den Kaugummi vergessen!«

Bleicher Schrecken durchfuhr mich. Ich versuchte das verzweifelte Bündel Mensch neben mir zu trösten.

»Vielleicht«, stotterte ich, »vielleicht erinnert sich Amir nicht mehr . . .«

Aber ich glaubte selbst nicht daran.

Während der kurzen Zwischenlandung in Athen eilten wir von Kiosk zu Kiosk, um Kaugummi zu kaufen. Es gab keinen. Das Kaugummi-Ähnlichste, das man uns anbot, war eine zwei Meter große Stoffgiraffe. Wir nahmen sie, und dazu noch eine Miniaturplastik der Akropolis, eine Puppe in griechischem Schottenrock sowie ein Ölgemälde der Jungfrau mit dem Kinde.

Zwei Stunden später landeten wir auf dem Flughafen von Tel Aviv.

Als wir von fern die beiden kleinen Knaben erspähten, die uns hinter der Sperre erwartungsvoll entgegenblickten, begannen unsere Herzen wild zu klopfen. Mit Rafi würde es keine Schwierigkeiten geben, er war jetzt schon alt genug, er war ein vernünftiges Kind, außerdem hatten wir ihm sicherheitshalber einen Helikopter aus Schokolade und ein Luftdruckgewehr gekauft, ganz zu schweigen von der elektrischen Eisenbahn und dem gefütterten Wintermantel (der eigentlich nicht zählte); der Billardtisch und das Motorboot würden nachkommen. Nein, um Rafi brauchten wir uns nicht zu sorgen. Aber wie stand es mit Amir?

Wir hoben ihn hoch, wir herzten ihn, wir setzten ihn behutsam wieder zu Boden. Und während ihm seine Mutter vorsorglich über die Locken strich, fragte sein Vater:

»Na? Haben wir die Stoffgiraffe mitgebracht oder nicht?«

Amir gab keine Antwort. Er sah zuerst die Giraffe an und dann seine Eltern, mit dem gleichen leeren Blick, als wären wir ihm völlig aus dem Gedächtnis entschwunden. Für ein kleines Kind sind drei Wochen eine sehr lange Zeit. Vielleicht erkannte er uns nicht. Und von Menschen, die man nicht kennt, wird man wohl schwerlich gestreiften Kaugummi erwarten können.

Im Auto saß er stumm auf den Knien seiner Großmutter und starrte vor sich hin. Erst als die Stadt Tel Aviv in Sicht kam, glomm in seinen Augen ein erstes Anzeichen von Familienzugehörigkeit auf.

»Wo ist Kaugummi?« fragte er.

Ich brachte kein Wort hervor. Auch die beste Ehefrau von allen beschränkte sich auf ein unartikuliertes Seufzen, das nur langsam die Gestalt halbwegs zusammenhängender Worte annahm:

»Der Onkel Doktor . . . weißt du, Amirlein . . . der Onkel Doktor sagt, gestreifter Kaugummi ist schlecht fürs Bauchi . . . ungesund, weißt du . . «

Amirs Antwort erfolgte so plötzlich und in so übergangsloser Lautstärke, daß der Fahrer den Wagen verriß.

»Onkel Doktor blöd, Onkel Doktor ekelhaft!« brüllte er. »Papi und Mami pfui. Amir will Kaugummi haben. Gestreiften Kaugummi.«

Jetzt mischte sich die liebe Oma ein: »Wirklich, warum habt ihr ihm keinen Kaugummi mitgebracht?«

Das veranlaßte Amir, noch höhere Lautstärke aufzudrehen. In solchen Augenblicken ist er gar nicht so hübsch wie sonst. Seine Nase läuft purpurrot an, und rote Haare hat er ja sowieso.

Auch die zu Hause ergriffenen Gegenmaßnahmen fruchteten nichts. Wir setzten die elektrische Eisenbahn in Betrieb, verschiedenfarbige Luftballons stiegen zur Decke, die beste Ehefrau von allen blies auf einer römischen Trompete, ich selbst schlug ein paar Purzelbäume und bediente dabei die griechische Trommel. Amir sah mir so lange reglos zu, bis ich aufhörte.

»Na, Amir, mein Sohn? Womit werden wir denn die Giraffe füttern?« fragte ich.

»Mit Kaugummi«, antwortete Amir, mein Sohn. »Mit gestreiftem Kaugummi.«

Man mußte die Sache anders angehen, man mußte dem Kind die Wahrheit sagen, man mußte ihm gestehen, daß wir den Kaugummi vergessen hatten, ganz einfach vergessen.

»Papi hatte auf dieser Reise sehr viel zu tun, Amir, und hatte keine Zeit, Kaugummi zu kaufen«, begann ich.

Amirs Gesicht verfärbte sich blau, und auch das ist kein schöner Anblick: ein blaues Gesicht unter roten Haaren. Ich wandte mich ein wenig seitwärts:

»Aber der König der Schweiz hat mir fünf Kilo Kaugummi für dich mitgegeben. Sie stehen im Keller. Gestreifter Kaugummi für Amir in einem gestreiften Karton. Aber du darfst nicht hinuntergehen, hörst du? Sonst kommen die Krokodile und fressen dich. Krokodile sind ganz verrückt nach Kaugummi. Wenn sie erfahren, daß im Keller so viel Kaugummi für Amir liegt, fliegen sie sofort los – moderne Krokodile haben Propeller, weißt du – und besetzen zuerst den Keller, dann kommen sie ins Kinderzimmer und schnappen nach Amir, haff-haff-haff, und reißen alle Schubladen auf und suchen überall nach Kaugummi. Willst du, daß Krokodile ins Haus kommen?«

»Ja!« jauchzte Amir. »Gestreifte Krokodile. Wo sind die Krokodile? Wo?«

Mitten ins Scheitern meines pädagogischen Umgehungsmanövers kam die beste Ehefrau von allen aus dem Nachbarhaus zurück, wo sie vergebens um Kaugummi gebettelt hatte. Und die Läden waren bereits geschlossen. Unheilbarer Schaden drohte dem Seelenleben unseres Söhnchens. Wir haben ihm den kostbarsten Besitz entrissen: das Vertrauen zum eigenen Fleisch und Blut. Aus solchem Stoff werden Tragödien gemacht. Vater und Sohn leben jahrhundertelang Seite an Seite und finden keine Berührung miteinander.

»Kaugummi!« brüllte Amir. »Will gestreiften Kaugummi!«

Großmutti hat den Inhaber des benachbarten Kaufladens aus dem Schlaf geweckt, aber der benachbarte Kaufladen führt keinen gestreiften Kaugummi, sondern nur ganz gewöhnlichen. Ich verschwinde mit dem gewöhnlichen Kaugummi in die Küche und mache mich daran, mit Wasserfarben die erforderlichen Streifen aufzumalen. Die beste Ehefrau von allen versucht mir lautstark klarzumachen, wie gefährlich das ist. Rafi hat die griechische Trommel entdeckt und bedient sie unablässig. Die Wasserfarben halten nicht und laufen vom Kaugummi hinunter. Im Nebenzimmer explodiert ein Luftballon mit lautem Knall. Großmutti telefoniert um den Doktor. Amir erscheint mit geschwollenen Augen im blauen Gesicht unter den roten Haaren und heult:

»Papi hat Amir Kaugummi versprochen! Kaugummi mit Streifen!«

Jetzt reicht's mir. Ich weiß nicht, was da so plötzlich in mich gefahren ist – aber im nächsten Augenblick schleudere ich den Kasten mit den Wasserfarben an die Wand, und aus meiner Kehle dringt ein wildes Aufbrüllen: »Ich habe keinen Kaugummi! Und ich werde auch keinen haben! Zum Teufel mit den verdammten Streifen! Noch ein Wort, du niederträchtiger Balg, und ich breche dir alle Knochen im Leib! Hinaus! Marsch hinaus, bevor ich meine Ruhe verliere!«

Großmutti und ihre Tochter sind in Ohnmacht gefallen. Auch ich fühle mich einem Zusammenbruch nahe. Was ist mir geschehen? Noch nie im Leben habe ich die Stimme gegen mein Kind erhoben. Und gerade jetzt, gerade da wir von einer Reise zurückgekommen sind und ihm die schwerste Enttäuschung seines kleinen Lebens verursacht haben, gerade jetzt werfe ich meine Erziehungsgrundsätze über den Haufen? Wird der arme kleine Amir diesen Schock jemals überwinden?

Es scheint so.

Amir hat nach dem Kaugummi gegriffen, den ich in der fühllosen Hand behalten habe, steckt ihn in den Mund und kaut genießerisch.

»Mhm. Schmeckt fein. Guter Kaugummi. Streifen pfui.« Was für ein hübsches Kind er doch ist, mit dem hellen Gesicht unter den dunkelblonden Haaren.

Die Kraftprobe

Wenn Sie dieser Tage zufällig durch unsere Gegend kommen und auf der Straße zwei oder mehrere in hitzigem Gespräch begriffene Menschen sehen, können Sie jeden Betrag darauf wetten, daß über das derzeit wichtigste Thema gesprochen wird, nämlich: »Geht Amir Kishon in den Kindergarten oder nicht?«

Die Quote steht 3 : 1 für »nicht«.

Wir bekommen im Durchschnitt zehn Anrufe täglich, alle mit der Frage: »Bleibt er zu Hause?«

Amir bleibt.

Das war nicht immer so. Als wir ihn zum erstenmal in den Kindergarten brachten, schien er sich dort ungemein wohl zu fühlen, fand sofort Anschluß an die anderen Rangen, tollte fröhlich mit ihnen umher, baute Plastikburgen und tanzte zu den Weisen einer Ziehharmonika. Aber schon am nächsten Morgen besann er sich auf sich selbst:

»Ich will nicht in den Kindergarten gehen«, plärrte er. »Bitte nicht! Papi, Mami, bitte keinen Kindergarten! Nein, nein, nein!«

Wir fragten ihn nach den Gründen des plötzlichen Umschwungs – gestern hätte es ihm doch so gut gefallen, warum wollte er plötzlich nicht mehr, was ist denn los? Amir ließ sich auf keine Diskussion ein. Er wollte ganz einfach nicht, er weigerte sich, er war bereit, überall hinzugehen, nur nicht in den Kindergarten. Und da er in der Kunst des Heulens meisterhaft ausgebildet ist, setzte er auch diesmal seinen Willen durch.

Das Ehepaar Seelig bemängelte unverhohlen unsere Schwäche, und als wir Amir – der ja schließlich uns gehörte und nicht den Seeligs – in Schutz zu nehmen versuchten, bekamen wir's mit Erna Seelig zu tun:

»Lauter Unfug«, keifte sie. »Man darf einem kleinen Kind nicht immer nachgeben. Man muß es vor vollendete Tatsachen stellen. Nehmen Sie den Buben bei der Hand, liefern Sie ihn im Kindergarten ab, und fertig.«

Wir konnten nicht umhin, den Mut dieser energischen Person zu bewundern. Endlich ein Mensch, der sich von Kindern nichts vorschreiben läßt! Wirklich schade, daß Erna Seelig keine Kinder hat.

Mit ihrer Hilfe zerrten wir Amir in den Wagen und unternahmen eine Spazierfahrt, die zufällig vor dem Eingang des Kindergartens endete. Amir begann sofort und im höchsten Diskant zu heulen, aber das kümmerte uns nicht. Wir fuhren ab. Der Fratz soll nur ruhig heulen. Das kräftigt die Stimmbänder.

Nach einer Weile, vielleicht eine volle Minute später, wurden wir trotzdem nachdenklich. In unseren Herzen stieg die bange Frage auf, ob er denn wohl noch immer weinte.

Wir fuhren zum Kindergarten zurück. Amir hing innen am Gitter, die kleinen Händchen ins Drahtgeflecht verklammert, den kleinen Körper von konvulsivischem Schluchzen geschüttelt, aus dem die Rufe »Mami« und »Papi« klar hervordrangen.

Die Politik der Stärke hatte kläglich versagt. Gewalt erzeugt Gewalt, das ist eine altbekannte Tatsache. Eine Stunde später wußte man in der ganzen Nachbarschaft, daß Amir zu Hause war und nicht im Kindergarten.

Und dann, wie immer im Leben, trat eine Wendung ein. Wir verbrachten den Abend bei den Birnbaums, zwei netten Leuten gesetzten Alters, keine außergewöhnlichen Erscheinungen, aber sehr sympathisch. Im Lauf der Unterhaltung kamen wir auch auf Amir und das Kindergartenproblem zu sprechen und schlossen unsern

Bericht mit den Worten:

»Kurz und gut – er will nicht.«

»Natürlich nicht«, sagte Frau Birnbaum, eine sehr kultivierte, feingebildete Dame. »Sie dürfen ihm Ihren Willen nicht aufnötigen, als wäre er ein dressierter Delphin. So kommt man kleinen Kindern nicht bei. Auch unser Gabi wollte anfangs nicht in den Kindergarten gehen, aber es wäre uns nie eingefallen, ihn zu zwingen. Hätten wir das getan, dann wäre aus seiner Abneigung gegen den Kindergarten späterhin eine Abneigung gegen die Schule geworden und schließlich gegen das Lernen überhaupt. Man muß Geduld haben. Zugegeben, das hat gewisse Schwierigkeiten im Haushalt zur Folge, es kostet auch Zeit und Nerven, aber die seelische Ausgeglichenheit eines Kindes ist jede Mühe wert.«

Meine Frau und ich wurden gelb vor Neid:

»Und hat Ihr System Erfolg?«

»Das will ich meinen! Wir fragen Gabi von Zeit zu Zeit ganz beiläufig: ›Gabi, wie wär's morgen mit dem Kindergarten?‹ Und das ist alles. Wenn er nein sagt, dann bleibt's eben beim Nein. Früher oder später wird er schon einsehen, daß man nur sein Bestes will.«

In diesem Augenblick steckte Gabi den Kopf durch die Türe: »Papi, bring mich ins Bett.«

»Komm doch erst einmal her, Gabi«, forderte ihn mit freundlichem Lächeln Herr Birnbaum auf. »Und gib unseren Freunden die Hand. Auch sie haben einen kleinen Sohn. Er heißt Amir.«

»Ja«, sagte Gabi. »Bring mich ins Bett.«

»Gleich.«

»Sofort.«

»Erst sei ein lieber Junge und begrüße unsere Gäste.«

Gabi reichte mir flüchtig die Hand. Er war ein hübscher Kerl, hochgewachsen und wohlgebaut, von frappanter Ähnlichkeit mit Rock Hudson, allerdings etwas älter.

»Jetzt müssen Sie uns entschuldigen«, sagte Vater Birnbaum und verließ mit seinem Sohn das Zimmer.

»Gabi!« rief Frau Birnbaum hinterher. »Möchtest du morgen nicht in den Kindergarten gehen?«

»Nein.«

»Ganz wie du willst, Liebling. Gute Nacht.«

Wir blieben mit der Mutter allein.

»Es stört mich nicht im geringsten, daß er nicht in den Kindergarten gehen will«, sagte sie. »Er ist ohnehin schon zu alt dafür. Nächstes Jahr wird er zum Militärdienst einberufen. Was soll er da noch unter den Kleinchen?«

Ein wenig betreten verließen wir das Birnbaumsche Haus. Bei allem Respekt vor den erzieherischen Methoden unserer Gastgeber schien uns das Resultat denn doch ein wenig anfechtbar.

Ich wurde nachdenklich. Immer dieser dumme Kindergarten. Was der nur für Komplikationen verursacht! Als wäre das Leben nicht schon schwer genug. Wo steht denn eigentlich geschrieben, daß es Kindergärten geben muß? Bin ich als kleines Kind vielleicht in den Kindergarten gegangen?

Jawohl. Also?

Wir mußten den Alpdruck endlich loswerden. Am nächsten Tag suchten wir unsern Hausarzt auf, um uns mit ihm zu beraten.

Er teilte unsere Bedenken und fügte abschließend hinzu: »Außerdem ist es gar nicht ungefährlich, den Kleinen jetzt in den Kindergarten zu schicken. Wir haben den Erreger dieser neuen Sommerkrankheit noch nicht entdeckt – aber es besteht größte Infektionsgefahr. Besonders wenn viele Kinder beisammen sind.«

Das war die Entscheidung. Das war die Erlösung. Zu Hause angelangt, machten wir Amir sofort mit der neuen Sachlage vertraut:

»Du hast Glück, Amirlein. Der Onkel Doktor erlaubt nicht, daß du in den Kindergarten gehst, weil du dir dort alle möglichen Krankheiten holen könntest. Die Bazillen schwirren nur so in der Luft herum. Das wär's. Den Kindergarten sind wir los.«

Seither gibt es mit Amir keine Schwierigkeiten mehr. Er sitzt den ganzen Tag im Kindergarten und wartet auf die Bazillen. Und er würde um keinen Preis auch nur eine Minute früher nach Hause gehen, als er muß.

Wenn unsere Nachbarn uns fragen, wie wir das zustande gebracht haben, antworten wir mit undurchdringlichem Lächeln:

»Durch medizinische Methoden.«

Aus neu mach alt

Es begann mit Chassia. Chassia ist eine Freundin meiner Frau und jagt nach Antiquitäten. Eines schwarzen Tages gingen sie mitsammen aus, und als sie nach Hause kamen, war es geschehen.

In der Mitte unseres Speisezimmers steht ein wunderschöner, moderner, aus Dänemark, dem Land der geschmackvollsten Möbel, importierter Speisezimmertisch. Nach diesem trat mein kleiner Liebling mit dem Fuße, was unverkennbar eine Regung des Abscheus bedeutete. »Grauenhaft. Von einer nicht zu überbietenden Geschmacklosigkeit. Kein Vergleich mit antiken Möbeln, wie sie bei kultivierten Menschen gang und gäbe sind. Ab heute werden antike Möbel gekauft.«

»Weib«, gab ich zurück, »was ficht dich an? Was fehlt dir in unserer Wohnung?«

»Atmosphäre«, sagte sie.

Am nächsten Tag zog sie mit Chassia los und brachte einen niedrigen Sessel angeschleppt, der statt einer Sitzfläche eine Art Anti-Sitz aus dünnen Stricken aufwies. Es war, Chassia zufolge, ein »ländliches Originalstück« und ein Gelegenheitskauf. Trotzdem wollte ich wissen, wozu es dienen sollte.

»Zu Dekorationszwecken«, belehrte mich meine Ehefrau. »Ich werde einen Toilettentisch daraus machen.«

Den Gelegenheitskauf verdankte sie Wexler. Es gibt in unserem Land insgesamt drei fachmännisch geschulte Antiquitätenhändler: Wexler, Joseph Azizao und den jungen Bendori in Jaffa, der zugleich ein fachmännischer Restaurator ist, das heißt: Er verwandelt neue Möbelstücke fachmännisch in alte. Diese großen Drei herrschen eisern und unerbittlich über die achtundzwanzig annähernd echten Stücke, die in Israel von Hand zu Hand und von Antiquitätenhändler zu Antiquitätenhändler gehen. Denn Israel ist nicht nur ein sehr junges, sondern auch ein sehr armes Land, und in bezug auf alte Stilmöbel ist es vermutlich das ärmste Land der Welt. Weder die illegalen Einwandererschiffe noch irgendwelche fliegenden Teppiche haben größere Bestände von Louis Quatorzen ins Land gebracht, geschweige denn von Louis Seizen. Wenn da und dort einmal ein Endchen Barock oder ein Eckchen Empire auftaucht, wissen es fünf Minuten später sämtliche Professionals. Man denke nur an das berühmte Florentiner Nähkästchen in Kirjat Bialik.

»Alle meine Freundinnen wollen das Kästchen haben«, flüsterte meine Frau, und ihre Augen funkelten. »Aber die Eigentümer verlangen 1200 Pfund dafür. Das ist den Händlern zu teuer. Sie warten.«

»Und die Freundinnen?«

»Kennen die Adresse nicht.«

Hier liegt das Geheimnis des Antiquitätenhandels: in der Adresse. Hat man eine Adresse, dann hat man auch Antiquitäten.

Ohne Adresse ist man erledigt. Ein echtblütiger Antiquitätenhändler wird sich eher zu Tode foltern lassen, ehe auch nur die Andeutung einer Adresse über seine Lippen kommt.

So werden wir zum Beispiel nie den Namen des ursprünglichen Eigentümers jener neapolitanischen Großvater-Standuhr erfahren (1873), die zugleich die Mondpositionen anzeigt. Während des letzten halben Jahrhunderts hat sie allerdings nur noch Mondfinsternisse angezeigt, weil ein Teil des Räderwerkes mittlerweile verrostet war und nicht ersetzt werden konnte, so daß die ganze Pracht zu überhaupt nichts mehr zu gebrauchen ist, außer vielleicht als Toilettentisch. Sei dem wie immer: Die Freundinnen meiner Frau gieren nach dem Stück. Chassia ihrerseits bevorzugt den vergoldeten Vogelkäfig (1900). Dieser Gelegenheitskauf wurde uns von Bendori, dem bewährten »Aus Neu mach Alt«-Restaurator, auf Schleichwegen zugeschanzt. Er hat ihn einem Einwanderer aus Kenya abgenommen, der ihn zuerst an Azizao verkauft hatte, durch Wexler. Azizao hat meiner Frau auch ein original Windsor-Tischbein verschafft. Sehr groß, sehr dick, mit lockigen Intarsien, eine helle Freude und schwer von Gewicht.

»Wozu brauchst du dieses einmalige Ersatzteil?« hatte ich meine Frau gefragt, nachdem die beiden Möbelpacker gegangen waren.

Ihre Antwort war unbestimmt. Sie hoffe, sagte sie, daß Azizao noch ein paar ähnliche Tischbeine auftreiben würde, und wenn sie genug beisammen hätte, könnte man vielleicht an die Herstellung eines Tisches denken.

Jedenfalls ist unsere Wohnung jetzt voll von Atmosphäre. Man kann kaum noch einen Schritt machen, ohne über Rokoko oder Renaissance zu stolpern. Besucher verlassen unsere Wohnung in gut gefirnißtem Zustand. Von Zeit zu Zeit geht das Telefon, und wenn ich »Hallo!« sage, wird am anderen Ende wortlos aufgelegt. Ich weiß: Es ist Wexler. Und von Zeit zu Zeit spricht die beste Ehefrau von allen aus dem Schlaf. Es klingt wie »Kirjat Bialik« und »Nähkästchen«.

Der Tropfen, der das Faß zum Überlaufen brachte, war ein Biedermeier-Sekretär. Um diese Zeit hatte ich bereits eine schwere Allergie gegen Treppensteigen entwickelt. Immer, wenn ich Schritte auf der Treppe hörte, erlitt ich einen Schweißausbruch. Diesmal waren es besonders schwere Schritte, die besonders mühsam die Treppe emporstapften. Der Nachttisch, den sie transportierten, wog mindestens eine halbe Tonne. Als Draufgabe kam das zusammenklappbare Feldbett des Feldmarschalls Hindenburg (1917).

»Ich bin kein Feldmarschall«, brüllte ich. »Und wozu hast du den Nachttisch gekauft?«

»Um ihn neben mein Bett zu stellen.«

»So. Und was steht neben *meinem* Bett?«

Die beste Ehefrau von allen kauft immer nur Einzelstücke. Einen Stuhl, einen Kerzenhalter, einen Nachttisch. Als ob wir nicht zwei Betten besäßen und jetzt auch noch den zusammenklappbaren Hindenburg.

»Schon gut, schon gut«, tröstete ich mich. »Ich werde mich um Pendants umschauen.«

Am nächsten Morgen ging ich zu Wexler. Mein Entschluß stand fest. Wexler oblag gerade einer Art Innendekoration. Er griff wahllos nach antiken Gegenständen und warf sie durcheinander. Dieses Durcheinander gilt als Kennzeichen eines leistungsfähigen Antiquitätenladens. Je größer und unübersichtlicher es ist, desto größer ist die Chance, daß man lange suchen muß, um etwas zu finden, und desto größer die Freude des Finders. Des weiblichen Finders, versteht sich.

Ich bat Wexler, sich nicht stören zu lassen, und sah mich in seinem Privatgewölbe um. An der einen Wand hing eine Karte von Israel, die mit etwa zehn verschiedenfarbigen Papierfähnchen besteckt war. Die Fähnchen trugen Inschriften wie »Renaissance-Schemel«, »Spanischer Gobelin« (1602) und – natürlich in der Nähe Haifas – »Florentiner Nähkästchen«. Im Norden Tel Avivs steckte eine schwarze Flagge: »Neu installiert. Biedermeier-Sekretär, Louis XIV. – Käfig, Feldbett.«

Das Blut gefror mir in den Adern. Es war unsere eigene Wohnung.

Ich stellte mich unter dem Namen Zwi Weisberger vor. Wexler sah mich kurz an, blätterte ein wenig in einem Fotoalbum und fragte mit maliziösem Lächeln:

»Wie geht es Ihrem Windsor-Tischbein, Herr Kishon?«

Man kann Wexler nicht betrügen. Wexler weiß alles.

»Und wie geht es der gnädigen Frau?« fragte er höflich.

»Herr Wexler«, sagte ich, »es geht ihr gut. Aber sie darf niemals erfahren, daß ich bei Ihnen war. Erwarten Sie ihren Besuch?«

Aus dem Fernschreiber in der Ecke des Raumes tickte eine Nachricht:

»Madame Recamier vor zehn Minuten bei Azizao eingetreten.

Jagt hinter Barockharfe her. Schluß.«

Wexler vernichtete das Band und stellte seine Prognose:

»Sie wird wahrscheinlich weiter zu Bendori gehen, weil er eine Barockharfenadresse hat. Das gibt uns noch ungefähr eine halbe Stunde. Was wünschen Sie?«

»Herr Wexler«, sagte ich, »ich verkaufe.«

»Ganz recht. Es hat keinen Sinn, monatelang auf Antiquitäten festzusitzen. Hoffentlich haben Sie noch niemandem etwas gesagt.«

»Nur Ihnen. Aber bitte, schicken Sie Ihren Einkäufer, wenn meine Frau nicht zu Hause ist.«

»Einen Einkäufer zu einer Adresse? Das wäre Selbstmord! Wir sind sogar davon abgekommen, ihnen die Augen zu verbinden. Es ist zu unsicher. Überlassen Sie den Transport Ihrer Sachen mir.«

Das rote Telefon auf Wexlers Schreibtisch gab ein merkwürdiges Signal. Wexler hob den Hörer ab, lauschte ein paar Sekunden und legte auf. Dann trat er an die Karte heran und steckte das Fähnchen mit der Aufschrift »Barockharfe« nach Tel Aviv-Nord um. Madame Recamier hatte soeben die Harfe gekauft . . .

Die Organisation klappte hervorragend. Wexler verständigte Bendori von der bevorstehenden Adressen-Liquidation. Bendori gab die Nachricht unverzüglich an Azizao weiter, der soeben in Gestalt einer geistesschwachen Millionärsgattin aus Südamerika einen neuen Kundenfang getätigt hatte. Genau um 12 Uhr mittags begab sich die beste Ehefrau von allen auf ihre tägliche Inspektionstour, genau um 12.30 Uhr erschienen drei taubstumme Möbelpacker, die sich durch ein verabredetes Zeichen als Sendboten Wexlers zu erkennen gaben und mit dem Abtransport unserer Wohnungseinrichtung nach Jaffa begannen, zu Bendori. Punkt 13 Uhr war ich allein in der ausgeräumten Wohnung. Ich streckte mich auf eine verbliebene Couch (1962) und trällerte ein fröhliches Liedchen. Etwa eine halbe Stunde später hörte ich auf der Treppe wieder diese ominösen schweren Schritte. Ich stürzte zur Türe. Himmel, da war es wieder, das ganze Zeug: der Strickleiter-Sessel, das Windsor-Tischbein, der Hindenburg und die Harfe.

»Liebling!« erklang dahinter die jauchzende Stimme meiner Gattin. »Ich hatte phantastisches Glück! Denk dir nur, was ich gefunden habe: den zweiten Sekretär, und – und –«

An dieser Stelle brach sie in wildes Schluchzen aus. Sie hatte die ausgeräumte Wohnung betreten.

»Ihr Schlangen!« schluchzte sie. »Ihr scheinheiligen Betrüger! Azizao hat mir gesagt, daß es sich um die Adresse einer verrückten Millionärsgattin aus Südamerika handelt ... Und ich ... Und jetzt ... Meine ganzen Ersparnisse sind beim Teufel ... Oh, ihr Lumpen ...«

Es war in der Tat bemerkenswert. Daß dieselben Antiquitäten unter denselben Käufern rotieren, hatte ich gewußt, aber daß meine eigene Frau die Möbel ihres Ehemannes kaufte ... Tröstend legte ich meinen Arm um die haltlos Schluchzende.

»Beruhige dich, Liebling. Wir fahren jetzt sofort nach Kirjat Bialik und kaufen das Florentiner Nähkästchen ...«

Wie wir die Adresse ausfindig gemacht hatten, gehört nicht hierher. Es wird noch auf Jahre hinaus Gegenstand heftiger Debatten in den Kreisen der Antiquitätenhändler sein. Chassia erzählte uns, daß Wexler meine Frau verdächtigte, sich eines Nachts bei ihm in einem Empire-Schrank versteckt zu haben, von wo aus sie ein Gespräch belauschte, das er mit einem seiner Geschäftspartner über das Nähkästchen geführt hat.

Das Prachtstück trägt jetzt sein Teil zur Atmosphäre unseres Haushalts bei, vorerst nur in der niedrigen Funktion eines Toilettentischchens. Und wir zählen heute zu den führenden Antiquitätenfachleuten des Landes. Alle Radarschirme und Fernschreiber sind auf uns eingestellt. Erst gestern fiel Azizao vor mir auf die Knie und beschwor mich, ihm irgend etwas zu verkaufen, damit er seinen Ruf als Fachmann wiederherstellen könne. Ich wies ihm die Türe. Das Nähkästchen bleibt bei uns. Dieses Wunderwerk florentinischer Möbeltischlerkunst hat die ganzen antiquitären Machtverhältnisse zu unseren Gunsten verschoben. Neun von den insgesamt achtundzwanzig echten Stücken des Landes befinden sich in unserem Besitz. Unsere Weigerung, etwas zu verkaufen, hat den Markt lahmgelegt. Wexler und Azizao stehen vor dem Ruin. Einzig der junge Bendori, der bewährte Restaurator und Alt-Neu-Verwandlungskünstler, macht uns noch ein wenig Konkurrenz.

Das Wunderkind

Ich liebe es, auf Parkbänken zu sitzen, aber nur im Winter. Denn da sich während der kalten Monate nur ein Irrsinniger ins Freie setzen würde, kann ich in Ruhe meine Kreuzworträtsel und Quizfragen lösen und vielleicht ein wertvolles Buch gewinnen, ohne daß mich jemand stört. So saß ich auch gestern wieder im Dezembersonnenschein auf meiner Bank und stellte mit Genugtuung fest, daß mir kein Gespräch drohte.

Gerade als ich dabei war, 7 links senkrecht einzutragen, näherte sich von rechts waagrecht eine kümmerliche, farblose Erscheinung männlichen Geschlechts, blieb stehen, wandte sich zu mir und fragte:

»Ist hier frei?«

Mein »Ja« war kurz und alles eher als einladend, aber das hinderte den Störenfried nicht, sich auf das andre Ende der Bank niederzulassen. Ich vertiefte mich demonstrativ in meine senkrechten und waagrechten Probleme, wobei ich mittels gerunzelter Brauen anzudeuten versuchte, daß ich in meiner verantwortungsvollen Arbeit nicht gestört zu werden wünschte und daß niemand mich fragen sollte, ob ich diesen Park öfter besuche, ob ich verheiratet bin, was ich monatlich verdiene und was ich von unserer Regierung halte.

Der Mann neben mir schien meine isolationistischen Tendenzen zu wittern. Er übersprang die einleitenden Floskeln und ging sofort aufs Ganze. Mit einer einzigen, offenkundig routinierten Handbewegung schob er mir ein halbes Dutzend Fotos von Postkartengröße, einen Knaben darstellend, unter die Nase:

»Eytan wird übermorgen sechs Jahre«, gab mir der Begleittext bekannt.

Pflichtschuldig überflog ich die sechs Bilder, lächelte milde über das eine, auf dem Eytan die Zunge herausstreckte, und retournierte die mobile Ausstellung an den Besitzer. Dann vertiefte ich mich wieder in mein Kreuzworträtsel. Aber ich spürte in jeder Faser meines Nervensystems, daß ich dem Schicksal nicht entrinnen könnte. Und da kam es auch schon:

»Ganz wie Sie wollen«, sagte der Mann und rief dem in einiger Entfernung herumtollenden Knaben durch den Handtrichter zu: »Eytan, komm schnell her. Der Herr möchte mit dir sprechen.«

Eytan kam widerwillig herangeschlurft und blieb vor der Bank stehen, die Hände mürrisch in den Hosentaschen. Sein Vater sah ihn mit mildem Tadel an:

»Nun? Was sagt man, wenn man einen fremden Herrn kennenlernt?«

Eytan, ohne mich auch nur eines Blickes zu würdigen, antwortete:

»Ich habe Hunger.«

»Das Kind lügt nicht«, wandte sich der Vater erklärend an mich. »Wenn Eytan sagt, daß er Hunger hat, dann hat er Hunger, da können Sie Gift darauf nehmen.«

Ich wies diese Zumutung energisch zurück und fragte den stolzen Erzeuger, warum er mir die Fotos gezeigt hätte, obwohl das Modell in Fleisch und Blut zugegen war.

»Die Fotos sind ähnlicher«, lautete die väterliche Antwort. »Eytan ist in der letzten Zeit ein wenig abgemagert.«

Ich brummte etwas Unverständliches und schickte mich an, die Bank und sicherheitshalber auch den Park zu verlassen. Mein Nachbar erstickte diese Absicht im Keim. »Das Kind hat ein phantastisches Talent für Mathematik«, raunte er mir hinter vorgehaltener Hand aus dem Mundwinkel zu, so daß Eytan nichts davon hören und sich nichts darauf einbilden konnte. »Er geht erst seit ein paar Monaten in die Schule, aber der Lehrer hält ihn schon jetzt für ein Wunderkind . . . Eytan, sag dem Herrn eine Zahl.«

»1032«, sagte Eytan.

»Eine andre. Eine höhere.«

»6527.«

»Also bitte. Haben Sie so etwas schon erlebt? Im Handumdrehen! Und dabei ist er erst sieben Jahre alt! Unglaublich, wo er diese hohen Zahlen hernimmt. Und das ist noch gar nichts. Eytan, sag dem Herrn, er soll an eine Zahl denken!«

»Nein«, sagte Eytan.

»Eytaaan! Du wirst den Herrn sofort bitten, an eine Zahl zu denken!«

»Denken Sie an eine Zahl«, grunzte Eytan gelangweilt.

Jetzt machte mein Nachbar wieder von der vorgehaltenen Hand und vom Mundwinkel Gebrauch:

»Drei! Bitte denken Sie an drei!« Dann hob er den Finger und wandte sich dem Gegenstand seines Stolzes zu: »Und jetzt werden wir den Herrn bitten, die Zahl, die er sich gedacht hat, mit zehn zu multiplizieren, nicht wahr, Eytan?«

»Meinetwegen.«

»Was heißt ›meinetwegen‹? Sprich anständig und in ganzen Sätzen.«

»Multiplizieren Sie die Zahl, die Sie sich gedacht haben, mit zehn«, leierte Eytan den vorgeschriebenen Text herunter.

»Weiter«, ermahnte ihn sein Vater.

»Dann dividieren Sie die neue Zahl durch fünf, halbieren Sie die Zahl, die Sie dann bekommen – und das Resultat ist die Zahl, an die Sie zuerst gedacht haben.«

»Stimmt's?« fragte mein Nachbar zitternd vor Aufregung; und als ich bejahend nickte, kannte seine Freude keine Grenzen. »Aber wir sind noch nicht fertig! Eytan, sag jetzt dem Herrn, an welche Zahl er gedacht hat.«

»Weiß ich nicht.«

»Eytan!«

»Sieben?« fragte das Wunderkind.

»Nein!«

»Eins?«

»Auch nicht!« brüllte der enttäuschte Papa. »Konzentrier dich!«

»Ich konzentrier' mich ja.« Der Kleine begann zu weinen. »Aber woher soll ich wissen, an welche Zahl ein fremder Mann denkt?«

Mit der Selbstbeherrschung des Vaters war es vorbei:

»Drei!« Seine Stimme überschlug sich. »Drei, drei, drei! Wie oft soll ich dir noch sagen, daß die Leute immer an drei denken?!«

»Und wenn schon«, quakte das gepeinigte Kind. »Was gehen mich Zahlen an? Immer nur Zahlen, immer nur Zahlen! Wer braucht das?«

Aber da hatte mein Nachbar ihn schon am Kragen und beutelte ihn in erhabenem Vaterzorn.

»Was sagen Sie dazu?« keuchte er unter Verzicht auf Mundwinkel und vorgehaltene Hand. »Haben Sie schon jemals ein achtjähriges Kind gesehen, das sich nicht einmal eine einzige Ziffer merken kann? Gott hat mich hart geschlagen . . .«

Damit machte er sich davon, den heulenden Eytan hinter sich herziehend. Ich sah ihm nach, bis seine gramgebeugte Gestalt im winterlichen Mittagssonnenschein verschwand.

Welch ein Fluch für einen Vater, wenn er erkennen muß, daß er dem eigenen Sohn rein gar nichts von seinem Genius vererbt hat.

Rote Haare sind Ansichtssache

Die wahre Sachlage ist mit der Bezeichnung »rot« nur unzulänglich charakterisiert. Amir ist nicht eigentlich rot – er ist purpurhaarig. Als wäre auf seinem Schädel ein Feuer ausgebrochen. Man findet dieses Rot gelegentlich auf den Bildern des frühen Chagall, dort, wo die fliegenden Hähne den Kamm haben. Mir persönlich macht das nichts aus. Das Phänomen der Rothaarigkeit hat, finde ich, auch seine guten Seiten. Wenn Amir uns beispielsweise in einem Gedränge abhanden kommt, können wir ihn binnen kurzem dank seiner Haarfarbe orten, selbst in der größten Menschenmenge. Schlimmstenfalls wird er also kein Stierkämpfer werden. Na wenn schon. Ist das ein Gesprächsthema?

Ich muß zugeben, daß auf dem ganzen, weit verzweigten Stammbaum meiner Familie kein einziger Rotkopf hockt, nicht einmal irgendein entfernter Urgroßonkel. Wieso gerade mein Sohn . . . Aber schließlich waren einige der bedeutendsten Männer der Weltgeschichte rothaarig, zum Beispiel fällt mir jetzt kein Name ein. Churchill, heißt es, kam sogar mit einer Glatze zur Welt.

»In meinen Augen«, pflegt die beste Ehefrau von allen zu sagen, »ist Amir das schönste Kind im ganzen Land.«

Amir selbst scheint der gleichen Ansicht zu sein. Noch bevor er richtig gehen konnte, nahm er jede Gelegenheit wahr, sich in einem Spiegel anzuschauen und verzückt auszurufen:

»Ich bin lothaalig, ich bin lothaalig!«

Er fühlte sich von Herzen froh und glücklich. Wir, seine klugen, erfahrenen Eltern, wußten freilich nur allzu gut, was ihm bevorstand. Schon im Kindergarten würde das kleine, grausame Pack ihn wegen seiner Haarfarbe necken und hänseln. Armer Rotkopf, wie wirst du das Leben ertragen.

Unsere Sorgen erwiesen sich als gerechtfertigt. Amir besuchte erst seit wenigen Wochen den Kindergarten, als er eines Tages traurig und niedergeschlagen nach Hause kam. Auf unsere Frage, ob ihm jemand etwas Böses getan hätte, begann er zu schluchzen:

»Ein Neuer . . . heute . . . er sagt . . . rot . . . rote Haare . . .«

»Er sagt, daß du rote Haare hast?«

»Nein . . . er sagt . . . seine Haare sind röter.«

Ein Kind, und vollends schluchzendes Kind, kann sich nicht immer verständlich ausdrücken. Deshalb riefen wir den Leiter des Kindergartens an, um die Sachlage zu klären. Er bestätigte, daß ein neu hinzugekommener Junge ebenfalls rothaarig sei und daß unser empfindsamer Sohn offenbar unter dem Verlust seiner Monopolstellung litt.

Amir hatte mittlerweile die ganze Geschichte vergessen und ging in den Garten, um sich vor der Katze zu fürchten.

»Jetzt ist er noch im seelischen Gleichgewicht«, erklärte mir seine Mutter. »Er hält rote Haare für schön und freut sich ihrer. Aber wie wird's in der Schule weitergehen?«

Im Verlauf unseres Gesprächs gestand sie mir, daß sie in ihren Träumen von einer stereotypen Schreckensvision heimgesucht würde: Amirlein rennt auf seinen kleinen Beinchen eine Straße entlang, verfolgt von einer brüllenden Kohorte (meine Frau träumt immer so extravagante Ausdrücke), die mit dem Ausruf: »Karottenkopf, Karottenkopf!« hinter ihm herhetzt.

Und wirklich, ein knappes Vierteljahr später kam Amir atemlos nach Hause gerannt.

»Papi, Papi!« rief er schon von weitem. »Heute haben sie mich ›Karottenkopf‹ gerufen!«

»Hast du dich mit ihnen geprügelt?«

»Geprügelt? Warum?«

Es ist ihm immer noch nicht klar, dem Ärmsten, daß man ihn vorsätzlich kränken will. Wahrscheinlich stellt er sich unter einem Karottenkopf ein besonders schmackhaftes Gemüse vor. Manchmal stolziert er siegestrunken auf der Straße auf und ab, deutet auf seinen Kopf und jauchzt:

»Karottenkopf, Karottenkopf!«

Wie lange sollen wir ihn in seinem seligen Irrtum belassen? Ist es nicht unsere Pflicht, ihn rechtzeitig aufzuklären, ihn auf die Erniedrigungen und Beleidigungen vorzubereiten, von denen seine kleine Kinderseele nichts ahnt und die dennoch unaufhaltsam auf ihn zukommen? Wird er gewappnet sein?

»Du bist der Vater«, entschied die beste Ehefrau von allen. »Sprich du mit ihm.«

Ich nahm Amir auf die Knie:

»Es ist keine Schande, rote Haare zu haben, mein Sohn«, begann ich. »Niemand kann sich die Farbe seiner Haare aussuchen, stimmt's? König Davids Haar war flammend rot, und trotzdem hat er Goliath besiegt. Wenn also irgendein Idiot eine dumme Bemerkung über deine Haarfarbe macht, dann sag ihm geradeheraus: ›Jawohl, ich bin rothaarig, aber mein Papi nicht!‹ Hast du verstanden?«

Amir hörte mir nicht besonders aufmerksam zu. Er wollte längst hinausgehen und den Hund unseres Nachbarn mit Steinen bewerfen. Ein wenig abwesend streichelte er mich und murmelte ein paar Worte, die ungefähr besagten, daß ich mir nichts daraus machen sollte, keine roten Haare zu haben. Dann ließ er mich sitzen.

Nun, jedenfalls war er das schönste rothaarige Kind im ganzen Kindergarten. Er bestand darauf, seine roten Haare als Auszeichnung zu empfinden. Rothaarige sind sehr eigensinnig. Man muß sich nicht selten über sie ärgern. Es ist kein Zufall, daß man rothaarige Menschen nicht mag. Ich persönlich verstehe das sehr gut.

Meine Frau und ich beschlossen, die Sache nicht weiter zu verfolgen, zumindest nicht mit Gewalt. Wir ließen das Schicksal an uns herankommen.

Als draußen vor dem Haus die Rauferei ausbrach, wußten wir, daß es soweit war.

Ich stürzte hinaus. Mein Sohn Amir saß auf einem Fahrrad und heulte herzzerreißend, während die anderen Kinder – sofern man diese wilde Meute als »Kinder« bezeichnen konnte – von allen Seiten auf ihn eindrangen. Ich brach durch den stählernen Ring und drückte meinen kleinen Liebling ans Herz.

»Wer hat dich einen Rotkopf geheißen?« brüllte ich. »Wer wagt es, meinen Sohn zu beschimpfen?«

Die minderjährigen Monster blinzelten in die Luft und zogen es vor, nicht zu antworten.

Es war Amir selbst, der die klärenden Worte fand:

»Was Rotkopf, wer Rotkopf?« fragte er. »Ich hab mir Gillis Fahrrad ausgeborgt, und er will es zurückhaben. Aber ich kann viel besser radeln als er. Warum läßt er mich nicht?«

»Das ist mein Rad«, stotterte einer der Knaben, wahrscheinlich Gilli. »Und ich hab's ihm nicht geborgt.«

»So, du hast es ihm nicht geborgt? Weil er rote Haare hat, nicht wahr?«

Und ohne mich mit der widerwärtigen Brut weiter abzugeben, trug ich Amir auf starken Armen ins Haus. Während ich ihm das Gesicht wusch, tröstete ich ihn mit all meiner väterlichen Liebe:

»Du bist kein Rotkopf, mein Herzblättchen. Deine Haare spielen ins Rötliche, aber sie sind nicht wirklich rot. Bei richtigen Rotköpfen ist die ganze Nase mit Sommersprossen bedeckt. Du hast höchstens vier, und auch die nur im Sommer. Kränk dich nicht. Es hat rothaarige Könige gegeben. Und die schönsten Tiere, die Gott geschaffen hat, sind rothaarig. Zum Beispiel der Fuchs. Oder der Wiedehopf, wenn er zufällig rote Federn hat. Du aber bist nicht rothaarig, Amir. Glaub ihnen nicht, wenn sie dich Rotkopf nennen. Sei nicht traurig. Hör ihnen gar nicht zu, mein kleiner Rotkopf . . .«

Es half nichts. Die Überzeugung, daß rote Haare etwas Schönes wären, hatte sich in Amir festgesetzt und ließ sich nicht verdrängen. Er meint, daß Rothaarige anders seien als die anderen.

Daran ist nur der Kindergarten schuld, wo man den Kleinen solchen Unsinn beibringt.

Gestern ertappte ich ihn dabei, wie er vor dem Spiegel stand und seine Sommersprossen zählte. Meine Frau behauptete, daß er sich heimlich kämmt und bürstet und alle möglichen Frisuren für seine Haare entwirft.

»Warum?« seufzte sie. »Warum läßt man ihn nicht in Ruhe? Warum reibt man ihm ununterbrochen unter die Nase, daß er rothaarig ist?«

Ich weiß auf diese Frage keine Antwort. Aber ich hege das tiefste Mitgefühl für alle rothaarigen Kinder, besonders für jene, deren Eltern nichts dazu tun, um sie von ihrem Rothaar-Komplex zu befreien.

Nun ja. Nicht jedes Kind hat das Glück, solche Eltern zu haben wie unser Amir.

Über den Umgang mit Computern

Bisher hat es mich noch nie gestört, daß ich zufällig den gleichen Namen trage wie ein Nebenfluß des Jordan. Aber vor einiger Zeit erhielt ich eine Nachricht von der Steuerbehörde, auf offiziellem Papier und in sonderbar wackeliger Maschinenschrift:

»Letzte Mahnung vor Beschlagnahme. Da Sie auf unsere Mitteilung betreffend Ihre Schuld im Betrag von Isr. Pfund 20.012.11 für die im Juli vorigen Jahres durchgeführten Reparaturarbeiten im Hafen des Kishon-Flusses bis heute nicht reagiert haben, machen wir Sie darauf aufmerksam, daß im Nichteinbringungsfall der oben genannten Summe innerhalb von sieben Tagen nach dieser letzten Mahnung die gesetzlichen Vorschriften betreffend Beschlagnahme und Verkauf Ihres beweglichen Eigentums in Anwendung gebracht werden.

Sollten Sie Ihre Schuld inzwischen beglichen haben, dann betrachten Sie diese Mitteilung als gegenstandslos. (gez.) S. Seligson, Abteilungsleiter.«

Ungeachtet des tröstlichen Vorbehalts im letzten Absatz verfiel ich in Panik. Einerseits bewies eine sorgfältige Prüfung meiner sämtlichen Bücher und Belege unzweifelhaft, daß keine wie immer gearteten Reparaturen an mir vorgenommen worden waren, andererseits fand ich nicht den geringsten Anhaltspunkt, daß ich der erwähnten Zahlungsverpflichtung nachgekommen wäre.

Da ich seit jeher dafür bin, lokale Konflikte durch direkte Verhandlungen zu bereinigen, begab ich mich zur Steuerbehörde, um mit Herrn Seligson zu sprechen.

»Wie Sie sehen«, sagte ich und zeigte ihm meinen Personalausweis, »bin ich ein Schriftsteller und kein Fluß.«

Der Abteilungsleiter faßte mich scharf ins Auge:

»Wieso heißen Sie dann Kishon?«

»Aus Gewohnheit. Außerdem heiße ich auch noch Ephraim. Der Fluß nicht.«

Das überzeugte ihn. Er entschuldigte sich und ging ins Nebenzimmer, wo er den peinlichen Vorfall mit seinem Stab zu diskutieren begann, leider nur flüsternd, so daß ich nichts hören konnte. Nach einer Weile forderte er mich auf, in die offene Türe zu treten und mich mit erhobenen Händen zweimal im Kreis zu drehen. Nach einer weiteren Weile war die Abteilung offenbar überzeugt, daß ich im Recht sei oder zumindest im Recht sein könnte. Der Abteilungsleiter kehrte an seinen Schreibtisch zurück, erklärte die Mahnung für hinfällig und schrieb mit Bleistift auf den Akt: »Hat keinen Hafen. Seligson.« Dann machte er auf den Aktendeckel eine große Null und strich sie mit zwei diagonalen Linien durch.

Erleichtert kehrte ich in den Schoß meiner Familie zurück:

»Es war ein Irrtum. Die Logik hat gesiegt.«

»Siehst du!« antwortete die beste Ehefrau von allen. »Man darf nie den Mut verlieren.«

Am Mittwoch traf die »Benachrichtigung über die Konfiskation beweglichen Gutes« bei mir ein:

»Da Sie unsere ›letzte Mahnung vor Beschlagnahme‹ unbeachtet gelassen haben«, schrieb Seligson, »und da Ihre Steuerschuld im Betrag von Isr. Pfund 20.012.11 bis heute nicht beglichen ist, sehen wir uns gezwungen, die gesetzlichen Vorschriften betreffend Beschlagnahme und Verkauf Ihres beweglichen Eigentums in

Anwendung zu bringen. Sollten Sie Ihre Schuld inzwischen beglichen haben, dann betrachten Sie diese Mitteilung als gegenstandslos.«

Ich eile zu Seligson.

»Schon gut, schon gut«, beruhigte er mich. »Es ist nicht meine Schuld. Für Mitteilungen dieser Art ist der elektronische Computer in Jerusalem verantwortlich, und solche Mißgriffe passieren ihm immer wieder. Kümmern Sie sich nicht darum.«

Soviel ich feststellen konnte, war die zuständige Stelle in Jerusalem vor ungefähr einem halben Jahr automatisiert worden, um mit der technischen Entwicklung Schritt zu halten. Seither besorgt der Computer die Arbeit von Tausenden traurigen Ex-Beamten. Er hat nur einen einzigen Fehler, nämlich den, daß die Techniker in Jerusalem mit seiner Arbeitsweise noch nicht so recht vertraut sind und ihn gelegentlich mit falschen Daten füttern. Die Folge sind gewisse Verdauungsstörungen, wie eben im Fall der an mir vorgenommenen Hafenreparatur.

Seligson versprach, das Mißverständnis ein für allemal aus der Welt zu schaffen. Sicherheitshalber schickte er noch in meiner Gegenwart ein Fernschreiben nach Jerusalem, des Inhalts, daß man die Sache bis auf weiteres ruhen lassen sollte, auf seine Verantwortung.

Ich dankte ihm für diese noble Geste und begab mich in vorzüglicher Laune nach Hause.

Am Montagvormittag wurde unser Kühlschrank abgeholt. Drei stämmige Staatsmöbelpacker wiesen einen von S. Seligson gezeichneten Pfändungsauftrag vor, packten den in unserem Klima unentbehrlichen Nutzgegenstand mit geübten Pranken und trugen ihn hinaus. Ich umhüpfte und umflatterte sie wie ein aufgescheuchter Truthahn:

»Bin ich ein Fluß?« krähte ich. »Habe ich einen Hafen? Warum behandeln Sie mich als Fluß? Kann ein Fluß reden? Kann ein Fluß hüpfen?«

Die drei Muskelprotze ließen sich nicht stören. Sie besaßen einen amtlichen Auftrag, und den führten sie durch.

Auf dem Steueramt fand ich einen völlig niedergeschlagenen Seligson. Er hatte soeben aus Jerusalem eine erste Mahnung betreffend seine Steuerschuld von Isr. Pfund 20.012.11 für meine Reparaturen erhalten.

»Der Computer«, erklärte er mir mit gebrochener Stimme, »hat offenbar die Worte ›auf meine Verantwortung‹ falsch analysiert. Sie haben mich in eine sehr unangenehme Situation gebracht, Herr Kishon. Das muß ich schon sagen!«

Ich empfahl ihm, die Mitteilung als gegenstandslos zu betrachten – aber da kam ich schön an. Seligson wurde beinahe hysterisch:

»Wen der Computer einmal in den Klauen hat, den läßt er nicht mehr los!« rief er und raufte sich das Haar. »Vor zwei Monaten hat der Protokollführer des parlamentarischen Exekutivausschusses vom Computer den Auftrag bekommen, seinen Stellvertreter zu exekutieren. Nur durch die persönliche Intervention des Justizministers wurde der Mann im letzten Augenblick gerettet. Man kann nicht genug aufpassen . . .«

Ich beantragte, ein Taxi zu rufen und nach Jerusalem zu fahren, wo wir uns mit dem Computer aussprechen sollten, gewissermaßen von Mann zu Mann. Seligson winkte ab:

»Er läßt nicht mit sich reden. Er ist viel zu beschäftigt. Neuerdings wird er sogar für die Wettervorhersage eingesetzt. Und für Traumanalysen.«

Durch flehentliche Bitten brachte ich Seligson immerhin so weit, daß er den Magazinverwalter in Jaffa anwies, meinen Kühlschrank bis auf weiteres nicht zu verkaufen.

Einer am Wochenende eingelangten »Zwischenbilanz betr. Steuerschuldenabdeckung« entnahm ich, daß mein Kühlschrank bei einer öffentlichen Versteigerung zum Preis von Isr. Pfund 19.– abgegangen war und daß meine Schuld sich nur noch auf Irs. Pfund 19.993.11 belief, die ich innerhalb von sieben Tagen zu bezahlen hatte. Sollte ich in der Zwischenzeit . . .

Diesmal mußte ich in Seligsons Büro eine volle Stunde warten, ehe er keuchend ankam. Er war den ganzen Tag mit seinem Anwalt kreuz und quer durch Tel-Aviv gesaust, hatte seinen Kühlschrank auf den Namen seiner Frau überschreiben lassen und schwor mir zu, daß er nie wieder für irgend jemanden intervenieren würde, am allerwenigsten für einen Fluß.

»Und was soll aus mir werden?« fragte ich.

»Keine Ahnung«, antwortete Seligson wahrheitsgemäß. »Manchmal kommt es vor, daß der Computer eines seiner Opfer vergißt. Allerdings sehr selten.«

Ich erwiderte, daß ich an Wunder nicht glaubte und die ganze Angelegenheit sofort und endgültig zu regeln wünschte.

Nach kurzem, stürmischem Gedankenaustausch trafen wir eine

Vereinbarung, derzufolge ich die Kosten der in meinem Hafen durchgeführten Reparaturen in zwölf Monatsraten abzahlen würde. Mit meiner und Seligsons Unterschrift versehen, ging das Dokument sofort nach Jerusalem, um von meinem beweglichen Gut zu retten, was noch zu retten war.

»Mehr kann ich wirklich nicht für Sie tun«, entschuldigte sich Seligson. »Vielleicht wird der Computer mit den Jahren vernünftiger.«

»Hoffen wir's«, sagte ich.

Gestern erreichte mich der erste Scheck in der Höhe von Isr. Pfund 1.666.05, ausgestellt vom Finanzministerium und begleitet von einer Mitteilung Seligsons, daß es sich um die erste Monatsrate der insgesamt Isr. Pfund 19.993.11 handelte, die mir von der Steuerbehörde gutgeschrieben worden waren.

Meine frohe Botschaft, daß wir fortan keine Existenzsorgen haben würden, beantwortete die beste Ehefrau von allen mit der ärgerlichen Bemerkung, es sei eine Schande, daß man uns um die Zinsen betrüge, anderswo bekäme man sechs Prozent.

Die Zukunft gehört dem Computer. Sollten Sie das schon selbst gemerkt haben, dann betrachten Sie diese Mitteilung als gegenstandslos.

Ich kam, sah und durfte nicht siegen

Von einer Auslandsreise brachte ich meinem Sohn Amir ein Tischfußballfeld mit, ein sinnreiches, großartig konstruiertes Spielzeug, nicht unähnlich den illuminierten Spieltischen, um die sich in unseren Strandkaffeehäusern langhaarige Jugendliche scharen. Der Fußballtisch besteht aus einem hellgrün angestrichenen Spielfeld mit einem Tor an jedem Ende und einer Anzahl von Querstangen, an denen eine beiderseits gleiche Anzahl von grünen und roten Spielerfiguren befestigt ist. An beiden Enden jeder Querstange befindet sich ein Griff, durch dessen Drehung die Spielerfiguren so bewegt werden können, daß sie einen kleinen hölzernen Ball auf das gegnerische Tor zutreiben und womöglich ins Tor hinein. Es ist ein bezauberndes Spiel, bestens geeignet, den Geist edlen Wettkampfs in einem Kind oder sogar in einem Erwachsenen zu wecken, zu hegen und zu pflegen, kurzum, den Spieler zu wahrer Sportlichkeit zu erziehen. Oder so heißt es jedenfalls im beigefügten Reklametext.

Amir fand an der Sache sofort Gefallen. Anfangs machte er mir den Eindruck einer gewissen Unbeholfenheit, aber es stellte sich bald heraus, daß er für das Mini-Fußballspiel überhaupt keine Eignung besaß. Nun, was soll's. Er kann sehr hübsch zeichnen und sehr gut kopfrechnen, also verschlägt's nicht viel, daß er über keine besonders hochentwickelte manuelle Geschicklichkeit verfügt. Nicht als wäre er außerstande, die Handgriffe an den Querstangen zu betätigen. Er betätigt sie. Nur gerät der Ball bei ihm niemals in die Richtung des gegnerischen Tors. Ich mache mir deshalb keine übermäßigen Sorgen. Der Junge ist recht intelligent und lebhaft.

Am lebhaftesten ist sein Ehrgeiz entwickelt. Amir will unbedingt Sieger bleiben. Wann immer er ein Tischfußballspiel gegen einen seiner Klassenkameraden verliert, wird sein Gesicht so rot wie seine Haare, und dicke Tränen rinnen ihm über die Wangen. Obendrein ist er, um das Unglück voll zu machen, ein leidenschaftlicher Tischfußballspieler. Er träumt von nichts anderem als von diesem Spiel; und natürlich davon, daß er gewinnt. Er hat den Holzpuppen, die seine Mannschaft bilden, sogar Namen gegeben. Die Stürmer heißen samt und sonders Pelé, der Tormann heißt Jaschin, und alle übrigen heißen Bloch, nach dem besten Fußballspieler seiner Klasse. Infolge der zahlreichen Niederlagen, die er von seinen Altersgenossen erdulden mußte, will Amir neuerdings nur noch gegen mich antreten. Dabei wirft er mir stumme Blicke zu, als wollte er mich beschwören: »Verlier, Papi! Bitte verlier!«

Ich muß gestehen, daß ich sein Verhalten als unfair empfinde. Warum soll ich verlieren? Auch ich ziehe es vor, zu siegen, wie jeder normale Mensch. Wenn er gewinnen will, dann soll er eben besser spielen. Als ich in seinem Alter war, sammelte ich Schmetterlinge und konnte jede Weckuhr klaglos auseinandernehmen.

Ich versuchte ihm meine Haltung logisch auseinanderzusetzen:

»Paß auf, Amir. Ich bin groß, und du bist klein, stimmt das?«

»Ja.«

»Was würdest du von einem Papi halten, der sich von seinem kleinen Sohn schlagen läßt? Wäre ein solcher Papi in deinen Augen etwas wert?«

»Nein.«

»Warum machst du dann so ein Theater, wenn du verlierst?«

»Weil ich gewinnen will!«

Und er begann heftig zu schluchzen.

An dieser Stelle griff seine Mutter ein:

»Laß ihn doch nur ein einziges Mal gewinnen, um Himmels willen«, flüsterte sie mir zu. »Du mußt auf seine Selbstachtung Rücksicht nehmen. Wer weiß, was für seelischen Schaden du ihm zufügst, wenn du immer gewinnst . . .«

Ich unternahm eine übermenschliche Anstrengung, um seine Selbstachtung zu steigern. Immer wenn einer seiner Pelés den Ball gegen mein Tor trieb, holte ich meinen Tormann höflich aus dem Weg, nur um meinem armen, mißhandelten Kind eine Chance zu geben, mir wenigstens einmal ein Tor zu schießen. Aber woher denn. Er kann sehr gut kopfrechnen, aber er wird wohl nie imstande sein, einen hölzernen Ball selbst in ein Tor zu treiben.

Angesichts solcher Unfähigkeit verfiel ich auf den verzweifelten Ausweg, mir ein Eigengoal zu schießen. Ich drehte die Kurbel meines Mittelstürmers . . . der Ball sprang an die Querstange . . . sprang zurück . . und rollte langsam und unaufhaltsam in Amirs Tor.

Neuerliches Geheul war die Folge und wurde von einem hemmungslosen Wutausbruch abgelöst. Der leicht erregbare Knabe packte das Tischfußballspiel, schleuderte es zu Boden, mitsamt allen Querstangen, Spielern und dem Holzball.

»Du willst mich nicht gewinnen lassen!« brüllte er. »Das machst du mit Absicht!«

Ich hob das verwüstete Spielfeld auf und installierte es behutsam auf dem Tisch. Dabei merkte ich, daß drei meiner Spieler ihre Köpfe verloren hatten und nur noch halb so groß waren wie zuvor.

»Jetzt hast du mir die Mannschaft zerbrochen«, sagte ich. »Wie soll ich mit diesen Stürmern weiterspielen? Sie kippen ja um und können den Ball nicht weitertreiben.«

»Macht nichts.« Mein eigen Fleisch und Blut blieb ungerührt. »Spielen wir trotzdem weiter.«

Und in der Tat: Kaum hatten wir das Match wiederaufgenommen, drückte Amir aufs Tempo und gewann allmählich die Oberhand. Ich mochte meine verkürzten Spieler drehen und wenden, wie ich wollte – sie waren zu Statisten verurteilt. Auf Amirs Seite hingegen wanderte der Ball unbehindert von Bloch zu Pelé, von Pelé I zu Pelé II – und endlich – endlich – ich hob sicherheitshalber das eine Ende des Tisches ein wenig hoch – endlich landete der Ball in meinem Tor.

»Hoho!« Aus Amirs Siegesruf klang unverhohlener Triumph. »Tor! Tor! 1 : 0 für mich! Ich hab dich geschlagen! Hoho! Ich bin der Sieger . . .«

Am nächsten Tag waren alle meine Spieler kopflos. *Ich* hatte sie geköpft. Für die Hebung des Selbstbewußtseins meines Sohnes ist mir nichts zu teuer.

Klepto-Philatelie

Vor etwa einer Woche begann mir aufzufallen, daß ich keine Briefe mehr bekam. Ich glaubte zuerst, daß ein Postnovize die Briefe nach einem neuen, geheimnisvollen Schlüssel zustellte. Gestern entdeckte ich durch Zufall die wahre Ursache. Als ich zu ungewohnter Stunde das Haus verließ, sah ich einen minderjährigen Angler, den Sohn der im Nebenhaus lebenden Familie Ziegler, wie er mit zwei zarten Fingern in den Schlitz meines Briefkastens fuhr und gleich auf den ersten Griff drei oder vier Briefe hervorzog. Bei meinem Anblick ergriff er die Flucht.

Ich begab mich ebenso schnurstracks wie wutschnaubend zu Herrn Ziegler, der bereits an der Schwelle seines Hauses stand.

»Was los?« fragte er.

»Herr!« schleuderte ich ihm entgegen, »Ihr Sohn stiehlt meine Briefe!«

»Er stiehlt keine Briefe. Er sammelt Briefmarken.«

»Wie bitte?«

»Hören Sie«, holte Herr Ziegler aus. »Ich lebe mit Gottes Hilfe seit dreiunddreißig Jahren in diesem Land und habe einiges geleistet, wovon nur sehr wenige Menschen wissen, darunter ein paar Minister. Ich spreche aus Erfahrung. Und ich sage Ihnen: heutzutage ist es nicht mehr der Mühe wert, Briefe zu bekommen.«

»Und wenn einmal ein wichtiger Brief dabei ist?«

»Wichtig? Was ist schon wichtig? Ist die Steuervorschreibung wichtig? Ist eine Gerichtsvorladung wichtig? Ist es wichtig, was Ihre amerikanischen Verwandten Ihnen schreiben? Glauben Sie mir: es gibt keine wichtigen Briefe.«

»Entschuldigen Sie, aber –«

»Mein Bruder war Karate-Trainer in der Armee und bekam plötzlich einen Brief mit der Nachricht, daß er als Gesandter nach Sansibar zu gehen hätte. Er gab ein Vermögen für neue Garderobe aus und las eine Menge Bücher, um sich über seinen neuen Wirkungsbereich zu informieren. Nach einer Woche stellte sich heraus, daß es sich um einen Irrtum handelte, und jetzt arbeitet er als Rausschmeißer in der ›Sansi-Bar‹. Nur damit Sie wissen, was ein wichtiger Brief ist, Herr.«

»Wichtig oder nicht – ich möchte die an mich gerichteten Briefe ganz gerne lesen. Okay?«

»Okay. Ich werde meinen Sohn zu überreden trachten, daß er nur die Marken behält und Ihnen die wichtigen Briefe zurückgibt.«

»Vielen herzlichen Dank. Darf ich Ihrem Herrn Sohn einen Schlüssel zu meinem Postkasten überreichen?«

»Wozu? Der Bub soll nur schön lernen, wie man Marken sammelt.«

Damit war der philatelistische Privatdienst zwischen mir und Ziegler junior offiziell eröffnet.

Hiermit ersuche ich meine sämtlichen Korrespondenzpartner, vor allem die ausländischen, ihre Briefe mit besonders schönen Marken zu frankieren; sie haben dann eine größere Chance, mich zu erreichen.

Durch den Kakao gezogen

Amir, unser rothaariger Tyrann, ißt nicht gerne und hat niemals gerne gegessen. Wenn er überhaupt kaut, dann nur an seinem Schnuller.

Erfahrene Mütter haben uns geraten, ihn hungern zu lassen, das heißt: wir sollten ihm so lange nichts zu essen geben, bis er reumütig auf allen vieren zu uns gekrochen käme. Wir gaben ihm also einige Tage lang nichts zu essen, und davon wurde er tatsächlich so schwach, daß wir auf allen vieren zu ihm gekrochen kamen, um ihm etwas Nahrung aufzudrängen.

Schließlich brachten wir ihn zu einem unserer führenden Spezialisten, einer Kapazität auf dem Gebiet der Kleinkind-Ernährung. Der weltberühmte Professor warf einen flüchtigen Blick auf Amir und fragte, noch ehe wir eine Silbe geäußert hatten:

»Ißt er nicht?«

»Nein.«

»Dabei wird's auch bleiben.«

Nach einer kurzen Untersuchung bestätigte der erfahrene Fachmann, daß es sich hier um einen völlig aussichtslosen Fall handelte. Amirs Magen besaß die Aufnahmefähigkeit eines Vögleins. Die finanzielle Aufnahmefähigkeit des Professors war ungleich größer. Wir befriedigten sie.

Seither versuchen wir mehrmals am Tag, Amir mit Gewalt zu füttern, ganz im Geiste jenes Bibelworts, das da lautet: »Im Schweiße deines Angesichts sollst du dein Brot essen.« Ich muß allerdings gestehen, daß weder ich selbst noch die beste Ehefrau von allen die für solche Betätigung erforderliche Geduld aufbringen.

Zum Glück hat sich mein Schwiegervater der Sache angenommen und seinen ganzen Ehrgeiz dareingesetzt, Amir zur Nahrungsaufnahme zu bewegen. Er erzählt ihm phantastische Geschichten, über die Amir vor Staunen den Mund aufreißt – und dabei vergißt er, daß er nicht essen will. Ein genialer Einfall, aber leider keine Dauerlösung.

Eines der Hauptprobleme hört auf den Namen »Kakao«. Dieses nahrhafte, von Vitaminen und Kohlehydraten strotzende Getränk ist für Amirs physische Entwicklung unentbehrlich. Deshalb schließt Großpapa sich abends mit Amir im Kinderzimmer ein, und wenn er nach einigen Stunden erschöpft und zitternd herauskommt, kann er stolz verkünden: »Heute hat er's schon fast auf eine halbe Tasse gebracht.«

Die große Wendung kam im Sommer. Eines heißen Abends, als Großpapa das Kinderzimmer verließ, zitterte er zwar wie gewohnt, aber diesmal vor Aufregung:

»Denkt euch nur – er hat die ganze Tasse ausgetrunken!«

»Nicht möglich!« riefen wir beide. »Wie hast du das fertiggebracht?«

»Ich hab ihm gesagt, daß wir Papi hereinlegen werden.«

»Wie das? Bitte sei etwas deutlicher.«

»Ich hab ihm gesagt: wenn er brav austrinkt, füllen wir nachher die Tasse mit lauwarmem Leitungswasser und erzählen dir, daß Amir schon wieder alles stehengelassen hat. Daraufhin wirst du wütend und machst dich selbst über die volle Tasse her. Und dann freuen wir uns darüber, daß wir dich hereingelegt haben.«

Ich fand diesen Trick ein wenig primitiv. Auch halte ich es in pädagogischer Hinsicht für verfehlt, wenn ein Vater, der ja schließlich eine Respektsperson sein soll, sich von seinem eigenen Kind zum Narren machen läßt. Erst auf mütterlichen Druck (»Hauptsache, daß der Kleine seinen Kakao trinkt«) entschloß ich mich, auf das Spiel einzugehen. Großpapa begab sich ins Badezimmer, füllte den Becher mit lauwarmer Flüssigkeit und hielt ihn mir hin:

»Amir hat schon wieder keinen Tropfen getrunken!«

»Das ist ja unerhört!« schrie ich in hervorragend gespielter Empörung. »Was glaubt der Kerl? Er will diesen herrlichen Kakao nicht trinken? Gut, dann trink' ich ihn selbst!«

Amirs Augen hingen erwartungsvoll glitzernd an meinem Mund, als ich den Becher ansetzte. Und ich täuschte seine Erwartung nicht:

»Pfui Teufel!« rief ich nach dem ersten Schluck. »Was ist das für ein abscheuliches Gesöff? Brrr!«

»Reingefallen, reingefallen!« jauchzte Amir, tat einen Luftsprung und konnte sich vor Freude nicht fassen. Es war ein wenig peinlich – aber, um seine Mutter zu zitieren: »Hauptsache, daß er seinen Kakao trinkt.«

Am nächsten Tag war's die gleiche Geschichte: Opa brachte mir einen Becher Leitungswasser, Amir hat nichts getrunken, was glaubt der Kerl, herrlicher Kakao, pfui Teufel, brrr, reingefallen, reingefallen. Und von da an wiederholte sich die Prozedur Tag für Tag.

Nach einiger Zeit funktionierte sie sogar ohne Großpapa. Amirs Entwicklung macht eben Fortschritte. Jetzt kommt er schon selbst mit dem Leitungswasserbecher, unerhört, herrlicher Kakao, pfui Teufel, reingefallen, Luftsprung . . .

Mit der Zeit begann ich mir Sorgen zu machen:

»Liebling«, fragte ich meine Frau, »ist unser Kind vielleicht dumm?«

Es war mir nämlich nicht ganz klar, was sich in seinem Kopf abspielte. Vergaß er jeden Abend, was am Abend zuvor geschehen war? Hielt er mich für schwachsinnig, daß ich seit Monaten demselben Trick aufsaß?

Die beste Ehefrau von allen fand wie immer die richtigen Trostworte: was der Kleine denkt, ist unwichtig, wichtig ist, was er trinkt.

Es mochte ungefähr Mitte Oktober sein, als ich – vielleicht aus purer Zerstreutheit, vielleicht aus unterschwelligem Protest – die üble Flüssigkeit ohne jedes »unerhört« und »brrr« direkt in die Toilette schüttete.

Das sehen und in Tränen ausbrechen, war für Amir eins:

»Pfui, Papi«, schluchzte er. »Du hast ja nicht einmal gekostet.«

Jetzt war es mit meiner Selbstbeherrschung vorbei:

»Ich brauche nicht zu kosten«, herrschte ich meinen Nachkommen an. »Jeder Trottel kann sehen, daß es nur Wasser ist.«

Ein durchdringender Blick Amirs war die Folge:

»Lügner«, sagte er leise. »Warum hast du dann bisher immer gekostet?«

Das war die Entlarvung. Amir wußte, daß wir Abend für Abend ein idiotisches Spiel veranstalteten. Wahrscheinlich hatte er's von allem Anfang an gewußt.

Unter diesen Umständen bestand keine Notwendigkeit mehr, die lächerliche Prozedur fortzusetzen.

»Doch«, widersprach die beste Ehefrau von allen. »Es macht ihm Spaß. Hauptsache, daß er . . .«

Im November führte Amir eine kleine Textänderung ein. Wenn ich ihn bei Überreichung des Bechers fragte, warum er seinen Kakao nicht getrunken hätte, antwortete er:

»Ich habe nicht getrunken, weil das kein Kakao ist, sondern Leitungswasser.«

Eine weitere Erschwerung trat im Dezember auf, als Amir sich angewöhnte, die Flüssigkeit vor der Kostprobe mit dem Finger umzurühren. Die Zeremonie widerte mich immer heftiger an. Schon am Nachmittag wurde mir übel, wenn ich mir vorstellte, wie das kleine, rothaarige Ungeheuer am Abend mit dem Leitungswasser angerückt kommen würde. Alle anderen Kinder trinken Kakao, weil Kinder eben Kakao trinken. Nur mein eigenes Kind ist mißraten . . .

Gegen Ende des Jahres geschah etwas Rätselhaftes. Ich weiß nicht, was da in mich gefahren war: an jenem Abend nahm ich aus meines Sohnes Hand den Becher entgegen – und statt den eklen Sud in weitem Bogen auszuspucken, trank ich ihn bis zur Neige. Ich erstickte beinahe, aber ich trank.

Amir stand entgeistert daneben. Als die Schrecksekunden vorüber waren, schaltete er höchste Lautstärke ein:

»Wieso?« schrillte er. »Warum trinkst du das?«

»Was heißt da Warum und Wieso?« gab ich zurück. »Hast du mir nicht gesagt, daß du heute keinen Tropfen Kakao getrunken hast? Und hab' ich dir nicht gesagt, daß ich den Kakao dann selbst trinken werde? Also?«

In Amirs Augen funkelte unverkennbarer Vaterhaß. Er wandte sich ab, ging zu Bett und weinte die ganze Nacht.

Es wäre wirklich besser gewesen, die Komödie vom Spielplan abzusetzen. Aber davon wollte meine Frau nichts wissen:

»Hauptsache«, erklärte sie, »daß er seinen Kakao trinkt.«

So vollzog sich denn das Kakao-Spiel erbarmungslos Abend für Abend, immer zwischen sieben und halb acht . . .

Als Amir älter geworden war, ergab sich eine kleine Zeitverschiebung. Wir hatten ihm erlaubt, an seinem Geburtstag ein paar seiner Freunde einzuladen, mit denen er sich unter Mitnahme des Bechers ins Kinderzimmer zurückzog. Gegen acht Uhr wurde ich ungeduldig und wollte ihn zwecks Abwicklung des Rituals herausrufen. Als ich mich der Türe näherte, hörte ich ihn sagen:

»Jetzt muß ich ins Badezimmer gehen und lauwarmes Wasser holen.«

»Warum?« fragte sein Freund Gilli.

»Mein Papi will es so haben.«

»Warum?«

»Weiß nicht. Jeden Abend dasselbe.«

Der gute Junge – in diesem Augenblick wurde es mir klar – hatte die ganze Zeit geglaubt, daß *ich* es sei, der das Kakao-Spiel brauchte. Und er hat nur um meinetwillen mitgespielt.

Am nächsten Tag zog ich Amir an meine Brust und ins Vertrauen:

»Sohn«, sagte ich, »es ist Zeit, von diesem Unsinn zu lassen. Schluß mit dem Kakao-Spiel! Wir wissen beide, woran wir sind. Komm, laß uns etwas anderes erfinden.«

Das Schrei- und Heulsolo, das daraufhin einsetzte, widerhallte im ganzen Wohnviertel. Und was ich erst von meiner Frau zu hören bekam!

Die Ensuite-Vorstellung geht weiter. Es gibt keine Rettung. Manchmal ruft Amir, wenn die Stunde da ist, aus dem Badezimmer: »Papi, kann ich dir schon das Leitungswasser bringen?« und ich beginne daraufhin sofort meinen Teil des Dialogs herunterzuleiern, unerhört, herrlicher Kakao, pfui Teufel, brr . . . Es ist zum Verzweifeln. Als Amir eines Abends ein wenig Fieber hatte und im Bett bleiben mußte, ging ich selbst ins Badezimmer, füllte meinen Sud in den Becher und trank ihn aus.

»Reingefallen, reingefallen«, rief Amir durch die offene Türe.

Seit neuestem hat er meinen Text übernommen. Wenn er mit dem gefüllten Becher aus dem Badezimmer herauskommt, murmelt er vor sich hin:

»Amir hat schon wieder keinen Tropfen getrunken, das ist ja unerhört, was glaubt der Kerl . . .« und so weiter bis brrr.

Ich komme mir immer überflüssiger vor in diesem Haus. Wirklich, wenn es nicht die Hauptsache wäre, daß Amir seinen Kakao trinkt – ich wüßte nicht, wozu ich überhaupt gut bin.

Die Rache des Kohlrabi

»Ephraim«, fragte mich eines Tages die beste Ehefrau von allen. »Ephraim, bin ich dick?«

»Nein, Frau«, antwortete ich, »du bist nicht dick.«

»Aber du bist dick!«

»Ach so? Dann muß ich dir allerdings sagen, daß du noch viel dicker bist.«

In Wahrheit ist niemand von uns beiden »dick« im buchstäblichen Sinne des Wortes. Die beste Ehefrau von allen mag vielleicht an einigen Ecken und Enden ihres Körpers gewisse Rundungen aufweisen, und was mich betrifft, so sehe ich im Profil manchmal ein wenig schwammig aus. Aber das sind mehr persönliche Eindrücke als das Verdikt der Waage.

Trotzdem und für alle Fälle traten wir mit einer der Gewichtsüberwachungsstellen in Verbindung, wie sie heute im Schwange sind. Die Freundinnen meiner Frau wissen wundersame Geschichten von diesen Kontrollstationen zu erzählen, die dem leichten Leben der Schwergewichtler ein Ende setzen. Zum Beispiel haben sie das Gewicht eines stadtbekannten Friseurs derart verändert, daß er jetzt 40 kg wiegt statt 130, und ein Theaterdirektor soll in zwei Monaten von 90 kg auf den absoluten Nullpunkt gesunken sein.

An einer Zweigstelle der erwähnten Organisation wurden wir von einer Direktrice und einem spindeldürren Dozenten in Empfang genommen. Noch wenige Monate zuvor – so berichteten seine hingerissenen Schüler – wurden zwei Sitzplätze frei, wenn er aus dem Autobus ausstieg; heute tritt er gelegentlich in einem »Grand Guignol«-Stück als Gespenst auf . . .

Der Dozent gab uns ohne Umschweife die Grundlagen des Kommenden bekannt: Über jeden Abmagerungskandidaten wird ein eigenes Dossier angelegt. Gegen geringes Aufgeld wird er einmal wöchentlich einer mündlichen Gehirnwäsche unterzogen und bekommt ein schriftliches Menü. Man muß nicht gänzlich auf Nahrungszufuhr verzichten, man muß nur bestimmte Dinge aufgeben, einschließlich der Geschmacksnerven. Kein Brot, kein Weißgebäck, keine Teigwaren, keine Butter. Nichts, was Fett, Stärke oder Zucker enthält. Statt dessen Kohlrabi in jeder beliebigen Menge, ungesäuertes Sauerkraut und aus dem Wasser gezogenen Fisch. Zwei Gläser Milch pro Tag. Keinerlei sportliche Betätigung, weil sie den Appetit anregt. Besonders empfohlen: einmal wöchentlich eine Stunde lang ausgestreckt auf dem Boden liegen und dazu lauwarmes Wasser trinken. Nach Ablauf von sieben Tagen wird man auf der Kontrollstelle gewogen, und wenn man kein Gewicht verloren hat, ist man selber schuld und soll sich schämen. Hat man Gewicht verloren, wird man anerkennend gestreichelt.

»Ausgezeichnet«, sagte ich. »Wir sind sehr zärtlichkeitsbedürftig.«

Die Direktrice führte uns in einen andern Raum, wo wir eine Waage besteigen mußten, ohne Schuhe, aber mit dem kompletten Inhalt unserer Taschen. Das Resultat war niederschmetternd:

»Es tut mir leid«, sagte die Direktrice. »Sie können das erforderliche Übergewicht nicht beibringen.«

Mir wurde es schwarz vor den Augen. Nie hätte ich geglaubt, daß man uns einer solchen Formalität halber des Rechts auf Abmagerung berauben würde. Schließlich fehlten mir nur drei Kilo zu einem amtlich beglaubigten Fettwanst, und meine Frau, obschon von kleiner Statur, wäre mit einem Zuschlag von eineinhalb Kilo ausgekommen. Aber die Gewichtsüberwacher ließen nicht mit sich handeln.

So kehrten wir denn nach Hause zurück und begannen alles zu essen, was verboten war. Zwei Wochen später meldeten wir uns abermals auf der Kontrollstation, mit der begründeten Hoffnung, daß unserer Aufnahme nun nichts mehr im Wege stünde. Zur Sicherheit hatte ich meine Taschen mit 50 Pfund in kleinen Münzen vollgestopft.

»Herzlich willkommen«, sagte die Direktrice nach der Abwaage. »Jetzt kann ich ein Dossier für Sie anlegen.«

Hierauf erteilte uns der Dozent seine Instruktionen:

»Drei große Mahlzeiten täglich. Sie dürfen sich nicht zu Tode hungern. Sorgen Sie für Abwechslung! Wenn Ihnen das Sauerkraut zu widerstehen beginnt, wechseln Sie zum Kohlrabi, und umgekehrt. Hauptsache: kein Fett, keine Stärke, kein Zucker. Kommen Sie in einer Woche wieder.«

Sieben Tage und sieben Nächte lang hielten wir uns sklavisch an diese Vorschriften. Unser Käse war weiß und mager, unser Brot war grün von den Gurken, die es durchsetzten, unser Sauerkraut war bitter.

Als wir am achten Tag die Waage bestiegen, hatten wir beide je 200 g zugenommen, und das mit leeren Taschen. »So etwas kann passieren«, äußerte der Dozent. »Sie müssen etwas strenger mit sich sein.«

In der folgenden Woche aßen wir ausschließlich Kohlrabi, der uns in eigenen Lieferwagen direkt vom Güterbahnhof zugestellt wurde. Und wirklich: wir hatten keine Gewichtssteigerung zu verzeichnen. Allerdings auch keine Abnahme. Wir stagnierten. Der Zeiger der kleinen Waage, die wir für den Hausgebrauch angekauft hatten, blieb immer an derselben Stelle stehen. Es war ein wenig enttäuschend.

In einer alten Apotheke in Jaffa entdeckte die beste Ehefrau von allen eine schlecht funktionierende Waage, aber dort stand die halbe weibliche Bevölkerung von Tel Aviv Schlange. Außerdem käme auf der Kontrollstation ja doch die Wahrheit heraus.

Allmählich begann ich zu verzweifeln. Sollten wir für alle Ewigkeit bei unserem jetzigen Gewicht steckenbleiben? Wieso hatte meine Frau nicht abgenommen? Für mich selbst gab es ja eine Art Erklärung dieses Phänomens: mir war ein Gerücht zu Ohren gekommen, daß ich allnächtlich in die Küche ging, um mich dort über größere Mengen von Untergrund-Käsen und Resistence-Würstchen herzumachen . . .

Die Rache des Kohlrabi, zu dem ich in den folgenden Wochen zurückkehrte, ließ nicht lange auf sich warten.

In der siebenten Woche unserer Qual – die siebente Woche ist bekanntlich die kritische – fuhr ich mitten in der Nacht aus dem Schlaf hoch. Ich verspürte ein unwiderstehliches Bedürfnis nach dem betörenden Geruch und Geräusch von bruzzelndem Fett. Ich mußte unbedingt sofort etwas Gebratenes essen, wenn ich nicht verrückt werden wollte. Ich war bereit, für ein paar lumpige Kalorien einen Mord zu begehen. Der bloße Gedanke an die Buchstabenfolge »Baisers mit Cremefüllung« ließ mich erzittern. Fiebervisionen von »Stärke« suchten mich heim. Ich glaubte den Begriff der »Stärke« in körperlicher Gestalt zu sehen: ein süßes, anmutiges Mädchen, das in einem weißen Brautkleid und mit wehendem Goldhaar über eine Wiese lief.

»Stärke!« rief ich hinter ihr her. »Warte auf mich, Stärke! Ich liebe dich! I love you! Je t'aime! Ja tibja ljublju! Entflieh mir nicht,

Stärke!«

In der nächsten Nacht hatte ich sie tatsächlich eingeholt. Ich glitt aus dem Bett, schlich in die Küche, leerte einen vollen Sack Popcorn in eine Pfanne mit siedendem Öl, streute Unmengen von Zucker darüber und verschlang das Ganze auf einen Sitz. Und das war nur der Beginn des Kalorien-Festivals. Gegen Mitternacht stand ich am Herd, um Birnen zu braten, als plötzlich neben mir die fragile Gestalt der besten Ehefrau von allen auftauchte. Mit geschlossenen Augen strebte sie dem Wäschekorb zu und entnahm ihm etwa ein Dutzend Tafeln Schokolade, die sie sofort aus der Silberpapierhülle zu lösen begann. Auch mir bot sie davon an, und ich machte von ihrem Anerbieten wohlig grunzend Gebrauch.

Mittendrin erwachte mein Abmagerungsinstinkt. Ich kroch zum Telefon und wählte mit letzter Kraft die Nummer der Überwachungs-Zweigstelle:

»Kommen Sie schnell . . . schnell . . . sonst essen wir . . . Schokolade . . .«

»Wir kommen sofort!« rief am andern Ende der Dozent. »Wir sind schon unterwegs . . .«

Bald darauf hielt mit kreischenden Bremsen das Auto der Gewichtsüberwacher vor unserem Haus. Sie brachen durch die Tür und stürmten die Küche, wo wir uns in Haufen von Silberpapier, gebratenen Obstüberbleibseln und flüssiger Creme herumwälzten. Eine halbe Tafel Schokolade konnten sie noch retten. Alles andere hatte den Weg in unsere Mägen gefunden und hatte uns bis zur Unkenntlichkeit aufgebläht.

Der Dozent nahm uns auf die Knie, rechts mich, links die beste Ehefrau von allen.

»Macht euch nichts draus, Kinder«, sprach er in väterlich tröstendem Ton. »Ihr seid nicht die ersten, denen das zustößt. Schon viele unserer Mitglieder haben in wenigen Stunden alles Gewicht, das sie in Jahren verloren hatten, wieder zugenommen. Lasset uns von vorne anfangen.«

»Aber keinen Kohlrabi!« flehte ich mit schwacher Stimme. »Ich beschwöre Sie: keinen Kohlrabi!«

»Dann sei es«, entschied der Dozent, »nur grüner Salat . . .«

Wir haben die Reihen der überwachten Gewichtsabnehmer verlassen. Wir waren völlige Versager.

Manchmal sehe ich im Profil wieder ein wenig schwammig aus,

und die beste Ehefrau von allen weist an einigen Stellen ihres Körpers wieder gewisse Rundungen auf. Na und? Gut genährte Menschen haben bekanntlich den besseren Charakter, sie sind freundlich, großzügig und den Freuden des Daseins zugetan, sie haben, kurzum, mehr vom Leben. Was sie nicht haben, ist Kohlrabi und Sauerkraut. Aber das läßt sich verschmerzen.

Das Fernsehen als moralische Anstalt

»Wunder dauern höchstens eine Woche«, heißt es im Buche Genesis. Wie wahr!

Nehmen wir zum Beispiel das Fernsehen: Während der ersten Wochen waren wir völlig in seinem Bann und saßen allnächtlich vor dem neu erworbenen Gerät, bis die letzte Versuchsstation im hintersten Winkel des Vorderen Orients ihr letztes Versuchsprogramm abgeschlossen hatte. So halten wir's noch immer – aber von »gebannt« kann keine Rede mehr sein. Eigentlich benützen wir den Apparat nur deshalb, weil unser Haus auf einem freiliegenden Hügel steht; und das bedeutet guten Empfang von allen Seiten.

Dieser Spielart des technischen Fortschritts ist auch Amir zum Opfer gefallen. Es drückt uns das Herz ab, ihn zu beobachten, wie er fasziniert auf die Mattscheibe starrt, selbst wenn dort eine Stunde lang nichts andres geboten wird als das Inserat »Pause« oder »Israelische Television«. Etwaigen Hinweisen auf sein sinnloses Verhalten begegnet er mit einer ärgerlichen Handbewegung und einem scharfen »Psst!«

Nun ist es für ein kleines Kind nicht eben bekömmlich, Tag für Tag bis Mitternacht vor dem Fernsehkasten zu hocken und am nächsten Morgen auf allen vieren in den Kindergarten zu kriechen. Und die Sorgen, die er uns damit verursachte, sind noch ganz gewaltig angewachsen, seit der Sender Zypern seine lehrreiche Serie »Die Abenteuer des Engels« gestartet hat und unsern Sohn mit schöner Regelmäßigkeit darüber unterrichtet, wie man den perfekten Mord begeht. Amirs Zimmer muß seither hell erleuchtet sein, weil er sonst vor Angst nicht einschlafen kann. Andererseits kann er auch bei heller Beleuchtung nicht einschlafen, aber er schließt wenigstens die Augen – nur um sie sofort wieder aufzureißen, weil er Angst hat, daß gerade jetzt der perfekte Mörder erscheinen könnte.

»Genug!« entschied eines Abends mit ungewöhnlicher Energie

die beste Ehefrau von allen. »Es ist acht Uhr. Marsch ins Bett mit dir!«

Der als Befehl getarnte Wunsch des Mutterherzens ging nicht in Erfüllung. Amir, ein Meister der Verzögerungstaktik, erfand eine neue Kombination von störrischem Schweigen und monströsem Gebrüll.

»Will nicht ins Bett!« röhrte er. »Will fernsehen. Will Fernsehen sehen!«

Seine Mutter versuchte ihn zu überzeugen, daß es dafür schon zu spät sei. Umsonst.

»Und du? Und Papi? Für euch ist es nicht zu spät?«

»Wir sind Erwachsene.«

»Dann geht arbeiten!«

»Geh du zuerst schlafen!«

»Ich geh schlafen, wenn ihr auch schlafen geht.«

Mir schien der Augenblick gekommen, die väterliche Autorität ins Gespräch einzuschalten:

»Vielleicht hast du recht, mein Sohn. Wir werden jetzt alle schlafen gehen.«

Ich stellte den Apparat ab und veranstaltete gemeinsam mit meiner Frau ein demonstratives Gähnen und Räkeln. Dann begaben wir uns selbdritt in unsere Betten. Natürlich hatten wir nicht vergessen, daß Kairo um 8.15 Uhr ein französisches Lustspiel ausstrahlte. Wir schlichen auf Zehenspitzen ins Fernsehzimmer zurück und stellten den Apparat vorsichtig wieder an.

Wenige Sekunden später warf Amir seinen Schatten auf den Bildschirm:

»Pfui!« kreischte er in nicht ganz unberechtigtem Zorn. »Ihr habt ja gelogen!«

»Papi lügt nie«, belehrte ihn seine Mutter. »Wir wollten nur nachschauen, ob die Ampexlampe nach links gebündelt ist oder nicht. Und jetzt gehen wir schlafen. Gute Nacht.«

So geschah es. Wir schliefen sofort ein.

»Ephraim«, flüsterte nach wenigen Minuten meine Frau aus dem Schlaf, »ich glaube, wir können hinübergehen . . .«

»Still«, flüsterte ich ebenso schlaftrunken. »Er kommt.« Aus halb geöffneten Augen hatte ich im Dunkeln die Gestalt unseres Sohnes erspäht, der sich – offenbar zu Kontrollzwecken – an unser Zimmer herantastete.

Er nahm mein vorbildlich einsetzendes Schnarchen mit Befriedigung zur Kenntnis und legte sich wieder ins Bettchen, um sich vor dem perfekten Mörder zu fürchten. Zur Sicherheit ließen wir noch ein paar Minuten verstreichen, ehe wir uns abermals auf den Schleichweg zum Fernsehschirm machten.

»Stell den Ton ab«, flüsterte meine Frau.

Das war ein vortrefflicher Rat. Beim Fernsehen, und daher der Name, kommt es ja darauf an, was man sieht, nicht darauf, was man hört. Und wenn's ein Theaterstück ist, kann man den Text mit ein wenig Mühe von den Lippen der Agierenden ablesen. Allerdings muß dann das Bild so scharf wie möglich herauskommen. Zu diesem Zweck drehte meine Frau den entsprechenden Knopf, genauer: den Knopf, von dem sie glaubte, daß es der entsprechende wäre. Er war es nicht. Wir erkannten das daran, daß im nächsten Augenblick der Ton mit erschreckender Vollkraft losbrach.

Und schon kam Amir herbeigestürzt:

»Lügner! Gemeine Lügner! Schlangen! Schlangenlügner!« Und sein Heulen übertönte den Sender Kairo.

Da unsere Befehlsgewalt für den heutigen Abend rettungslos untergraben war, blieb Amir nicht nur für die ganze Dauer des dreiaktigen Lustspiels bei uns sitzen, sondern genoß auch noch, leise schluchzend, die Darbietungen zweier Bauchtänzerinnen aus Amman.

Am nächsten Tag schlief er im Kindergarten während der Gesangstunde ein. Die Kindergärtnerin empfahl uns telefonisch, ihn sofort in ein Spital zu bringen, denn er sei möglicherweise von einer Tse-Tse-Fliege gebissen worden. Wir begnügten uns jedoch damit, ihn nach Hause zu holen.

»Jetzt gibt's nur noch eins«, seufzte unterwegs meine Frau.

»Nämlich?«

»Den Apparat verkaufen.«

»Verkauft ihn doch, verkauft ihn doch!« meckerte Amir.

Wir verkauften ihn natürlich nicht. Wir stellten ihn nur pünktlich um 8 Uhr abends ab, erledigten die vorschriftsmäßige Prozedur des Zähneputzens und fielen vorschriftsmäßig ins Bett. Unter meinem Kopfkissen lag die auf 9.30 eingestellte Weckeruhr.

Es klappte. Amir konnte auf seinen zwei Kontrollbesuchen nichts Verdächtiges entdecken, und als der Wecker um 9.30 Uhr sein gedämpftes Klingeln hören ließ, zogen wir leise und behutsam die vorgesehenen Konsequenzen. Der dumpfe Knall, der unsere Behutsamkeit zuschanden machte, rührte daher, daß meine Frau mit dem

Kopf an die Türe gestoßen war. Ich half ihr auf die Beine:

»Was ist los?«

»Er hat uns eingesperrt.«

Ein begabtes Kind, das muß man schon sagen; wenn auch auf andrer Linie begabt als Frank Sinatra, dessen neuester Film vor fünf Minuten in Zypern angelaufen war.

»Warte hier, Liebling. Ich versuch's von außen.«

Durchs offene Fenster sprang ich in den Garten, erkletterte katzenartig den Balkon im ersten Stock, zwängte meine Hand durch das Drahtgitter, öffnete die Türe, stolperte ins Parterre hinunter und befreite meine Frau. Nach knappen zwanzig Minuten saßen wir vor dem Bildschirm. Ohne Ton, aber glücklich.

In Amirs Region herrschte vollkommene, fast schon verdächtige Ruhe.

Auf der Mattscheibe sang Frank Sinatra ein lautloses Lied mit griechischen Untertiteln.

Und plötzlich . . .

»Achtung, Ephraim!« konnte meine Frau mir gerade noch zuwispern, während sie das Fernsehgerät ins Dunkel tauchen ließ und mit einem Satz hinter die Couch sprang. Ich meinerseits kroch unter den Tisch, von wo ich Amir, mit einem langen Stock bewehrt, durch den Korridor tappen sah. Vor unserem Schlafzimmer blieb er stehen und guckte, schnüffelnd wie ein Bluthund, durchs Schlüsselloch.

»Hallo!« rief er. »Ihr dort drinnen! Hallo! Schlaft ihr?«

Als keine Antwort kam, machte er kehrt, und zwar in Richtung Fernsehzimmer. Das war das Ende. Ich knipste das Licht an und empfing ihn mit lautem Lachen: »Hahaha«, lachte ich, und abermals: »Hahaha! Jetzt bist einmal *du* hereingefallen, Amir, mein Sohn, was?«

Die Details sind unwichtig. Seine Fausthiebe taten mir nicht weh, die Kratzer schon etwas mehr. Richtig unangenehm war, daß man in den Nachbarhäusern alles hörte. Dann holte Amir sein Bettzeug aus dem Kinderzimmer und baute es vor dem Fernsehapparat auf.

Irgendwie konnten wir ihn verstehen. Wir hatten ihn tief enttäuscht, wir hatten den Glauben an seine Eltern erschüttert, wir waren die eigentlich Schuldigen. Er nennt uns seither nur »Lügenpapi« und »Schlangenmami« und zeltet vor dem Bildschirm, bis der Morgen dämmert. In den ersten Nächten sah ich noch ein paarmal nach, ob er ohne uns fernsieht, aber er schlief den Schlaf des halbwegs Gerechten. Wir ließen es dabei. Wir machten erst gar keinen Versuch, ihn zur Übersiedlung in sein Bett zu bewegen. Warum auch? Was tat er denn Übles? Fliegenfangen oder Katzenquälen wäre besser? Wenn er fernsehen will, soll er fernsehen. Morgen verkaufen wir den verdammten Kasten sowieso. Und kaufen einen neuen.

Auch die Waschmaschine ist nur ein Mensch

Eines Tages unterrichtete mich die beste Ehefrau von allen, daß wir eine neue Waschmaschine brauchten, da die alte, offenbar unter dem Einfluß des mörderischen Klimas, den Dienst aufgekündigt hatte. Der Winter stand vor der Tür, und das bedeutete, daß die Waschmaschine jedes einzelne Wäschestück mindestens dreimal waschen müßte, da jeder Versuch, es durch Aufhängen im Freien zu trocknen, an den jeweils kurz darauf einsetzenden Regengüssen scheiterte. Und da der Winter heuer besonders regnerisch zu werden versprach, war es klar, daß nur eine neue, junge, kraftstrotzende und lebenslustige Waschmaschine sich gegen ihn behaupten könnte.

»Geh hin«, so sprach ich zu meinem Eheweib, »geh hin, Liebliche, und kaufe eine Waschmaschine. Aber wirklich nur eine, und von heimischer Erzeugung. So heimisch wie möglich.«

Die beste Ehefrau von allen ist zugleich eine der besten Einkäuferinnen, die ich kenne. Schon am nächsten Tag stand in einem Nebenraum unserer Küche, fröhlich summend, eine original hebräische Waschmaschine mit blitzblank poliertem Armaturenbrett, einer langen Kabelschnur und ausführlicher Gebrauchsanweisung. Es war Liebe aufs erste Waschen – der Reklameslogan hatte nicht gelogen. Unser Zauberwaschmaschinchen besorgte alles von selbst. Schäumen, Waschen und Trocknen. Fast wie ein Wesen mit menschlicher Vernunft.

Und genau davon handelt die folgende Geschichte.

Am Mittag des zweiten Tages betrat die beste Ehefrau von allen mein Arbeitszimmer ohne anzuklopfen, was immer ein böses Zeichen ist. Und sagte:

»Ephraim, unsere Waschmaschine wandert.«

Ich folgte zur Küche. Tatsächlich: der Apparat war soeben damit beschäftigt, die Wäsche zu schleudern und mittels der hierbei erfolgenden Drehbewegung den Raum zu verlassen. Wir konnten den kleinen Ausreißer noch ganz knapp vor Überschreiten der Schwelle aufhalten, brachten ihn durch einen Druck auf den grellroten Alarmknopf zum Stillstand und berieten die Sachlage.

Es zeigte sich, daß die Maschine nur dann ihren Standort veränderte, wenn das Trommelgehäuse des Trockenschleuderers seine unwahrscheinlich schnelle Rotationstätigkeit aufnahm. Dann lief zuerst ein Zittern durch den Waschkörper – und gleich darauf begann er, wie von einem geheimnisvollen inneren Drang getrieben, hopphopp daraufloszumarschieren.

Na schön. Warum nicht. Unser Haus ist schließlich kein Gefängnis, und wenn Maschinchen marschieren will, dann soll es.

In einer der nächsten Nächte weckte uns das kreischende Geräusch gequälten Metalls aus Richtung Küche. Wir stürzten hinaus: das Dreirad unseres Söhnchens Amir lag zerschmettert unter der Maschine, die sich in irrem Tempo um ihre eigene Achse drehte. Amir seinerseits heulte mit durchdringender Lautstärke und schlug mit seinen kleinen Fäusten wild auf den Dreiradmörder ein:

»Pfui, schlimmer Jonathan! Pfui!«

Jonathan, das muß ich erklärend hinzufügen, war der Name, den wir unserem Maschinchen seiner menschenähnlichen Intelligenz halber gegeben hatten.

»Jetzt ist es genug«, erklärte die Frau des Hauses. »Ich werde Jonathan fesseln.«

Und das tat sie denn auch mit einem rasch herbeigeholten Strick, dessen anderes Ende sie an die Wasserleitung band.

Ich hatte bei dem allen ein schlechtes Gefühl, hütete mich jedoch, etwas zu äußern. Jonathan gehörte zum Einflußbereich meiner Frau, und ich konnte ihr das Recht, ihn anzubinden, nicht streitig machen. Indessen möchte ich nicht verhehlen, daß es mich mit einiger Genugtuung erfüllte, als wir Jonathan am nächsten Morgen an der gegenüberliegenden Wand stehen sahen. Er hatte offenbar alle seine Kräfte angespannt, denn der Strick war gerissen.

Seine Vorgesetzte fesselte ihn zähneknirschend von neuem, diesmal mit einem längeren und dickeren Strick, dessen Ende sie um den Heißwasserspeicher schlang.

Das ohrenbetäubende Splittern, das sich bald darauf als Folge dieser Aktion einstellte, werde ich nie vergessen.

»Er zieht den Speicher hinter sich her!« flüsterte die entsetzte Küchenchefin, als wir am Tatort angelangt waren. Der penetrante Gasgeruch in der Küche bewog uns, auf künftige Fesselungen zu verzichten. Jonathans Abneigung gegen Stricke war nicht zu verkennen, und wir ließen ihn fortan ohne jede Behinderung seinen Waschgeschäften nachgehen. Irgendwie leuchtete es uns ein, daß er, vom Lande Israel hervorgebracht – eine Art Sabre –, über unbändigen Freiheitswillen verfügte. Wir waren beinahe stolz auf ihn.

Einmal allerdings, noch dazu an einem Samstag abend, an dem wir, wie immer, Freunde zum Nachtmahl empfingen, drang Jonathan ins Speisezimmer ein und belästigte unsere Gäste.

»Hinaus mit dir!« rief meine Frau ihm zu. »Marsch hinaus! Du weißt, wo du hingehörst!«

Das war natürlich lächerlich. So weit reichte Jonathans Intelligenz nun wieder nicht, daß er die menschliche Sprache verstanden hätte. Jedenfalls schien es mir sicherer, ihn durch einen raschen Druck auf den Alarmknopf zum Stehen zu bringen, wo er stand.

Als unsere Gäste gegangen waren, startete ich Jonathan, um ihn auf seinen Platz zurückzuführen. Aber er schien uns die schlechte Behandlung von vorhin übelzunehmen und weigerte sich. Wir mußten ihn erst mit einigen Wäschestücken füttern, ehe er sich auf den Weg machte . . .

Amir hatte allmählich Freundschaft mit ihm geschlossen, bestieg ihn bei jeder Gelegenheit und ritt auf ihm, unter fröhlichen »Hühott«-Rufen, durch Haus und Garten. Wir alle waren's zufrieden. Jonathans Waschqualitäten blieben die alten, er war wirklich ein ausgezeichneter Wäscher und gar nicht wählerisch in bezug auf Waschpulver. Wir konnten uns nicht beklagen.

Immerhin befiel mich ein arger Schrecken, als ich eines Abends, bei meiner Heimkehr, Jonathan mit gewaltigen Drehsprüngen auf mich zukommen sah. Ein paar Minuten später, und er hätte die Straße erreicht.

»Vielleicht«, sagte träumerisch die beste Ehefrau von allen, nachdem ich ihn endlich gebändigt hatte, »vielleicht könnten wir ihn bald einmal auf den Markt schicken. Wenn man ihm einen Einkaufszettel mitgibt . . .«

Sie meinte das nicht im Ernst. Aber es bewies, wieviel wir von Jonathan schon hielten. Wir hatten fast vergessen, daß er doch eigentlich als Waschmaschine gedacht war. Und daß er vieles tat, was zu tun einer Waschmaschine nicht oblag.

Ich beschloß, einen Spezialisten zu konsultieren. Er zeigte sich über meinen Bericht in keiner Weise erstaunt.

»Ja, das kennen wir«, sagte er. »Wenn sie schleudern, kommen sie gern ins Laufen. Meistens geschieht das, weil sie zuwenig Wäsche in der Trommel haben. Dadurch entsteht eine zentrifugale Gleichgewichtsstörung, von der die Maschine vorwärtsgetrieben wird. Geben Sie Jonathan mindestens vier Kilo Wäsche, und er wird brav seinen Platz halten.«

Meine Frau erwartete mich im Garten. Als ich ihr auseinandersetzte, daß es der Mangel an Schmutzwäsche war, der Jonathan zu zentrifugalem Amoklaufen trieb, erbleichte sie:

»Großer Gott! Gerade habe ich ihm zwei Kilo gegeben. Um die Hälfte zu wenig!«

Wir sausten zur Küche und blieben – was doch eigentlich Jonathans Sache gewesen wäre – wie angewurzelt stehen: Jonathan war verschwunden. Mitsamt seinem Kabel.

Noch während wir zur Straße hinausstürzten, riefen wir, so laut wir konnten, seinen Namen:

»Jonathan! Jonathan!«

Keine Spur von Jonathan.

Ich rannte von Haus zu Haus und fragte unsere Nachbarn, ob sie nicht vielleicht eine hebräisch sprechende Waschmaschine gesehen hätten, die sich stadtwärts bewegte. Alle antworteten mit einem bedauernden Kopfschütteln. Einer glaubte sich zu erinnern, daß so etwas Ähnliches vor dem Postamt gestanden sei, aber die Nachforschungen ergaben, daß es sich um einen Kühlschrank handelte, der falsch adressiert war.

Nach langer, vergeblicher Suche machte ich mich niedergeschlagen auf den Heimweg. Wer weiß, vielleicht hatte in der Zwischenzeit ein Autobus den armen Kleinen überfahren, diesen städtischen Wagenlenkern ist ja alles zuzutrauen . . . Tränen stiegen mir in die Augen. Unser Jonathan, das freiheitsliebende Geschöpf des israelischen Industrie-Dschungels, hilflos preisgegeben den Gefahren der Großstadt und ihres wilden Verkehrs . . . wenn die Drehtrommel in seinem Gehäuse plötzlich aussetzt, kann er sich nicht mehr fortbewegen . . . muß mitten auf der Straße stehenbleiben . . .

»Er ist hier!« Mit diesem Jubelruf begrüßte mich die beste Ehefrau von allen. »Er ist zurückgekommen!«

Der Hergang ließ sich rekonstruieren: In einem unbewachten Augenblick war der kleine Dummkopf in den Korridor hinausgehoppelt und auf die Kellertüre zu, wo er unweigerlich zu Fall gekommen wäre. Aber da er im letzten Augenblick den Steckkontakt losriß, blieb ihm das erspart.

»Wir dürfen ihn nie mehr vernachlässigen!« entschied meine

Frau. »Zieh sofort deine Unterwäsche aus! Alles!«

Seit diesem Tag wird Jonathan so lange vollgestopft, bis er mindestens viereinhalb Kilo in sich hat. Und damit kann er natürlich keine Ausflüge mehr machen. Er kann kaum noch atmen. Es kostet ihn merkliche Mühe, seine zum Platzen angefüllte Trommel in Bewegung zu setzen. Armer Kerl. Es ist eine Schande, was man ihm antut.

Gestern hat's bei mir geschnappt. Als ich allein im Haus war, schlich ich zu Jonathan und erleichterte sein Inneres um gute zwei Kilo. Sofort begann es in ihm unternehmungslustig zu zucken, und nach einer kleinen Weile war es soweit, daß er sich, noch ein wenig ungelenk hüpfend, auf den Weg zu der hübschen italienischen Waschmaschine im gegenüberliegenden Haus machte, mit männlichem, tatendurstigem Brummen und Rumpeln, wie in der guten alten Zeit.

»Geh nur, mein Jonathan.« Ich streichelte seine Hüfte. »Los!«
Was zur Freiheit geboren ist, soll man nicht knechten.

Auf dem Trockenen

Ich darf ruhig sagen, daß ich die himmlischen Gewalten immer respektiert habe. Jetzt aber fürchte ich sie.

An jenem denkwürdigen Montag erwachten wir zu früher Stunde, sahen aus dem Fenster und riefen wie aus einem Mund:
»Endlich!«
Der Himmel erstrahlte in klarem, wolkenlosem Blau.

Mit lobenswerter Behendigkeit sprangen die beste Ehefrau von allen und ihre Mutter aus den Betten und stürzten zum Wäschekorb, darin sich die Schmutzwäsche vieler Monate aufgehäuft hatte, vieler verregneter Monate, in denen wir die Wäsche, weil wir sie nicht zum Trocknen aufhängen konnten, ungewaschen liegenlassen mußten. Ja mehr als das: wir mußten sie, als der Wäschekorb überquoll, an allerlei unpassenden Örtlichkeiten aufbewahren, unter den Betten, in Koffern, in Schreibtischladen.

Damit war's nun endlich vorbei. Gattin und Schwiegermutter machten sich fröhlich trällernd an die Arbeit, und nach wenigen Stunden standen wir vor der erquickenden Aufgabe, rund eineinhalb Tonnen frisch gewaschener Wäsche in den Garten zu transportieren, wo wir sie an Leinen, Stricken, Drähten und Kabeln zum

Trocknen aufhängten.

Als wir damit fertig waren, begann es zu regnen.

Wie war das möglich. Noch vor wenigen Minuten hatte sich ein reiner, azurblauer Himmel über uns gewölbt, nicht die kleinste Wolke ließ sich blicken – und jetzt regnete es. Es regnete nicht nur, es goß, es schüttete, es war stockfinster, und die dunklen Wolken aus den vier Ecken des Universums versammelten sich genau über unserem Garten. In rasender Hast rafften wir die Wäsche wieder zusammen, rannten mit den einzelnen Bündeln ins Haus zurück und deponierten sie in der Badewanne, wo wir alsbald eine Leiter zu Hilfe nehmen mußten, denn der Wäscheberg reichte bis zur Decke. Dann griffen wir erschöpft nach der Zeitung.

Die Wettervorhersage lautete: »In den Morgenstunden zeitweilig Bewölkung, die sich gegen Mittag aufklärt.«

Somit stand fest, daß Sturm und Regen mindestens drei Tage lang anhalten würden.

Wir hatten uns nicht getäuscht. Draußen fiel eintönig der Regen, drinnen begann der Gärungsprozeß unserer Wäsche in der Badewanne. Am Abend roch es im ganzen Haus nach Fusel und Friedhof. Da und dort an den Wänden tauchten die ersten grünlichen Schimmelpilze auf.

»So geht's nicht weiter«, erklärte die beste Ehefrau von allen. »Die Wäsche muß getrocknet werden, bevor sie völlig verrottet.«

Wir zogen eine Drahtschnur durch das Wohnzimmer. Sie reichte von der Schnalle des rechten Fensters die Wand entlang zur Schlafzimmertür, schwang sich von dort zum Kronleuchter, glitt abwärts und über einige Gemälde zum venezianischen Wandspiegel, umging die Klubgarnitur, wandte sich scharf nach links und endete am entgegengesetzten Fenster. An einigen Stellen hingen die dicht nebeneinander aufgereihten Wäschestücke so tief herab, daß wir uns nur noch kriechend fortbewegen konnten, wobei wir sorgfältig darauf achten mußten, die zwecks Beschleunigung des Trocknungsprozesses installierten Hitzespender (Karbidlampen, Spirituskocher auf mittlerer Flamme usw.) nicht umzustoßen. Eine Fledermaus, so behauptete meine Schwiegermama, würde trotzdem ihren Weg zwischen den Wäscheleinen finden, denn sie besäße ein geheimnisvolles Orientierungsvermögen, eine Art urzeitliches Radar, das sie befähigte, allen Gegenständen auf ihrem Flugweg auszuweichen. Da ich keine Fledermaus bin, konnte ich diesen lichtvollen Belehrungen nur wenig Interesse abgewinnen und zog mich zurück.

Ungefähr um die vierte Nachmittagsstunde wurde das Haus von einem dumpf nachhallenden Knall erschüttert. Im Wohnzimmer bot sich uns ein wahrhaft chaotisches Bild. Die Drahtschnur war unter dem ihr aufgelasteten Übergewicht gerissen, und die ganze Wäsche bedeckte den Boden. Zum Glück war sie noch feucht genug, um die dort aufgestellten Heizkörper zu ersticken.

Die beste Ehefrau von allen erwies sich wieder einmal als solche.

»Das werden wir gleich haben«, sagte sie mit heroisch zusammengebissenen Lippen.

Wir hatten es zwar nicht gleich, aber doch nach zwei Stunden. Mit vereinten Kräften, einschließlich der schwiegermütterlichen, verteilten wir die Wäschestücke über sämtliche Tische, Stühle, Fensterbretter und freischwebende Beleuchtungskörper. Erst als auf dem Fußboden wieder Platz war, brachen wir zusammen.

Kaum lagen wir da, als es an der Tür klopfte. Schwiegermama trippelte zum Fenster und lugte vorsichtig hinaus.

»Doktor Zelmanowitsch ist draußen«, flüsterte sie. »Der Vorsitzende des Obersten Gerichtshofs. Mit Frau.«

Wir erstarrten vor Schreck und Verlegenheit. Doktor Zelmanowitsch besucht uns durchschnittlich einmal in fünf Jahren und hält das für eine besondere Ehre, der man sich gewachsen zeigen muß. In einem Empfangsraum, der über und über mit feuchten Wäschestücken belegt ist, kann man sich jedoch keiner Ehre mehr gewachsen zeigen.

Abermals faßte sich die beste Ehefrau von allen als erste: »Rasch hinaus mit dem Zeug! Mama wird mir helfen. Und du hältst den Besuch so lange an der Tür fest.«

Da ich der einzige Schriftsteller in der Familie bin und infolgedessen als erfindungsreicher Lügner angesehen werde, fiel diese Aufgabe selbstverständlich mir zu. Ich öffnete die Tür, begrüßte den Obersten Richter und seine Gattin ebenso herzlich wie ausdauernd, wies mit großen Gebärden auf die exquisite stilistische Gestaltung unseres Vorzimmers hin und sprach mit möglichst lauter Stimme, um die Geräusche des drinnen sich abwickelnden Wäschetransports zu übertönen.

Nach einer Weile äußerte Frau Zelmanowitsch das Verlangen, sich zu setzen. Zum Glück hörte ich gleich darauf das Hustensignal meiner Frau, so daß ich unsere Gäste weiterführen konnte.

Wir nahmen im halbwegs restaurierten Wohnzimmer Platz, und während meine Schwiegermutter die fällige Erkundigung einzog, ob

Tee, Kaffee oder Kakao gewünscht werde, flüsterte mir meine Frau in eiligen Stichworten den Situationsbericht ins Ohr: Sie hätte die Wäsche im Nebenzimmer verstaut, natürlich ohne sie auswinden zu können, dazu reichte die Zeit nicht mehr, aber Hauptsache, das Zeug war draußen.

Die Konversation wollte nicht recht in Fluß kommen. Es herrschte Stille, die plötzlich von einem sonderbaren Geräusch unterbrochen wurde. Das Geräusch hielt an. Wie sich herausstellte, kam es von Frau Zelmanowitsch' Zähnen, welche klapperten.

»Es ist ein w-w-wenig kühl in diesem Z-z-zimmer«, brachte sie mühsam hervor und erhob sich. Auf den unteren Partien ihres Kleides war ein großer dunkler Fleck zu sehen, der nach oben hin etwas heller wurde. Auch der übrigen Insassen des Zimmers hatte sich ein leichtes Zittern bemächtigt. Ich selbst machte keine Ausnahme.

»Der Feuchtigkeitsgehalt Ihres Hauses scheint außergewöhnlich hoch zu sein«, bemerkte Doktor Zelmanowitsch und nieste mehrmals.

Während ich ihm noch zu widersprechen versuchte, geschah etwas Fürchterliches: Aus dem Nebenzimmer kam unverkennbares Wasser herbeigerieselt, zunächst nur fadendünn, dann immer breiter, bis es sich als Bächlein über den Teppich ergoß.

Doktor Zelmanowitsch, einer der bedeutendsten Rechtsgelehrten unseres Landes, stand auf, um sich zu verabschieden. Seine Frau hatte sich ja schon früher erhoben. »Bleiben Sie doch noch ein Weilchen«, stotterte die beste Ehefrau von allen und watete zur Tür, um unsere Gäste aufzuhalten. Aber sie ließen sich nicht. Sie gingen. Sie gingen ohne Gruß. Und sie werden den Fünfjahresdurchschnitt ihrer Besuche in Hinkunft wohl noch weiter reduzieren.

Wir Zurückgebliebenen stemmten uns der andrängenden Flut entgegen und brachten sie mit Hilfe wasserundurchlässiger Möbelstücke zum Stillstand. Aber wie sollten wir sie beseitigen?

Da kam mir der rettende Einfall. Ich holte die Wäschestücke aus dem Nebenzimmer herbei, tränkte sie mit dem angestauten Wasser, trug die vollgesogenen Stücke in den Garten und hängte sie, des Regens nicht achtend, über die dort aufgespannten Leinen, Drähte und Kabel. Früher oder später muß ja der Regen aufhören und die Sonne wieder hervorkommen. Dann wird die Wäsche trocknen. Und dann nehmen wir sie herunter und verbrennen sie.

Josepha, die Freie

Seit unserer Übersiedlung in den südlichen Teil der Stadt, in dem sich auch die Universität befindet, sind wir zu Anhängern der akademischen Babysitter geworden. Wir holen uns vom nahe gelegenen Campus eine nette kleine Studentin, vorzugsweise philosophischer oder archäologischer Observanz, und übergeben ihr unsere Nachkommenschaft. Die Kinder gewöhnen sich rasch an die neue Aufsichtsperson, und alles ist in bester Ordnung – so lange, bis eines Tages Sand in die Maschine gerät. Die junge Dame hat plötzlich alle Abende besetzt, oder sie muß sich für Prüfungen vorbereiten, oder sie ist nur noch am Mittwoch frei, und gerade am Mittwoch hat auch Gideon seinen freien Abend, und wenn wir aus dem Theater nach Hause kommen, finden wir sie beide auf der Couch, mit vom Studium geröteten Gesichtern, und die Kissen sind zerdrückt, und Gideon fährt sich mit dem Kamm durchs wulstige Haar, und die beste Ehefrau von allen wendet sich an mich mit den Worten:

»Also bitte. Da hat sich diese kleine Schlampe doch richtig einen Kerl mitgebracht.«

Damit endet in der Regel die meteorhafte Karriere der betreffenden Babysitterin, und die nächste tritt ein.

Diesmal war es Josepha. Sie machte anfangs den denkbar besten Eindruck auf uns: so bescheiden war sie, so klein und zart, so brillentragend. Man hätte sie höchstens für 13 oder 14 gehalten, aber wie sich zeigte, hatte sie auf ihren spindeldürren Beinen bereits die 20 überschritten. Josepha war schmucklos gekleidet, um nicht zu sagen geschmacklos, sie sprach nicht eigentlich, sondern hüstelte immer sehr schnell ein paar Worte hervor, mit gesenkter Stimme und ebensolchen Augen. Zahlreiche Pickel zierten ihre bleiche Haut, ja sie selbst wirkte im ganzen wie ein Pickel. Sie war, mit einem Wort, der Idealfall einer Babysitterin auf lange Sicht.

Und so entwickelte sich's mit Josepha in der Tat. Sie kam auf die Minute pünktlich, hüstelte ein leises »Schalom« und ließ sich im Kinderzimmer nieder, wo sie sofort anfing, den Inhalt eines ihrer Hefte in ein anderes Heft zu übertragen. Sie las nicht, sie schrieb nicht, sie übertrug nur. Das ging uns zwar ein wenig auf die Nerven, aber wir nahmen es hin. Überdies war unsere Josepha, im liebenswerten Unterschied von ihren sämtlichen Vorgängerinnen, zu jeder Zeit und jeder Stunde abkömmlich. Wann immer wir sie anriefen, wurde am anderen Ende des Drahtes ihr bescheidenes Hüsteln hörbar:

»Ja, ich bin frei.«

»Können Sie heute etwas früher kommen?«

»Gewiß.«

»Und etwas länger bleiben?«

»Gerne.«

Und sie kam früher, um früher mit ihren Übertragungen zu beginnen, still, fragil, die Augen gesenkt. Dabei blieb es auch, wenn ich sie manchmal in später Nacht mit meinem Wagen nach Hause brachte. Einmal ließ ich mich hinreißen und wollte von ihr wissen, was es auf der Universität Neues gäbe.

»Danke«, hüstelte sie. Und damit endete das verheißungsvolle Gespräch. In jeder anderen Hinsicht, ich sagte es schon, war sie der Inbegriff einer Babysitterin: zuverlässig, ruhig, immer frei, immer Josepha.

Wir respektierten sie sehr, und auch die Kinder schienen sich an die klösterliche Stille, die sie um sich verbreitete, binnen kurzem gewöhnt zu haben. Unsere gelegentlichen Einladungen zum Abendessen schlug sie mit bescheidenem, nahezu ängstlichem Kopfschütteln aus. Aß sie jemals? Hatte sie überhaupt die normalen Bedürfnisse eines normalen Menschen? Meine Frau bezweifelte es.

»Das arme Kind«, murmelte sie. »Ich finde es einfach unnatürlich, daß ein junges Mädchen in diesem Alter immer frei ist.«

Die beunruhigenden Symptome häuften sich. Ob Vormittag oder Abend oder halb drei am Nachmittag – Josepha ist stets bereit zum Babysitten und Heftübertragen. Einmal riefen wir kurz vor Mitternacht bei ihr an, als selbst die Grillen schon schliefen:

»Sind Sie frei?«

»Ja.«

»Können Sie jetzt gleich herüberkommen?«

»Ja.«

Meine Frau legte den Hörer auf; ihre Augen waren feucht:

»Es ist tragisch. Niemand kümmert sich um sie. Sie hat keinen Menschen auf der ganzen weiten Welt . . .«

Aber nach einiger Zeit begann sogar meine Frau, wen könnte es wundern, ein wenig abzustumpfen. Ihr Mitgefühl wich einer nüchternen, von Kritik nicht mehr ganz freien Einstellung.

»Etwas stimmt nicht mit dieser Person«, murrte sie. »Die muß irgendwelche Hemmungen haben. Und wer weiß, woher . . .«

Das wirkte sich in weiterer Folge auch auf ihr eigenes Seelenleben aus. Es konnte geschehen, daß sie nach einem erfolgreichen Anruf bei Josepha den Hörer hinschmiß und wütend ausrief:

»Sie ist schon wieder frei! Schon wieder!!«

In einer sturmgepeitschten Nacht, gegen drei Uhr, schlüpfte die beste Ehefrau von allen aus dem Bett und tastete sich zum Telefon:

»Sind Sie frei, Josepha?«

»Ja.«

»Jetzt?«

»Sofort.«

»Danke, es ist nicht nötig.«

Um es rundheraus zu sagen: meine Frau begann Josepha zu hassen. Sie war überzeugt, ein seelisch und geistig defektes Geschöpf vor sich zu haben. Vermutlich gingen diese Defekte auf Josephas frühe Kindheit zurück, als sie mit zwölf Jahren in der Schule saß und aussah wie sieben.

»Hier mein Lieblingsschüler«, sagte der Lehrer zum Inspektor, der das Klassenzimmer betrat, »Tirsa, die Kluge . . . Miriam, die Schöne . . . Josepha, die Freie . . .«

Sogar am Unabhängigkeitstag war sie frei. Sogar den Unabhängigkeitstag verbrachte sie mit Babysitten und Heftübertragen, bis in die späten Abendstunden.

»Jetzt wird's mir wirklich zu blöd.« Die beste Ehefrau von allen schluchzte beinahe vor Zorn. »Wieso hat diese verdammte Person keinen Freund, keinen Verehrer, keinen Liebhaber? Warum zieht sie sich so entsetzlich schlecht an? Warum wird sie ihre Pickel nicht los? Was bildet sie sich eigentlich ein?« Nicht einmal Josephas Kurzsichtigkeit wollte sie ihr glauben. Wahrscheinlich dienten die Brillen nur dem Zweck, etwaige Interessenten abzuschrecken.

Da im Befinden meiner Frau keine Besserung eintrat, konsultierte ich unseren Arzt. Auf seinen Rat lud ich den ziemlich erwachsenen Sohn eines benachbarten Ehepaars ein, uns am nächsten Abend zu besuchen.

Josepha saß da und übertrug. Der Anblick des jungen Mannes lähmte sie völlig. Als er ihr die Hand hinhielt, brachte sie mit kaum hörbarer Stimme nur ein einziges Wort hervor:

»Josepha.«

Das war alles.

Die große Wende kam in Gestalt des älteren Bruders unseres erfolglosen Erstlingsbesuchs. Er hieß Naftali, verfügte über breite Schultern und wild behaarte Beine sowie über keinerlei Respekt vor dem weiblichen Geschlecht, setzte sich dicht neben Josepha und sah ihr beim Übertragen so lange zu, bis sie damit aufhörte und sich aufs Babysitten beschränkte. Zum Schluß wechselten sie sogar ein paar Worte miteinander, und der Händedruck beim Abschied erstreckte sich über mehrere Sekunden.

»Vielleicht«, raunte mir meine vielerfahrene Ehefrau zu, »vielleicht ist das der Anfang.«

Wenige Tage später geschah es. Meine Frau fragte telefonisch bei Josepha an, ob sie frei wäre, und die Antwort lautete:

»Nein.«

»Was, nein?«

»Ich habe zu tun.«

Ein Lächeln überirdischen Triumphs glitt nach Beendigung ihres Telefonats über das Antlitz meiner Frau. Ich schloß mich an. Wir beteten gemeinsam.

Von diesem Tag an besserte sich die Lage sprunghaft. Beim nächsten Anruf war es kein Hüsteln mehr, sondern eine kräftige, wenn auch noch etwas brüchige Stimme, mit der Josepha in den Hörer rief:

»Nein, leider, heute nicht. Ich bin vergeben.« (Sie sagte »vergeben«, wie ein erwachsenes Mädchen.)

»Und morgen?«

»Morgen ging es höchstens bis neun Uhr.«

Wir barsten vor Stolz. Wir hatten dem armen Ding das Leben aufgeschlossen, wir hatten die Seele einer jüdischen Jungfrau gerettet, zumindest die Seele. Glücklich und zufrieden saßen wir zu Hause, und wenn etwas unsere Zufriedenheit störte, dann war es die Tatsache, daß wir zu Hause saßen, weil wir nicht weggehen konnten. Und wir konnten nicht weggehen, weil Josepha nicht frei war. Deshalb mußten wir zu Hause sitzen. Wenn man's näher bedenkt, war das gar nicht schön von ihr. Es war geradezu niederträchtig. Ein wenig Dankbarkeit hätte man schließlich erwarten dürfen von dieser Person, die noch immer jämmerlich dahinvegetieren würde, wenn wir sie nicht aus ihrer trostlosen Existenz herausgeholt hätten. Aber nein, sie muß sich mit Männern herumtreiben.

Dem war tatsächlich so. Aus glaubwürdigen Berichten, die uns zugespielt wurden, ergab sich eindeutig, daß man Josepha und Naftali auf nächtlichen Spaziergängen beobachtet hatte.

»Eine Schlampe«, stellte die beste Ehefrau von allen mit resigniertem Nicken fest. »Wie ich schon sagte, eine ganz gewöhnliche

Schlampe. Wenn irgendein Kerl pfeift, kommt sie gelaufen . . .«

Natürlich hätten wir die kleine Nymphomanin längst hinausgeworfen, aber das wäre auf den Widerstand unserer Kinder gestoßen, die sich in Josephas Obhut außerordentlich wohl fühlten. So blieb uns nichts übrig, als uns mit Josephas rücksichtslosem: »Leider, heute bin ich nicht frei« zähneknirschend abzufinden.

Eines Nachts, als wir aus dem Kino nach Hause gingen, begegneten wir einem jungen Paar. Mitten in der Nacht, mitten auf der Straße.

»Guten Abend«, sagte Josepha.

Da konnte aber die beste Ehefrau von allen nicht länger an sich halten:

»Ich dachte, Sie müßten sich für Ihre Prüfungen vorbereiten, meine Liebe?«

»Das tut sie ja auch.« Naftali warf sich zu ihrer Verteidigung auf. »Sie war heute als Babysitterin bei uns und hat die ganze Zeit studiert. Ich bringe sie gerade nach Hause.«

Damit verschwanden die beiden im nächtlichen Dunkel, Naftali mit seinen haarigen Beinen und Josepha mit den fingierten Pickeln.

Von jetzt an, das habe ich mir an Ort und Stelle zugeschworen, von jetzt an kommen mir keine solchen Geschöpfe mehr ins Haus. Bei uns werden nur noch schlanke, attraktive Blondinen ohne Komplexe zum Babysitten zugelassen.

Papi als Schwimmlehrer

Mein Sohn Amir steht am Rand des Schwimmbeckens und heult.

»Komm ins Wasser!« rufe ich.

»Ich hab Angst!« ruft er zurück.

Seit einer Stunde versuche ich, den kleinen Rotschopf ins Wasser zu locken, damit ihn Papi im Schwimmen unterweisen kann. Aber er hat Angst. Er heult vor lauter Angst. Auch wenn sein Heulen noch nicht die höchste Lautstärke erreicht hat – bald wird es soweit sein, ich kenne ihn.

Ich kenne ihn und bin ihm nicht böse. Nur allzu gut erinnere ich mich, wie mein eigener Papi versucht hat, mir das Schwimmen beizubringen, und wie ich heulend vor Angst am Rand des Schwimmbeckens stand. Mein Papi ist damals recht unsanft mit mir umgegangen.

Seither haben sich die Methoden der Kindererziehung grundlegend geändert und verfeinert. Nichts liegt mir ferner, als meinem Sohn etwas aufzuzwingen, wozu er keine Lust hat. Er soll den entscheidenden Schritt aus eigenem Antrieb tun. Wie ein junger Adler, der zum erstenmal den elterlichen Horst verläßt und in majestätischem Flug durch die Lüfte zu schweben beginnt. Es braucht nur einen kleinen Stoß, den Rest besorgt dann schon die Natur. Verständnis für die kindliche Seele: darauf kommt es an. Verständnis, Güte und Liebe, sehr viel Liebe.

»Komm her, mein Kleiner«, flöte ich. »Komm her und sieh selbst. Das Wasser reicht dir kaum bis zum Nabel, und Papi wird dich festhalten. Es kann dir nichts geschehen.«

»Ich hab Angst.«

»Alle anderen Kinder sind im Wasser und spielen und schwimmen und lachen. Nur du stehst draußen und weinst. Warum weinst du?«

»Weil ich Angst hab.«

»Bist du denn schwächer oder dümmer als die anderen Kinder?«

»Ja.«

Daß er das so freimütig zugibt, spricht einerseits für seinen Charakter, andererseits nicht. Vor meinem geistigen Auge erscheint ein Schiff auf hoher See, das im Begriffe ist, zu sinken. Die Passagiere haben sich auf Deck versammelt und warten ruhig und diszipliniert auf die Anweisungen des Kapitäns. Nur ein untersetzter, rothaariger Mann boxt sich durch die Reihen der Kinder und Frauen, um als erster ins Rettungsboot zu gelangen. Es ist Amir Kishon, der sich geweigert hat, von seinem Papi das Schwimmen zu erlernen.

»Wovor hast du Angst, Amirlein?«

»Vor dem Ertrinken.«

»Wie kann man in diesem seichten Wasser ertrinken?«

»Wenn man Angst hat, kann man.«

»Nein, nicht einmal dann.« Ich versuche, von Psychologie auf Intellekt umzuschalten. »Der menschliche Körper hat ein spezifisches Gewicht, weißt du, und schwimmt auf dem Wasser. Ich zeig's dir.«

Papi legt sich auf den Rücken und bleibt gemächlich liegen. Das Wasser trägt ihn.

Mitten in dieses lehrreiche und überzeugende Experiment springt irgendein Idiot dicht neben mir ins Wasser. Die aufspritzenden Wellen überschwemmen mich, ich schlucke Wasser, mein spezifisches Gewicht zieht mich abwärts, und mein Sohn heult jetzt bereits im dritten Gang.

Nachdem ich nicht ohne Mühe wieder hochgekommen bin, wende ich mich an den Badewärter, der den Vorgang gleichmütig beobachtet hat.

»Bademeister, bitte sagen Sie meinem kleinen Jungen, ob hier im Kinderschwimmbecken jemand ertrinken kann.«

»Selbstverständlich«, antwortet der Bademeister. »Und wie!«

So sieht die Unterstützung aus, die man von unserer Regierung bekommt. Ich bin wieder einmal ganz auf mich selbst angewiesen.

Jeder andere Vater hätte jetzt seinen Sohn mit Gewalt ins Wasser gezerrt. Nicht so ich. Ich liebe meinen Sohn trotz allen seinen Fehlern und Defekten, trotz dem mörderischen Geheul, das er jetzt aufs neue anstimmt, ich liebe ihn jetzt sogar mehr als je zuvor, weil er so zittert, weil er solche Angst hat, weil er so hilflos dasteht, so armselig, so dumm, so vertrottelt.

»Ich mach dir einen Vorschlag, Amir. Du gehst ins Wasser, ohne daß ich dich anrühre. Du gehst so lange, bis dir das Wasser an die Knie reicht. Wenn du willst, gehst du weiter. Wenn du nicht weitergehen willst, bleibst du stehen. Wenn du nicht stehen bleiben willst, steigst du aus dem Wasser. Gut?«

Amir nickt, heult und macht ein paar zögernde Schritte ins Wasser hinein. Noch ehe es ihm bis an die Knie reicht, dreht er sich um und steigt aus dem Wasser, um sein Geheul am Land wieder aufzunehmen. Dort heult sich's ja auch leichter.

»Mami!« heult er. »Mami!«

Das macht er immer. Wenn er sich meinen erzieherischen Maßnahmen widersetzen will, heult er nach Mami. Gleichgültig, ob sie ihn hören kann oder nicht.

Ich zwinge mich zu souveräner Gelassenheit und väterlicher Autorität.

»Wenn du nicht sofort ins Wasser kommst, Amir, gibt's heute kein Fernsehen.«

Sollte ich meine väterliche Autorität überzogen haben? War ich zu streng mit dem Kleinen? Er heult und rührt sich nicht. Er rührt sich nicht und heult.

Ich mache einen weiteren, diesmal praktischen Versuch.

»Es ist doch ganz einfach, Amir. Du streckst die Arme aus und zählst. Eins-zwei-drei. Schau, ich zeig's dir. Eins-zwei-dr . . .«

Es ist klar, daß man nicht gleichzeitig schwimmen und zählen kann. Niemand hat mich das gelehrt. Außerdem bin ich kein Schwimmer, sondern ein Schriftsteller. Ich kann ja auch nicht gleichzeitig schwimmen und schreiben. Kein Mensch kann das.

Mittlerweile hat sich Amir in den höchsten Diskant gesteigert und röhrt drauflos, umringt von einer schaulustigen Menge, die mit Fingern auf seinen Vater weist. Ich springe aus dem Wasser und verfolge ihn rund um das Schwimmbecken. Endlich erwische ich ihn und zerre ihn ins Wasser. Dem Balg werde ich noch beibringen, wie man freiwillig schwimmen lernt!

»Mami!« brüllt er. »Mami, ich hab Angst!«

Das alles kommt mir irgendwie bekannt vor. Der Franzose spricht in solchen Fällen von »déjà vu«. Hat mich nicht auch mein eigener Vater ins Wasser gezerrt? Hab nicht auch ich verzweifelt nach meiner Mami gerufen? So ist das Leben. Alles wiederholt sich. Der Zusammenstoß der Generationen läßt sich nicht vermeiden. Die Väter essen saure Trauben und die Söhne heulen.

»Will nicht ins Wasser!« heult mein Sohn. »Will Mami!« Ich halte ihn auf beiden Armen, etwa einen halben Meter über dem Wasserspiegel, und schenke seiner Behauptung, daß er ertrinkt, keinen Glauben.

»Eins-zwei-drei«, kommandiere ich. »Schwimm!«

Er folgt meinen Anweisungen, wenn auch heulend. Ein Anfang ist gemacht. Aber da ich ihn nicht das Fliegen lehren will, sondern das Schwimmen, muß ich ihn wohl oder übel mit dem Wasser in Berührung bringen. Vorsichtig senke ich meine Arme abwärts. Amir beginnt zu strampeln und schlägt wild um sich. Von Schwimmbewegungen keine Spur.

»Schwimm!« höre ich mich brüllen. »Eins-zwei-drei!«

Jetzt hat er mich gebissen. Er beißt die Hand, die ihn nährt. Er beißt den eigenen Vater, der für ihn sorgt und ihm nichts als Liebe entgegenbringt.

Zum Glück bin ich noch immer stärker als er. Ich zwänge seine Hüften in die eiserne Umklammerung meiner athletischen Schenkel, so daß sein Oberkörper auf der Wasserfläche liegt, und vollführe mit seinen Armen die vorgeschriebene Eins-zwei-drei-Bewegung.

Eines Tags wird er's mir danken. Eines Tags wird er wissen, daß er ohne meine Fürsorge und meine engelsgleiche Geduld niemals die

Wasser beherrscht hätte. Eines Tags wird er mich dafür lieben.

Vorläufig tut er nichts dergleichen. Im Gegenteil, er schlägt seine verhältnismäßig freien Fersen unablässig in meinen Rücken. Vorne heult er, hinten tritt er. Der junge Adler will das elterliche Nest ganz offenkundig nicht verlassen. Aber es muß sein. Trink, Vogel, oder schwimm! Einst war auch mein Vater zwischen den muskulösen Schenkeln meines Großvaters eingeklemmt und hat es überstanden. Auch du wirst es überstehen, mein Sohn, das garantiere ich dir.

Durch das Megaphon schallt die Stimme des Bademeisters:

»Sie dort! Ja, Sie! Lassen Sie den Kleinen in Ruh! Sie bringen das Kind ja in Lebensgefahr!«

Das ist typisch für die israelischen Verhältnisse. Statt einem Vater in seinen erzieherischen Bemühungen zu helfen, statt dafür zu sorgen, daß eine starke junge Generation heranwächst, schlagen sich die Behörden auf die Seite einer lärmenden Minorität. Bitte sehr. Mir kann's recht sein.

Ich steige mit dem jungen Adler ans Ufer, lasse ihn brüllen und springe mit elegantem Schwung in die kühlen Wogen zurück, mit einem ganz besonders eleganten Schwung, der mich kühn über die aus dem Wasser herausragenden Köpfe hinwegträgt ... weit hinaus in das Schwimmbecken ... dorthin, wo es am seichtesten ist ...

Die Wiederbelebungsversuche des Badewärters hatten Erfolg.

»Unglaublich«, sagt er, indem er meine Arme sinken läßt. »Und Sie wollen einem Kind das Schwimmen beibringen.«

Wer ist wer auf dem Bildschirm

»Wer ist das?« fragte ich. »Ist das der Mann, der die Bücher von Fleurs Gatten gestohlen hat?«

»Dummkopf«, antwortete die beste Ehefrau von allen. »Es ist der Cousin von Winifred, der Gattin Monts.«

»Die vom Pferd gefallen ist?«

»Das war Frances, Joans Mutter. Halt den Mund.«

Jeden Freitag sitzen wir den Forsytes gegenüber, auch Amir, der schon längst im Bett sein sollte, und jeden Freitag verstricke ich mich ausweglos im Gezweig ihres Stammbaums. Letztesmal, zum Beispiel, hatte ich die ganze Zeit geglaubt, der Maler des neuen Modells sei der Sohn von dieser ... na, wie heißt sie doch gleich ... also jedenfalls ein Sohn, bis Amir mich belehrte, daß es sich um den Cousin von Jolyon dem Älteren handelte. Halt den Mund.

Warum blenden sie nicht in regelmäßigen Abständen die Namen ein?

Achtung. Fleurs Gatte hält eine Rede im Unterhaus, und ich habe keine Ahnung, ob er der Sohn der vor fünf Wochen von Soames vergewaltigten Irene ist oder nicht. Obendrein dringen aus dem Zimmer unseres neu angekommenen Töchterchens Renana verdächtige Geräusche und laute Seufzer. Es ist ein wahrer Alptraum. Vielleicht hat sich das Baby in der Wiege aufgestellt und trainiert Akrobatik. Wenn sie nur nicht herunterfällt. Entsetzlicher Gedanke. Kalter Schweiß tritt mir auf die Stirn, und meiner Frau geht es nicht anders.

»Wer ist das?« frage ich aufs neue. »Ich meine den jungen Mann, der sich in Fleur verliebt hat?«

Irgendwo in der abgedunkelten Wohnung schrillt das Telefon. Niemand rührt sich. Mit Recht. Wer während der Forsyte Saga anruft, hat sich aus dem Kreis der zivilisierten Menschheit ausgeschlossen. Vor drei Wochen wurde mir kurz nach Beginn der damaligen Fortsetzung ein Kabel zugestellt. Der Botenjunge mußte zehn Minuten lang läuten. So lange dauerte das Gespräch zwischen Soames und Irene. Es drehte sich um Joans Verlobung, wenn ich nicht irre.

»Ruhe!« brülle ich in Richtung der Türe, hinter der sich die akustische Störung erhoben hatte. »Ruhe! Forsyte!«

Und ich konzentriere mich wieder auf den Bildschirm. Plumps! Das ominöse Geräusch eines zu Boden fallenden Körpers dringt aus Renanas Zimmer, gefolgt von lautem Weinen. Kein Zweifel: Renana ist aus der Wiege gefallen.

»Amir!« Meine Stimme zittert in väterlicher Besorgnis. »Schau nach, was passiert ist, um Himmels willen!«

»Wozu?« antwortet ruhig mein Sohn. »Sie ist doch schon heruntergefallen.«

Eine Schande. Dieses blödsinnige Fernsehen ist ihm wichtiger als seine leibliche Schwester. Auch seine Mutter läßt es bei einem verzweifelten Händefalten bewenden. Auf dem Bildschirm streitet Soames mit einem jungen Anwalt, den ich nicht kenne.

»Und wer ist *das* schon wieder? Ist er mit Helen verwandt?«
»Mund halten!«

Der Lärm, den wir jetzt hören, kommt aus unserem ehelichen Schlafgemach. Es klingt, als würden schwere Möbel verschoben und

Glasscheiben zersplittert.

Der junge Anwalt kann unmöglich Helens Sohn sein. Der wurde ja schon vor drei Fortsetzungen überfahren. Nein, das war gar nicht er. Das war der Architekt Bossini, der damals unter die Räder kam.

»Jetzt will ich aber endlich wissen, wer das ist! Könnte es Marjories Bruder sein?«

»Sie hat keinen Bruder«, zischt die Mutter meiner Kinder. »Schau nach rechts!«

Ich warte, bis das Bild abblendet, dann werfe ich einen Blick in die angezeigte Richtung. Dort steht ein Mann. Er steht ganz ruhig, über dem Gesicht eine Maske und auf dem Rücken einen Sack, der sichtlich mit verschiedenen Gegenständen gefüllt ist.

In einem Wandelgang des Parlaments bekam Michael Mont, der Gatte Fleurs, soeben ein paar Ohrfeigen.

»Wer ist das, der ihn ohrfeigt?« fragt der Mann mit dem Sack. »Vielleicht Winifreds Gatte?«

»Machen Sie sich nicht lächerlich«, antworte ich. »Winifreds Gatte ist doch schon längst mit dieser Schauspielerin nach Amerika durchgebrannt. Mund halten.«

Mittlerweile war Soames wieder an den jungen Anwalt geraten, der ihm Saures gab.

»Was dieser arme Mensch leiden muß!« Ein Seufzer meiner Frau klang mitleiderregend durch die Dunkelheit. »Alle treten auf ihm herum.«

»Er braucht Ihnen nicht leid zu tun«, sagt eine männliche Stimme. »Erinnern Sie sich nur, wie schlecht er sich damals zu Irene benommen hat. Wer ist das?«

»Mund halten.«

Jetzt stehen bereits zwei Männer mit Säcken da.

»Setzen!« rufe ich. »Wir sehen nichts!«

Die beiden lassen sich auf dem Teppich nieder. Meine Ehe- und Fernsehgefährtin beugt sich nahe zu mir:

»Was geht hier vor?« flüstert sie. »Wer ist das?«

»Annes Bruder«, antwortet einer der beiden. »Johns zweite Frau. Pst!«

Jetzt sprechen die beiden miteinander, was gleichfalls störend wirkt. Meine Frau gibt mir durch nervöse Handzeichen zu verstehen, daß ich etwas unternehmen soll, aber das kommt unter den auf dem Bildschirm gegebenen Umständen nicht in Frage. Erst als die

Haushälterin der Cousine von Soames' Schwester erscheint, eine ältliche, reizlose Frauensperson, die mich nicht weiter interessiert, schleiche ich in die Küche, um die Polizei anzurufen. Ich muß minutenlang warten. Endlich wird der Hörer abgehoben und eine verärgerte Stimme sagt:

»Wir sind beschäftigt. Rufen Sie in einer Stunde wieder an.«

»Aber in meinem Wohnzimmer sitzen zwei Räuber!«

»Hat Forsyte sie gefangen?«

»Ja. Kommen Sie sofort.«

»Nur Geduld«, sagt der diensthabende Wachbeamte.

»Wer ist das?«

Ich gebe ihm meinen Namen samt Adresse.

»Sie habe ich nicht gemeint. Bewahren Sie Ruhe, bis wir kommen.« Ich eile zur Saga zurück.

»Habe ich viel versäumt? Ist das Jolly, Hollys Bruder?«

»Trottel«, weist mich der größere der beiden Räuber zurecht. »Jolly ist in der zweiten Fortsetzung an Typhus gestorben.«

»Dann kann es nur Vic sein, der Cousin des Nacktmodells.«

»Vic, Vic, Vic . . .«

Das Quaken kommt von unserem Töchterchen Renana, die auf allen vieren aus ihrem Zimmer hervorkriecht und mein Fauteuil zu erklimmen versucht. Draußen wird eine Polizeisirene hörbar. Einer der Räuber will aufstehen, aber in diesem Augenblick betrat Marjorie das Spital und stand gleich darauf Fleur gegenüber, von Angesicht zu Angesicht, am Bett eines Patienten, der zweifellos ein Familienmitglied war, ich wußte nur nicht, welchen Grades. Die Spannung wurde unerträglich.

Jemand klopft wie verrückt an unsere Tür.

»Wer ist das?« frage ich. »Ist das der, den sie nach Australien schicken wollten?«

»Das war Irenes Stiefvater. Mund halten.«

Die Türe wird eingebrochen. Ich habe das dunkle Gefühl, daß hinter unserem Rücken einige Polizisten hereinkommen und sich an der Wand aufstellen.

»Wer ist das?« fragt einer von ihnen. »Hollys Gatte und Vals Frau?«

»Bitte, meine Herren –!«

Nach einigem Hin und Her lehnte Fleur die ihr angebotene Versöhnung mit Marjorie ab und ging nach Hause, um Annes Bruder zu pflegen. Fortsetzung nächste Woche.

»Nicht schön von Fleur«, ließ der Polizeisergeant sich vernehmen. »Das war doch eine sehr menschliche Geste von Marjorie. Fleur hätte sich wirklich mit ihr versöhnen können. Am Sterbebett ihres Bruders!«

Von der Türe her widersprach einer der Räuber:

»Wenn Sie's wissen wollen – Marjorie ist eine Erpresserin. Außerdem war das gar nicht ihr Bruder. Es war Bicket, der Mann von Vic. Er hat die Detektive engagiert.«

»Bicket«, rief ich den gemeinsam abgehenden Gesetzeshütern und -brechern nach, »ist vor zwei Wochen in den Fernen Osten abgereist!«

»Abgereist ist Wilfred, wenn du nichts dagegen hast«, korrigierte mich hämisch die beste Ehefrau von allen.

Sie hat's nötig! Wo sie doch zwei Fortsetzungen hindurch eine lächerliche Figur abgab, weil sie der Meinung war, daß Jolyon jr. auf der Straße Luftballons verkauft hatte, ehe er in den Burenkrieg zog. Mir wird niemand etwas über die Forsytes erzählen.

Ein Schnuller namens Zezi

Obwohl Renana dem Babyalter schon entwachsen ist, will sie noch immer nicht vom Schnuller lassen. Der Doktor sagt, das sei völlig normal; angeblich erstreckt sich das Bedürfnis nach dem Schnuller durch die ganze Übergangszeit, die zwischen der Entwöhnung von der Mutterbrust und dem Beginn des Zigarettenrauchens liegt. Der Doktor sagt, daß der Schnuller als eine Art Mutter-Ersatz dient – was mir keineswegs einleuchtet, denn Mütter, soviel ich weiß, bestehen nicht aus rosa Plastikstoff mit einem Mundstück aus gelbem Gummi. Wie immer dem sei, das Phänomen des Schnullerbedürfnisses hält uns allnächtlich wach, um so wacher, als Renana nicht am Schnuller im allgemeinen hängt, sondern an einem speziellen Schnuller namens Zezi.

Dem Auge der Erwachsenen stellt sich Zezi als ganz normaler Schnuller dar: ein Massenerzeugnis der aufs Kleinkind eingestellten Massenindustrie. Aber unser rothaariges Töchterchen weigert sich, einen anderen Schnuller auch nur anzurühren.

»Zezi!« ruft sie, »Zezi« schreit sie, »Zezi« brüllt sie. Und noch einmal »Zezi!«

Schon nach dem ersten »Zezi!« geht die gesamte Belegschaft unseres Hauses in die Knie und sucht auf allen vieren nach dem gewünschten Gegenstand. Der erleichterte Ausruf des Finders ist für uns von ähnlicher Bedeutung, wie es der Ausruf »Land!« für Columbus gewesen sein mag. Sobald Zezi gefunden ist, beruhigt sich Renana in Sekundenschnelle und saugt behaglich an Zezis gelbem Mundstück, umlagert von ihren völlig erschöpften Hausgenossen.

»Ein Zeichen«, sagt der Doktor, »ein sicheres Zeichen, daß es dem Kind an elterlicher Liebe fehlt.«

Das ist eine Lüge. Wir beide, die beste Ehefrau von allen und ich, lieben Renana sehr, solange sie nicht brüllt. Es hängt nur von Zezi ab. Mit Zezi ist alles in Ordnung, ohne Zezi bricht die Hölle los. Wenn wir uns einmal dazu aufraffen, den Abend anderswo zu verbringen, verfällt die beste Ehefrau von allen beim geringsten Telefonsignal in hysterisches Zittern: Sicherlich ruft jetzt der Babysitter an, um uns mitzuteilen, daß Zezi unauffindbar und Renanas Gesicht bereits purpurrot angelaufen ist. In solchen Fällen werfen wir uns sofort ins Auto, sausen mit Schallgeschwindigkeit heimwärts, notfalls auch über die Leichen einiger Verkehrspolizisten – und müssen den Babysitter dann meistens unter vielen umgestürzten Möbelstücken hervorziehen.

Was etwa geschehen würde, wenn Zezi endgültig verlorenginge, wagen wir nicht zu bedenken.

Sehr intensiv hingegen beschäftigt uns die Frage, wieso Renana weiß, daß Zezi Zezi ist.

Eines Nachmittags, während Renana schlief, eilte ich mit dem geheiligten Schnuller in die Apotheke, wo wir ihn gekauft hatten, und verlangte ein genau gleiches Exemplar, gleiche Farbe, gleiche Größe, gleiches Herstellungsjahr. Ich erhielt ein perfektes, vom Original in keiner Weise unterscheidbares Gegenstück, eilte nach Hause und überreichte es Renana.

Ihre kleinen Patschhändchen griffen danach und schleuderten es im Bogen durch die Luft:

»Das hier kein Zezi! Will Zezi haben! Zezi!!«

Renanas geplagte Mutter vertrat die Ansicht, den feinen Geruchsnerven des Kleinkinds wäre ein Unterschied im Bouquet aufgefallen, der durch Zezis Abnützung entstanden sei. Nie werde ich das Gesicht des Apothekers vergessen, als ich einen Posten gebrauchter Schnuller verlangte. Es war ein durchaus abweisendes Gesicht. Uns blieb nichts anderes übrig, als eine Anzahl Schnuller in einem improvisierten Laboratorium altern zu lassen. Wir erstanden die nötigen Chemikalien, Wasserstoffsuperoxyd und dergleichen, tauchten einen Probeschnuller ein und warteten, bis er die grünliche Farbe Zezis annahm. Renana entdeckte den Schwindel sofort und brüllte nach Zezi.

»Der einzige Ausweg«, sagte der Doktor, »sind Beruhigungstropfen.«

Aber auch die halfen nichts. Als wir eines Abends in der Oper saßen, sechste Reihe Mitte, kam während einer empfindlichen Pianissimostelle der Chefbilleteur herangeschlichen und flüsterte in die Dunkelheit:

»Pst! Schnuller! Pst! Schnuller!«

Wir wußten, wen er meinte, wir wußten, daß Großmutti angerufen hatte, wir kümmerten uns nicht um die Empörung und die leisen Schmerzensrufe unserer Sitznachbarn, denen wir auf die Füße stiegen, wir sausten nach Hause und fanden die alte Dame schwer atmend in einem Fauteuil. Zezi war spurlos verschwunden. Der weichgepolsterte Behälter, den wir eigens für Zezi eingerichtet hatten, war leer.

Großmama hatte schon überall nachgeschaut. Erfolglos. Auch wir schauten überall nach. Ebenso erfolglos. Jemand mußte Zezi gestohlen haben.

Unser erster Verdacht fiel auf den Milchmann, der kurz vor Großmamas Ankunft erschienen war, um sich zu erkundigen, wie viele Flaschen wir über die nahenden Feiertage brauchen würden.

Die beste Ehefrau von allen zauderte nicht, ihn trotz der späten Nachtstunde anzurufen:

»Elieser – haben Sie vielleicht einen Schnuller mitgenommen?«

»Nein«, antwortete Elieser, »ich nehme keine Schnuller mit.«

»Er lag in einem Körbchen links neben der Gehschule, und jetzt liegt er nicht mehr dort.«

»Das tut mir leid für ihn. Und was die Milch betrifft, so bleibt's bei 23 Flaschen am Mittwoch, richtig?«

Das war zwar richtig, aber nicht überzeugend. Unser Verdacht wuchs. Wir überlegten, ob wir einen Detektiv mit weiteren Nachforschungen betrauen sollten, oder besser vielleicht einen Hellseher, als plötzlich eine der nervösen Handbewegungen meiner Frau in der Ritze ihres Fauteuils auf den vermißten Edelschnuller stieß. Wie er dort hineingekommen war, blieb ein Rätsel.

Wir fragten unseren Elektriker, ob es vielleicht eine Art Geigerzähler oder Wünschelrute oder sonst ein Instrument zur Auffindung versteckter Schnuller gäbe, aber so etwas gab es nicht.

Ein benachbarter Universitätsprofessor, der an chronischer Schlaflosigkeit litt, empfahl uns den Ankauf eines Bluthunds, wie sie von der Polizei neuerdings zum Aufspüren geschmuggelten Rauschgifts eingesetzt werden.

Ein auf Urlaub befindlicher Pilot erzählte uns, daß die Fallschirme der israelischen Jagdflieger mit kleinen Funkgeräten ausgerüstet wären, die in bestimmten Abständen »blip, blip« machten. Aber wie befestigt man ein Funkgerät an Zezi?

Wir erwogen, Zezi mit einer Metallkette an Renanas Wiege zu befestigen. Der Doktor mißbilligte unseren Plan:

»Das Kind könnte sich erwürgen. Das Kind braucht keine Kette. Das Kind braucht Liebe.«

»Ephraim«, informierte mich die beste Ehefrau von allen, »ich werde verrückt.«

In den folgenden Nächten fuhr sie immer wieder schreiend aus dem Schlaf. Bald träumte sie, daß ein Lämmergeier mit Zezi im Schnabel davongeflogen wäre, bald hatte sich Zezi selbst, wie in einem Zeichentrickfilm, mit skurrilen Sprüngen entfernt, hopp – hopp – hopp.

In einer dunklen, sturmgepeitschten Neumondnacht entdeckten wir endlich Zezis Geheimnis.

Anfangs verlief alles normal. Mit dem siebenten Glockenschlag traten meine Frau und meine Schwiegermutter an den Stahltresor heran, in dem wir den mittlerweile auf 10 000 Pfund versicherten Schnuller aufbewahrten, stellten die doppelt gesicherten Kombinationen ein, öffneten den schweren Schrank mit Schlüssel und Gegenschlüssel und holten Zezi hervor. Renana, in ihrer Wiege liegend, nahm Zezi zwischen die Lippen, lächelte zufrieden und schloß die Augen. Wir entfernten uns auf Zehenspitzen.

Ein unerklärlicher Drang trieb mich zur Tür zurück und hieß mich durchs Schlüsselloch schauen.

»Weib!« flüsterte ich. »Komm her! Rasch!«

Mit angehaltenem Atem sahen wir, wie Renana vorsichtig aus ihrer Wiege kletterte, zu einem Fauteuil watschelte und Zezi im Schlitz zwischen Kissen und Lehne verschwinden ließ. Dann kehrte sie in die Wiege zurück und begann mörderisch zu brüllen.

Das Gefühl der Erlösung, das uns überkam, läßt sich nicht schildern. Wir hatten also ein ganz normales Kind. Keine Komplexe, kein ungestilltes Zärtlichkeitsbedürfnis, kein Gefühlsmanko. Sie war nicht im mindesten auf ihren Schnuller fixiert. Sie war ganz einfach darauf aus, uns zu quälen.

Der Doktor sagt, daß dieses Phänomen unter den Angehörigen der Gattung Säugetiere häufig zu beobachten ist, meistens als Folge mangelnder Elternliebe.

Gefahren des Wachstums

Renana ist ein liebes Kind. Sie hat etwas an sich ... ich weiß nicht, wie ich es nennen soll ... etwas Positives. Ja, das ist es. Es läßt sich nicht genauer bestimmen, aber es ist etwas Positives. Andere Kinder stecken alles, was sie erreichen können, in den Mund oder treten darauf und ruinieren es. Nicht so Renana. Plumpe Gewaltanwendung liegt ihr fern. Wenn ihr etwas in die Hände gerät, wirft sie es einfach vom Balkon hinunter. Immer wenn ich nach Hause komme, also täglich, verbringe ich eine geraume Zeitspanne mit dem Aufklauben der verschiedenen Gegenstände, die das Pflaster unter unserem Balkon bedecken. Manchmal eilen ein paar herzensgute Nachbarn herbei und helfen mir beim Einsammeln der Bücher, Salzfässer, Aschenbecher, Schallplatten, Schuhe, Transistorgeräte, Uhren und Schreibmaschinen. Manchmal läuten sie, die Nachbarn, auch an unserer Türe, in den Armen die Abfallprodukte des Hauses Kishon, und fragen:

»Warum geben Sie dem Baby diese Sachen zum Spielen?«

Als ob wir die Geber wären. Als ob Baby sich die Sachen nicht selbst nehmen könnte. Sie ist ein sehr gut entwickeltes Kind, unsere Renana. Die letzte Höhenmessung, die wir an der Türe markierten, belief sich auf 71 cm. Daß sie mit erhobener Hand ungefähr 95 cm erreicht, war leicht zu berechnen.

»Ephraim«, sagte die beste Ehefrau von allen, »die Gefahrenzone liegt knapp unter einem Meter.«

Unser Leben verlagerte sich auf eine dementsprechend höhere Ebene. In einer blitzschnellen Überraschungsaktion wurden sämtliche Glas- und Porzellangegenstände aus sämtlichen Zimmern auf das Klavier übersiedelt, die unteren Regale meines Büchergestells wurden evakuiert und die Flüchtlinge in höheren Regionen angesiedelt. Die Kristallschüssel mit dem Obst steht jetzt auf dem Wäscheschrank, die Schuhe haben in den oberen Fächern eine Bleibe gefunden, zwischen den Smokinghemden. Meine Manuskripte, zu sorgfältigen Haufen gestapelt, liegen in der Mitte des Schreibtisches, unerreichbar für Renana und somit ungeeignet zur Verwendung als Balkonliteratur.

Bei aller väterlichen Liebe konnte ich ein hämisches Grinsen nicht gänzlich unterdrücken:

»Nichts mehr da zum Werfi-Werfi-Machen, was, Renana?«

Renana griff zum einzig erfolgverheißenden Gegenmittel: sie wuchs. Wir wissen von Darwin, daß die Giraffe wachsen mußte, um die nahrhaften Blätter in den Baumkronen zu erreichen. So wuchs auch unsere Tochter immer höher, immer höher, bis nur noch ein paar lächerliche Zentimeter sie vom Schlüssel des Kleiderschranks trennten.

Das veranlaßte ihre Mutter zu folgender Bemerkung: »An dem Tag, an dem das Kind den Schlüssel erreicht, ziehe ich aus.«

Sie zieht immer aus, wenn die Lage bedrohlich wird. Diesmal durfte sie beinahe auf mein Verständnis rechnen. Besonders seit das mit dem Telefon passiert war. Unser Telefon stand seit jeher auf einem kleinen, strapazierfähigen Tischchen, dessen Platte leider unterhalb des olympischen Minimums liegt. Infolgedessen hatte Renana den Steckkontakt aus der Wand gerissen und das Instrument auf den Boden geschleudert. In die Trümmer hinein erscholl ihr triumphierendes Krähen: »Hallo-hallo-hallo!«

Ihre Mutter, die gerade ein längeres Gespräch mit einer Freundin vorhatte, kam zornbebend herbeigesaust, legte ihr Unmündiges übers Knie und rief bei jedem Klaps:

»Pfui, pfui, pfui! Telefon nicht anrühren! Nicht Telefon! Pfui, pfui, pfui!«

Der Erfolg dieser pädagogischen Maßnahme trat unverzüglich zutage. Renana hörte auf, »Hallo-hallo-hallo!« zu rufen, und rief statt dessen: »Pfui-pfui-pfui!« Das war allerdings nicht ganz das, was wir brauchten. Ich erhöhte die Tischplatte um ein paar dicke Lexikonbände und placierte das Telefon zuoberst.

Als ich einige Tage später nach Hause kam, stolperte ich über den Band »Aach – Barcelona« und wußte, daß unser Telefon gestört war.

Vor den Resten des einstigen Apparates saß schluchzend die beste Ehefrau von allen:

»Wir sind am Ende, Ephraim. Renana vergilt uns Gleiches mit Gleichem.«

Tatsächlich hatte Renana die alte strategische Weisheit entdeckt, daß man den Feind am besten mit seinen eigenen Waffen schlägt. Anders ausgedrückt: Sie hatte ein paar Kissen herangeschleppt und ihre Aktionshöhe dadurch auf 1,40 m hinaufgeschraubt, so daß es ihr ein leichtes war, das Telefon zu erreichen.

Unser Lebensniveau stieg aufs neue. Briefpapier und wichtige Manuskripte wanderten in das Schutzgebiet auf dem Klavier. Die Schlüssel wurden an eigens in die Wand getriebenen Nägeln aufgehängt. Meine Schreibmaschine landete auf dem Kaminsims, wo sie sich ebenso unpassend ausnahm wie das Radio auf der Pendeluhr. In meinem Arbeitszimmer hingen die Bleistifte und Kugelschreiber an dünnen Seilen von der Decke herunter.

All dessen ungeachtet, ließ des Nachbars Söhnchen, dem gegen angemessenes Entgelt das Einsammeln der vom Balkon geschleuderten Gegenstände oblag, mindestens dreimal täglich das vereinbarte Signal erschallen, welches uns anzeigte, daß wieder ein voller Korb vor der Türe stand. Unser Leben wurde immer komplizierter. Nach und nach hatten sich alle Haushaltsgegenstände in der Klavierfestung verschanzt, und wer telefonieren wollte, mußte auf den Klosettdeckel steigen. Die beste Ehefrau von allen, weitblickend wie immer, wollte von mir wissen, was wir wohl in einigen Jahren von Renana zu erwarten hätten.

Ich vermutete, daß sie zu einem erstklassigen Basketballspieler heranwachsen würde.

»Vielleicht hast du recht, Ephraim«, war die hoffnungslos resignierte Antwort. »Sie steigt bereits auf Stühle.«

Eine Rekonstruktion des Vorgangs, der offensichtlich nach dem Hegelschen Gesetz des Fortschritts erfolgt war, ergab, daß Renana zuerst ihren Weg auf ein paar aufgeschichtete Kissen genommen hatte, von dort auf einen Stuhl und von dort auf unsere Nerven. Unser Lebensstandard erreichte eine neuerliche Steigerung auf 1,60 m.

Alles Zerbrechliche, soweit noch vorhanden, wurde jetzt auf das Klavier verfrachtet, einschließlich meiner Schreibmaschine. Diese Geschichte schreibe ich in einer Höhe von 1,80 m über dem Teppichspiegel. Gewiß, ich stoße mit dem Kopf gelegentlich an die Decke, aber die Luft hier oben ist viel besser. Der Mensch gewöhnt sich an alles, und seine Kinder sorgen dafür, daß immer noch etwas Neues hinzukommt. So werden beispielsweise Bilder, die bisher unsere Wände geschmückt haben, fortan die Decke verzieren, so daß unsere Wohnung zu freundlichen Erinnerungen an die Sixtinische Kapelle anregt. Sie wird überdies in zwei Meter Höhe von allerlei Drähten durchkreuzt, an denen die wichtigsten Haushaltsgeräte hängen. Unsere Mahlzeiten nehmen wir in der Küche ein, ganz oben auf der Stellage, dort, wo wir früher die unbrauchbaren Hochzeitsgeschenke untergebracht hatten. Wir leben gewissermaßen in den Wolken. Allmählich lernen wir, auf der Decke zu gehen, klettern an den Vorhangstangen hoch, schwingen uns zum Luster und weiter mit kühnem Sprung zum obersten Fach der Bibliothek, wo die Schüssel mit den Bäckereien steht . . .

Und Renana wächst und wächst.

Pfu-pfui-pfui.

Gestern abend stieß die beste Ehefrau von allen, während sie oben in einer Baumkrone mit Näharbeiten beschäftigt war, einen schrillen Schrei aus und deutete mit zitternder Hand nach unten:

»Ephraim! Schau!«

Unten begann Renana gerade eine Leiter zu ersteigen, behutsam und zielstrebig, Sprosse um Sprosse.

Ich gebe auf. Ich habe die beste Ehefrau von allen gebeten, meine Geschichten weiterzuschreiben und mich zu verständigen, sobald Renana zu Ende gewachsen ist. Bis dahin bin ich am Boden zerstört.

Pedigree

Eines Abends entschied die beste Ehefrau von allen, daß unsere Kinder einen Hund haben wollen. Ich lehnte ab.

»Schon wieder?« fragte ich. »Wir haben das doch schon einmal besprochen, und ich habe schon einmal nein gesagt. Erinnere dich an unseren Zwinji, er ruhe in Frieden, und an seine Leidenschaft für den roten Teppich!«

»Aber da die Kinder so gerne –«

»Die Kinder, die Kinder. Wenn ein Hund erst einmal im Haus ist, gewöhnen wir uns an ihn und werden ihn nie wieder los.«

Eine pädagogische Fühlungnahme mit unserer Nachkommenschaft hatte wildes Geheul von seiten Amirs und Renanas zur Folge, aus dem nur die ständig wiederholten Worte »Papi« und »Hund« etwas deutlicher hervordrangen.

Infolgedessen entschloß ich mich zu einem Kompromiß.

»Schön«, sagte ich, »ich kaufe euch einen Hund. Was für einen?«

»Einen reinrassigen«, erklärte die beste Ehefrau von allen an Kindes statt. »Mit Pedigree.«

Daraus schien hervorzugehen, daß sie über den bevorstehenden Ankauf bereits unsere Nachbarn konsultiert hatte, deren reinrassige Monster mit Pedigree die Gegend unsicher machen. Jetzt erinnerte ich mich auch der mitleidigen Blicke, mit denen man mich seit einigen Tagen straßauf, straßab betrachtete.

»Ich will«, fuhr die Mutter meiner Kinder fort, »weder eines dieser unförmigen Kälber, die das ganze Haus auf den Kopf stellen, noch irgendein Miniaturerzeugnis, das eher einer Ratte ähnlich sieht als einem Hund. Außerdem müssen wir bedenken, daß junge Hunde überall hinpinkeln und alte Hunde Asthma haben. Man muß also sehr genau auf das Pedigree achten. Wir brauchen ein edel gebautes Tier, das wohltönend bellt und keinen Lärm macht. Gutgeformte Beine, glattes Fell, einfärbige Schnauze, zimmerrein, folgsam. Auf keinen Fall weiblich, weil Hündinnen alle paar Monate läufig werden. Auch männlich nicht, denn männliche Hunde sind ständig hinter den Hündinnen her. Kurzum, etwas Reinrassiges mit möglichst vielen Preisträgern im Stammbaum.«

»Das ist der Hund, den unsere Kinder haben wollen?« fragte ich.

»Ja«, antwortete die beste Ehefrau von allen.

Ich machte mich auf den Weg. Als ich am Postamt vorbeikam, fiel mir ein, daß ich Briefmarken brauchte. Vor mir in der Schlange stand ein Mann, der von starkem Husten geplagt wurde und sich ständig umwandte. Offenbar zog er aus meiner sorgenvollen Miene den richtigen Schluß. Er hätte ein Hündchen zu verkaufen, sagte er, wir könnten es gleich besichtigen, er wohne um die Ecke.

Im Garten seines Hauses zeigte er mir das angebotene Objekt. Es lag in einer Schuhschachtel, hatte ein lockiges Fell, krumme Beine und eine schwarze Schnauze mit rosa Punkten. Das Hündchen saugte gerade an seinem kleinen Schweif, stellte jedoch diese Tätigkeit bei meinem Anblick sofort ein, sprang bellend an mir empor und leckte meine Schuhe. Es gefiel mir auf den ersten Blick.

»Wie heißt der Hund?« fragte ich.

»Wie Sie wollen. Sie können ihn haben.«

»Ist er reinrassig?«

»Er vereinigt sogar mehrere reine Rassen in sich. Wollen Sie ihn haben oder nicht?«

Um den Mann nicht weiter zu verärgern, bejahte ich. Und der Hund gefiel mir, das habe ich ja schon gesagt.

»Wieviel kostet er?«

»Nichts. Nehmen Sie ihn nur mit.« Er wickelte das Tierchen in Zeitungspapier ein, legte es in meinen Arm und schob uns beide zum Garten hinaus.

Schon nach wenigen Schritten gedachte ich meines Eheweibs und hielt jählings inne. Das war, so durchfuhr es mich, das war nicht ganz der Hund, über den wir gesprochen hatten. Wenn ich ihr mit diesem Hund vor die Augen trete, gibt es eine Katastrophe.

Ohne Zaudern trug ich ihn zu seinem früheren Besitzer zurück.

»Darf ich ihn später abholen?« fragte ich mit gewinnendem Lächeln. »Ich habe in der Stadt verschiedene Besorgungen zu machen und möchte ihn nicht die ganze Zeit mit mir herumschleppen.«

»Hören Sie«, antwortete der frühere Besitzer, nachdem er einen kleineren Hustenanfall überwunden hatte. »Ich zahle Ihnen gerne ein paar Pfund drauf, wenn Sie nur –«

»Nicht nötig. Das Tier gefällt mir. In ein paar Stunden bin ich wieder da, machen Sie sich keine Sorgen.«

»Nun?« fragte die beste Ehefrau von allen, »hast du etwas gefunden?«

Auf so primitive Tricks falle ich natürlich nicht herein.

»Einen Hund kauft man nicht im Handumdrehen«, antwortete ich kühl. »Ich habe mich mit mehreren Fachleuten beraten und mehrere Angebote erhalten, darunter einen Scotchterrier und zwei Rattler. Aber sie waren mir nicht reinrassig genug.«

Obwohl ich der Existenz reinrassiger Rattler keineswegs sicher war und mich in Sachen Reinrassigkeit überhaupt nicht gut auskenne, hatte ich meine Gattin zumindest überzeugt, daß ich nicht blindlings einkaufen würde, was man mir anbot. Sie zeigte sich beruhigt.

»Nur keine unnötige Hast«, sagte sie. »Laß dir Zeit. Wie oft im Leben kauft man schon einen Hund.«

Ich stimmte eifrig zu:

»Eben. So etwas will in Ruhe überlegt sein. Wenn es dir recht ist, möchte ich noch einigen Zeitungsannoncen nachgehen.«

Unter dieser Vorspiegelung verließ ich am folgenden Tag das Haus, begab mich an den Strand, schaukelte auf den Wellen und spielte einige Partien Tischtennis. Zu Mittag auf dem Heimweg machte ich einen raschen Besuch bei meinem Hündchen.

Sein fröhliches Bellen mischte sich reizvoll mit dem trockenen Husten seines Besitzers, der mir das Tier sofort wieder aufladen wollte. Ich wehrte ab:

»Morgen. Heute geht's nicht. Heute wird unsere ganze Familie gegen Tollwut geimpft, und da möchte ich den Hund nicht nach Hause bringen. Morgen, spätestens übermorgen. Sie sehen, daß ich ihn haben will. Sonst wäre ich ja nicht gekommen.«

Und ich entfernte mich eilends.

»Diese Zeitungsannoncen«, erklärte ich meiner wartenden Gattin, »sind nicht einmal ihre Druckerschwärze wert. Du würdest gar nicht glauben, was für Wechselbälger man mir gezeigt hat.«

»Zum Beispiel?« Ihr Tonfall hatte etwas Inquisitorisches, als wollte sie mich in die Enge treiben. Sie vergaß, daß sie einen schöpferischen, phantasievollen Menschen vor sich hatte.

»Das Beste war noch ein Yorkshirepudel in Ramat Gan«, antwortete ich bedächtig. »Aber sein Pedigree reicht nur vier Generationen zurück. Außerdem wurde ich den Eindruck nicht los, daß er das Ergebnis einer Inzucht wäre.«

»Das ist bei Hunden nichts Außergewöhnliches«, klang es mir sarkastisch entgegen.

»Für mich kommt so etwas nicht in Frage!« Es war an der Zeit, meine Autorität hervorzukehren. »Ich, wenn du nichts dagegen hast, stelle mir unter Reinrassigkeit etwas ganz Bestimmtes vor, und dabei bleibt's. Entweder finde ich ein wirklich aristokratisches Geschöpf, oder aus der ganzen Sache wird nichts!«

Die beste Ehefrau von allen blickte bewundernd zu mir auf, was sie schon lange nicht mehr getan hatte.

»Wie recht du doch hast«, flüsterte sie. »Ich habe dich unterschätzt. Ich dachte, du würdest den ersten besten Straßenköter nach Hause bringen, der dir über den Weg läuft.«

»Ach so?« Zornbebend fuhr ich sie an. »Jetzt sind wir zwölf Jahre verheiratet, und du kennst mich noch immer nicht! Damit du's nur weißt: Morgen fahre ich nach Haifa zu Doktor Munczinger, dem bekannten Fachmann für deutsche Schäferhunde . . .«

Am nächsten Morgen suchte ich ohne weitere Umwege meinen Hustenfreund auf, um mit Franzi – so nannte ich das Hündchen inzwischen – ein wenig zu spielen. Franzi zerfetzte mir vor lauter Wiedersehensfreude beinahe den Anzug. Ich begann ihm einige Grundregeln der guten Hundesitten beizubringen – das Überspringen von Hürden, das Aufspüren von Verbrechern und dergleichen. Leider ließ es nicht nur Franzi an der erforderlichen Gelehrigkeit missen. Auch sein hustender Herr legte ein äußerst widerspenstiges Betragen an den Tag und drohte mir die fürchterlichsten Konsequenzen an, wenn ich diese verdammte Hündin auch diesmal nicht mitnähme.

»Entschuldigen Sie«, unterbrach ich sein Fluchen. »Sagten Sie Hündin?«

»Hündin«, wiederholte er, »und hinaus mit ihr.«

Der flehende Blick, mit dem Franziska mich ansah, schien zu besagen: »So nimm mich doch endlich zu dir!«

»Ich arbeite daran«, gab ich ihr mittels Augensprache zu verstehen. »Nur noch ein wenig Geduld.«

Erschöpft von den Strapazen der Autofahrt nach und von Haifa ließ ich mich zu Hause in einen Fauteuil fallen.

»Ich war bei Doktor Munczinger. Er hat mir ein paar recht ansprechende Exemplare vorgeführt, aber es war nichts wirklich Perfektes darunter.«

»Gehst du da nicht ein wenig zu weit?« erkundigte sich die beste Ehefrau von allen. »Es gibt nichts wirklich Perfektes auf Erden.«

»Sei nicht kleinmütig, Weib!« gab ich zurück. »Ich habe mich entschlossen, ein garantiert reinrassiges Prachtstück aus einer berühmten Schweizer Zucht zu kaufen.«

»Und die Kosten?«

»Frag nicht. Faule Kompromisse sind nicht meine Art. Es handelt sich um einen dunkelweißen Zwergschnauzer, der väterlicherseits auf Friedrich den Großen zurückgeht und mütterlicherseits auf Exzellenz von Stuckler. Ein wahrhaft adeliges Tier, mit leichter Neigung zur Farbenblindheit.«

»Großartig. Und bist du ganz sicher, daß man dich nicht betrügt?«

»Mich betrügen? Mich? Ich habe alles Erdenkliche vorgekehrt. Das Tier wird vom Flughafen direkt zur Prüfungsstelle gebracht, wo seine Dokumente einer eingehenden Kontrolle unterzogen werden. Dann werden sich zwei Schnauzer-Spezialisten mit ihm beschäftigen. Und wenn sein Schweif auch nur einen halben Zentimeter aufwärts deutet, geht die Sendung zurück.«

»Soviel ich weiß, sollen Hundeschweife nicht abwärts deuten . . .«

Es war ein zaghafter Einwand, aber er brachte mich schier zur Raserei:

»Nicht immer! Durchaus nicht immer! Es gibt Fälle, in denen das Gegenteil zutrifft. Und ein Schweizer Zwergschnauzer ist ein solcher Fall.«

Meine Worte stießen auf ein Achselzucken, das mir nicht recht behagte. Aber ich ließ mich vom nun einmal eingeschlagenen Weg nicht abbringen.

Die folgenden drei Tage waren schwierig. Das Mißtrauen meiner Gattin wuchs im gleichen Ausmaß wie das Mißtrauen des Hunde- und Husteninhabers. Er wollte nichts davon hören, daß ich Franziskas Heimkunft auf den Geburtstag meiner kleinen Tochter abzustimmen wünschte, bezichtigte mich fauler Ausreden, erging sich in wüsten Beschimpfungen meiner Person und warf mir die arme Franzi, als ich mich indigniert entfernte, über den Gartenzaun nach. Ich streichelte sie zur Beruhigung, warf sie zurück und rannte um mein Leben.

Inzwischen hatte auch die beste Ehefrau von allen ihr Reservoir an Geduld restlos aufgebraucht. Als ich ihr verständlich zu machen suchte, daß Franziskas Autobiographie soeben vom Genealogischen Institut in Jersualem überprüft würde, hieß sie mich einen lächerlichen Pedanten und verlangte gebieterisch, nun endlich das Ergebnis meiner langwierigen Bemühungen zu sehen.

Franzi wartete vor dem Zaun. Ihr Besitzer hatte sie zwischen zwei Hustenanfällen endgültig davongejagt. Ich kaufte ihr ein Lederhalsband mit hübscher Metallverzierung und brachte sie nach Hause, um sie meiner Familie vorzustellen:

»Franzi. Direkt aus der Schweiz.«

Es war das erstemal, daß ein reinrassiger, eigens aus dem Ausland herbeigeholter Zwergschnauzer unser Haus betrat. Die Wirkung war fulminant.

»Ein wunderschönes Tier«, säuselte die beste Ehefrau von allen. »Wirklich, es hat sich gelohnt, so lange zu warten.« Auch die Kinder freundeten sich sofort mit Franzi an. Sie wurde im Handumdrehen zum Liebling der ganzen Familie. Und sie erwidert die Zuneigung, die man ihr entgegenbringt. Ihr Schweifchen ist pausenlos in freudiger Bewegung, aus ihren kleinen Augen funkelt unglaubliche Klugheit. Manchmal hat man das Gefühl, als würde sie in der nächsten Sekunde zu sprechen beginnen.

Ich kann nur hoffen, daß dieses Gefühl mich täuscht.

Dressur

Franzi hat über unseren Haushalt eine absolute Herrschaft aufgerichtet. Beim ersten Morgengrauen springt sie in unser Ehebett, leckt uns wach und beginnt hierauf an den umliegenden Gegenständen zu kauen. Ihren kleinen, spitzen Zähnchen sind bereits mehrere Hausschuhe und Bettvorleger zum Opfer gefallen, ferner ein Transistor, ein Kabel und etliche Literatur. Als sie die Nordseite meines Schreibtisches anzuknabbern begann, verwies ich sie energisch des Raums. Seither wagt sie ihn nicht mehr zu betreten, ausgenommen bei Tag und Nacht.

»Ephraim«, fragte die beste Ehefrau von allen, »bist du sicher, daß wir unsern Hund richtig dressieren?«

Auch mir waren diesbezüglich schon Zweifel gekommen. Franzi verbringt den größten Teil ihrer Freizeit auf unseren Fauteuils oder in unseren Betten, empfängt jeden Fremden, der an der Schwelle erscheint, mit freundlichem Schweifwedeln und bellt nur dann, wenn meine Frau sich ans Klavier setzt. Überdies ähnelt sie, da unsere Kinder sie ständig mit Kuchen und Schokolade stopfen, immer weniger einem Zwergschnauzer und immer mehr einem in der Entwicklung zurückgebliebenen Nilpferd. Daß sie sich das Pinkeln auf den Teppich und anderswohin nicht abgewöhnen läßt, versteht sich von selbst. Sie ist eben ein wenig verwöhnt.

»Vielleicht sollten wir sie in einen Abrichtungskurs einschreiben«, antwortete ich auf die vorhin zitierte Frage meiner Frau.

Ich verdanke diesen Einfall dem deutschen Schäferhund Zulu, der in unserer Straße beheimatet ist und täglich zweimal mit Dragomir, dem bekannten staatlich geprüften Hundetrainer, an unserem Haus vorbeikommt.

»Bei Fuß!« ruft Dragomir. »Platz! Leg dich! Auf!«

Und das große, dumme Tier gehorcht aufs Wort, sitzt, liegt und springt wie befohlen. Mehr als einmal haben wir dieses entwürdigende Schauspiel durch das Fenster beobachtet.

»Er verwandelt das edle Geschöpf in eine Maschine.« Die Stimme meiner Frau klang zutiefst angewidert.

»In einen seelenlosen Roboter«, bekräftigte ich.

Und unsere liebevollen Blicke schweiften zu Franzi, die gerade dabei war, ein mit kostbaren Brüsseler Spitzen umrandetes Kopfkissen zu zerreißen, ehe sie den Inhalt über den Teppich verstreute. Wahrscheinlich wollte sie nicht immer auf den bloßen Teppich pinkeln.

»Geh und sprich mit Dragomir«, murmelte meine Frau gesenkten Hauptes.

Dragomir, ein untersetzter Mann in mittleren Jahren, versteht die Sprache der Tiere wie einstens König Salomo, wenn er in Form war. Mit den Menschen hat er Verständigungsschwierigkeiten. Er lebt erst seit dreißig Jahren in unserem Land und kann sich nur in seiner kroatischen Muttersprache fließend ausdrücken.

»Was ist das?« fragte er bei Franzis Anblick. »Wo haben Sie es genommen her?«

»Das spielt keine Rolle«, antwortete ich mit aller gebotenen Zurückhaltung.

Dragomir hob Franzi in die Höhe und bohrte seine Augen in die ihren.

»Wie Sie füttern diese Hund?«

Ich informierte ihn, daß Franzi viermal am Tag ihre Lieblingssuppe vorgesetzt bekäme und einmal entweder Roastbeef mit Nudeln oder Irish Stew, dazu je nachdem Cremerollen, Waffeln und türkischen Honig.

»Schlecht und falsch«, äußerte Dragomir. »Hund nur einmal am Tag bekommt Futter und Schluß. Wo macht Hund hin?«

Ich verstand nicht sofort, was er meinte. Dragomir wurde deutlicher:

»Wo pischt? Wo kackt?«

»Immer im Haus«, wehklagte ich. »Nie im Garten. Da hilft kein Bitten und kein Flehen.«

»Hund immer hinmacht, wo hat erstemal hingemacht«, erklärte der staatliche Trainer. »Wie oft hat bis jetzt hingemacht in Haus?«

Ich stellte eine hurtige Kopfrechnung an:

»Ungefähr fünfhundert Mal.«

»Mati moje! Sie müssen Hund verkaufen!« Und Dragomir machte mich mit der erschütternden Tatsache vertraut, daß Franzi sich dank unserer pädagogischen Fahrlässigkeit daran gewöhnt hätte, den Garten als ihre Wohnung anzusehen und das Haus als Toilette.

»Aber dagegen muß sich doch etwas machen lassen, Maestro!« flehte ich. »Wir zahlen Ihnen jeden Betrag!«

Der staatliche Trainer überlegte.

»Gut«, entschied er dann. »Erstes von allem: Sie müssen anbinden Hund. Ich bringe Kette.«

Am nächsten Morgen erschien Dragomir mit einer ausrangierten Ankerkette, befestigte das eine Ende an einem Besenstiel, den er im entferntesten Winkel des Gartens in die Erde rammte, und band Franzi am andern Ende der Kette fest. »So. Hier bleibt Hund ganze Zeit. Einmal täglich man bringt ihm etwas Futter. Sonst niemand herkommt in die Nähe.«

»Aber wie soll die arme Franzi das aushalten?« protestierte ich, lautstark unterstützt von Weib und Kind. »Franzi braucht Gesellschaft . . . Franzi braucht Liebe . . . Franzi wird weinen . . .«

»Soll weinen«, beharrte Dragomir erbarmungslos. »Ich sage, was Sie tun, Sie tun, was ich sage. Sonst hat kein Zweck. Sonst besser Sie verkaufen Hund sofort.«

»Alles, nur das nicht!« stöhnte ich im Namen meiner Familie. »Wir werden Ihre sämtlichen Anordnungen befolgen. Was bekommen Sie für den Kurs?«

»Einhundertfünfzig ohne Empfangsbestätigung«, antwortete Dragomir in erstaunlich gutem Hebräisch.

Franzi begann zu winseln.

Schon am Nachmittag schwamm das ganze Haus in Tränen. Die Kinder sahen mit herzzerreißend traurigen Blicken nach Franzi, nach der einsamen, hungrigen, angebundenen Franzi. Renana konnte sich nicht länger zurückhalten und legte sich schluchzend neben sie. Amir bat mich mit flehend aufgehobenen Kinderhändchen, das arme Tier loszubinden. Meine Frau schloß sich an.

»Wenigstens für eine Viertelstunde«, beschwor sie mich. »Für zehn Minuten. Für fünf Minuten . . .«

»Also schön. Fünf Minuten . . .«

Laut bellend sauste Franzi ins Haus, sprang an uns allen empor, bedachte uns mit Liebesbezeigungen ohne Ende, verbrachte die Nacht im Kinderzimmer und schlief, nachdem sie sich mit Schokolade, Kuchen und Hausschuhen verköstigt hatte, in Amirs Bettchen friedlich ein.

Am Morgen ging das Telefon. Es war Dragomir.

»Wie hat Hund genachtet?«

»Alles in bester Ordnung«, antwortete ich.

»Viel gebellt?«

»Ja, aber das muß man hinnehmen.« Und ich versuchte, die auf meinem Schoß sitzende Franzi daran zu hindern, sich an meinem Brillengestell gütlich zu tun.

Dragomir schärfte mir ein, besonders während der ersten

Abrichtungsperiode seine Vorschriften unbedingt einzuhalten. Gerade jetzt sei eiserne Disziplin das wichtigste.

»Ganz Ihrer Meinung«, bestätigte ich. »Sie können sich auf mich verlassen. Wenn ich schon soviel Geld für die Dressur unseres Hündchens ausgebe, dann will ich auch Resultate sehen. Ich bin ja nicht schwachsinnig.«

Damit legte ich den Hörer auf und entfernte das Kabel vorsichtig aus Franziskas Schnauze.

Zu Mittag stürzte Amir schreckensbleich ins Zimmer.

»Dragomir kommt!« rief das wachsame Kind. »Rasch!«

Wir wickelten Franzi aus der Pianodecke, rannten mit ihr in den Garten und banden sie an der Schiffskette fest. Als Dragomir ankam, saßen wir alle sittsam um den Mittagstisch.

»Wo ist Hund?« fragte der Staatstrainer barsch.

»Wo wird er schon sein? Natürlich dort, wo er hingehört. Im Garten. An der Kette.«

»Richtig und gut.« Dragomir nickte in bärbeißiger Anerkennung. »Nicht loslassen.«

Tatsächlich blieb Franzi bis gegen Ende unserer Mahlzeit im Garten. Erst zum Dessert holte sie Amir herein und ließ sie teilhaben an Kuchen und Früchten. Franzi war glücklich, obgleich ein wenig verwirrt. Auch während der folgenden Wochen konnte sie nur schwer begreifen, warum sie immer in solcher Eile an die Kette gebunden wurde, wenn der fremde Mann, dessen Sprache niemand verstand, auftauchte, und warum sie nach seinem Verschwinden wieder in ihre Toilette zurückgebracht wurde. Aber es klappte im ganzen nicht schlecht.

Von Zeit zu Zeit erstatteten wir Dragomir detaillierten Bericht über die Fortschritte, die wir mit seinem Dressurprogramm machten, baten ihn um allerlei Ratschläge, fragten ihn, ob wir für Franzi nicht vielleicht einen Zwinger bauen sollten (»Kein Zweck, draußen warm genug!«), und gaben ihm an jenem Dienstag, an dem Franzi unser schönstes Tischtuch zerrissen hatte, freiwillig eine Honorarzulage von fünfzig Pfund.

Am folgenden Wochenende beging Dragomir einen schwerwiegenden Fehler: er erschien unangemeldet in unserem Haus.

Die Sache war die, daß Zulu den Postboten ins Bein gebissen hatte, und Dragomir war herbeigerufen worden, um mit dem Schäferhund ein ernstes Wort zu sprechen. Dragomir machte sich die geographische Lage und unsere offene Haustür zunutze und drang ins unbewachte Kinderzimmer ein, wo er Amir und Franzi eng umschlungen vor dem Fernsehschirm beim Speisen von Popcorn vorfand.

»Das ist Garten?« brüllte er. »Das ist Hund angebundener?«

»Nicht bös sein, Onkel«, entschuldigte sich Amir. »Wir haben nicht gewußt, daß du kommst.«

Renana begann zu heulen, Franzi begann zu bellen, Dragomir fuhr fort zu brüllen, ich stürzte herzu und brüllte gleichfalls, meine Frau stand mit unheilvoll zusammengepreßten Lippen daneben und wartete, bis Ruhe eintrat.

»Was wünschen Sie?« fragte sie, als sähe sie Dragomir zum erstenmal.

»Ich wünschen? *Sie* wünschen! Sie wollen haben Hund zimmerrein. So nicht. So wird immer in Haus überall hinmachen!«

»Na wenn schon. Dann wische ich's eben auf. Ich, nicht Sie.«

»Aber –«, sagte Dragomir.

»Hinaus!« sagte die beste Ehefrau von allen.

Seither herrscht Ruhe in unserem Haus. Franzi frißt Pantoffel und Teppiche, wird immer dicker und pinkelt wohin sie will. Meine Frau läuft mit einem Aufreibtuch hinter ihr her, die Kinder klatschen vor Vergnügen in die Hände, und wir alle sind uns darüber einig, daß nichts über einen erstklassigen Rassehund geht, den man eigens aus Europa importiert hat.

Hundstage

Franzi begann plötzlich Interesse an Hunden zu zeigen, sprang am Fenster hoch, wenn draußen einer vorbeiging, wedelte hingebungsvoll mit dem Schwanz, ja, manchmal ließ sie sogar ein zweideutiges Bellen hören. Und siehe da: Draußen vor dem Fenster versammelten sich nach und nach sämtliche männlichen Hunde der Umgebung, wedelnd, winselnd, schnuppernd, als suchten sie etwas. Zulu, der riesige deutsche Schäferhund, der am andern Ende der Straße lebt, drang eines Tags über die rückseitig gelegene Terrasse sogar in unser Haus ein und wich erst der Gewalt.

Wir wandten uns an Dragomir, den international bekannten Hundetrainer aus Jugoslawien, der sich eine Zeitlang auch mit Franzi beschäftigt hatte. Er klärte uns auf:

»Warum Sie aufgeregt weshalb? Hündin ist läufig.«

»Hündin ist was?« fragte ahnungslos die beste Ehefrau von allen, die sich in der einschlägigen Terminologie nicht auskennt. »Wohin will sie laufen?«

Dragomir nahm seine Zuflucht zur Kinder- und Gebärdensprache:

»Kutschi-mutschi. Weibi braucht Manndi. Kopulazija hopp-hopp.«

Nachdem wir dieses Gemisch aus Kroatisch und Kretinisch dechiffriert hatten, wußten wir Bescheid.

Auch unseren Kindern war mittlerweile etwas aufgefallen.

»Papi«, fragte mein Sohn Amir, »warum will Franzi zu den anderen Hunden hinaus?«

»Sohn«, antwortete Papi, »sie will mit ihnen spielen.«

»Wirklich? Und ich hatte schon geglaubt, daß sie miteinander den Geschlechtsverkehr ausüben wollen.«

Ich gebe Amirs Äußerung in umschriebener Form wieder. Tatsächlich gebrauchte er ein wesentlich kürzeres Wort, das man in einer kultivierten Familiengemeinschaft nach Möglichkeit vermeiden sollte.

Die Zahl der Franzi-Verehrer vor unserem Haus wuchs dermaßen an, daß wir uns nur noch mit eingelegtem Besen den Weg auf die Straße bahnen konnten. Wir bekämpften die liebestrunkenen Horden unter Franzis Fenster mit Wasserkübeln, wir traten sie mit Füßen, wir zogen quer durch unseren Garten einen rostigen Drahtverhau (der von den leidenschaftlich Liebenden in Minutenschnelle durchbissen wurde), und einmal warf ich sogar einen Pflasterstein nach Zulu. Er warf ihn sofort zurück.

Währenddessen stand Franzi am Fenster und barst vor Erotik.

»Papi«, sagte mein Sohn Amir, »warum läßt du sie nicht hinaus?«

»Das hat noch Zeit.«

»Aber du siehst doch, daß sie hinaus will. Sie möchte endlich einmal . . .«

Wieder kam jener abscheuliche Ausdruck. Aber ich ließ mich nicht umstimmen:

»Nein. Erst wenn sie verheiratet ist. In meinem Haus achtet man auf gute Sitten, wenn du nichts dagegen hast.«

Mutter Natur scheint jedoch ihre eigenen Gesetze zu haben. Die Hunde draußen jaulten im Chor und begannen, miteinander um die noch nicht vorhandene Beute zu raufen. Franzi stand am Fenster und winkte. Sie aß nicht mehr und trank nicht mehr und schlief nicht mehr. Schlief sie jedoch, dann war ihr Schlaf voll von erotischen Träumen. Und in wachem Zustand ließ sie erst recht keinen Zweifel daran, worauf sie hinauswollte.

»Hure!« zischte die beste Ehefrau von allen und wandte sich ab.

Damit tat sie natürlich unrecht (und wer weiß, was da an weiblichen Urinstinkten mit hineinspielte). Franzi war eben zu schön. Kein richtiger männlicher Hund konnte ihrer erotischen Ausstrahlung, dem Blitzen ihrer Augen und der Anmut ihrer Bewegungen widerstehen. Und erst das silbergraue, langhaarige Fell! Sollte es daran liegen? Wir beschlossen, Franzi scheren zu lassen, um sie vor den Folgen ihres Sexappeals zu retten, und setzten uns mit einer bewährten Hundeschuranstalt in Verbindung. Am nächsten Tag erschienen zwei Experten, kämpften sich durch die Hundehorden, die unseren Garten besetzt hielten, hindurch und nahmen Franzi mit sich. Franzi wehrte sich wie eine Mini-Löwin, ihre Verehrer bellten und tobten und rannten noch kilometerweit hinter dem Wagen her.

Wir saßen zu Hause, von Gewissensbissen gepeinigt.

»Was hätte ich tun sollen?« seufzte ich. »Sie ist ja noch viel zu jung für solche Sachen . . .«

Franzi kam nicht mehr zurück. Was uns am nächsten Tag zurückgestellt wurde, war eine mißgestaltete, rosafarbene Maus. Ich hätte nie gedacht, daß Franzi innen so klein war. Und Franzi schien die schmähliche Verwandlung, der man sie unterzogen hatte, selbst zu merken. Sie sprach kein Wort mit uns, sie wedelte nicht, sie starrte reglos zum Fenster hinaus.

Und was geschah?

Unser Garten konnte die Menge der Hunde, die herangestürmt kamen, nicht mehr fassen. Sie rissen das Gitter nieder, rasten umher und sprangen mit speichelnden Lefzen an der Mauer des Hauses empor, um in Franzis Nähe zu gelangen. Waren es zuvor nur die Hunde unseres Wohnviertels gewesen, so kamen jetzt alle Hunde der Stadt, des Landes, des Vorderen Orients. Sogar zwei Eskimohunde waren darunter; sie mußten sich von ihrem Schlitten losgerissen haben und waren direkt vom Nordpol herbeigeeilt.

Kein Zweifel: In ihrem jetzigen Zustand war Franzi so sexy wie nie zuvor. Denn sie war nackt. Sie lag im Fenster und bot sich nackt den Blicken ihrer gierigen Verehrer dar. Aus unserem Haus war ein Eros-Center geworden.

Als einer der wildesten Freier, eine wahre Straßenraupe von einem Vieh, mit einem Hieb seiner mächtigen Tatze unsere Türklinke herausriß, riefen wir die Polizei, ehe die anderen Hunde die Telefonleitung durchbeißen konnten. Die Polizei war besetzt. Und wir besaßen keine Raketen, um Notsignale zu geben.

Immer enger schloß sich der Ring der Belagerer um unser Haus. Rafi, mein ältester Sohn, schlug vor, die Gartensträucher anzuzünden und unter Feuerschutz den Rückzug ins nahe gelegene Postamt anzutreten, wo wir vielleicht Verbindung zur Polizei bekämen. Aber dazu hätten wir ja das Haus verlassen müssen, und das wagten wir nicht mehr.

Plötzlich stand Zulu, der den Weg über das Dach genommen haben mußte, mitten in der Küche und verwickelte mich in einen brutalen Zweikampf. Aus seinen Augen blitzte der wilde Entschluß, zuerst Franzi zu vergewaltigen und hernach mit mir abzurechnen. Franzi lief schweifwedelnd um uns herum und bellte für Zulu. Die Mitglieder unserer kleinen Familie suchten Deckung hinter den umgestürzten Möbeln.

Von draußen die Hunde rückten näher und näher.

»Mach Schluß«, kam keuchend die Stimme meiner totenblassen Ehefrau. »Gib ihnen Franzi.«

»Niemals«, keuchte ich zurück. »Ich lasse mich nicht erpressen.«

Und dann – noch jetzt, da ich's niederschreibe, zittert meine Hand vor Erregung –, gerade als wir unsere letzte Munition verschossen hatten und das Ende unabwendbar herandrohte – dann hörte das Bellen mit einemmal auf, und die Hundehorden verschwanden.

Vorsichtig steckte ich den Kopf zur Türe hinaus und legte die Hand ans Ohr, um das schmetternde Trompetensignal der herangaloppierenden Kavallerie zu vernehmen, die bekanntlich immer im letzten Augenblick eintrifft, um die Siedler vor dem Skalpiermesser zu retten ... Aber ich konnte keine Spur einer organisierten Rettungsaktion entdecken.

Allem Anschein nach handelte es sich um ein ganz gewöhnliches Wunder.

Am nächsten Tag erklärte uns Dragomir, was geschehen war:

»Sie wissen? Sie wissen nicht. In ganzer Stadt auf einmal alle Hündinnen läufig. Kommt vor. Und sofort alles gut.«

Seither herrscht in unserem Alltag ganz normale Eintönigkeit.

Aus Franzi, der rosafarbenen Maus, ist wieder eine Hündin mit weißem Fell geworden, die sich nur für Menschen interessiert. Für die Hunde der Nachbarschaft hat sie kein Auge mehr, und vice versa. Als Zulu an unserem Haus vorüberkam, drehte er sich nicht einmal um.

Woher unter diesen Umständen die kleinen Import-Schnauzer kommen, die Franzi erwartet, wissen wir nicht.

Die Minimaximaffia

Was meine eigene, glückliche Familie betrifft, so pflegte die beste Ehefrau von allen dem Diktat der Mode seit jeher zu folgen. Sie genoß dabei meine volle moralische Unterstützung, auch wenn sie den Rock zum Röckchen verkürzte und das Röckchen zum Röcklein.

»Nur zu!« ermunterte ich sie. »Nur immer drauflos verkürzt! Kurze Beine – kurzer Rock. Wenigstens kommst du auf diese Weise ins Gespräch.«

Und die beste Ehefrau von allen verkürzte, schnitt ab, schnippselte weg und verkürzte abermals. Es waren glückliche Zeiten.

Die Krise begann aus monetär-industriellen Gründen.

Bekanntlich wird die Erde derzeit von rund drei Milliarden Menschen bevölkert. Die Hälfte davon sind Frauen. Selbst nach Abzug von Kindern und Ministerpräsidenten weiblichen Geschlechts verbleibt eine runde Milliarde Verbraucherinnen, deren jede durchschnittlich zweieinhalb Miniröcke besitzt. In sozialistischen Ländern beläuft sich der Durchschnitt allerdings nur auf einen Minirock je Weibsperson, aber durch die rastlosen Bemühungen meiner Frau wird die globale Differenz wieder ausgeglichen. Als Resultat dieser nicht unkomplizierten Berechnung ergibt sich, daß die Textilindustrie infolge der Erfindung des Minirocks einen jährlichen Verlust von mehr als zwei Milliarden Meter Stoff erleidet.

Die Erzeuger von Bekleidungsstücken kümmern sich weder um Ästhetik noch um Moral. Für sie kommt zuerst das Geld und dann das Geld. Auf einer geheimen Gipfelkonferenz in Paris beschlossen sie, die Frauenröcke bis auf den Fußboden zu verlängern, damit wieder etwas mehr Stoff unter die Menschheit käme.

»Das wird uns für die Verluste der letzten Jahre entschädigen«, stellte einer der Maffiahäuptlinge fest.

»Und was geschieht mit Kishon?« fragte ein anderer.

»Der ist jetzt ruiniert.«

»Na wenn schon«, beendete ein dritter die inhaltsschwere Debatte. »Besser er als wir.«

Abscheulich. Es gibt kein anderes Wort für die Folgen, die sich aus dem Beschluß der Pariser Unterwelt ergaben. Abscheulich. Frauen jeglicher Altersstufe, auch solche, deren Söhne es beim Militär bereits zu hohen Offiziersrängen gebracht hatten, beugten sich dem neuen Modediktat und verlängerten ihre Röcke bis tief in den Straßenstaub hinab. Natürlich achtete die Maffia drauf, daß der Prozeß sich etappenweise abwickelte, nach der sogenannten »Salamitaktik«. Jede Woche ein paar Zentimeter.

Die beste Ehefrau von allen teilte meine Empörung:

»Es ist zum Heulen, was die sich da wieder ausgedacht haben. Sollen wir jetzt vielleicht unsere ganze Garderobe ändern?«

Dennoch konnte ich mich des Eindrucks nicht erwehren, daß ihr Rocksaum etwas tiefer angesetzt war als zuvor. Und das sagte ich ihr.

»Tu dir nichts an«, fauchte sie. »Was ich trage, ist ein Doppel-Mini. Die neueste Kreation. Aber davon verstehst du nichts.«

Nebenbei möchte ich erwähnen, daß der Verkürzungsprozeß sich vom Verlängerungsprozeß grundsätzlich unterscheidet. Man könnte ihn als sein diametrales Gegenteil bezeichnen. Zum Verkürzen braucht man nichts weiter als eine Schere. Zum Verlängern braucht man einen neuen Rock.

Unter diesen Umständen wird man meine Erregung verstehen, als ich eines Abends – wir hatten einen Konzertbesuch vor – meine Frau in einem plissierten Rock herankommen sah, der ihr weit über die Knie reichte.

»Weib!« schrie ich auf. »Du hast verlängert!«

»Bist du verrückt geworden? Um keinen einzigen Zentimeter!«

Ich trat auf sie zu, machte von meinen ehelichen Kontrollbefugnissen Gebrauch und schob ihren Pulli ein wenig hoch. Mein Verdacht bestätigte sich: der Rock war bis zu den Hüftknochen herabgelassen, ähnlich wie bei einem Cowboy oder Sheriff die Hosen. Sie hatte gleichzeitig recht und unrecht. Sie hatte gleichzeitig nicht verlängert und verlängert. Und jedenfalls hatte sie sich der Pariser Maffia unterworfen. Daran änderte sich auch nichts durch ihren Hinweis, daß dieser »süße neue niedrige Mini« mich keinen Heller kosten würde.

»Für mich ist das keine Geldfrage«, replizierte ich erbittert. »Es geht ums Prinzip.«

Wie immer, wenn es um ein Prinzip geht, wurde schließlich ein Kompromiß geschlossen: die unterste Mini-Grenze sollte fortan 3 cm über dem Knie enden.

Die Abmachung wurde etwa zwei Wochen lang eingehalten. Am Beginn der dritten, als wir uns wieder einmal zu einem abendlichen Ausgang anschickten, endete der Rock meiner Ehefrau 3 cm unterhalb ihrer Knie statt oberhalb.

Anstelle der verlangten Erklärung wurde mir lediglich ein Achselzucken zuteil:

»Ich weiß nicht, wovon du sprichst. Oder glaubst du vielleicht, daß meine Knie sich nach oben verschieben?«

Noch ehe ich dieser interessanten Überlegung nähertreten konnte, sprudelten aus der besten Ehefrau von allen die heiligsten Schwüre hervor, daß sie keinen wie immer gearteten Modeblödsinn mitmachen würde, sie nicht, und wenn es einem dieser Pariser Homosexuellen einfiele, lange Röcke zu kreieren, dann sollte er sie doch selbst tragen, dieser Transvestit, sie würde sich zu so etwas niemals hergeben, ganz zu schweigen vom Geld, und sie fände den in letzter Zeit aufgetauchten Midi-Rock einfach grauenhaft, nicht Fleisch noch Fisch und nichts für sie.

Einige Wochen später waren nicht bloß die Knie meiner Frau restlos verschwunden, sondern auch ihre Beine. Nur noch die Schuhspitzen lugten unter ihrem Rocksaum hervor. Außerdem schien sie gewachsen zu sein.

Da ich sie durch neuerliche Erkundigungen nicht wieder zu lügenhaften Ausflüchten zwingen wollte, beschloß ich, dem Rätsel auf eigene Faust nachzuspüren. In der folgenden Nacht stellte ich mich schlafend und wartete, ob etwas geschehen würde.

Es geschah etwas. Die beste Ehefrau von allen schlüpfte aus dem Bett und begab sich kurz darauf – ein großes Tablett vor sich her tragend – in den Keller. Ich folgte ihr in gemessenem Abstand und auf Zehenspitzen, also sehr langsam. Als ich den Keller erreicht hatte, saß sie bereits an der Nähmaschine, umgeben von vielen Metern Stoff in vielen Farben, emsig das Trittbrett bedienend, vor Anstrengung und Wollust keuchend. Von Zeit zu Zeit drang aus ihrem Keuchen ein unartikuliertes Wort hervor.

Es klang wie »Maxi . . . Maxi . . .«

Wortlos wandte ich mich um und kehrte zu meinem einsamen Lager zurück. Es war mehr als eine bloß physische Einsamkeit, die mich überkam. Ich war verlassen. Ich hatte verloren. Die Maffia hatte gesiegt.

Die große Steak-Saga

Die folgende Geschichte wäre niemals geschrieben worden, hätte es in dem vor kurzem eröffneten Restaurant Martin & Maiglock nicht diese riesenhaften Steaks gegeben, die wie eine gezielte Demonstration gegen die Sparmaßnahmen unseres Ernährungsministers aussahen.

Wir – die beste Ehefrau von allen, die drei Kinder und ich – nehmen unser Mittagessen jeden Samstag bei Martin & Maiglock ein, und jeden Samstag stellen sie diese fünf Riesenportionen vor uns hin. Beim erstenmal glaubte ich noch an einen Irrtum oder an eine ausnahmsweise erfolgende Kundenwerbung. Aber es war, wie sich alsbald erwies, keine Ausnahme. Es war die Regel, und sie macht besonders den Kindern schwer zu schaffen. Verzweifelt starren sie auf ihre Teller, die nicht leer werden wollen:

»Mami, ich kann nicht mehr . . .«

Oder sie weinen stumm vor sich hin.

Und es ist ja wirklich zum Heulen, auch für die Erwachsenen. Denn die Steaks im Restaurant Martin & Maiglock sind von erlesener Güte, und man wird ganz einfach trübsinnig bei dem Gedanken, daß man bestenfalls die Hälfte aufessen kann und die andere Hälfte zurücklassen muß.

Muß man?

»Warum nehmen wir den Rest nicht mit nach Hause?« flüsterte eines Samstags die beste Ehefrau von allen. »Mehr als genug für ein ausgiebiges Nachtmahl!«

Sie hatte recht. Es fragte sich nur, wie ihr hervorragender Plan zu verwirklichen wäre. Schließlich kann man sich nicht mit Händen voller Steaks aus einem dicht gefüllten Restaurant entfernen. Andererseits erinnere ich mich mit Schaudern an jene halbe Portion Hamburger, die ich einmal in eine Papierserviette eingewickelt und achtlos in meine hintere Hosentasche gesteckt hatte. Auf dem Heimweg tätigte ich einen kleinen Einkauf, wollte zahlen, griff nach meiner Geldbörse und zog eine unappetitliche, klebrige, senfdurchtränkte Breimasse hervor . . . Nein, dergleichen sollte mir nie wieder passieren. Keine Schmuggelversuche. Alles muß streng legal vor sich gehen.

Ich rief Herrn Maiglock an den Tisch:

»Hätten Sie wohl die Freundlichkeit, diese Überbleibsel einzupacken? Für unseren Hund!«

Während ich mich noch über das Raffinement freute, mit dem ich Franzi, unsere rassige Wechselbalg-Hündin, als Tarnung vorgeschoben hatte, kam Herr Maiglock aus der Küche zurück. In der Hand trug er einen gewaltigen Plastikbeutel, im Antlitz ein freundliches Lächeln:

»Ich hab' noch ein paar Knochen dazugetan«, sagte er.

Es müssen mindestens 15 Pfund Elefantenknochen gewesen sein, vermehrt um allerlei Leber- und Nierengewächs und was sich sonst noch an Speiseresten in den Abfallkübeln des Restaurants Martin & Maiglock gefunden hatte.

Wir nahmen den Sack unter lebhaften Dankesbekundungen entgegen, leerten ihn zu Hause vor Franzi aus und flüchteten.

Franzi verzehrte den anrüchigen Inhalt mit großem Appetit. Nur die Steaks ließ sie stehen.

Am folgenden Wochenende, um einiges klüger geworden, änderte ich meine Strategie:

»Herr Maiglock, bitte packen Sie das übriggebliebene Fleisch für unseren Hund ein. Aber geben Sie bitte nichts anderes dazu.«

Das war ein einfacher, leicht zu erfüllender Wunsch, sollte man meinen.

Man meint falsch.

»Warum nichts anderes?« erkundigte sich Herr Maiglock. »In unserer Küche wimmelt es von Leckerbissen für Ihren vierbeinigen Liebling!«

Ich erklärte ihm die Sachlage:

»Unsere Franzi ist ein sehr verwöhntes Tier. Sie will nur Steaks haben. Nichts als Steaks. Vom Grill.«

An dieser Stelle mischte sich vom Nebentisch her ein lockiger Gelehrtenkopf ins Gespräch:

»Sie machen einen schweren Fehler, mein Herr. Sie verpassen dem armen Tier eine denkbar ungeeignete Nahrung.«

Der Lockenkopf gab sich als Veterinär zu erkennen und setzte, meiner Proteste nicht achtend, seinen Vortrag laut hörbar fort:

»Das Abträglichste für das Verdauungssystem eines Hundes ist gegrilltes oder gebratenes Fleisch. Wahrscheinlich wird Ihr Hund daraufhin nicht mehr wachsen. Zu welcher Rasse gehört er?«

»Es ist ein Zwergpudel«, replizierte ich hämisch. »Und außerdem eine Hündin.«

Damit kehrte ich meinem Quälgeist den Rücken und bat Herrn Maiglock, die Steaks, wenn er uns denn unbedingt noch etwas anderes mitgeben wollte, gesondert zu verpacken.

Alsbald brachte Herr Maiglock die sorgfältig in Zeitungspapier eingewickelten Steaks.

»Was soll das?« brüllte ich ihn an. »Haben Sie keinen Plastikbeutel?«

»Wozu?« fragte Herr Maiglock.

Ich schwieg. Wie sollte ich diesem Idioten begreiflich machen, daß ich keine Lust auf Steaks hatte, an denen noch die Reste eines Leitartikels über Kissingers Verhandlungen mit Sadat klebten.

Auf der Heimfahrt schleuderte ich das Zeitungspaket zum Wagenfenster hinaus.

Aber so leicht gebe ich nicht auf. Am nächsten Samstag erschienen wir mit unserem eigenen Plastikbeutel, und der lockenköpfige Veterinär mußte in hilflosem Zorn mitansehen, wie wir das schädliche Material in hygienisch einwandfreier Verpackung forttrugen.

Es reichte für drei Tage und drei Nächte. Wir hatten Steak zum Abendessen, Steak zum Mittagmahl, Steak zum Frühstück. Franzi lag daneben, beobachtete uns aufmerksam und verschmähte die ihr zugeworfenen Happen.

»Ephraim«, seufzte die beste Ehefrau von allen, als wir am Samstag wieder bei Martin & Maiglock Platz nahmen, »Ephraim, ich kann kein Steak mehr sehen, geschweige denn essen.«

Sie sprach mir aus der Seele, die Gute, aus der Seele und aus dem Magen. Auch die Kinder klatschten in die Hände, als wir Schnitzel bestellten. Und wir bestellten sicherheitshalber bei Herrn Martin.

Herr Maiglock, der liebenswürdige Kretin, ließ sich dadurch in keiner Weise beirren: Nach vollzogener Mahlzeit brachte er einen prall mit Steakresten gefüllten Plastiksack angeschleppt.

»Für Franzi!« sagte er.

Von da an konfrontierte uns allsamstäglich das Problem, wie wir die sinnlosen Angebinde loswerden sollten. Man kann ja auf die Dauer nicht durch die Stadt fahren und Fleischspuren hinter sich lassen. Über kurz oder lang erscheint dann in einer führenden Literaturzeitschrift eine Glosse mit der Überschrift: »Fleischer oder Schreiber?«

Endlich hatte ich den erlösenden Einfall. Kaum saßen wir an unserem Samstagmittagstisch, wandte ich mich mit trauriger Miene und ebensolcher Stimme an Herrn Maiglock:

»Bitte keine Steaks mehr. Franzi ist tot.«

In tiefem Mitgefühl drückte mir Herr Maiglock die Hand.

Am Nebentisch aber erhob sich der Hundefutterfachmann und stieß einen empörten Schrei aus:

»Sehen Sie! Ich hatte Sie gewarnt! Jetzt haben Sie das arme Tier umgebracht!«

Rafi, unser Ältester, murmelte etwas von einem Verkehrsunfall, dem Franzi zum Opfer gefallen sei, aber das machte die Sache nicht besser. Die Stimmung war gegen uns. Wir schlangen unsere Mahlzeit hinunter und schlichen mit schamhaft gesenkten Köpfen davon. Auf dem Heimweg fühlten wir uns wie eine Bande von Mördern. Wäre Franzi tot auf der Schwelle unseres Hauses gelegen – es hätte uns nicht überrascht.

Zum Glück empfing sie uns mit fröhlichem Gebell, wie immer. Es war alles in bester Ordnung.

Eine Zeitlang blieb alles dabei. Wir lebten friedlich dahin, unbeschwert von Steakproblemen jeglicher Art. Es gibt ja auch noch andere Restaurants als Martin & Maiglock.

»Eigentlich könnten wir wieder einmal zu Martin & Maiglock gehen«, ließ am letzten Samstag die beste Ehefrau von allen vernehmen, beiläufig und absichtslos.

»Ja«, bestätigte ich. »Warum eigentlich nicht. Dort bekommt man sehr gute Steaks.«

Schlimmstenfalls werden wir Herrn Maiglock mitteilen, daß wir uns einen neuen Hund gekauft haben.

Verschlüsselt

Zum Nachmittagstee kamen die Lustigs, die wir eingeladen hatten, und brachten ihren sechsjährigen Sohn Schragele mit, den wir nicht eingeladen hatten. Offen gesagt: wir schätzen es nicht besonders, wenn Eltern immer und überall mit ihrer keineswegs immer und überall erwünschten Nachkommenschaft auftreten. Indessen erwies sich Schragele als ein netter, wohlerzogener Knabe, obwohl es uns ein wenig enervierte, daß er sich pausenlos in sämtlichen

Räumen unseres Hauses herumtrieb.

Wir saßen mit seinen Eltern beim Tee und unterhielten uns über alles mögliche, angefangen von den amerikanischen Mondflügen bis zur Krise des israelischen Theaters. Es waren keine sehr originellen Themen, und die Konversation plätscherte eher mühsam dahin.

Plötzlich hörten wir – ich möchte mich gerne klar ausdrücken, ohne den guten Ton zu verletzen – hörten wir also, daß Schragele, nun ja, die Wasserspülung unserer Toilette in Betrieb setzte.

An sich wäre das nichts Außergewöhnliches gewesen. Warum soll ein gesundes Kind im Laufe eines Nachmittags nicht das Bedürfnis verspüren, auch einmal ... man versteht, was ich meine ... und warum soll es nach vollzogenem Bedürfnis nicht die Wasserspülung ... wie gesagt: das ist nichts Außergewöhnliches.

Außergewöhnlich wurde es erst durch das Verhalten der Eltern. Sie verstummten mitten im Satz, sie verfärbten sich, sie sprangen auf, sie schienen von plötzlichen Krämpfen befallen zu sein, und als Schragele in der Türe erschien, brüllten sie beide gleichzeitig:

»Schragele – was war das?«

»Der Schlüssel zum Kleiderschrank vom Onkel«, lautete die ruhig erteilte Auskunft des Knaben.

Frau Lustig packte ihn an der Hand, zog ihn unter heftigen Vorwürfen in die entfernteste Zimmerecke und ließ ihn dort mit dem Gesicht zur Wand stehen.

»Wir sprechen nur ungern darüber.« Herr Lustig konnte dennoch nicht umhin, sein bekümmertes Vaterherz mit gedämpfter Stimme zu erleichtern. »Schragele ist ein ganz normales Kind – bis auf diese eine, merkwürdige Gewohnheit. Wenn er einen Schlüssel sieht, wird er von einem unwiderstehlichen Zwang befallen, ihn ... Sie wissen schon ... in die Muschel zu werfen und hinunterzuspülen. Nur Schlüssel, nichts anderes. Immer nur Schlüssel. Alle unsere Versuche, ihm das abzugewöhnen, sind erfolglos geblieben. Wir wissen nicht mehr, was wir tun sollen. Freunde haben uns geraten, gar nichts zu unternehmen und das Kind einfach nicht zu beachten, dann würde es von selbst zur Vernunft kommen. Wir haben diesen Rat befolgt – mit dem Ergebnis, daß wir nach einiger Zeit keinen einzigen Schlüssel mehr im Haus hatten ...«

»Komm einmal her, Schragele!« Ich rief den kleinen Tunichtgut zu mir. »Nun sag doch: warum wirfst du alle Schlüssel ins Klo?«

»Weiß nicht«, antwortete Schragele achselzuckend. »Macht mir Freude.«

Jetzt ergriff Frau Lustig das Wort:

»Wir haben sogar einen Psychiater konsultiert. Er verhörte Schragele zwei Stunden lang und bekam nichts aus ihm heraus. Dann fragte er uns, ob wir den Buben nicht vielleicht als Baby mit einem Schlüssel geschlagen hätten. Natürlich ein Blödsinn. Schon deshalb, weil ja ein Schlüssel für so etwas viel zu klein ist. Das sagten wir ihm auch. Er widersprach, und es entwickelte sich eine ziemlich lebhafte Diskussion. Mittendrin hörten wir plötzlich die Wasserspülung . . . also was soll ich Ihnen viel erzählen: Schragele hatte uns eingesperrt, und erst als nach stundenlangem Telefonieren ein Schlosser kam, konnten wir wieder hinaus. Der Psychiater erlitt einen Nervenzusammenbruch und mußte einen Psychiater aufsuchen.«

In diesem Augenblick erklang abermals das ominöse Geräusch. Unsere Nachforschungen ergaben, daß der Schlüssel zum Hauseingang fehlte.

»Wie tief ist es bis in den Garten?« erkundigten sich die Lustigs.

»Höchstens anderthalb Meter«, antwortete ich.

Die Lustigs verließen uns durch das Fenster und versprachen, einen Schlosser zu schicken.

Nachdenklich ging ich auf mein Zimmer. Nach einer Weile stand ich plötzlich auf, versperrte die Tür von außen, nahm den Schlüssel und spülte ihn die Klosettmuschel hinab.

Die Sache hat etwas für sich. Macht mir Freude.

Renana und die Puppen

Das Unglück begann, als im Kindergarten ein Knabe namens Doron verkündete:

»Ich hab' die Piccoli gesehen.«

Natürlich kann man von einem Kind nicht verlangen, daß es komplett und korrekt »Teatro dei Piccoli« sagt und vielleicht noch hinzufügt, daß es sich um die berühmte italienische Marionettenbühne handelt. »Piccoli« genügt ihm.

Es genügte auch den Umstehenden. Aus ihrem Kreis löste sich eine Zuhörerin, jung an Jahren, aber für ihr Alter erstaunlich intelligent und außerdem schön wie ein Engel, kam zu ihrem Vater gelaufen und rief:

»Ich will Piccoli haben!«

»Du bist noch zu klein, um ins Theater zu gehen«, antwortete der Vater mit fester Stimme. »Das kommt nicht in Frage, verstanden? Und damit Schluß.«

Am nächsten Abend besuchten Vater und Tochter – mit anderen Worten: der Verfasser dieses Berichts und seine zauberhafte kleine Renana – eine Vorstellung des »Teatro dei Piccoli«, das gerade in Tel Aviv gastierte.

Schon unterwegs konnte ich feststellen, daß Renana eine sehr intensive Beziehung zum Theater besaß, eine Art Naturbegabung, die sie zur Bühne hinzog. Sie sagte es selbst:

»Wenn ich groß bin, will ich Theater spielen.«

»Und was willst du spielen?«

»Schnurspringen.«

Vielleicht lag es an ihrer mangelnden Vertrautheit mit den Gebräuchen des Metiers, daß sie ein wenig erschrak, als der Zuschauerraum sich verdunkelte.

»Papi«, flüsterte sie ängstlich, »warum wird's finster?«

»Im Theater wird's immer finster.«

»Warum?«

»Weil jetzt die Vorstellung beginnt.«

»Aber warum im Finstern?«

Wenn man mit Renana einmal auf die »Warum«-Einbahn gerät, kommt man nicht so bald wieder heraus, es sei denn, man führt ein neues, überraschendes Element in die Konversation ein, etwa: »Schau, Liebling, Papi steht auf dem Kopf!« oder: »Will irgend jemand Kaugummi haben?« Kindererziehung ist eine schwierige, komplizierte Angelegenheit. Wie soll man einem unmündigen Kind erklären, daß es im Theater dunkel sein muß, weil die visuelle Aufnahmefähigkeit der Netzhaut in einem direkt proportionalen Verhältnis zur Konzentration des Beschauers steht, und weil andernfalls . . .

»Renana«, sagte ich streng, »sei still oder wie gehen.«

Zum Glück hob sich in diesem Augenblick der Vorhang, und die Bühne war alsbald von einer Menge kunstvoll bewegter Marionetten bevölkert. Renana betrachtete sie mit aufgerissenen Augen.

»Papi, warum tanzen die dummen Puppen?«

»Sie freuen sich, daß Renana ihnen zuschaut.«

»Dann sollen sie's sagen, aber nicht tanzen. Genug getanzt, dumme Puppen!« rief sie zur Bühne hinauf. »Aufhören!«

»Pst! Schrei nicht!«

»Aber warum tanzen sie?«

»Es ist ihr Beruf. Papi schreibt, Renana ruiniert Möbel, und Schauspieler tanzen.«

Auf diese lichtvolle Auskunft hin begann Renana das Lied von den drei kleinen weißen Mäusen zu singen, und zwar ziemlich laut. Unter unseren Sitznachbarn machte sich Unmut bemerkbar. Einige verstiegen sich zu taktlosen Bemerkungen über idiotische Eltern, die ihre zurückgebliebenen Kinder ins Theater mitnehmen. Da Renana auf diese Beweise von Feindseligkeit mit Tränen zu reagieren drohte, versuchte ich sie eilends abzulenken:

»Siehst du, wie hoch die Puppe dort springt?«

»Keine Puppe«, widersprach Renana. »Schauspielmann.«

»Das ist kein Schauspieler, Liebling. Das ist eine Marionette. Eine Puppe aus Holz und an Fäden.«

»Mann«, beharrte Renana.

»Aber du siehst doch, daß sie aus Holz geschnitzt ist.«

»Holz? Wie ein Baum?«

»Nein. Wie ein Tisch.«

»Und die Fäden? Warum Fäden?«

»Alle diese Puppen werden an Fäden gezogen.«

»Nicht Puppen. Schauspielmänner.«

Da sich Renana von mir allein nicht überzeugen ließ, rief ich den Platzanweiser zu Hilfe:

»Sagen Sie bitte, lieber Herr Oberbilleteur – sind das dort oben Schauspieler oder nur Puppen?«

»Selbstverständlich Schauspieler«, antwortete der livrierte Schwachkopf und zwinkerte mir zu. »Echte, lebendige Schauspieler.«

»Siehst du«, sagte Renana. Sie hat ohnehin keine sehr hohe Meinung von väterlicher Autorität. Und jetzt wollte ich ihr gar noch einreden, daß Puppen tanzen und singen können . . .

»Warum hab *ich* keine Fäden?« begehrte sie zu wissen.

»Weil du keine Puppe bist.«

»Doch, ich bin eine. Mami hat schon oft Puppe zu mir gesagt.« Und sie begann zu weinen.

»Du bist eine Puppe, du bist eine kleine, süße Puppe«, beruhigte ich sie. Aber ihre Tränen versiegten erst, als auf der Bühne eine größere Anzahl von Tieren erschien.

»Wauwau«, machte Renana. »Mia! Kikeriki! Was ist das dort, Papi?«

Sie deutete auf ein hölzernes Unding, das wie die Kreuzung eines Eichhörnchens mit einem Kalb aussah.

»Ein schönes Tier, nicht wahr, Renana?«

»Ja. Aber was für eines?«

»Ein Gnu«, sagte ich verzweifelt.

»Warum?« fragte Renana.

Ich verließ das Theater abgemagert und um mindestens ein Jahr gealtert. Renana hingegen hatte nichts von ihrer Vitalität eingebüßt.

»Mein Papi sagt«, erklärte sie der mit uns hinausströmenden Menge, »daß die Schauspielmänner mit Fäden angebunden sind, damit sie nicht davonlaufen können.«

Die Menge maß mich mit verächtlichen Blicken, die ungefähr besagten: Es ist doch unglaublich, welchen Blödsinn manche Väter ihren Kindern einpflanzen. Und die Polizei steht daneben und tut nichts.

»Papi«, ließ sich Renana vernehmen, und es klang wie ein Fazit, »ich will *nicht* Theater spielen.«

Selbst wenn das Gastspiel der »Piccoli« nichts anderes erreicht haben sollte, hat es einem guten Zweck gedient.

Alle Tiere sind schon da

»Ich muß Sie auf etwas aufmerksam machen«, sagte mein Verleger und seufzte. »Bevor Sie ein neues Buch anfangen, sollten Sie sich darüber klar sein, daß in unserem Land kein Mensch mehr liest.«

»Übertreiben Sie nicht«, antwortete ich. »Zufällig weiß ich von einem alten Ehepaar in Haifa, das jedes Jahr mindestens drei Bücher kauft.«

»Ja, von denen habe ich auch schon gehört. Aber für ein einziges Ehepaar kann man keine Buchproduktion aufziehen. Ich würde Ihnen deshalb empfehlen, sich auf Kinderbücher umzustellen. Dank unserem veralteten Erziehungssystem werden Kinder in der Schule noch zum Ankauf von Büchern gezwungen.«

»Dann schreibe ich also ein Kinderbuch. Was für Stoffe verkaufen sich jetzt am besten?«

»Tiere.«

»Also ein Kinderbuch über ein Tier.«

»Ja. Was schwebt Ihnen vor?«

»Lassen Sie mich nachdenken. Sagen wir: ›Mecki, der Sohn des Ziegenbocks.‹ Wie wäre das?«

»Schlecht. Hatten wir schon. Es hieß ›Mecki-Mecks Abenteuer‹. Acht Auflagen. Mecki-Meck brennt von zu Hause durch, fährt mit einem Jeep in die Stadt, erlebt verschiedene Abenteuer, entdeckt, daß es zu Hause doch am besten ist, und kehrt zu Mecki-Mami zurück. Sie müssen sich ein wenig anstrengen, Herr. Fast alle für Kinder geeigneten Tiere sind bereits aufgebraucht.«

»Auch die Bären?«

»Das will ich meinen. Vor einem Monat begann unsere neue Serie ›Tommy, der Eisbär‹. Tommy brennt von zu Hause durch, erklettert einen Fahnenmast, erlebt alle möglichen Abenteuer, kommt dahinter, daß es zu Hause doch am besten ist, und kehrt zu Brummi-Papi zurück. Alles schon dagewesen. Hunde, Katzen, Bären, Ziegen, Kühe, Schmetterlinge, Zebras, Antilopen . . .«

»Auch Hyänen?«

»Auch Hyänen. ›Helga, das Hyänenkind, im Untergrund‹. Sieben Auflagen.«

»Helga brennt durch?«

»Sie erklettert in der Wüste heimlich einen Jeep und macht sich aus dem Sand. Fällt Ihnen denn gar nichts Neues ein?«

»Ameisen!«

»Das ist gerade jetzt unser Bestseller. ›Amos Ameis in Tel Aviv‹. Er brennt von zu Hause durch . . .«

»Fledermäuse?«

»›Fifi, die Fledermaus, und ihre vierzig Verehrer‹. Die Abenteuer einer kleinen Fledermaus, die ihre Eltern verläßt und –«

»Und zurückkehrt?«

»Natürlich. Auf einem Jeep.«

Der Verleger erhob sich und begann sein Lager zu durchstöbern.

»Es gibt kaum noch ein freies Tier«, murmelte er. »Hier, bitte: ›Felix, der Falke, bei den Olympischen Spielen‹ . . . ›Schnurrdiburr, die Hummel, die sich für eine Biene hielt‹ . . . ›Koko, die Klapperschlange‹ . . .«

»Ich hab's! Regenwurm!«

»Siebzehn Auflagen. ›Rainer, der Regenwurm, auf hoher See‹. Er geht an Bord eines Frachters –«

»Er versteckt sich in einer Ladung von Jeeps.«

»Wie macht er das?«

»Hm. Dann bleiben nur noch die Flöhe.«

»›Balduin, der Bettfloh, auf Wanderschaft‹. Unsere nächste Neuerscheinung. Balduin entspringt seinen Eltern –«

»Auf einem Jeep.«

»Wieso wissen Sie das? Dort freundet er sich mit Mizzi der Moskitodame an, die von zu Hause durchgebrannt ist. Aber das geht dann schon in eine andere Serie über.«

»Karpfen?«

»›Karl, der Karpfen, bei den Fallschirmjägern.‹«

»Austern?«

»›Aurelia, die Auster, und ihr Zwillingsbruder August.‹ Sie verlassen ihre Schale, aber nach einiger Zeit kehren sie zurück, weil sie –«

»Schon gut. Wie wär's mit einem Tiefseeschwamm?«

»Tiefseeschwamm . . . warten Sie . . . nein, das hatten wir noch nicht.« Das Antlitz meines Verlegers erhellte sich hoffnungsfroh. »Gut, machen Sie's. Aber Sie müssen sich beeilen, sonst schnappt's uns jemand weg.«

»Keine Sorge«, beruhigte ich ihn. »Ich fange sofort an. Lassen Sie den Schutzumschlag entwerfen: ›Theobald, der Tiefseeschwamm, geht in die Stadt.‹«

Ich eilte nach Hause, die wilden Anfeuerungsrufe meines Verlegers im Rücken.

Heute habe ich den ersten Band der neuen Serie beendet. Eine großartige Handlung, voll von Überraschungen. Theobald reißt sich vom Elternhaus los, um in Jerusalem die Laufbahn eines Badeschwamms zu ergreifen. Im nächsten Band wird er nach Hause zurückkehren. Wahrscheinlich auf einem Jeep.

Ringelspiel

Alles ist eine Frage der Organisation. Deshalb bewahren wir in einem zweckmäßig nach Fächern eingeteilten Kasten unbrauchbare Geschenke zur künftigen Wiederverwendung auf. Wann immer so ein Geschenk kommt, und es kommt oft, wird es registriert, klassifiziert und eingeordnet. Babysachen kommen automatisch in ein Extrafach, Bücher von größerem Format als 20 × 25 cm werden in der »Bar-Mizwah«-Abteilung abgelegt, Vasen und talmisilberne Platten unter »Hochzeit«, besonders scheußliche Aschenbecher unter »Neue Wohnung«, und so weiter.

Eines Tages ist Purim, das Fest der Geschenke, plötzlich wieder da, und plötzlich geschieht fogendes:

Es läutet an der Tür. Draußen steht Benzion Ziegler mit einer Bonbonniere unterm Arm. Benzion Ziegler tritt ein und schenkt uns die Bonbonniere zu Purim. Sie ist in Cellophanpapier verpackt. Auf dem Deckel sieht man eine betörend schöne Jungfrau, umringt von allegorischen Figuren in Technicolor. Wir sind tief gerührt, und Benzion Ziegler schmunzelt selbstgefällig.

So weit, so gut. Die Bonbonniere war uns hochwillkommen, denn Bonbonnieren sind sehr verwendbare Geschenke. Sie eignen sich für vielerlei Anlässe, für den Unabhängigkeitstag so gut wie für Silberne Hochzeiten. Wir legten sie sofort in die Abteilung »Diverser Pofel«.

Aber das Schicksal wollte es anders. Mit einem Mal befiel uns beide, meine Frau und mich, ein unwiderstehliches Verlangen nach Schokolade, das nur durch Schokolade zu befriedigen war. Zitternd vor Gier rissen wir die Cellophanhülle von der Bonbonniere, öffneten die Schachtel – und prallten zurück. Die Schachtel enthielt ein paar bräunliche Kieselsteine mit leichtem Moosbelag.

»Ein Rekord«, sagte meine Gattin tonlos. »Die älteste Schokolade, die wir jemals gesehen haben.«

Mit einem Wutschrei stürzten wir uns auf Benzion Ziegler und schüttelten ihn so lange, bis er uns bleich und bebend gestand, daß er die Bonbonniere voriges Jahr von einem guten Freund geschenkt bekommen hatte. Wir riefen den guten Freund an und zogen ihn derb zur Verantwortung. Der gute Freund begann zu stottern: Bonbonniere . . . Bonbonniere . . . ach ja. Ein Geschenk von Ingenieur Glück, aus Freude über den israelischen Sieg an der Sinai-Front . . . Wir forschten weiter. Ingenieur Glück hatte die Schachtel vor vier Jahren von seiner Schwägerin bekommen, als ihm Zwillinge geboren wurden. Die Schwägerin ihrerseits erinnerte sich noch ganz deutlich an den Namen des Spenders: Goldstein, 1953. Goldstein hatte sie von Glaser bekommen, Glaser von Steiner, und Steiner – man glaubt es nicht – von meiner guten Tante Ilka, 1950. Ich wußte sofort Bescheid: Tante Ilka hatte damals ihre neue Wohnung eingeweiht, und da das betreffende Fach unseres Geschenkkastens gerade leer war, mußten wir blutenden Herzens die Bonbonniere opfern.

Jetzt hielten wir die historische Schachtel wieder in Händen. Ein Gefühl der Ehrfurcht durchrieselte uns. Was hatte diese Bonbon-

niere nicht alles erlebt! Geburtstagsfeiern, Siegesfeiern, Grund-
steinlegungen, neue Wohnungen, Zwillinge ... wahrhaftig ein
Stück Geschichte, diese Bonbonniere.

Hiermit geben wir der Öffentlichkeit bekannt, daß die Geschenk-
bonbonniere des Staates Israel aus dem Verkehr gezogen ist. Irgend
jemand wird eine neue kaufen müssen.

Wie man Freunde gewinnt

Eines Abends klingelte es an unserer Tür. Sofort sprang die beste
Ehefrau von allen auf, eilte quer durchs Zimmer und auf mich zu
und sagte: »Geh aufmachen.«

Vor der Tür standen die Großmanns. Dov und Lucy Großmann,
ein nettes Ehepaar mittleren Alters und in Pantoffeln. Da wir einander noch nie direkt begegnet waren, stellten sie sich vor und ent-
schuldigten sich für die Störung zu so später Stunde.

»Wir sind ja Nachbarn«, sagten sie. »Dürfen wir für einen
Augenblick eintreten?«

»Bitte sehr.«

Mit erstaunlicher Zielsicherheit steuerten die Großmanns in den
Salon, umkreisten den Flügel und hielten vor dem Teewagen inne.

»Siehst du?« wandte sich Lucy triumphierend an ihren Gatten.
»Es ist *keine* Nähmaschine.«

»Ja, ja, schon gut.« Dovs Gesicht rötete sich vor Ärger. »Du hast
gewonnen. Aber vorgestern war ich im Recht. Sie haben keine
Encyclopaedia Britannica.«

»Von Britannica war nie die Rede«, korrigierte ihn Lucy. »Ich
sagte nichts weiter, als daß sie eine Enzyklopädie im Haus haben
und überhaupt sehr versnobt sind.«

»Schade, daß wir deine geschätzten Äußerungen nicht auf Ton-
band aufgenommen haben.«

»Ja, wirklich schade.«

Es blieb mir nicht verborgen, daß sich in dieses Gespräch eine gewisse Feindseligkeit einzuschleichen drohte. Deshalb schlug ich vor,
daß wir alle zusammen Platz nehmen und uns aussprechen sollten,
wie es sich für erwachsene Menschen geziemt.

Die Großmanns nickten – jeder für sich – zustimmend, Dov entledigte sich seines Regenmantels, und beide setzten sich hin. Dovs
Pyjama war grau-blau gestreift.

»Wir wohnen im Haus gegenüber«, begann Dov und zeigte auf das Haus gegenüber. »Im fünften Stock. Voriges Jahr haben wir eine Reise nach Hongkong gemacht und haben uns dort einen hervorragenden Feldstecher gekauft.«

Ich bestätigte, daß die japanischen Erzeugnisse tatsächlich von höchster Qualität wären.

»Maximale Vergrößerung eins zu zwanzig«, prahlte Lucy und zupfte an ihren Lockenwicklern. »Mit diesem Glas sehen wir jede Kleinigkeit in Ihrer Wohnung. Und Dobby, der sich manchmal gern wie ein störrisches Maultier benimmt, hat gestern steif und fest behauptet, daß der dunkle Gegenstand hinter Ihrem Flügel eine Nähmaschine ist. Er war nicht davon abzubringen, obwohl man auf diesem Gegenstand ganz deutlich eine Blumenvase stehen sah. Seit wann stehen Blumenvasen auf Nähmaschinen? Eben. Aber Dobby wollte das nicht einsehen. Auch heute noch haben wir den ganzen Tag darüber gestritten. Schließlich sagte ich zu Dobby: ›Weißt du was? Wir gehen zu denen hinüber, um nachzuschauen, wer recht hat.‹ Und hier sind wir.«

»Sie haben richtig gehandelt«, lobte ich. »Sonst hätte der Streit ja nie ein Ende genommen. Noch etwas?«

»Nur die Vorhänge«, seufzte Dov.

»Was ist's mit den Vorhängen, und warum seufzen Sie?« fragte ich.

»Weil, wenn Sie die Vorhänge vor Ihrem Schlafzimmer zuziehen, können wir gerade noch Ihre Füße sehen.«

»Das ist allerdings bitter.«

»Nicht daß ich mich beklagen wollte!« lenkte Dov ein. »Sie brauchen auf uns keine Rücksicht zu nehmen. Es ist ja Ihr Haus.«

Die Atmosphäre wurde zusehends herzlicher. Meine Frau servierte Tee und Salzgebäck.

Dov fingerte am Unterteil seiner Armlehne: »Was mich kolossal interessieren würde . . .«

»Ja? Was?«

»Ob hier noch der Kaugummi klebt. Er war rot, wenn ich nicht irre.«

»Blödsinn«, widersprach Lucy. »Er war gelb.«

»Rot!«

Die Feindseligkeiten flammten wieder auf. Können denn zwei zivilisierte Menschen keine fünf Minuten miteinander sprechen, ohne zu streiten? Als ob es auf solche Lappalien ankäme! Zufällig war der Kaugummi grün, ich wußte es ganz genau.

»Einer Ihrer Nachtmahlgäste hat ihn vorige Woche hingeklebt«, erläuterte Dov. »Ein hochgewachsener, gutgekleideter Mann. Während Ihre Frau in die Küche ging, nahm er den Kaugummi aus dem Mund, blickte um sich, ob ihn jemand beobachtete, und dann – wie gesagt.«

»Köstlich«, kicherte meine Frau. »Was Sie alles sehen!«

»Da wir kein Fernsehgerät besitzen, müssen wir uns auf andere Weise Unterhaltung verschaffen. Sie haben doch nichts dagegen?«

»Keine Spur.«

»Aber Sie sollten besser auf den Fensterputzer aufpassen, der einmal in der Woche zu Ihnen kommt. Auf den im grauen Arbeitskittel. Er geht dann immer in Ihr Badezimmer und benützt Ihr Deodorant.«

»Wirklich? Sie können sogar in unser Badezimmer sehen?«

»Nicht sehr gut. Wir sehen höchstens, wer unter der Dusche steht.«

Die nächste Warnung bezog sich auf unsern Babysitter.

»Sobald Ihr Kleiner einschläft«, eröffnete uns Lucy, »zieht sich das Mädchen in Ihr Schlafzimmer zurück. Mit ihrem Liebhaber. Einem Studenten. Mit randloser Brille.«

»Wie ist denn die Aussicht ins Schlafzimmer?«

»Nicht schlecht. Nur die Vorhänge stören, das sagte ich Ihnen ja schon. Außerdem mißfällt mir das Blumenmuster.«

»Ist wenigstens die Beleuchtung ausreichend?«

»Wenn ich die Wahrheit sagen soll: nein. Manchmal sind überhaupt nur schattenhafte Konturen zu sehen. Fotografieren kann man so etwas nicht.«

»Die Beleuchtungskörper in unserem Schlafzimmer«, entschuldigte ich mich, »sind eigentlich mehr fürs Lesen gedacht. Wir lesen sehr viel im Bett, meine Frau und ich.«

»Ich weiß, ich weiß. Aber manchmal kann einen das schon ärgern, glauben Sie mir.«

»Dov!« warf Lucy vorwurfsvoll dazwischen. »Mußt du denn auf die Leute immer gleich losgehen?«

Und wie zum Trost gab sie uns bekannt, was sie am liebsten sah: Wenn meine Frau zum Gutenachtsagen ins Kinderzimmer ging und unser Allerjüngstes auf den Popo küßte.

»Es ist eine wirkliche Freude, das mitanzusehen!« Lucys Stimme klang ganz begeistert. »Vorigen Sonntag hatten wir ein kanadisches

Ehepaar zu Besuch, beide sind Innenarchitekten, und beide erklärten unabhängig voneinander, daß ihnen ein so rührender Anblick noch nie untergekommen sei. Sie versprachen, uns ein richtiges Teleskop zu schicken, eins zu vierzig, das neueste Modell. Übrigens hat Dov schon daran gedacht, an Ihrem Schlafzimmer eines dieser japanischen Mikrofone anzubringen, die angeblich bis auf zwei Kilometer Entfernung funktionieren. Aber ich möchte lieber warten, bis wir uns etwas wirklich Erstklassiges leisten können, aus Amerika.«

»Wie recht Sie doch haben. Bei solchen Sachen soll man nicht sparen.«

Dobby stand auf und säuberte seinen Pyjama von den Bröseln der belegten Brötchen, mit denen meine Frau ihn mittlerweile bewirtet hatte.

»Wir freuen uns wirklich, daß wir Sie endlich von Angesicht zu Angesicht kennengelernt haben«, sagte er herzlich. Hierauf versetzte er mir einen scherzhaften Rippenstoß und flüsterte mir zu: »Achten Sie auf Ihr Gewicht, alter Knabe! Man sieht Ihren Bauch bis ins gegenüberliegende Haus.«

»Ich danke Ihnen, daß Sie mich darauf aufmerksam machen«, erwiderte ich ein wenig beschämt.

»Nichts zu danken. Wenn man einem Nachbarn helfen kann, dann soll man es tun, finden Sie nicht auch?«

»Natürlich.«

»Und finden Sie nicht, daß das Blumenmuster auf Ihren Vorhängen –«

»Sie haben vollkommen recht.«

Wir baten die Großmanns, recht bald wiederzukommen. Ein wenig später sahen wir im fünften Stock des gegenüberliegenden Hauses das Licht angehen. Im Fensterrahmen wurde Dobbys schlanke Gestalt sichtbar. Als er den Feldstecher aus Hongkong ansetzte, winkten wir ihm. Er winkte zurück.

Kein Zweifel: wir hatten neue Freunde gewonnen.

Mission Apollo

»Ephraim«, sagte die beste Ehefrau von allen, »unser Amir hat wieder einmal eine seiner Launen.«

Die Vorbereitungen für die Purim-Maskerade waren in vollem

Gang. Rafi, unser Ältester, hatte das Kostüm eines Piraten mit leichtem Anhauch von Militärpolizei gewählt und war's zufrieden. Nicht so Amir. Er strich durchs Haus und trug ein so saures Gesicht zur Schau, daß einem unwillkürlich das Wasser im Mund zusammenlief wie beim Anblick einer in Aktion tretenden Zitrone. Ab und zu versetzte er dem in einer Ecke liegenden Kostüm, das seine Mutti eigenhändig für ihn angefertigt hatte, im Vorübergehen einen wütenden Tritt. Die quergebügelten Hosen, die Stulpenstiefel, der mächtige, breitkrempige Texas-Hut, der Patronengürtel und der Revolver, kurzum: die komplette Ausstattung für einen perfekten Cowboy – das alles stieß bei ihm auf finsterste Verachtung.

»Was ist los mit dir, Amir?« fragte ich teilnahmsvoll. »Willst du kein Cowboy sein?«

»Nein. Ich will ein Astronaut sein.«

Das Unheil kam daher, daß er in seiner Kinder-Wochenzeitung etwas über den Mondflug von Apollo 13 gelesen hatte.

»Immer mit der Ruhe«, beruhigte ich ihn. »Wollen sehen, was sich machen läßt.«

»Ganz richtig«, stimmte seine Mutter zu. »Laß uns die Sache in Ruhe besprechen.«

Wir hielten eine improvisierte Elternversammlung ab und kamen überein, daß dem Wunsch unseres Sohnes nichts Verwerfliches anhaftete. Ein Astronaut zu sein, ist keineswegs das Schlimmste, was ein junger Mensch sich heutzutage wünschen kann. Schließlich landeten wir bei einem Kompromiß.

»Heuer wirst du noch ein Cowboy sein«, wandte ich mich an Amir. »Und nächstes Jahr bist du ein Astronaut.«

Die Antwort war ebenso lautstark wie negativ:

»Nein! Nicht nächstes Jahr! Heuer! Heute! Jetzt! Sofort!«

Ich mußte schweren Herzens nachgeben:

»Schön, dann bist du also schon heuer ein Astronaut. Wir werden auf deinem Hut eine große Tafel befestigen und mit roter Tinte in großen Lettern ›Apollo 13‹ draufschreiben.«

Amirs Entgegnung erfolgte abermals fortissimo:

»Damit bin ich noch kein Astronaut!«

»So? Wie sieht ein Astronaut denn aus?«

»Weiß ich nicht«, schluchzte unser Rothaariger. »Das müßt *ihr* wissen! Ihr seid die Erwachsenen!«

Die Lage wurde immer bedrohlicher. Hätten diese Kerle nicht erst *nach* Purim auf den Mond fliegen können? Wäre es von der amerikanischen Regierung zuviel verlangt, ein wenig Rücksicht auf israelische Eltern zu nehmen? Die in Kap Kennedy hätten Amirs Gebrüll hören sollen:

»Astro«, brüllte er, »-naut, -naut, -naut! Astronaut!«

Ich versuchte ihn zu beschwichtigen:

»Gut, dann werden wir dir eben zu der großen Tafel auch noch einen großen Schnurrbart verpassen.«

»Ich will keinen Schnurrbart! Astronauten haben keine Schnurrbärte!«

»Dann vielleicht eine Brille?«

»Haben Astronauten auch nicht!«

Ich finde das sehr gedankenlos von ihnen, das muß ich schon sagen. Wie kann ein verantwortungsvoller Astronaut ohne Bart und ohne Brille auf den Mond fliegen?

»Jetzt hab ich's!« rief ich aus. »Amir wird Papis gelben Pyjama anziehen!«

Das Geheul meines Sohnes überstieg jetzt alle akustischen Grenzen und war hart daran, die Schallmauer zu durchbrechen:

»Ich will keinen Pyjama! Ich will ein Astronaut sein!«

»Laß deinen Papi ausreden! Du wirst den gelben Pyjama anziehen, und wir befestigen hinten einen Propeller. Einen richtigen Propeller, der sich richtig dreht.«

»Ich will keinen blöden Propeller!«

»Willst du Flügel haben?«

»Ich bin ja kein blöder Vogel! Ich bin ein Astronaut! Astronaut! Naut! Astro!«

In unbeherrschter Wut wälzt sich Amir auf dem Teppich, schlägt um sich, brüllt immer lauter, nur rothaarige Kinder können so laut brüllen, und wenn er noch eine kleine Weile weitermacht, platzen ihm vielleicht die Lungen. Das darf ich nicht zulassen:

»Schon gut, Amir. Dann muß ich eben den Onkel Astronaut anrufen und ihn fragen, was er für gewöhnlich anzieht, wenn er auf den Mond fliegt.«

Amir verstummt, seine blauen Augen weiten sich hoffnungsfroh, er verfolgt interessiert jede meiner Bewegungen. Ich nehme den Hörer auf und wähle irgendeine Nummer:

»Hallo? Apollo-Hauptquartier? Ich möchte den Astronauten vom Dienst sprechen.«

»Wen bitte Sie wollen?« fragte am andern Ende eine Frauenstimme mit deutlich fremdländischem Akzent.

»Hier bei Dr. Weißberger.«

»Hallo, Winston!« rufe ich unbeirrt freudig. »Wie geht's denn immer? Das ist fein. Ich habe eine Bitte an dich, Winston. Mein Sohn Amir möchte wissen, wie ihr Astronauten für eure Mondflüge gekleidet seid.«

»Wer?« beharrte die fremdländische Frauenstimme. »Hier Haus von Dr. Weißberger.«

»Bitte bleib am Apparat, Winston, ich hole nur einen Bleistift . . . Also wie war das? Quergebügelte Hosen . . . Stulpenstiefel . . . breitkrempige Hüte . . .«

»Ich nicht gut hebräisch sprechen. Sie sprechen deutsch, bitte?«

»Natürlich schreibe ich mit, Winston. Also weiter. Patronengürtel und Pistole . . . Ist das alles? Danke. Und grüß mir den Präsidenten Nixon.«

»Dr. Weißberger kommt um zwölf nach Hause.«

»Danke vielmals. Und alles Gute für euren nächsten Mondflug!«

Ich lege den Hörer auf und wende mich mit betrübtem Gesichtsausdruck an Amirs Mutter:

»Du hast ja mitgehört«, sage ich. »Wo in aller Welt sollen wir jetzt die Sachen hernehmen, die ein Astronaut trägt?«

»Dumme Frage!« ruft triumphierend mein dummes Kind. »Es liegt ja alles hier in der Ecke!«

Das Unglück war abgewendet. Im letzten Augenblick und unter großer Bedrängnis. Aber abgewendet.

Eine kleine Bitte zum Schluß: Sollten Sie, lieber Leser, in den nächsten Tagen einem kleinen, rothaarigen Cowboy begegnen, dann bleiben Sie stehen und sagen Sie so laut, daß er es bestimmt hört:

»Da schau her. Ein wirklicher Astronaut!«

Nehmen Sie im voraus den Dank eines verhärmten Vaters entgegen.

Wem die Teller schlagen

Meine Frau und ich sind keine religiösen Eiferer, aber die Feiertage werden bei uns streng beachtet. Alle. An Feiertagen braucht man nichts zu arbeiten, und außerdem sorgen sie für Abwechslung in kulinarischer Hinsicht. Um nur ein Beispiel zu nennen: am Passahfeste ist es geboten, bestimmte Speisen zweimal in eine schmackhafte Fleischsauce zu tunken, ehe man sie verzehrt. An Wochentagen tunkt man in der Regel nicht einmal einmal.

Was Wunder, daß ich heuer, als es soweit war, an meine Frau die folgenden Worte richtete:

»Ich habe eine großartige Idee. Wir wollen im Sinne unserer historischen Überlieferungen einen Sederabend abhalten, zu dem wir unsere lieben Freunde Samson und Dwora einladen. Ist das nicht die schönste Art, den Feiertag zu begehen?«

»Wirklich?« replizierte die beste Ehefrau von allen. »Noch schöner wäre es, von ihnen eingeladen zu werden. Ich denke gar nicht daran, eine opulente Mahlzeit anzurichten und nachher stundenlang alles wieder sauberzumachen. Geh zu Samson und Dwora und sag ihnen, daß wir sie sehr gerne zum Seder eingeladen hätten, aber leider geht's diesmal nicht, weil . . . laß mich nachdenken . . . weil unser elektrischer Dampftopf geplatzt ist, oder weil der Schalter, mit dem man die Hitze einstellt, abgebrochen ist und erst in zehn Tagen repariert werden kann, und deshalb müssen sie uns einladen . . .«

Ich beugte mich vor dieser unwidersprechlichen Logik, ging zu Samson und Dwora und deutete an, wie schön es doch wäre, den Sederabend in familiärer Gemütlichkeit zu verbringen.

Laute Freudenrufe waren die Antwort.

»Herrlich!« jubelte Dwora. »Wunderbar! Nur schade, daß es diesmal bei uns nicht geht. Unser elektrischer Dampftopf ist geplatzt, das heißt, der Schalter, mit dem man die Hitze einstellt, ist abgebrochen und kann erst in zehn Tagen repariert werden. Du verstehst . . .«

Ich brachte vor Empörung kein Wort hervor.

»Wir werden also zum Seder zu euch kommen«, schloß Dwora unbarmherzig ab. »Gut?«

»Nicht gut«, erwiderte ich mühsam. »Es klingt vielleicht ein bißchen dumm, aber auch unser elektrischer Dampftopf ist hin. Eine wahre Schicksalsironie. Ein Treppenwitz der Weltgeschichte. Aber was hilft's . . .«

Samson und Dwora wechselten ein paar stumme Blicke.

»In der letzten Zeit«, fuhr ich einigermaßen verlegen fort, »hört man immer wieder von geplatzten Dampftöpfen. Sie platzen im ganzen Land. Vielleicht ist mit dem Elektrizitätswerk etwas nicht in Ordnung.«

Langes, ausführliches Schweigen entstand. Plötzlich stieß Dwora einen heiseren Schrei aus und schlug vor, unsere Freunde Botoni und Piroschka in die geplante Festlichkeit einzuschalten.

Es wurde beschlossen, eine diplomatische Zweier-Delegation (rein männlich) zu Botoni und Piroschka zu entsenden. Ich machte mich mit Samson unverzüglich auf den Weg.

»Hör zu, alter Junge«, sagte ich gleich zur Begrüßung und klopfte Botoni jovial auf die Schulter. »Wie wär's mit einem gemeinsamen Sederabend? Großartige Idee, was?«

»Wir könnten einen elektrischen Kocher mitbringen, falls euer zufällig geplatzt ist«, fügte Samson vorsorglich hinzu. »In Ordnung? Abgemacht?«

»In Gottes Namen.« Botonis Stimme hatte einen sauren Beiklang. »Dann kommt ihr eben zu uns. Auch meine Frau wird sich ganz bestimmt sehr freuen, euch zu sehen.«

»Botoooni!« Eine schrille Weiberstimme schlug schmerzhaft an unser Trommelfell. Botoni stand auf, vermutete, daß seine Frau in der Küche etwas von ihm haben wolle, und entfernte sich. Wir warteten in düsterer Vorahnung.

Als er zurückkam, hatten sich seine Gesichtszüge deutlich verhärtet.

»Auf welchen Tag fällt heuer eigentlich der Seder?« fragte er.

»Es ist der Vorabend des Passahfestes«, erläuterte ich höflich. »Eine unserer schönsten historischen Überlieferungen.«

»Was für ein Schwachkopf bin ich doch!« Botoni schlug sich mit der flachen Hand gegen die Stirn. »Jetzt habe ich vollkommen vergessen, daß an diesem Tag unsere Wohnung saubergemacht wird. Und neu gemalt. Wir müssen anderswo essen. Möglichst weit weg. Schon wegen des Geruchs.«

Samson sah mich an. Ich sah Samson an. Man sollte gar nicht glauben, auf was für dumme, primitive Ausreden ein Mensch verfallen kann, um sich einer religiösen Verpflichtung zu entziehen. Was blieb uns da noch übrig, als Botoni in die Geschichte mit den geplatzten Kochern einzuweihen?

Botoni hörte gespannt zu. Nach einer kleinen Weile sagte er:

»Das ist aber eine rechte Gedankenlosigkeit von uns! Warum sollten wir ein so nettes Paar wie Midad und Schulamith von unserem Sederabend ausschließen?«

Wir umarmten einander herzlich, denn im Grunde waren wir Busenfreunde, alle drei. Dann gingen wir alle drei zu Midad und Schulamith, um ihnen unsern Plan für einen schönen, gemeinsamen

Sederabend zu unterbreiten.

Midads und Schulamiths Augen leuchteten auf. Schulamith klatschte sogar vor Freude in die Hände:

»Fein! Ihr seid alle zum Nachtmahl bei uns!«

Wir glotzten. Alle? Wir alle? Zum Nachtmahl? Nur so? Da steckt etwas dahinter!

»Einen Augenblick«, sagte ich mit gesammelter Stimme. »Seid ihr sicher, daß ihr *eure* Wohnung meint?«

»Was für eine Frage!«

»Und euer Dampftopf funktioniert?«

»Einwandfrei!«

Ich war fassungslos. Und ich merkte, daß auch Samson und Botoni von Panik ergriffen wurden.

»Die Wände!« brach es aus Botoni hervor. »Was ist mit euern Wänden? Werden die gar nicht geweißt?«

»Laß die Dummheiten«, sagte Midad freundlich und wohlgelaunt. »Ihr seid zum Sederabend bei uns, und gut.«

Völlig verdattert und konfus verließen wir Midads Haus. Selbstverständlich werden wir zum Seder *nicht* hingehen. Irgend etwas ist da nicht in Ordnung, und so leicht kann man uns nicht hineinlegen. Keinen von uns. Wir bleiben zu Hause. So, wie sich's im Sinne unserer schönsten historischen Überlieferungen gehört.

Die Früchte des Mißtrauens

Vor einiger Zeit erklärte meine Gattin wieder einmal, daß sie ihre Haushaltspflichten nicht mehr allein bewältigen könne. Sie wüchsen ihr einfach über den Kopf, seit auch noch der Kanari hinzugekommen sei. Und es müßte sofort eine tüchtige Hilfskraft aufgenommen werden.

Nach langen Forschungen und Prüfungen entschieden wir uns für Mazal, ein weibliches Wesen, das in der Nachbarschaft den besten Ruf genoß. Mazal war eine Orientalin von mittleren Jahren und gelehrtem Aussehen. Dieses verdankte sie ihrer randlosen Brille, die sie vermittels zweier Drähte auf der Nasenspitze balancierte.

Es war ein Fall von Liebe auf den ersten Blick. Wir wußten sofort, daß Mazal die Richtige war, meine überarbeitete Ehegefährtin zu entlasten. Es ging auch alles ganz glatt – bis plötzlich unsere Nachbarin, Frau Schawuah Tow, das bittere Öl des Mißtrauens in unsere nur allzu empfänglichen Ohren träufelte.

»Ihr Einfaltspinsel«, sagte Frau Schawuah Tow, als sie uns eines Morgens besuchte und unsere Hausgehilfin eifrig mit dem Besen hantieren sah. »Wenn eine Weibsperson wie Mazal für euch arbeitet, dann tut sie es ganz gewiß nicht um des schäbigen Gehaltes willen, das sie von euch bekommt.«

»Warum täte sie es sonst?«

»Um zu stehlen«, sagte Frau Schawuah Tow.

Wir wiesen diese Verleumdung energisch zurück. Niemals, so sagten wir, würde Mazal so etwas tun.

Aber meiner Frau begann es alsbald aufzufallen, daß Mazal, wenn sie den Fußboden kehrte, uns nicht in die Augen sah. Irgendwie erinnerte sie uns an das Verhalten Raskolnikows in »Schuld und Sühne«. Und die Taschen ihres Arbeitskittels waren ganz ungewöhnlich groß.

Mit dem mir eigenen Raffinement begann ich sie zu beobachten, wobei ich mir den Anschein gab, in die Zeitungslektüre vertieft zu sein. Ich merkte, daß Mazal besonders unser Silberbesteck mit einer merkwürdig gierigen Freude säuberte. Auch andere Verdachtsmomente traten zutage. Die Spannung wuchs und wurde nach und nach so unerträglich, daß ich vorschlug, die Polizei zu verständigen.

Meine Frau jedoch, eine gewiegte Leserin von Detektivgeschichten, wies darauf hin, daß es sich bei dem gegen Mazal akkumulierten Beweismaterial um mehr oder weniger anfechtbare Indizienbeweise handle und daß wir vielleicht besser täten, unsere Nachbarin um Rat zu fragen.

»Ihr müßt das Ungeheuer in flagranti erwischen«, erklärte Frau Schwuah Tow. »Zum Beispiel könntet ihr irgendwo eine Banknote verstecken. Und wenn Mazal das Geld findet, ohne es zurückzugeben, dann schleppt sie vor den Richter!«

Am nächsten Tag stellten wir die Falle. Wir entschieden uns für eine Fünfpfundnote, die wir unter die Badezimmermatte praktizierten.

Vom frühen Morgen an war ich so aufgeregt, daß ich nicht arbeiten konnte. Auch meine Frau klagte über stechende Kopfschmerzen. Immerhin gelang es uns, einen detaillierten Operationsplan festzulegen: meine Frau würde die ertappte Unholdin durch allerlei listige Täuschungsmanöver zurückhalten, während ich die Sicherheitstruppe alarmierte.

»Schalom«, grüßte Mazal, als sie ins Zimmer trat. »Ich habe unter der Matte im Badezimmer zehn Pfund gefunden.«

Wir verbargen unsere Enttäuschung hinter einem unverbindlichen Gemurmel, zogen uns zurück und waren fassungslos. Minutenlang konnten wir einander überhaupt nicht in die Augen sehen. Dann sagte meine Ehegattin:

»Was mich betrifft, so hatte ich zu Mazal immer das größte Vertrauen. Ich habe nie begriffen, wie du diesem goldehrlichen Geschöpf zutrauen konntest, seine Arbeitgeber zu bestehlen.«

»Ich hätte gesagt, daß sie stiehlt? Ich?« Meine Stimme überschlug sich in gerechtem Zorn. »Eine Unverschämtheit von dir, so etwas zu behaupten! Die ganzen letzten Tage hindurch habe ich mich vergebens bemüht, dieses Muster einer tugendhaften Person gegen deine infamen Verdächtigungen zu schützen!«

»Daß ich nicht lache«, sagte meine Frau und lachte. »Du bist über die Maßen komisch.«

»So? Ich bin komisch? Möchtest du mir vielleicht sagen, wer die zehn Pfund unter der Matte versteckt hat, obwohl wir doch nur fünf Pfund verstecken wollten? Hätte Mazal – wozu sie natürlich vollkommen unfähig ist – das Geld wirklich gestohlen, dann wären wir überflüssigerweise um zehn Pfund ärmer geworden.«

Bis zum Abend sprachen wir kein einziges Wort mehr.

Als Mazal ihre Arbeit beendet hatte, kam sie wieder ins Zimmer, um sich zu verabschieden.

»Gute Nacht, Mazal«, sagte meine Frau mit betonter Herzlichkeit. »Auf Wiedersehen morgen früh. Und seien Sie pünktlich.«

»Ja«, antwortete die brave Hausgehilfin. »Gewiß. Wünscht Madame mir jetzt noch etwas zu geben?«

»Ihnen etwas geben? Wie kommen Sie darauf, meine Liebe?«

Daraufhin entstand der größte Radau, den es in dieser Gegend seit zweitausend Jahren gegeben hat.

»Madame wünscht mir also nichts zu geben?« kreischte Mazal mit funkelnden Augen. »Und was ist mit meinem Geld? He? Sie wissen doch ganz genau, daß Sie eine Fünfpfundnote unter die Matte gelegt haben, damit ich sie stehlen soll! Ihr wolltet mich wohl auf die Probe stellen, ihr Obergescheiten, was?«

Meine Gattin verfärbte sich. Ich meinerseits hoffte, daß die Erde sich auftun und mich verschlingen würde, aber ich hoffte vergebens.

»Na? Auf was warten Sie noch?« Mazal wurde ungeduldig. »Oder wollen Sie vielleicht mein Geld behalten?«

»Entschuldigen Sie, liebe Mazal«, sagte ich mit verlegenem Lächeln. »Hier, bitte, sind Ihre fünf Pfund, liebe Mazal.«

Mazal rieß mir die Banknote unwirsch aus der Hand und stopfte sie in eine ihrer übergroßen Taschen.

»Es versteht sich von selbst«, erklärte sie kühl, »daß ich nicht länger in einem Haus arbeiten kann, in dem gestohlen wird. Zum Glück habe ich das noch rechtzeitig entdeckt. Man darf den Menschen heutzutage nicht trauen . . .«

Sie ging, und wir haben sie nie mehr wiedergesehen.

Frau Schawuah Tow jedoch erzählte in der ganzen Nachbarschaft herum, daß wir versucht hätten, eine arme, ehrliche Hausgehilfin zu berauben.

Ferngespräch mit dem Nachwuchs

Wenn ein Bürger des Staates Israel eine Auslandsreise unternimmt, muß er befürchten, den Kontakt mit seiner Heimat zu verlieren. Dann und wann sieht er vielleicht auf dem Fernsehschirm eine von seltsam strichlierten und strichpunktierten Linien durchzogene Karte der Sinai-Halbinsel vorüberflitzen, da und dort kann er eine zwei Wochen alte israelische Zeitung erstehen, ab und zu bekommt er von zu Hause einen Brief, der eigentlich nichts weiter erhält als die Mitteilung »Nächstens mehr«. Das ist alles . . .

Aber halt! Es gibt ja das Telefon! Ein nützliches, ein handliches, ein wundersames Instrument, hervorragend geeignet, ohne viel Umstände die Verbindung mit den teuern Zurückgebliebenen herzustellen!

»Teuer« ist das richtige Wort. Ein Gespräch aus New York nach Tel Aviv kostet zum Beispiel acht saftige Dollar pro Minute.

Sei's drum. Der reisende Israeli holt tief Atem, greift nach dem Telefon seines schäbigen Hotelzimmers, betätigt mit zitternder Hand die Drehscheibe und lauscht gespannt dem verheißungsvollen »biep-biep-biep«, das ihm aus dem Apparat entgegentönt. Das erste Stadium der Fühlungnahme ist erreicht.

Ich werde mich kurz fassen. Mein Gespräch mit der besten Ehefrau von allen wird sich auf das Nötigste beschränken. Zu Hause alles in Ordnung? Die Kinder gesund? Ja, mir geht's gut. Ja, ich komme zurück, sobald ich kann. Wart' noch mit der Steuererklärung, wir haben Zeit. Ich umarme dich, Liebste . . . Das wäre alles, und das kann höchstens drei Minuten dauern.

»Hallo?« Ein süßes kleines Stimmchen klingt mir von jenseits des Ozeans ans Ohr. Es ist Renana, meine Jüngste, mein Augapfel. »Wer ist dort?«

»Hallo, Renana!« brülle ich in den Hörer. »Wie geht's dir?«

»Wer dort?« sagte Renana. »Hallo!«

»Hier ist Papi.«

»Was?«

»Papi spricht hier, Renana. Ist Mami zu Hause?«

»Wer spricht?«

»Papi!«

»Mein Papi?«

»Ja, dein Papi. Du sprichst mit deinem Papi. Und Papi will mit Mami sprechen. Bitte hol sie!«

»Warte, warte. Papi? Hörst du mich, Papi?«

»Ja.«

»Wie geht's dir?«

»Fein. Mir geht's fein. Wo ist Mami?«

»Bist du jetzt in Amerika, Papi? Nicht wahr, du bist in Amerika!«

»Ja, in Amerika. Und ich hab' große Eile.«

»Willst du mit Amir sprechen?«

»Ja. Schön.« (Ich kann nicht gut nein sagen, sonst kränkt er sich.) »Hol ihn. Aber mach schnell. Auf Wiedersehen, Liebling.«

»Was?«

»Auf Wiedersehen, hab' ich gesagt.«

»Wer spricht?«

»Hol deinen Bruder!«

»Auf Wiedersehen, Papi.«

»Auf Wiedersehen, mein Kleines. Bussi.«

»Was?«

»Du sollst Amir rufen, zum Teufel!«

»Amir, wo bist du?« Renanas Stimme schrillt in eine andere Richtung. »Papi will mit dir sprechen. Amir! Aaa-miiir!«

Bisher sind sieben Minuten vergangen, sieben Minuten zu je acht Dollar. Man sollte Kinder nicht ans Telefon heranlassen. Acht Minuten. Wo nur dieser rothaarige Bengel so lange bleibt.

»Hallo, Papi!«

»Hallo, mein Junge. Wie geht's dir?«

»Danke gut. Und dir?«

»Auch gut. Alles in Ordnung, Amir?«

»Ja.«

»Fein.«

Es tritt eine Pause ein. Aber die wichtigsten Dinge sind ja schon besprochen.

»Papi?«

»Ja.«

»Renana will dir noch etwas sagen.«

Vor meinem geistigen Auge erscheint eine Art Taxameter, nur größer und mit alarmierend hohen Ziffern, welche Amok laufen. Klick: 360 Pfund . . . Klick: 396 . . . Klick: 432 . . . Klick . . .

»Papi? Hörst du, Papi?«

»Ja.«

»Gestern . . . Weißt du, gestern . . .«

»Was – gestern?«

»Gestern . . . Amir, laß mich mit Papi sprechen! Papi, Amir will mich wegstoßen!«

»Hol Mami zum Telefon!«

»Was?«

»Mami! Aber schnell!«

»Warte . . . gestern . . . hörst du mich?«

»Ja, ich höre dich, gestern, was ist gestern geschehen, gestern, was, was war gestern?«

»Gestern war Moschik nicht im Kindergarten.«

»Wo ist Mami?!«

»Wer?«

»M-a-m-i!«

»Mami ist nicht zu Hause. Hör zu, Papi!«

»Ja?«

»Willst du mit Amir sprechen?«

»Nein. Auf Wiedersehen, Liebling.«

»Was?«

»Bussi. B-u-s-s-i!«

»Gestern . . .«

An diesem Punkt wurde die Verbindung plötzlich unterbrochen. Möglich, daß ich eine unvorsichtige Bewegung gemacht habe und irgendwo angekommen bin, wo sonst der Hörer aufliegt . . . Na schön, dann muß ich eben auflegen.

Aber da klingelt es schon wieder. Um Himmels willen, es wird doch nicht –?

Nein, es ist die Telefonistin:
»Das macht 166 Dollar und 70 Cent, Mr. Kitschen.«

Früh übt sich oder die Abschlußfeier

»Wirst du kommen, Papi? Bestimmt?«
»Ja, mein Sohn. Bestimmt.«
Dies der kurze, wenig abwechslungsreiche Dialog, der während
der letzten sechs Monate zweimal täglich zwischen mir und meinem
Sohn Amir stattfand, einmal beim Frühstück und einmal vor dem
Schlafengehen. Nadiwa, die Lehrerin, hatte dem Kind eine führende
Rolle in dem Theaterstück gegeben, das am Ende des Schuljahrs
aufgeführt werden sollte, und von diesem Augenblick an beschäf-
tigte sich Amir ausschließlich damit, in der Abgeschlossenheit seines
Zimmers den vorgeschriebenen Text auswendig zu lernen, uner-
müdlich, immer wieder, immer dieselben Worte, als wäre eine
Schallplatte steckengeblieben:
»Häschen klein . . . Gläschen Wein . . . sitzt allein«, erklang es
unablässig aus Kindermund. »Kleiner Hase . . . rote Nase . . . ach,
wie fein . . . muß das sein . . .«
Selbst auf dem Schulweg murmelte er diesen läppisch gereimten
Unfug vor sich hin, selbst auf die erzürnten Rufe der Kraftfahrer,
die ihn nicht überfahren wollten, reagierte er mit Worten wie:
»Häschen spring . . . klingeling . . . komm und sing . . .«
Als der große Tag da war, platzte das Klassenzimmer aus allen
Nähten, und viele Besucher drängten herzu, um teils ihre Sprößlinge
und teils die von eben diesen angefertigten Buntstiftzeichnungen israelischer Landschaften zu bestaunen. Mit knapper Not gelang es
mir, ein Plätzchen zwischen dem See Genezareth und einem Tisch
mit Backwerk zu ergattern. Im Raum brüteten die Hitze und eine
unabsehbare Schar erwartungsvoller Eltern. Unter solchen
Umständen hat ein Durchschnitts-Papi wie ich die Wahl zwischen
zwei Übeln: er kann sich hinsetzen und nichts sehen als die Nacken
der vor ihm Sitzenden, oder er kann stehen und sieht seinen Sohn.
Ich entschied mich für einen Kompromiß und ließ mich auf einer
Sessellehne nieder, unmittelbar hinter einer Mutti mit einem Kleinkind auf dem Rücken, das sich von Zeit zu Zeit nach mir umdrehte,
um mich ausdruckslos anzuglotzen.
»Papi«, hatte mein Sohn Amir beim Aufbruch gefragt, »wirst du

auch ganz bestimmt bleiben?«

»Ja, mein Sohn. Ich bleibe.«

Jetzt saß Amir bereits auf der Bühne, in der dritten Reihe der für spätere Auftritte versammelten Schüler, und beteiligte sich mit allen anderen am Absingen des Gemeinschaftsliedes unserer Schule. Auch die Eltern fielen ein, wann immer ein Mitglied des Lehrkörpers einen von ihnen ansah.

Die letzten Mißtöne waren verklungen. Ein sommersprossiger Knabe trat vor und wandte sich wie folgt an die Eltern:

»Nach Jerusalem wollen wir gehen, Jerusalem, wie bist du schön, unsere Eltern kämpften für dich, infolgedessen auch für mich und für uns alle, wie wir da sind, Jerusalem, ich bin dein Kind und bleibe es mein Leben lang, liebe Eltern, habet Dank!«

Ich, wie gesagt, saß in geräumiger Distanz vom Ort der Handlung. Was dort vorging, erreichte mich nur bruchstückweise.

Soeben rezitiert ein dicklicher Junge etwas über die Schönheiten unseres Landes, aber ich höre kein Wort davon und bin ausschließlich auf visuelle Eindrücke angewiesen: wenn er hinaufschaut, meint er offensichtlich den Berg Hermon, wenn er die Arme ausbreitet, die fruchtbaren Ebenen Galiläas oder möglicherweise die Wüste Negev, und wenn er mit seinen Patschhändchen wellenförmige Bewegungen vollführt, kann es sich nur um das Meer handeln. Zwischendurch muß ich die ängstlich forschenden Blicke meines Sohnes erwidern und die des Kleinkindes ignorieren.

Stürmischer Applaus. Ist das Programm schon zu Ende?

Ein geschniegelter Musterschüler tritt an die Rampe:

»Das Flötenorchester der vierten Klasse spielt jetzt einen Ländler.«

Ich liebe das Flöteninstrument als solches, aber ich liebe es in der Landschaft draußen, nicht in einem knallvollen Saal mit Städtern. Wie aus dem notdürftig vervielfältigten Programm hervorgeht, besitzt die vierte Klasse außer einem Flötenorchester auch vier Solisten, so daß uns auch vier Soli bevorstehen, damit sich keiner kränkt: 1 Haydn, 1 Nardi, 1 Schönberg, 1 Dvořák . . .

An den Fenstern wimmelt es von zeitunglesenden Vätern. Und sie genieren sich nicht einmal, sie tun es ganz offen. Das ist nicht schön von ihnen. Ich borge mir eine Sportbeilage aus.

Das Konzert ist vorüber. Wir applaudieren vorsichtig, wenn auch nicht vorsichtig genug. Es erfolgt eine Zugabe.

Die Sportbeilage ist reichhaltig, aber auch sie hat einmal ein

Ende. Was nun?

Da! Mein Sohn Amir steht auf und bewegt sich gegen den Vordergrund der Bühne. Mit einem Stuhl in der Hand.

Er ist, wie sich zeigt, zunächst nur als Requisiteur tätig.

Seine Augen suchen mich.

»Bist du hier, mein Vater?« fragt sein stummer Blick.

Ich wackle mit den Ohren:

»Hier bin ich, mein Sohn.«

Einer seiner Kollegen erklimmt den Stuhl, den er, Amir, mein eigener Sohn, herangeschafft hat, und gibt sich der Menge als »Schloime der Träumer« zu erkennen. Von seinen Lippen rieselt es rasch und größtenteils unverständlich:

»Jetzt wollt ihr wissen warum bla-bla-bla, also ich sag's euch, meine Mutter sagt immer bla-bla-bla, also ich geh und hopphopp-hopp ob ihr's glaubt oder nicht und plötzlich Rhabarber Rhabarber alles voll Kalk.«

Die Kinder brüllen vor Lachen. Mit mir jedoch geht es zu Ende. Kein Zweifel, ich bin innerhalb Minutenfrist entweder taub oder senil geworden, oder beides.

Es beruhigt mich ein wenig, daß auch viele andere Väter mit unbewegten Gesichtern dasitzen, die Hand ans Ohr legen, sich angestrengt vorbeugen und sonstige Anzeichen ungestillten Interesses von sich geben.

Eine Stunde ist vergangen. Die Mutter mit dem Kleinkind auf dem Rücken sackt lautlos zusammen, mitten in die Kuchen hinein. Ich springe auf, um ihr in die frische Luft hinaus zu helfen, aber ein paar gewiegte Väter kommen mir zuvor und tragen sie freudestrahlend hinaus. An die frische Luft.

»Und jetzt«, verkündet der Geschniegelte, »bringen die Didl-Dudl-Swingers eine Gesangsnummer, in der sie die Vögel des Landes Israel nachahmen.«

Wenn ich's genau bedenke, habe ich kleine Kinder gar nicht so schrecklich lieb. In kleinen Mengen mag ich sie ganz gern, aber so viele von ihnen auf so kleinem Raum . . . Außerdem sind sie miserable Schauspieler. Vollkommen talentlos. Wie sie da zum Klang des Flötenquartetts herumspringen und einen idiotischen Text krächzen . . . Böser Kuckadudldu, mach die blöden Augen zu . . . oder was immer . . . es ist nicht zum Anhören und nicht zum Ansehen . . .

Ich fühle mich schlecht und immer schlechter. Keine Luft. An den

Fenstern kleben ganze Trauben von japsenden Eltern. Kleine Mädchen wollen pipi. Draußen im Hof rauchen rebellierende Väter.

Mein Sohn gestikuliert angstvoll:

»Nicht weggehen, Papi. Ich komm' gleich dran.«

Auf allen vieren krieche ich zu Nadiwa, der Lehrerin: ob es eine Pause geben wird?

Unmöglich. Würde zu lange dauern. Jedes Kind eine Hauptrolle. Sonst werden sie eifersüchtig, und die pädagogische Mühe vieler Jahre ist beim Teufel.

Einige Elternpaare, deren Nachkommenschaft sich bereits produziert hat, entfernen sich unter den neidvollen Blicken der zurückbleibenden Mehrheit.

Auf der Bühne beginnen die Vorbereitungen zu einer biblischen Allegorie in fünf Akten. Mein Sohn trägt abermals Requisiten herbei.

Ich werfe einen verstohlenen Blick auf das Rollenbuch, das der Bruder eines Mitwirkenden in zitternden Händen hält, um notfalls als Souffleur zu fungieren:

Ägyptischer Aufseher (hebt die Peitsche): Auf, auf, ihr Faulpelze! Und hurtig an die Arbeit!

Ein Israelit: Wir schuften und schwitzen seit dem Anbruch des Morgens. Ist kein Mitleid in deinem Herzen?

Und so weiter . . .

Ich kenne viele Menschen, die niemals geheiratet und sich niemals vermehrt haben und trotzdem glücklich sind.

Noch *ein* Ton aus der hebräischen Flöte, und ich werde verrückt.

Aber da geschieht etwas Merkwürdiges. Mit einemmal nehmen die Dinge Gestalt an, die Atmosphäre wird reizvoll, undefinierbare Spannung liegt in der Luft, man muß unwillkürlich Haltung annehmen, man muß scharf aufpassen. Oben auf der Bühne hat sich ein wunderschöner Knabe aus der Schar seiner Mitspieler gelöst. Vermutlich mein Sohn. Ja, er ist es. Er verkörpert den Dichter Scholem Alejchem oder den Erfinder der Elektrizität oder sonst jemand Wichtigen, das läßt sich so geschwind nicht feststellen.

»Häschen klein . . . Gläschen Wein . . . bla-bla-bla blubb-blubb-blubb bongo-bongo . . . das ist fein . . .«

Laut und deutlich deklamiert mein kleiner Rotkopf den Text. Ich blicke mit bescheidenem Stolz in die Runde. Und was muß ich sehen?

In den Gesichtern der Dasitzenden malt sich völlige Teilnahmslosigkeit. Einige schlafen sogar. Sie schlafen, während Amirs zauberhaft klare Stimme den Raum durchdringt. Mag sein, daß er kein schauspielerisches Genie ist, aber seine Aussprache ist einwandfrei und sein Vortrag flüssig. Niemals zuvor ward so Deutliches erhört in Israel. Und sie schlafen . . .

Als er zu Ende gekommen ist, schreckt mein Applaus die Schläfrigen auf. Auch sie applaudieren. Aber ich applaudiere stärker.

Mein Sohn winkt mir zu. Bist du's, Papi?

Ja, ich bin es, mein Sohn. Und ich winke zurück.

Die Lehrerin Nadiwa macht ihrem Vorzugsschüler ein Zeichen.

»Wieso?« flüstere ich ihr zu. »Geht's denn noch weiter?«

»Was meinen Sie, ob es noch weitergeht? Jetzt fängt's ja erst richtig an. Der große historische Bilderbogen: Von der Entstehung der Welt bis zur Entstehung des Staates Israel. Mit Kommentaren und Musik . . .«

Und da erklang auch schon der erste Kommentar von der Bühne:

»Am Anfang schuf Gott den Himmel und die Erde . . .«

An den Rest erinnere ich mich nicht mehr.

Der kluge Mann baut vor

»Bist du ganz sicher, Ephraim? Ist es eine Einladung zum Essen?«

»Ja, soviel ich weiß . . .«

Hundertmal hatte ich es meiner Frau schon erklärt – und sie hörte nicht auf zu fragen. Ich selbst war am Telefon gewesen, als Frau Spiegel anrief, um uns für Mittwoch halb neun Uhr abends einzuladen. Ich hatte die Einladung mit Dank angenommen und den Hörer wieder aufgelegt. Das war alles. Nicht der Rede wert, sollte man meinen. Weit gefehlt! Wir haben seither kaum über etwas anderes gesprochen. Immer wieder begannen wir jenes kurze Telefongespräch zu analysieren. Frau Spiegel hatte nicht gesagt, daß es eine Einladung zum Abendessen war. Sie hatte aber auch nicht gesagt, daß es *keine* Einladung zum Abendessen war.

»Man lädt nicht für Punkt halb neun Gäste ein, wenn man ihnen nichts zu essen geben will«, lautete die Interpretation, die meine Frau sich schließlich zu eigen machte. »Es ist eine Dinnereinladung.«

Auch ich war dieser Meinung. Wenn man nicht die Absicht hat, seinen Gästen ein Abendessen zu servieren, dann sagt man beispielsweise: »Kommen Sie aber nicht vor acht«, oder: »Irgendwann zwischen acht und neun«, aber man sagt auf keinen Fall: »Pünktlich um halb neun!« Ich erinnere mich nicht genau, ob Frau Spiegel »pünktlich« gesagt hat, aber »um« hat sie gesagt. Sie hat es sogar deutlich betont, und in ihrer Stimme lag etwas unverkennbar Nahrhaftes.

»Ich bin ziemlich sicher, daß es eine Einladung zum Essen ist«, war in den meisten Fällen das Ende meiner Überlegungen. Um alle Zweifel zu beseitigen, wollte ich sogar bei Frau Spiegel anrufen und ihr von irgendwelchen Diätvorschriften erzählen, die ich derzeit zu beobachten hätte, und sie möchte mir nicht böse sein, wenn ich sie bäte, bei der Zusammenstellung des Menüs darauf Rücksicht zu nehmen. Dann hätte sie Farbe bekennen müssen. Dann hätte sich sehr rasch gezeigt, ob sie überhaupt beabsichtigte, ein Menü zusammenzustellen. Aber so raffiniert dieser Plan ausgedacht war – meine Frau widersetzte sich seiner Durchführung. Es macht, behauptete sie, keinen guten Eindruck, eine Hausfrau vor das fait accompli zu stellen, daß man von ihr verköstigt werden will. Außerdem sei das ganz überflüssig.

»Ich kenne die Spiegels«, sagte sie. »Bei denen biegt sich der Tisch, wenn sie Gäste haben . . .«

Am Mittwoch ergab es sich obendrein, daß wir um die Mittagsstunde sehr beschäftigt waren und uns mit einem raschen, nur aus ein paar Brötchen bestehenden Imbiß begnügen mußten. Als wir uns am Abend auf den Weg zu Spiegels machten, waren wir richtig ausgehungert. Und vor unserem geistigen Auge erschien ein Buffet mit vielem kaltem Geflügel, mit Huhn und Truthahn, Gans und Ente, mit Saucen und Gemüsen und Salaten . . . Hoffentlich machen sie währenddessen keine Konversation, die Spiegels. Hoffentlich warten sie damit bis nach dem Essen . . .

Gleich beim Eintritt in die Spiegelsche Wohnung begannen sich unsere alten Zweifel aufs neue zu regen: wir waren die ersten Gäste, und die Spiegels waren noch mit dem Ankleiden beschäftigt. Unsere besorgten Blicke schweiften über den Salon, entdeckten aber keinerlei solide Anhaltspunkte. Es bot sich ihnen der in solchen Fällen übliche Anblick: eine Klubgarnitur, Fauteuils und Stühle um einen niedrigen Glastisch, auf dem sich eine große flache Schüssel mit Mandeln, Erdnüssen und getrockneten Rosinen befand, in einer bedeutend kleineren Schüssel einige Oliven, auf einer etwas größeren gewürfelte Käsestückchen mit Zahnstocher aus Plastik, und schließlich ein edel geschwungenes Glasgefäß voll dünner Salzstäbchen.

Plötzlich durchzuckte mich der Gedanke, daß Frau Spiegel am Telefon vielleich doch 8 Uhr 45 gesagt hatte und nicht 8 Uhr 30, ja vielleicht war überhaupt kein genauer Zeitpunkt genannt worden und wir hatten nur über Fellinis »8 ½« gesprochen.

»Was darf's zum Trinken sein?«

Der Hausherr, noch mit dem Knoten seines Schlipses beschäftigt, mixte uns einen John Collins, ein außerordentlich erfrischendes Getränk, bestehend aus einem Drittel Brandy, einem Drittel Soda und einem Drittel Collins. Wir trinken es sonst sehr gerne. Diesmal jedoch waren unsere Magennerven mehr auf Truthahn eingestellt und jedenfalls auf etwas Kompaktes. Nur mühsam konnten wir ihnen Ruhe gebieten, während wir unsere Gläser hoben.

Der Hausherr stieß mit uns an und wollte wissen, was wir von Sartre hielten. Ich nahm eine Handvoll Erdnüsse und versuchte eine Analyse des Existentialismus, soweit er uns betraf, mußte aber bald entdecken, daß mir das Material ausging. Was bedeutet denn auch eine Schüssel mit Erdnüssen und Mandeln für einen erwachsenen Menschen? Ganz ähnlich stand es um meine Frau. Sie hatte den schwarzen Oliven auf einen Sitz den Garaus gemacht und schwere Verwüstungen unter den Käsewürfeln angerichtet. Als wir auf Vietnam zu sprechen kamen, befanden sich auf dem Glastisch nur noch ein paar verlassene Gurkenscheiben.

»Augenblick«, sagte Frau Spiegel, wobei sie es fertigbrachte, gleichzeitig zu lächeln und die Augenbrauen hochzuziehen. »Ich hole noch etwas.« Und sie verließ das Zimmer, die leeren Schüsseln im Arm. Durch die offen gebliebene Tür spähten wir in die Küche, ob sich dort irgendwelche Anzeichen von Opulenz entdecken ließen. Das Ergebnis war niederschmetternd. Die Küche glich eher einem Spitalszimmer, so sterilisiert und weiß und ruhig lag sie da . . .

Inzwischen – es ging auf neun – waren noch einige Gäste erschienen. Mein Magen begrüßte jeden einzelnen mit lautem Knurren.

Ich hatte schon nach der zweiten Schüssel Erdnüsse Magenbeschwerden. Nicht daß ich gegen Erdnüsse etwas einzuwenden habe. Die Erdnuß ist ein schmackhaftes, vitaminreiches Nahrungsmittel. Aber sie ist kein Ersatz für Truthahn oder Fischsalat mit Mayonnaise.

Ich sah um mich. Meine Frau saß mit kalkweißem Gesicht mir gegenüber und griff sich in diesem Augenblick gerade an die Kehle, offenbar um den John Collins zurückzudrängen, der in ihrem Innern gegen die Gurken und die Rosinen aufbegehrte. Ich nickte ihr zu, warf mich auf eine eben eintreffende Ladung frischer Käsewürfel und verschluckte in der Eile einen Plastikzahnstocher. Frau Spiegel tauschte befremdete Blicke mit ihrem Gatten, flüsterte ihm eine zweifellos auf uns gemünzte Bemerkung ins Ohr und erhob sich, um neue Vorräte herbeizuschaffen.

Jemand äußerte gesprächsweise, daß die Zahl der Arbeitslosen im Steigen begriffen sei.

»Kein Wunder«, bemerkte ich. »Das ganze Volk hungert.«

Das Sprechen fiel mir nicht leicht, denn ich hatte den Mund voller Salzstäbchen. Aber es erbitterte mich über die Maßen, dummes Geschwätz über eine angeblich steigende Arbeitslosigkeit zu hören, während inmitten eines gut eingerichteten Zimmers Leute saßen, die keinen sehnlicheren Wunsch hatten als ein Stück Brot.

Meine Frau war mit dem dritten Schub Rosinen fertig geworden, und auf den Gesichtern unserer Gastgeber machten sich deutliche Anzeichen von Panik bemerkbar. Herr Spiegel füllte die auf den Schüsseln entstandenen Lücken mit Karamellen aus, aber die Lücken waren bald wiederhergestellt. Man muß bedenken, daß wir seit dem frühen Morgen praktisch keine Nahrung zu uns genommen hatten.

Die Salzstäbchen knirschten und krachten in meinem Mund, so daß ich kaum noch etwas vom Gespräch hörte. Während sie sich zu einer breiigen Masse verdickten, sicherte ich mir einen neuen Vorrat von Mandeln. Mit den Erdnüssen war es vorbei, Oliven gab es noch. Ich aß und aß. Die letzten Reste meiner sonst so vorbildlichen Selbstbeherrschung schwanden dahin. Ächzend und stöhnend stopfte ich mir in den Mund, was immer in meiner Reichweite lag. Meine Frau troff von Karamellen und sah mich aus verklebten Augen waidwund an. Sämtliche Schüsseln auf dem niedrigen Glastischchen waren kahlgefegt. Auch ich war am Ende. Ich konnte nicht mehr weiter. Als Herr Spiegel aus der Nachbarwohnung zurückkehrte und einen Teller mit Salzmandeln vor mich hinstellte, mußte ich mich abwenden. Ich glaubte zu platzen. Der bloße Gedanke an Nahrungsaufnahme verursachte mir Übelkeit. Nur kein Essen mehr sehen. Nur um Himmels willen kein Essen mehr . . .

»Hereinspaziert, meine Herrschaften!«

Frau Spiegel hatte die Tür zum anschließenden Zimmer geöffnet. Ein weißgedeckter Tisch wurde sichtbar und ein Buffet mit vielem kaltem Geflügel, mit Huhn und Truthahn, Gans und Ente, mit Saucen und Gemüsen und Salaten.

Wie unser Sohn Amir das Schlafengehen erlernte

Manche Kinder wollen um keinen Preis rechtzeitig schlafen gehen und sprechen aller elterlichen Mühe hohn. Wie anders unser Amir! Er geht mit einer Regelmäßigkeit zu Bett, nach der man die Uhr einstellen kann: auf die Minute genau um halb neun am Abend. Und um sieben am Morgen steht er frisch und rosig auf, ganz wie's der Onkel Doktor will und wie es seinen Eltern Freude macht.

So gerne wir von der Folgsamkeit unseres Söhnchens und seinem rechtzeitigen Schlafengehen erzählen – ein kleiner Haken ist leider dabei: Es stimmt nicht. Wir lügen, wie alle Eltern. In Wahrheit geht Amir zwischen 23.30 und 2.15 Uhr schlafen. Das hängt vom Sternenhimmel ab und vom Fernsehprogramm. Am Morgen kriecht er auf allen vieren aus dem Bett, so müde ist er. An Sonn- und Feiertagen verläßt er das Bett überhaupt nicht.

Nun verhält es sich keineswegs so, daß der Kleine sich etwa weigern würde, der ärztlichen Empfehlung zu folgen und um 20.30 Uhr schlafen zu gehen. Pünktlich zu dieser Stunde schlüpft er in sein Pyjama, sagt »Gute Nacht, liebe Eltern!« und zieht sich in sein Schlafzimmer zurück. Erst nach einem bestimmten Zeitintervall – manchmal dauert es eine Minute, manchmal anderthalb – steht er wieder auf, um seine Zähne zu putzen. Dann nimmt er ein Getränk zu sich, dann muß er Pipi machen, dann sieht er in seiner Schultasche nach, ob alles drinnen ist, trinkt wieder eine Kleinigkeit, meistens vor dem Fernsehapparat, plaudert anschließend mit dem Hund, macht noch einmal Pipi, beobachtet die Schnecken in unserem Garten, beobachtet das Programm des Jordanischen Fernsehens und untersucht den Kühlschrank auf Süßigkeiten. So wird es 2 Uhr 15 und Schlafenszeit.

Natürlich geht diese Lebensweise nicht spurlos an ihm vorüber. Amir sieht ein wenig blaß, ja beinahe durchsichtig aus, und mit den großen Ringen um seine Augen ähnelt er bisweilen einem brillentragenden Gespenst. An heißen Tagen, so ließ uns sein Lehrer wissen, schläft er mitten im Unterricht ein und fällt unter die Bank. Der Lehrer erkundigte sich, wann Amir schlafen geht. Wir antworteten: »Um halb neun. Auf die Minute.«

Lange Zeit gab es uns zu denken, daß alle anderen Kinder unserer Nachbarschaft rechtzeitig schlafen gehen, zum Beispiel Gideon Landesmanns Töchterchen Avital. Gideon verlangt in seinem Hause strikten Gehorsam und eiserne Disziplin – er ist der Boß, daran gibt's nichts zu rütteln. Pünktlich um 20.45 Uhr geht Avital schlafen, wir konnten das selbst feststellen, als wir unlängst bei Landesmanns zu Besuch waren. Um 20.44 Uhr war Gideon einen Blick auf die Uhr und sagte kurz, ruhig und unwidersprechlich: »Tally – Bett.«

Keine Silbe mehr. Das genügt. Tally steht auf, sagt allseits Gute Nacht und trippelt in ihr Zimmerchen, ohne das kleinste Zeichen jugendlicher Auflehnung. Wir, die beste Ehefrau von allen und ich, bergen schamhaft unser Haupt bei dem Gedanken, daß zur selben Stunde unser Sohn Amir in halbdunklen Räumen umherstreift wie Hamlet in Helsingör.

Wir schämten uns bis halb zwei Uhr früh. Um halb zwei Uhr früh öffnete sich die Tür, das folgsame Mädchen Avital erschien mit einem Stoß Zeitungen unterm Arm und fragte:

»Wo sind die Wochenendbeilagen?«

Jetzt war es an Gideon, sich zu schämen. Und seit diesem Abend erzählen wir allen unseren Gästen, daß unsere Kinder pünktlich schlafen gehen.

Im übrigen wissen wir ganz genau, was unseren Amir am rechtzeitigen Einschlafen hindert. Er hat sich diesen Virus während des Jom-Kippur-Kriegs zugezogen, als der Rundfunk bis in die frühen Morgenstunden Frontnachrichten brachte – und wir wollten unserem Sohn nicht verbieten, sie zu hören. Diesen pädagogischen Mißgriff vergilt er uns mit nächtlichen Wanderungen, Zähneputzen, Pipimachen, Hundegesprächen und Schneckenbeobachtung.

Einmal erwischte ich Amir um halb drei Uhr früh in der Küche bei einer illegalen Flasche Coca Cola.

»Warum schläfst du nicht, Sohn?« fragte ich.

Die einigermaßen überraschende Antwort lautete:

»Weil es mich langweilt.«

Ich versuchte ihn eines Besseren zu belehren, führte zahlreiche Beispiele aus der Tierwelt an, deren Angehörige mit der Abenddämmerung einschlafen und mit der Morgendämmerung erwachen.

Amir verwies mich auf das Gegenbeispiel der Eule, die seit jeher sein Ideal wäre, genauer gesagt: seit gestern. Ich erwog, ihm eine Tracht Prügel zu verabreichen, aber die beste Ehefrau von allen ließ das nicht zu; sie kann es nicht vertragen, wenn ich ihre Kinder schlage. Also begnügte ich mich damit, ihn barschen Tons zum Schlafengehen aufzufordern. Amir ging und löste Kreuzworträtsel bis drei Uhr früh.

Wir wandten uns an einen Psychotherapeuten, der uns dringend nahelegte, die Wesensart des Kleinen nicht gewaltsam zu unterdrükken. »Überlassen Sie seine Entwicklung der Natur«, riet uns der erfahrene Fachmann. Wir gaben der Natur eine Chance, aber sie nahm sie nicht wahr. Als ich Amir kurz darauf um halb vier Uhr früh dabei antraf, wie er mit farbiger Kreide Luftschiffe an die Wand malte, verlor ich die Nerven und rief den weichherzigen Seelenarzt an.

Am anderen Ende des Drahtes antwortete eine Kinderstimme: »Papi schläft.«

Die Rettung kam während der Pessach-Feiertage. Sie kam nicht sofort. Am ersten schulfreien Tag blieb Amir bis 3.45 Uhr wach, am zweiten bis 4.20 Uhr. Sein reges Nachtleben ließ uns nicht einschlafen. Was half es, Schafe zu zählen, wenn unser eigenes kleines Lamm hellwach herumtollte.

Es wurde immer schlimmer und schlimmer. Amir schlief immer später und später ein. Die beste Ehefrau von allen wollte ihm eine Tracht Prügel verabreichen, aber ich ließ das nicht zu; ich kann es nicht vertragen, wenn sie meine Kinder schlägt.

Und dann, urplötzlich, hatte sie den erlösenden Einfall. »Ephraim«, sagte sie und setzte sich ruckartig im Bett auf, »wie spät ist es?«

»Zehn nach fünf«, gähnte ich.

»Ephraim, wir müssen uns damit abfinden, daß wir Amir nicht auf eine normale Einschlafzeit zurückschrauben können. Wie wär's, und wir schrauben ihn nach vorn?«

So geschah's. Wir gaben Amirs umrandeten Augen jede Freiheit, ja wir ermunterten ihn, überhaupt nicht zu schlafen:

»Geh ins Bett, wenn du Lust hast. Das ist das Richtige für dich.«

Unser Sohn erwies sich als höchst kooperativ, und zwar mit folgendem Ergebnis:

Am dritten Tag der Behandlung schlief er um 5.30 Uhr ein und wachte um 13 Uhr auf.

Am achten Tag schlief er von 9.50 Uhr bis 18.30 Uhr.

Noch einige Tage später wurde es 15.30 Uhr, als er schlafen ging, und Mitternacht, als er erwachte.

Am siebzehnten Tag ging er um sechs Uhr abends schlafen und stand mit den Vögeln auf.

Und am letzten Tag der insgesamt dreiwöchigen Ferien hatte Amir sich eingeholt. Pünktlich um halb neun Uhr abends schlief er ein, pünktlich um sieben Uhr morgens wachte er auf. Und dabei ist es geblieben. Unser Sohn schläft so regelmäßig, daß man die Uhr nach ihm richten kann. Wir sagen das nicht ohne Stolz.

Es ist allerdings auch möglich, daß wir lügen, wie alle Eltern.

Seid nett zu Touristen!

Die Feuchtigkeit. Der Feuchtigkeitsgehalt der Luft. Die Hitze könnte man ja noch ertragen – aber die Feuchtigkeit! Sie ist es, die den Menschen in die nördlichen Gegenden des Landes treibt. Unter der Woche kriecht er schwitzend und keuchend durch die engen, dampfenden, brodelnden Straßen Tel Avivs, und der einzige Gedanke, der ihn am Leben hält, ist die Hoffnung auf ein kühlendes Wochenende am Ufer des Tiberias-Sees.

Wir hatten ein Doppelzimmer im größten Hotel von Tiberias reserviert und konnten das Wochenende kaum erwarten. Hoffnungsfroh kamen wir an, und schon der Anblick des Hotels, seiner Exklusivität, seine moderne Ausstattung mit allem Komfort einschließlich Klimaanlage, verursachte uns ein Wohlgefühl sondergleichen.

Die Kühle, für die der Ort berühmt ist, schlug uns bereits aus dem Verhalten des Empfangschefs entgegen.

»Ich bedaure aufrichtig«, bedauerte er im Namen der Direktion. »Einige Teilnehmer der soeben beendeten internationalen Weinhändler-Tagung haben sich bei uns angesagt, weshalb wir Ihnen, sehr geehrter Herr und sehr geehrte gnädige Frau, leider kein Zimmer zur Verfügung stellen können, oder höchstens im alten Flügel des Hauses. Und selbst dieses erbärmliche Loch müßten Sie morgen mittag freiwillig räumen, weil Sie sonst mit Brachialgewalt entfernt werden. Ich zweifle nicht, Monsieur, daß Sie Verständnis für unsere Schwierigkeiten haben.«

»Ich habe dieses Verständnis nicht«, erwiderte ich. »Sondern ich protestiere. Mein Geld ist so viel wert wie das Geld eines andern.«

»Wer spricht von Geld! Es ist unsere patriotische Pflicht, ausländischen Touristen den Aufenthalt so angenehm wie möglich zu machen. Außerdem geben sie höhere Trinkgelder. Verschwinden Sie, mein Herr und meine Dame. Möglichst rasch, wenn ich bitten darf.«

Wir suchten in größter Hast den alten Flügel des Hauses auf, um den Empfangschef nicht länger zu reizen. Ein Empfangschef ist schließlich kein hergelaufener Niemand, sondern ein Empfangschef.

Unser kleines Zimmer war ein wenig dunkel und stickig, aber gut genug für Einheimische. Wir packten aus, schlüpften in unsere Badeanzüge und hüpften fröhlichen Fußes zum See hinunter.

Ein Manager vertrat uns den Weg:

»Was fällt Ihnen ein, in einem solchen Aufzug hier herumzulaufen? Jeden Augenblick können die Touristen kommen. Marsch zurück ins Loch!«

Als wir vor unserem Zimmer ankamen, stand ein Posten davor. Außer den Weinhändlern hatten sich auch die Teilnehmer eines Tontaubenschießens aus Malta angesagt. Unser Gepäck war bereits in einen Kellerraum geschafft worden, der sich in nächster Nähe der Heizungskessel befand. Er grenzte geradezu an sie.

»Sie können bis elf Uhr bleiben«, sagte der Posten, der im Grunde seines Herzens ein guter Kerl war. »Aber nehmen Sie kein warmes Wasser. Die Touristen brauchen es.«

Um diese Zeit wagten wir uns nur noch schleichend fortzubewegen, meistens entlang der Wände und auf Zehenspitzen. Ein tiefes Minderwertigkeitsgefühl hatte von uns Besitz ergriffen.

»Glaubst du, daß wir öffentlich ausgepeitscht werden, wenn wir hierbleiben?« flüsterte meine Frau, die tapfere Gefährtin meines Schicksals.

Ich beruhigte sie. Solange wir uns den Anordnungen der höheren Organe nicht widersetzten, drohte uns keine unmittelbare physische Gefahr.

Einmal sahen wir einen Direktionsgehilfen durch das israelische Elendsviertel des Hotels patrouillieren, eine neunschwänzige Katze in der Hand. Wir wichen ihm aus.

Nach dem Mittagessen hätten wir gerne geschlafen, wurden aber durch das Getöse einer motorisierten Kolonne aufgeschreckt. Durch einen Mauerspalt spähten wir hinaus: etwa ein Dutzend geräumiger Luxusautobusse war angekommen, und jedem entstieg eine komplette Tagung. Ich rief zur Sicherheit in der Rezeption an:

»Gibt es unterhalb des Kesselraums noch Platz?«
»Ausnahmsweise.«

Unser neues Verlies war gar nicht so übel, nur die Fledermäuse störten. Das Essen wurde uns durch eine Luke hereingeschoben. Um für alle Eventualitäten gerüstet zu sein, blieben wir in den Kleidern.

Tatsächlich kamen kurz vor Mitternacht noch einige Touristenautobusse. Abermals wies man uns einen neuen Aufenthalt zu, diesmal ein kleines Floß auf dem See draußen. Wir hatten Glück, denn es war beinahe neu. Weniger glückliche unter den Eingeborenen mußten sich mit ein paar losen Planken zufriedengeben. Drei ertranken im Lauf der Nacht. Gott sei Dank, daß die Touristen nichts bemerkt haben.

So kleben wir alle Tage

Vor einigen Monaten machte ein unbekanntes Genie die Entdeckung, daß Bilderbücher nur noch dann auf das Interesse des Kleinkindes rechnen dürfen, wenn das Kleinkind die Bilder einkleben und mit dem übrigbleibenden Klebstoff Möbel und Teppiche bekleckern kann. Das Resultat dieser Entdeckung ist ein Album, an dem – neueren Statistiken zufolge – bereits 40 % der Ehen unseres Landes zugrunde gegangen sind. Das Album heißt »Die Wunder der Welt«. Es umfaßt insgesamt 46 Blätter, deren jedes Platz für insgesamt 9 einzuklebende Bilder bietet, welche in der Spielwarenhandlung Selma Blum angekauft werden müssen. Die Bilder sind von hohem erzieherischen Wert, weil sie das Kleinkind auf lustige, leicht faßliche und vielfach farbige Art über den Werdegang unseres Planeten belehren, angefangen von den prähistorischen Ungeheuern über die Pyramiden bis zu den modernen Druckerpressen, die in der kürzesten Zeit 100 000 Bilder herstellen, damit sie das Kleinkind in etwas längerer Zeit einkleben kann. Die Rotationsmaschinen arbeiten 24 Stunden am Tag. Sie arbeiten für meinen Sohn Amir.

Der Trick dieser neumodischen Erziehungsmethode besteht darin, daß Frau Blum die Bilder in geschlossenen Umschlägen verkauft und daß die Kinder immer eine Unzahl von Duplikaten erwerben, bevor sie ein neues Bild finden. Damit ruinieren sie einerseits die elterlichen Finanzen, entwickeln jedoch auf Grund der sich ergebenden Tauschwerte schon frühzeitig einen gesunden Sinn für spätere Börsentransaktionen.

Mein Sohn Amir zeigt auf diesem Gebiet ein sehr beachtliches Talent. Man kann ruhig sagen, daß er den Markt beherrscht. Seit Monaten investiert er sein Taschengeld ins Bildergeschäft. Sein Zimmer quillt über von den Wundern der Welt. Wenn man eine Lade öffnet, taumelt ein Dutzend Brontosaurier hervor.

»Sohn«, fragte ich ihn eines Tages, »dein Album kann längst keine Wunder mehr fassen. Warum kaufst du noch immer welche?«

»Für alle Fälle«, antwortete Amir.

Zu seiner Ehre muß gesagt sein, daß er keine Ahnung hat, was er da überhaupt einklebt. Er liest die dazugehörigen Texte nicht. Über die Zentrifugalkraft weiß er zum Beispiel nichts anderes, als daß er von seinem Freund Gilli dafür zwei Schwertfische und eine Messerschmittmaschine Nr. 109 bekommen hat.

Außerdem stiehlt er. Ich entdeckte das während eines meiner seltenen Nachmittagsschläfchen, als ich zufällig die Augen öffnete und meinen rothaarigen Nachkommen dabei ertappte, wie er in meinen Hosentaschen etwas suchte.

»Was tust du da?« fragte ich.

»Ich suche Geld. Gilli braucht einen Seeigel.«

»Da soll doch der liebe Gilli von seinem Papi das Geld stehlen.«

»Kann er nicht. Sein Papi ist nervös.«

Ich beriet mich mit der Mutter des Delinquenten. Wir beschlossen, uns mit Amirs Lehrerin zu beraten, die ihrerseits noch einige andere Mitglieder des Lehrkörpers hinzuzog. Es wurde eine massenhaft besuchte Elternversammlung.

Nach Meinung des Lehrkörpers beläuft sich die Anzahl der im Besitz der Schülerschaft befindlichen Bildvorlagen auf 3 bis 4 Millionen in jeder Klasse.

»Vielleicht«, gab einer der Pädagogen zu bedenken, »sollte man die Steuerbehörde auf den exzessiven Profit der Bilderzeuger aufmerksam machen. Das würde die Produktion vielleicht ein wenig eindämmen.«

Der Vorschlag fand keine Zustimmung. Offenbar befanden sich auch unter den anwesenden Eltern mehrere exzessive Profitmacher.

Mein Diskussionsbeitrag bestand in der sorgenvollen Mitteilung, daß Amir zu stehlen begänne.

Allgemeines Gelächter antwortete mir.

»Mein Sohn«, berichtete eine gebeugte Mutter, »hat unlängst einen bewaffneten Raubüberfall unternommen. Er drang mit einem Messer auf seinen Großvater ein, der sich geweigert hatte, ihm Geld für den Ankauf von Bildern zu geben.«

Mehrere Väter schlugen einen langfristigen Boykott der Papierindustrie vor, andere wollten für mindestens ein halbes Jahr den Ankauf von Klebstoff verbieten lassen. Ein Gegenvorschlag, vorgebracht von einem gewissen Herrn Blum, empfahl das sogenannte »dänische System«, das sich bekanntlich auf dem Gebiet der Pornographie ausgezeichnet bewährt hatte: man sollte den Kindern so viele Bilder kaufen, bis sie endgültig übersättigt wären. Dieser Vorschlag wurde angenommen.

Am nächsten Tag brachte ich einen Korb mit neuen Bildern nach Hause, darunter die »Kultur der Azteken« und »Leonardos erstes Flugzeug«.

Amir nahm mein Geschenk ohne sonderliche Gefühlsäußerung entgegen. Er verwendete die Bilder zu Tauschzwecken und stopfte die Erträgnisse in alle noch aufnahmefähigen Schubladen und Kasten. Den Überschuß deponierte er im Vorzimmer. Seither muß ich mir allmorgendlich mit einer Schaufel den Weg zur Haustür freilegen. Das Badezimmer ist von Dinosauriern blockiert. Und das Album, mit dem die ganze Misere angefangen hat, ist längst unter den »Gesteinsbildungen der Tertiärzeit« begraben.

Gestern gelang es mir, mein Arbeitszimmer so weit zu säubern, daß ich mich in den freigewordenen Schaukelstuhl setzen konnte, um ein wenig zu lesen.

Plötzlich stand mein Sohn vor mir, in der Hand einen Stapel von etwa 50 identischen Fotos des bekannten Fußballstars Giora Spiegel.

»Ich habe auch schon 22 Pelé und ein Dutzend Bobby Moore«, informierte er mich nicht ohne Stolz.

Die »Welt des Sports« war auf der Bildfläche erschienen und machte den »Wundern der Welt« erbarmungslose Konkurrenz.

Ich verabschiede mich von meinen Lesern. Es war schön, jahrelang für Sie zu schreiben. Ich danke Ihnen für Ihre treue Gefolgschaft. Sollten Sie längere Zeit nichts von mir hören, dann suchen Sie nach meiner Leiche am besten in der linken Ecke des Wohnzimmers unter dem Haufen schußkräftiger südamerikanischer Flügelstürmer und europäischer Tormänner.

»Papi!«

So pflegen mich meine Kinder anzureden. Diesmal war es Amir. Er stand vor meinem Schreibtisch, in der einen Hand das farbenprächtige Album »Die Wunder der Welt«, in der andern Hand den Klebstoff, mit dem allerlei farbenprächtige Bildlein in die betreffenden Quadrate einzukleben waren.

»Papi«, fragt mein blauäugiger, rothaariger Zweitgeborener, »stimmt es, daß sich die Erde um die Sonne dreht?«

»Ja«, antwortete Papi. »Natürlich.«

»Woher weißt du das?« fragt mein Zweitgeborener.

Da haben wir's. Das ist der Einfluß von Apollo 17. Der kluge Knabe will das Sonnensystem erforschen. Gut. Kann er haben.

»Jeder Mensch weiß das«, erkläre ich geduldig. »Das lernt man in der Schule.«

»Was hast du in der Schule gelernt? Sag's mir.«

Tatsächlich: Was habe ich gelernt? Meine einzige Erinnerung an die Theorie des Universums besteht darin, daß unser Physikprofessor eine Krawatte mit blauen Tupfen trug und minutenlang – ohne Unterbrechung, aber dafür mit geschlossenen Augen – reden konnte. Er hatte schadhafte Zähne. Die obere Zahnreihe stand vor. Wir nannten ihn »das Pferd«, wenn mein Gedächtnis mich nicht trügt. Ich werde es gelegentlich einer Kontrolle unterziehen.

»Also? Woher weißt du das?« fragt Amir aufs neue.

»Frag nicht so dumm. Es gibt unzählige Beweise dafür. Wenn es die Sonne wäre, die sich um die Erde dreht, statt umgekehrt, würde man ja von einem Erdsystem sprechen und nicht von einem Sonnensystem.«

Amir scheint keineswegs überzeugt. Ich muß ihm eindrucksvollere Beweise liefern, sonst kommt er auf schlechte Gedanken. Er ist ja, das soll man nie vergessen, rothaarig.

»Schau her, Amir.« Ich ergreife einen weißen Radiergummi und halte ihn hoch. »Nehmen wir an, das ist der Mond. Und die Schachtel mit den Reißnägeln ist die Erde.«

Jetzt bin ich auf dem richtigen Weg. Die Schreibtischlampe übernimmt die Rolle der Sonne, und Papi führt mit einer eleganten Bewegung den Radiergummi und die Schachtel mit den Reißnägeln um die Schreibtischlampe herum, langsam, langsam, kreisförmig, kreisförmig . . .

»Siehst du den Schatten? Wenn der Radiergummi sich gerade in der Mitte seiner Bahn befindet, liegt die Schachtel mit den Reißnägeln im Schatten . . .«

»So«. Die Stimme meines Sohnes klingt zweiflerisch. »Sie liegt aber auch im Schatten, wenn du die Lampe hin und her drehst und die Schachtel auf dem Tisch liegen läßt. Oder?«

Man sollte nicht glauben, wie unintelligent ein verhältnismäßig erwachsenes Kind fragen kann.

»Konzentrier dich gefälligst!« Ich erhebe meine Stimme, auf daß mein Sohn den Ernst der Situation erfasse. »Wenn ich die Lampe bewege, würde der Schatten ja vollständig auf die eine Seite fallen und nicht auf die andere.«

Es ist nicht der Schatten, der jetzt fällt, sondern es fällt die Schachtel mit den Reißnägeln, und zwar auf den Boden. Wahrscheinlich infolge der Zentrifugalkraft. Der Teufel soll sie holen.

Ich bücke mich, um die über den ganzen Erdball verstreuten Reißnägel aufzulesen.

Bei dieser Gelegenheit fällt mein Blick auf meines Sohnes Sokken.

»Du siehst wieder einmal wie ein Landstreicher aus!« bemerke ich tadelnd.

Was nämlich meines Sohnes Socken betrifft, so hängen sie bis über die Schuhe herunter. Das tun sie immer. Ich habe noch nie ein so schlampiges Kind gesehen.

Während ich das Material aus dem Universum rette, richte ich mich langsam auf und versuche mich an die Theorien von Galileo Galilei zu erinnern, der diese ganze Geschichte damals an irgendeinem Königshof oder sonstwo ins Rollen gebracht hat. Das weiß ich sehr gut, weil ich die gleichnamige Aufführung im Kammertheater gesehen habe, mit Salman Levisch in der Titelrolle. Er hat den Großinquisitor, dargestellt von Abraham Ronai, heroischen Widerstand geleistet, ich sehe es noch ganz deutlich vor mir. Leider bedeutet das jetzt keine Hilfe für mich.

Auch der Himmel hilft mir nicht. Ich bin ans Fenster getreten und habe hinausgeschaut, ob sich dort oben etwas bewegt.

Aber es regnet.

Ich schicke meinen Sohn in sein Zimmer zurück und empfehle ihm, über seine dumme Frage selbst nachzudenken, damit er sieht, wie dumm sie ist.

Amir entfernt sich beleidigt.

Kaum ist er draußen, stürze ich zum Lexikon und beginne fieberhaft nach einem einschlägigen Himmelsforscher zu blättern . . . Ko . . . Kopenhagen . . . da: Kopernikus, Nikolaus, deutscher Astronom (1473–1543) . . . Eine halbe Seite ist ihm gewidmet. Eine volle halbe Seite und kein einziges Wort über die Erddrehung. Offenbar haben auch die Herausgeber des Lexikons vergessen, was man ihnen in der Schule beigebracht hat.

Ich begebe mich in das Zimmer meines Sohnes. Ich lege meinem Sohn mit väterlicher Behutsamkeit die Hand auf die Stirne und frage ihn, wie es ihm geht.

»Du hast überhaupt keine Ahnung von Astronomie, Papi«, läßt mein Sohn sich vernehmen.

Höre ich recht? Ich habe keine Ahnung? Ich?! Unverschämt, was so ein kleiner Bengel sich erfrecht!

Die Erinnerung an Salman Levisch gibt mir neue Kraft: »Und sie bewegt sich doch!« erkläre ich mit Nachdruck. »Das hat Galileo vor seinen Richtern gesagt. Kapierst du das denn nicht, du Dummkopf? Und sie bewegt sich doch!«

»In Ordnung«, sagt Amir. »Sie bewegt sich. Aber wieso um die Sonne?«

»Um was denn sonst? Vielleicht um die Großmama?«

Kalter Schweiß tritt mir auf die Stirne. Mein väterliches Prestige steht auf dem Spiel.

»Das Telefon!« Ich sause zur Türe und in mein Zimmer hinunter, wirklich zum Telefon, obwohl es natürlich nicht geläutet hat. Vielmehr rufe ich jetzt meinen Freund Bruno an, der als Biochemiker oder etwas dergleichen tätig ist.

»Bruno«, flüstere ich in die Muschel, »wieso wissen wir, daß sich die Erde um die Sonne dreht?«

Sekundenlange Stille. Dann höre ich Brunos gleichfalls flüsternde Stimme. Er fragt mich, warum ich flüstere. Ich antworte, daß ich heiser bin, und wiederhole meine Frage nach der Erddrehung.

»Aber das haben wir doch in der Schule gelernt«, stottert der Biochemiker oder was er sonst sein mag. »Wenn ich nicht irre, wird es durch die vier Jahreszeiten bewiesen . . . besonders durch den Sommer . . .«

»Eine schöne Auskunft, die du mir da gibst«, zische ich ihm ins Ohr. »Das mit den vier Jahreszeiten bleibt ja auch bestehen, wenn die Lampe bewegt wird und die Schachtel mit den Reißnägeln nicht herunterfällt! Adieu.«

Als nächstes versuche ich es bei meiner Freundin Dolly. Sie hat einmal Jus studiert und könnte von damals noch etwas wissen.

Dolly erinnert sich auch wirklich an das Experiment mit Fouchers Pendel aus der Physikstunde. Soviel sie weiß, wurde das Pendel auf einem freistehenden Kirchturm aufgehängt und hat dann Linien in den Sand gezogen. Das war der Beweis.

Allmählich wird mir die Inquisition sympathisch. Freche, vorlaute Kinder, die nur darauf aus sind, ihre Altvorderen zu blamieren, sollten sich hüten! Woher ich weiß, daß die Erde sich um die Sonne dreht? Ich weiß es und Schluß. Ich spüre es in allen Knochen.

Mühsam schleppe ich mich an meinen Schreibtisch zurück, um weiter zu arbeiten. Wo ist der Radiergummi?

»Papi!« Der Rotkopf steht schon wieder vor mir.

»Also bitte – was dreht sich?«

Tiefe Müdigkeit überkommt mich. Mein Kopf schmerzt. Man kann nicht sein ganzes Leben kämpfen, schon gar nicht gegen die eigenen Kinder.

»Alles dreht sich«, murmele ich. »Was geht's dich an?«

»Du meinst, die Sonne dreht sich?«

»Darüber streiten sich die Gelehrten. Heutzutage ist alles möglich. Und zieh schon endlich deine Socken hinauf!«

Eiserner Vorrat

Es ließ sich nicht länger leugnen, daß ich einen bitteren Nachgeschmack im Munde verspürte, und zwar schon seit Wochen. Ich suchte einen Psychiater auf, der mich ausführlich über meine Kindheitserlebnisse, meine Träume und die Erfahrungen meines Ehelebens befragte. Er kam zu dem Ergebnis, daß der bittere Nachgeschmack in meinem Mund von einem falsch sublimierten Trauma herrührte, das seinerseits auf den Mangel an Zucker in meinem Frühstückskaffee zurückging.

Auf diese Weise stellte sich heraus, daß meine Frau, die beste Ehefrau von allen, mich schon seit Wochen auf einer zuckerlosen Diät hielt.

»Was soll das?« fragte ich daraufhin die beste Ehefrau von allen. »Ich will Zucker haben!«

»Schrei nicht«, erwiderte sie. »Es gibt keinen Zucker. Es gibt ihn nirgends.«

»Wo sind unsere Zuckerrationen?«

»Die habe ich weggesperrt. Für den Fall, daß es einmal keinen Zucker mehr gibt.«

»Jetzt sind wir so weit. Es gibt keinen Zucker mehr.«

»Eben. Und du möchtest natürlich gerade jetzt, wo es keinen Zucker gibt, im Zucker wühlen. Jeden Augenblick kann der Atomkrieg ausbrechen – und wie stehen wir dann da? Ohne Zuckervorräte?«

»Mach dich nicht lächerlich«, sagte ich. »Ich gehe jetzt hinunter und kaufe jede Menge Zucker, die ich haben will.«

Damit ging ich hinunter, betrat das Lebensmittelgeschäft an der Ecke, zwinkerte dem Besitzer, der ein begeisterter Leser meiner Kurzgeschichten ist, vertraulich zu und flüsterte ihm ins Ohr, daß ich ganz gerne etwas Zucker hätte.

»Lieber Herr Kishon«, erwiderte er freundlich, »ich wäre niemandem so gern gefällig wie Ihnen, aber es gibt keinen Zucker.«

»Ich zahle natürlich gerne etwas mehr«, sagte ich.

»Lieber Herr Kishon, ich kann Ihnen leider keinen Zucker geben. Nicht einmal, wenn Sie mir ein Pfund achtzig dafür zahlen.«

»Das ist sehr traurig«, sagte ich. »Was soll ich jetzt machen?«

»Wissen Sie was?« sagte er. »Zahlen Sie mir zwei Pfund.«

In diesem Augenblick ließ sich ein Herr in einer Pelzmütze, den ich bisher nicht bemerkt hatte, wie folgt vernehmen:

»Zahlen Sie keine solchen Irrsinnspreise! Das ist der Beginn der Inflation! Unterstützen Sie den Schwarzhandel nicht durch Panikkäufe! Erfüllen Sie Ihre patriotische Pflicht!«

Ich nickte betreten und entfernte mich mit leeren Händen, aber stolz erhobenen Hauptes. Der Mann mit der Pelzmütze folgte mir. Eine Stunde lang gingen wir zusammen auf und ab und sprachen über unsere Not. Pelzmütze erklärte mir, daß die Amerikaner, diese eiskalten Schurken, erbittert wären, weil ihre wirtschaftlichen Drohungen und Erpressungen keinen Eindruck auf uns gemacht hätten. Deshalb hielten sie jetzt die uns gebührenden Zuckerlieferungen zurück, in der Hoffnung, auf diese barbarische Weise unsere Moral zu brechen. Aber das sollte ihnen nicht gelingen. Niemals. Und wir wiederholten im Duett: niemals.

Zu Hause angelangt, berichtete ich der besten Ehefrau von allen mit dem Brustton nationalen Stolzes, daß und warum ich mich dem

Tanz ums Goldene Kalb nicht angeschlossen hätte. Sie quittierte das mit ihrer üblichen Phantasielosigkeit. Alles sei recht schön und gut, meinte sie, aber der Mann mit der Pelzmütze sei ein bekannter Diabetiker, und jedermann in der Nachbarschaft wisse, daß ein einziger Würfel Zucker ihn auf der Stelle töten würde. Er hätte es also leicht, auf den Genuß von Zucker zu verzichten. Bei den Toscaninis hingegen wäre heute nacht ein Lastwagen vorgefahren, und die Hausbewohner hätten mehrere Säcke Zucker abgeladen, die sie dann auf Zehenspitzen in ein sicheres Versteck gebracht hätten.

Um der ohnehin schon tragischen Situation größeren Nachdruck zu verleihen, servierte mir meine Frau einen zeitgemäßen Tee mit Zitrone und Honig, statt mit Zucker. Das grauenhafte Gebräu beleidigte meinen empfindsamen Gaumen. Ich sprang auf, stürmte in das Lebensmittelgeschäft und gab dem Besitzer laut brüllend bekannt, daß ich bereit sei, zwei Pfund für ein Kilogramm Zucker zu zahlen. Der Lump entgegnete mir mit dreister Stirne, daß der Zucker jetzt bereits zwei Pfund zwanzig koste. »Schön, ich nehme ihn«, sagte ich. »Kommen Sie morgen«, sagte er. »Dann werden Sie für den Zucker vielleicht zwei Pfund fünfzig zahlen müssen, und es wird keiner mehr da sein.«

Als ich wieder auf der Straße stand und leise vor mich hin fluchte, erregte ich das Mitleid einer älteren Dame, die mir eine wertvolle Information gab:

»Fahren Sie rasch nach Rischon in die Bialikstraße. Dort finden Sie einen Lebensmittelhändler, der noch nicht weiß, daß es keinen Zucker gibt, und ihn ruhig verkauft . . .«

Ich sprang auf mein Motorrad und sauste ab. Als ich in Rischon ankam, mußte irgend jemand dem Lebensmittelhändler bereits verraten haben, daß es keinen Zucker mehr gab – und es gab keinen Zucker mehr.

Zu Hause erwartete mich eine neue Überraschung. Die beste Ehefrau von allen hatte einen dieser gläsernen, birnenförmigen Zuckerstreuer gekauft, die man bisweilen in neuerungssüchtigen Kaffeehäusern sieht und die sich dadurch auszeichnen, daß, wenn man sie umdreht und schüttelt, aus einer dicken, mundstückartigen Öffnung nichts herauskommt. Dessenungeachtet erhob ich mich mitten in der Nacht von meinem Lager und durchsuchte alle Küchenschränke und Regale nach dem Zuckerstreuer.

Die beste Ehefrau von allen stand plötzlich mit verschränkten Armen in der Tür und sagte hilfreich:

»Du wirst ihn nie finden.«

Am folgenden Mittag brachte ich einen Sack mit einem halben Kilogramm Gips nach Hause, um einige Sprünge in unseren Wänden auszubessern. Kaum hatte ich den Sack abgestellt, als er auch schon verschwunden war und eine geheimnisvolle Frauenstimme mich wissen ließ, daß er sich in sicherem Gewahrsam befände. Darüber war ich von Herzen froh, denn Gips gehört zu den unentbehrlichen Utensilien eines modernen Haushalts. Meine Freude wuchs, als ich in der nächsten Portion Kaffee, die ich zu trinken bekam, nach langer Zeit wieder Zucker fand.

»Siehst du«, sagte meine Frau. »Jetzt, wo wir Vorräte haben, können wir uns das leisten . . .«

So etwas ließ ich mir nicht zweimal sagen. Am nächsten Tag brachte ich vier Kilo einer erstklassigen Alabastermischung angeschleppt. Tückische, grünliche Flämmchen sprühten in den Pupillen der besten Ehefrau von allen, als sie mich umarmte und mich fragte, wo ich diesen Schatz aufgetrieben hätte.

»In einem Geschäft für Maurer- und Lackiererbehelfe«, antwortete ich wahrheitsgemäß.

Meine Frau nahm eine Kostprobe des weißen Pulvers.

»Pfui Teufel!« rief sie aus. »Was ist das?«

»Gips.«

»Blöde Witze. Wer kann Gips essen?«

»Niemand braucht das Zeug zu essen«, erläuterte ich. »Wenn man es zu essen versucht, ist es Gips. Aber wenn man es nur zum Einlagern verwendet, ist es so gut wie Zucker. Gib's in die Vorratskammer, deck's zu und bring unsere Zuckerration auf den Tisch.«

»Was soll ich damit in der Vorratskammer? Wozu soll das gut sein?«

»Verstehst du denn noch immer nicht? Es ist doch ein wunderbares Gefühl, zu wissen, daß man einen Vorrat von vier Kilo Zucker beiseite geschafft hat! Komme was da wolle – uns kann nichts passieren. Wir haben unsere eiserne Ration.«

»Du hast recht«, sagte meine Frau, die im Grunde ein vernünftiges Wesen ist. »Aber eines merk dir schon jetzt: diese eiserne Ration rühren wir nur an, wenn die Lage wirklich katastrophal wird.«

»Bravo!« rief ich. »Das ist der wahre Pioniergeist.«

»Allerdings . . .«, besann sich meine Frau mit einemmal, »dann würden wir doch merken, daß es Gips ist?«

»Na wenn schon. In einer wirklich katastrophalen Lage spielt es keine Rolle mehr, ob man vier Kilo Zucker hat oder nicht.«

Das saß.

Von diesem Tage an lebten wir wie König Saud im Waldorf-Astoria-Hotel. In unseren Kaffeetassen bleibt ein fingerdicker Belag von Zucker zurück. Gestern bat mich die beste Ehefrau von allen, noch ein paar Kilo nach Hause zu bringen, auf daß sie sich völlig gesichert fühle. Ich brachte noch ein paar Kilo nach Hause. Solange der Gipspreis nicht steigt, hat's keine Not.

Vertrauen gegen Vertrauen

Damit Klarheit herrscht: Geld spielt bei uns keine Rolle, solange wir noch Kredit haben. Die Frage ist, was wir einander zu den vielen Festtagen des Jahres schenken sollen. Wir beginnen immer schon Monate vorher an Schlaflosigkeit zu leiden. Der Plunderkasten »Zur weiteren Verwendung« kommt ja für uns selbst nicht in Betracht. Es ist ein fürchterliches Problem.

Vor drei Jahren, zum Beispiel, schenkte mir die beste Ehefrau von allen eine komplette Fechtausrüstung und bekam von mir eine zauberhafte Stehlampe. Ich fechte nicht.

Vor zwei Jahren verfiel meine Frau auf eine Schreibtischgarnitur aus karrarischem Marmor – samt Briefbeschwerer, Brieföffner, Briefhalter und Briefmappe –, während ich sie mit einer zauberhaften Stehlampe überraschte. Ich schreibe keine Briefe.

Voriges Jahr erreichte die Krise ihren Höhepunkt, als ich meine Frau mit einer zauberhaften Stehlampe bedachte und sie mich mit einer persischen Wasserpfeife. Ich rauche nicht.

Heuer trieb uns die Suche nach passenden Geschenken beinahe in den Wahnsinn. Was sollten wir einander noch kaufen? Gute Freunde informierten mich, daß sie meine Frau in lebhaftem Gespräch mit einem Grundstücksmakler gesehen hätten. Wir haben ein gemeinsames Bankkonto, für das meine Frau auch allein zeichnungsberechtigt ist. Erbleichend nahm ich sie zur Seite:

»Liebling, das muß aufhören. Geschenke sollen Freude machen, aber keine Qual. Deshalb werden wir uns nie mehr den Kopf darüber zerbrechen, was wir einander schenken sollen. Ich sehe keinen Zusammenhang zwischen einem Feiertag und einem schottischen Kilt, den ich außerdem niemals tragen würde. Wir müssen vernünftig sein, wie es sich für Menschen unseres Intelligenzniveaus geziemt.

Laß uns jetzt ein für allemal schwören, daß wir einander keine Geschenke mehr machen werden!«

Meine Frau fiel mir um den Hals und näßte ihn mit Tränen der Dankbarkeit. Auch sie hatte an eine solche Lösung gedacht und hatte nur nicht gewagt, sie vorzuschlagen. Jetzt war das Problem für alle Zeiten gelöst. Gott sei Dank.

Am nächsten Tag fiel mir ein, daß ich meiner Frau zum bevorstehenden Fest doch etwas kaufen müßte. Als erstes dachte ich an eine zauberhafte Stehlampe, kam aber wieder davon ab, weil unsere Wohnung durch elf zauberhafte Stehlampen nun schon hinlänglich beleuchtet ist. Außer zauberhaften Stehlampen wüßte ich aber für meine Frau nichts, Passendes, oder höchstens ein Brillantdiadem – das einzige, was ihr noch fehlt. Einem Zeitungsinserat entnahm ich die derzeit gängigen Preise und ließ auch diesen Gedanken wieder fallen.

Zehn Tage vor dem festlichen Datum ertappte ich meine Frau, wie sie ein enormes Paket in unsere Wohnung schleppte. Ich zwang sie, es auf der Stelle zu öffnen. Es enthielt pulverisierte Milch. Ich öffnete jede Dose und untersuchte den Inhalt mit Hilfe eines Siebs auf Manschettenknöpfe, Krawattennadeln und ähnliche Fremdkörper. Ich fand nichts. Trotzdem eilte ich am nächsten Morgen, von unguten Ahnungen erfüllt, zur Bank. Tatsächlich: meine Frau hatte 260 Pfund von unserem Konto abgehoben, auf dem jetzt nur noch 80 Aguroth verblieben, die ich sofort abhob. Heißer Zorn überkam mich. Ganz wie du willst, fluchte ich in mich hinein. Dann kaufe ich dir also den Astrachanpelz, der uns ruinieren wird. Dann beginne ich jetzt Schulden zu machen, zu trinken und Kokain zu schnupfen. Ganz wie du willst.

Gerade als ich nach Hause kam, schlich meine Frau, abermals mit einem riesigen Paket, sich durch die Hintertüre ein. Ich stürzte auf sie zu, entwand ihr das Paket und riß es auf – natürlich. Herrenhemden. Eine Schere ergreifen und die Hemden zu Konfetti zerschneiden, war eins.

»Da – da –!« stieß ich keuchend hervor. »Ich werde dich lehren, feierliche Schwüre zu brechen!«

Meine Frau, die soeben meine Hemden aus der Wäscherei geholt hatte, versuchte einzulenken. »Wir sind erwachsene Menschen von hohem Intelligenzniveau«, behauptete sie. »Wir müssen Vertrauen zueinander haben. Sonst ist es mit unserem Eheleben vorbei.«

Ich brachte die Rede auf die abgehobenen 260 Pfund. Mit denen hätte sie ihre Schulden beim Friseur bezahlt, sagt sie.

Einigermaßen betreten brach ich das Gespräch ab. Wie schändlich von mir, meine kleine Frau, die beste Ehefrau von allen, so völlig grundlos zu verdächtigen.

Das Leben kehrte wieder in seine normalen Bahnen zurück.

Im Schuhgeschäft sagte man mir, daß man die gewünschten Schlangenlederschuhe für meine Frau ohne Kenntnis der Fußmaße nicht anfertigen könne, und ich sollte ein Paar alte Schuhe als Muster bringen.

Als ich mich mit dem Musterpaar unterm Arm aus dem Haustor drückte, sprang meine Frau, die dort auf der Lauer lag, mich hinterrücks an. Eine erregte Szene folgte.

»Du charakterloses Monstrum!« sagte meine Frau. »Zuerst wirfst du mir vor, daß ich mich nicht an unsere Abmachung halte, und dann brichst du sie selber! Wahrscheinlich würdest du mir auch noch Vorwürfe machen, weil ich dir nichts geschenkt habe . . .«

So konnte es nicht weitergehen. Wir erneuerten unseren Eid. Im hellen Schein der elf zauberhaften Stehlampen schworen wir uns zu, bestimmt und endgültig keine Geschenke zu kaufen. Zum erstenmal seit Monaten zog Ruhe in meine Seele ein.

Am nächsten Morgen folgte ich meiner Frau heimlich auf ihrem Weg nach Jaffa und war sehr erleichtert, als ich sie ein Spezialgeschäft für Damenstrümpfe betreten sah. Fröhlich pfeifend kehrte ich nach Hause zurück. Das Fest stand bevor, und es würde keine Überraschungen geben. Endlich!

Auf dem Heimweg machte ich einen kurzen Besuch bei einem mir befreundeten Antiquitätenhändler und kaufte eine kleine chinesische Vase aus der Ming-Periode. Das Schicksal wollte es anders. Warum müssen die Autobusfahrer auch immer so unvermittelt stoppen. Ich versuchte die Scherben zusammenzuleimen, aber das klappte nicht recht. Um so besser. Wenigstens kann mich meine Frau keines Vertragsbruches zeihen.

Meine Frau empfing mich im Speisezimmer, festlich gekleidet und mit glückstrahlendem Gesicht. Auf dem großen Speisezimmertisch sah ich, geschmackvoll arrangiert, einen neuen elektrischen Rasierapparat, drei Kugelschreiber, ein Schreibmaschinenfutteral aus Ziegenleder, eine Schachtel Skiwachs, einen Kanarienvogel komplett mit Käfig, eine Brieftasche, eine zauberhafte Stehlampe, einen Radiergummi und ein Koffergrammophon (das sie bei dem alten Strumpfhändler in Jaffa unter der Hand gekauft hatte).

Ich stand wie gelähmt und brachte kein Wort hervor. Meine Frau starrte mich ungläubig an. Sie konnte es nicht fassen, daß ich mit leeren Händen gekommen war. Dann brach sie in konvulsivisches Schluchzen aus:

»Also so einer bist du. So behandelst du mich. Einmal in der Zeit könntest du mir eine kleine Freude machen – aber das fällt dir ja gar nicht ein. Pfui, pfui, pfui. Geh mir aus den Augen. Ich will dich nie wieder sehen . . .«

Erst als sie geendet hatte, griff ich in die Tasche und zog die goldene Armbanduhr mit den Saphiren hervor.

Kleiner, dummer Liebling.

Amir und der Computer

Einem Neueinwanderer wie mir können seltsame Dinge passieren. Zum Beispiel kann er eines Morgens erwachen und sich mit zufriedenem Lächeln an den soeben geträumten Traum erinnern, in dem er mit seiner Großmutter im fernen ungarischen Provinzstädtchen Hodmezövasárhely fließend hebräisch gesprochen hat. Das ist, meiner Meinung nach, der höchste Gipfel der Akklimatisierung. (Der zweithöchste wäre, daß einem die israelische Küche zu schmekken beginnt.)

Jedenfalls tut es gut, von Zeit zu Zeit im Hasten des Alltags innezuhalten und sich zu fragen, ob von den vergangenen Zeiten des ungarischen Exils außer dem Akzent noch etwas übriggeblieben ist.

Die vor kurzem von mir veranstaltete Herzensprüfung ergab als einziges Resultat, daß ich nur ungarisch dividieren kann. Addieren und subtrahieren kann ich bereits hebräisch, auch mit dem Multiplizieren klappt es halbwegs, aber die Division, das weiß jedes Kind, ist eine ungarische Domäne. Ich staune immer wieder, daß es Menschen gibt, die sich ohne ungarische Sprachkenntnisse auf diesem Gebiet zurechtfinden.

Meinem Sohn Amir gelingt das ohne Mühe, es sei denn, daß er gelegentlich seinen Vater zu Hilfe ruft, wenn er mit der mathematischen Hausaufgabe nicht weiterkommt. Ich pflege dann das mir gestellte Problem im Kopf und in Eile ungarisch zu berechnen und verlautbare das Ergebnis in der Sprache der Bibel, vorausgesetzt, daß ich überhaupt zu einem Ergebnis gelange, was durchaus nicht immer der Fall ist. Weit häufiger muß ich meinen Zweitgeborenen darauf hinweisen, daß Hausaufgaben nicht dazu da sind, unter Mitwirkung des Familienoberhauptes gemacht zu werden.

»Setz dich schön hin und konzentrier dich«, lautet mein pädagogischer Ratschlag.

Es wäre ja auch eine völlig verfehlte Erziehungsmethode, ihm Einblick in die Tatsache zu gewähren, daß ich zwischen einem echten und einem unechten Bruch nicht unterscheiden kann, geschweige denn zwischen einer arithmetischen und einer geometrischen Reihe.

»Papi«, fragt Amir, »ist es möglich, eine Grundziffer auch als Dezimalbruch auszudrücken?«

»Möglich ist alles«, antworte ich. »Es ist eine Frage der Willenskraft. Geh in dein Zimmer.«

Diese Dezimalbrüche werden mich noch in den Wahnsinn treiben. Amirs Übungsbuch strotzt von ihnen. Alles wird dort gebrochen, alles ist ein Siebzehntel von irgend etwas anderem oder achtunddreißig Hundertneuntel. Ich habe sogar einen Bruch namens 8/6371 entdeckt, ein deutliches Symptom unserer zerbröckelten Gesellschaftsordnung. Was soll das. In meinem Alter will man nicht unausgesetzt an die ungelösten Probleme der Jugend erinnert werden. Man will seine Ruhe haben.

Und dann, urplötzlich, wird in Japan ein Raumforschungs-Institut gegründet und produziert einen Taschencomputer. Dieser Miniaturapparat vom Umfang einer gut entwickelten Zündholzschachtel löst die kompliziertesten Rechenaufgaben im Kopf und hat den enormen wissenschaftlichen Vorteil, daß man ihn ohne Schwierigkeit durch den Zoll schmuggeln kann.

Ein Exemplar dieses japanischen Wunders steht jetzt griffbereit auf meinem Schreibtisch. Wann immer ich einer mathematischen Herausforderung begegne, spiele ich auf seiner Tastatur wie auf einem wohltemperierten Klavier. Ich erfinde sogar schwer lösbare Probleme, wie etwa:

$$\frac{378{,}56973 =}{63{,}41173}$$

In der Vor-Computer-Zeit hätte ich beim bloßen Anblick einer solchen Ziffernansammlung einen Tobsuchtsanfall erlitten, und wenn meine Zukunft von der Lösung dieser Aufgabe abhängig gewesen wäre, hätte ich gesagt: Nehmt meine Zukunft und laßt mich in Frieden. Seit ich die Wunderschachtel besitze, schreckt mich nichts mehr. Ich drücke auf ein paar Knöpfe, und die Antwort ist da.

Leider ist auch mein Sohn Amir dahintergekommen, wie einfach das Leben sein kann. Mit dem tierhaften Instinkt des Kindes hat er entdeckt, welche Erleichterungen der technische Fortschritt auch für ihn bereit hält.

Als ich gestern nach Hause kam, fand ich ihn an meinem Schreibtisch sitzend, links vor sich das aufgeschlagene Übungsbuch und rechts das magische Kästchen, dessen Tasten er mit unglaublicher Virtuosität behandelte.

»Was fällt dir ein?« entrüstete ich mich. »Mach deine Hausaufgaben selbst!«

Amir hielt mir wortlos die Aufgabe unter die Nase, die ihm das Übungsbuch vorschrieb; sie lautete:

»Ein Mann verfügt in seinem Testament folgende Aufteilung seines Vermögens: 2/17 gehen an seine Frau, 31,88 Prozent der noch vorhandenen Summe an seinen ältesten Sohn, 49/101 des Restbetrages an den zweitältesten und die nunmehr verbleibende Hinterlassenschaft an seine Tochter, die 71.407 1/4 Pfund erhält. Wieviel erhält jeder der anderen Erben?«

Mir schien aus alledem hervorzugehen, daß der Verblichene entweder ein höchst unausgeglichener Charakter war oder daß er sich noch übers Grab hinaus an seiner Familie, mit der er offenbar in Unfrieden gelebt hatte, rächen wollte. Aber das berechtigte meinen Sohn und Erben Amir noch lange nicht, den Familienzwist durch Fingerübungen auf einem Computer zu regeln. Dementsprechend ermahnte ich ihn auch:

»Mein liebes Kind, Arithmetik wird nicht mit Maschinen betrieben, sondern mit Papier und Bleistift.«

»Warum?« fragte Amir.

»Weil du nicht immer einen Computer zur Hand hast. Was tätest du zum Beispiel, wenn die Batterie nicht funktioniert?«

»Ich kauf' eine neue.«

»Und am Sabbath?«

»Borg' ich mir Gillys Computer aus.«

»Und wenn er nicht zu Hause ist?«

»Dann frag' ich dich.«

Die typische Antwort eines Rothaarigen. Außerdem ist Gilly nicht der einzige seiner Freunde, der sich im Besitz eines Computers befindet. Fast jeder dieser widerlichen Rangen hat einen. Ihre verantwortungslosen Eltern schmuggeln die kleinen Zauberschachteln durch den Zoll und ziehen eine neue, verrottete Generation auf, eine erbärmliche Computer-Generation, die nicht mehr dividieren kann, in keiner wie immer gearteten Sprache.

Ich meinerseits habe das Problem mit einer lässigen Handbewegung gelöst. Meine Hand bewegte sich – ich weiß nicht, ob durch Zufall oder mit Absicht – so heftig, daß ihr das kleine japanische Wunderwerk entglitt und auf den Boden fiel, wo es in seine Bestandteile zerschellte.

Ich kniete nieder und sammelte die Scherben. Es befand sich auch nicht das kleinste Rädchen darunter, kein Mechanismus, überhaupt nichts Geheimnisvolles. Nur eine Anzahl linierter Papierstreifen mit Druckzeichen. Und dieses unscheinbare Ding ist imstande, die kompliziertesten Rechnungen durchzuführen, in Sekundenschnelle mathematische Aufgaben zu lösen, die mir, einem angesehenen Schriftsteller und Kulturfaktor, die Haare ergrauen lassen. Wie ist das möglich? Welcher Dämon ist hier am Werk? Ich habe Angst.

Amir, mein furchtloser Sohn, nahm die Nachricht vom Hinscheiden meines Computers mit verdächtiger Gelassenheit zur Kenntnis.

Auch seine Mutter, die beste Ehefrau von allen, schöpfte Verdacht:

»Ephraim«, sagte sie, »es würde mich nicht überraschen, wenn Amir einen eigenen Computer hätte.«

Wir untersuchten Amirs Zimmer mit elterlicher Gründlichkeit, aber wir fanden nichts. Wahrscheinlich verfügt seine Schulklasse über ein gut getarntes Computer-Versteck. Diese Dinger werden neuerdings in immer kleinerer Ausführung hergestellt. Demnächst wird man sie in der Ohrmuschel unterbringen können.

Wie immer dem sei – Amir bekommt in Mathematik die besten Noten und lächelt wie Mona Lisa junior.

Er hat recht. Die Zukunft gehört den Computern und den Zwergen. Mir bleibt nichts übrig, als ungarisch zu fluchen. Dividieren kann ich auch ungarisch nicht mehr.

Frankie

Ich möchte nicht mißverstanden werden: Ich weiß zwischen Sinatra dem Teenager-Idol und Sinatra dem Philantropen sehr wohl zu unterscheiden. Sinatra kommt nach Israel und widmet den

Gesamtertrag seiner sieben Konzerte – ungefähr eine Million Pfund – der Errichtung eines interkonfessionellen Waisenhauses in Nazareth. Das ist sehr schön von ihm. Aber hat er sich damit auch schon jeder konstruktiven Kritik entzogen?

Es stört mich nicht, daß er ein Millionär ist und sich eine eigene Luftflotte hält. Mir kann's recht sein, wenn er für eine Minute im Fernsehen eine halbe Million Dollar bekommt. Warum nicht. So ist das Leben. Zumindest seines. Er steht gegen Mittag auf, fährt ins Studio, krächzt sein »Hiya, what's doin'?« ins Mikrofon, geht zur Kasse, holt die halbe Million ab und braucht bis ans Ende seiner Tage nicht mehr zu arbeiten. Na und? Wo steht geschrieben, daß man nur Suppen und Rasierklingen über ihrem Wert verkaufen darf, aber keine Sänger? Ich gönne ihm das Geld von Herzen.

Was ich ihm mißgönne, sind seine Erfolge beim weiblichen Geschlecht.

Wenn die Großen der Flimmerleinwand, des Fernsehens, der Konzertsäle und der Schallplattenindustrie das Bedürfnis haben, jede Nacht mit einer anderen wohlproportionierten Blondine zu verbringen, so ist das ganz und gar ihre Sache. Und wenn ihnen immer wieder die erforderlichen Damen zum Opfer fallen, so sympathisiere ich mit den Opfern. Sie können sich nicht helfen. Sie werden von diesen unwiderstehlichen Muskelprotzen mit der athletischen Figur, vor diesen Charmeuren mit dem betörenden Lächeln, vor diesen Elegants mit dem verheißungsvollen Mienenspiel ganz einfach bewußtlos und schmelzen dahin. Schön und gut. Aber Frankie? Diese unterernährte Zitrone? Was ist an ihm so großartig? Das soll man mir endlich sagen!

»Ich weiß es nicht«, sagte die beste Ehefrau von allen. »Er ist . . . er ist göttlich . . . Nimm die Hand von meiner Gurgel!«

Göttlich. Das wagt mir meine gesetzlich angetraute Lebensgefährtin ins Gesicht zu zwitschern. Ich halte ihr die heutige Zeitung mit dem Bild des runzligen Würstchens unter die Augen:

»Was ist hier göttlich? Bitte zeig's mir!«

»Sein Lächeln.«

»Du weißt, daß in Amerika die besten künstlichen Gebisse hergestellt werden. Was weiter?«

Meine Frau betrachtet das Bild. Ihre Augen umschleiern sich, ihre Stimme senkt sich zu einem verzückten Raunen:

»Was weiter, was weiter . . . Nichts weiter. Nur daß er auch noch singen kann wie ein Gott.«

»Er singt? Dieses Foto singt? Ich sehe einen weit aufgerissenen Mund in einem läppischen Dutzendgesicht, das ist alles. Wer singt hier? Hörst du Gesang?«

»Ja«, haucht die beste Ehefrau von allen und entschwebt.

Zornig verlasse ich das Haus und kaufe zwei Eintrittskarten zum ersten Konzert. Ich möchte das Wunder persönlich in Augenschein nehmen.

Meine Frau schlingt die Arme um mich und küßt mich zum erstenmal seit vielen Stunden:

»Karten für Sinatra . . . für mich . . .!«

Und schon eilt sie zum Telefon, um ihre Schneiderin anzurufen. Sie kann doch nicht in alten Fetzen zu einem Sinatra-Konzert gehen, sagt sie.

»Natürlich nicht«, bestätige ich. »Wenn er dich in deinem neuen Kleid in der neunzehnten Reihe sitzen sieht, hört er sofort zu singen auf und –«

»Sprich keinen Unsinn. Niemand unterbricht sich mitten im Singen. Da sieht man, daß du nichts verstehst . . .«

Ich brachte Bilder von Marlon Brando, von Curd Jürgens und von Michelangelos »David« nach Hause. Sie wirkten nicht. Nur Frankie wirkt. Nur Frankie. »Sah Liebe jemals mit den Augen? Nein!« heißt es bei Shakespeare, der kein Frankophiler war.

Am nächsten Tag entnahm ich der Zeitung eine gute Nachricht und gab sie sofort an meine Frau weiter:

»Dein Liebling Frankenstein bestreitet nur das halbe Programm. Nur eine Stunde. Die andere Hälfte besteht aus Synagogalgesängen und jemenitischen Volksliedern. Was sagst du dazu?«

Die Antwort kam in beseligtem Flüsterton:

»Eine ganze Stunde mit Frankie . . . Wie schön . . .«

Ich nahm das Vergrößerungsglas zur Hand, das ich auf dem Heimweg gekauft hatte, und unterzog Frankieboys Foto einer genauen Prüfung:

»Seine Perücke scheint ein wenig verrutscht zu sein, findest du nicht?«

»Wen kümmert das? Außerdem singt er manche Nummern im Hut.«

Im Hut. Wie verführerisch. Wie sexy. Wahrscheinlich wurde der Hut eigens für ihn entworfen, mit Hilfe eines Seismographen, der die Schwingungen weiblicher Herzbeben genau registriert. Er hat ja auch eine ganze Schar von Hofschranzen und Hofschreibern um sich, von denen die Presse mit wahrheitsgemäßen Schilderungen seiner Liebesabenteuer versorgt wird. Überdies befinden sich in seinem Gefolge fünf junge Damen, die sich geschickt unter den Zuschauern verteilen und beim ersten halbwegs geeigneten Refrain in Ohnmacht fallen, was dann weitere Ohnmachtsanfälle im weiblichen Publikum auslöst. Sein Privatflugzeug enthält ferner Ärzte, Wissenschaftler und Meinungsforscher, ein tragbares Elektronengehirn, einen Computer, Ton- und Stimmbänder, drei zusammenlegbare Leibwächter, einen Konteradmiral und zahlreiche Nullen, darunter ihn selbst.

Obwohl ich die Häusermauern unserer Stadt mit der Aufschrift FRANKIE GO HOME! bedeckt hatte, war das Konzert schon Tage zuvor ausverkauft.

Gestern verlautbarte die Tagespresse, daß Frankie nur eine halbe Stunde lang singen würde. Der Kinderchor von Ramat-Gan, die Tanzgruppe des Kibbuz Chefzibah und Rezitationen eines Cousins des Veranstalters würden das Programm ergänzen.

»Gut so«, stellte die beste Ehefrau von allen nüchtern fest. »Mehr als eine halbe Stunde mit Frankie könnte ich ohnehin nicht aushalten. Es wäre zu aufregend ...«

Unter diesen Umständen verzichtete ich darauf, das Konzert zu besuchen. Meine Frau versteigerte die zweite Karte unter ihren Freundinnen. Für den Erlös kaufte sie sich ein Paar mondäne Schuhe (neuestes Modell), mehrere Flaschen Parfüm und eine neue Frisur.

Zum Abschluß dieses traurigen Kapitels gebe ich noch den wahren Grund bekannt, warum ich mich entschloß, zu Hause zu bleiben. Es war ein Alptraum, der mich in der Nacht vor dem Konzert heimgesucht hatte:

Ich sah Frankie auf die Bühne kommen, umbrandet vom donnernden Applaus des überfüllten Saals ... Er tritt an die Rampe ... verbeugt sich ... das Publikum springt von den Sitzen ... Hochrufe erklingen, die Ovation will kein Ende nehmen ... Frankie winkt, setzt das Lächeln Nr. 18 auf ... Jetzt fallen die ersten Damen in Ohnmacht ... Frankie winkt abermals ... Und jetzt, was ist das, die Lichter gehen an, jetzt steigt er vom Podium herab und kommt direkt auf die neunzehnte Reihe zu ... nein, nicht auf mich, auf meine Frau ... schon steht er vor ihr und sagt nur ein einziges Wort ... »Komm!« sagt er, und seine erstklassigen Zähne blitzen ... Die beste Ehefrau von allen erhebt sich schwankend ...

»Du mußt verstehen, Ephraim«, sagt sie . . . und verläßt an seinem Arm den Saal.

Ich sehe den beiden nach. Ein schönes Paar, das läßt sich nicht leugnen.

Wenn meine Frau nicht diese neuen Schuhe genommen hätte, wären die beiden sogar gleich groß.

Karriere beim Fernsehen

Bevor die große Wende in meinem Leben eintrat, war es in farblose Anonymität gehüllt. Nur äußerst selten glückte es mir, eine Art öffentlicher Anerkennung zu erringen – zum Beispiel, als die von mir verfaßte »Hebräische Enzyklopädie« (2 Bände) in der Rubrik »Büchereinlauf« einer vielgelesenen Frauenzeitschrift besondere Erwähnung fand: »E. Kish. Hebr. Enz. 24 Bd.« Ferner entsinne ich mich, während einer meiner Sommerurlaube den Kilimandscharo bezwungen zu haben, und wenn der Reuter-Korrespondent damals nicht die Grippe bekommen hätte, wäre ich bestimmt in den Rundfunknachrichten erwähnt worden. Ein paar Jahre später komponierte ich Beethovens 10. Symphonie und bekam eine nicht ungünstige Kritik in der »Bastel-Ecke« einer jiddischen Wochenzeitung. Ein anderer Höhepunkt meines Lebens ergab sich, als ich ein Heilmittel gegen den Krebs entdeckte und daraufhin vom Gesundheitsminister empfangen wurde; er unterhielt sich mit mir volle sieben Minuten, bis zum Eintreffen der Delegation aus Uruguay. Sonst noch etwas? Richtig, nach Erscheinen meiner »Kurzgefaßten Geschichte des jüdischen Volkes von Abraham bis Golda« wurde ich vom Nachtstudio des Staatlichen Rundfunks interviewt. Aber für den Mann auf der Straße blieb ich ein Niemand.

Und dann, wie gesagt, kam die große Wende.

Sie kam aus blauem Himmel und auf offener Straße. Ein Kind trat auf mich zu, hielt mir ein Mikrophon vor den Mund und fragte mich nach meiner Meinung über die Lage. Ich antwortete:

»Kein Anlaß zur Besorgnis.«

Dann ging ich nach Hause und dachte nicht weiter daran. Als ich mit der besten Ehefrau von allen beim Abendessen saß, ertönte plötzlich aus dem Nebenzimmer – wo unsere Kinder vor dem Fernsehschirm hockten und sich auf dem Fußboden verköstigten – ein markerschütternder Schrei. Gleich darauf erschien der Knabe Amir in der Tür, zitternd vor Aufregung.

»Papi!« stieß er hervor. »Im Fernsehen . . . Papi . . . du warst im Fernsehen . . .!«

Er begann unartikuliert zu jauchzen, erlitt einen Hustenanfall und brachte kein Wort hervor. Der Arzt, den wir sofort herbeiriefen, wartete gar nicht erst, bis er ins Zimmer trat. Schon auf der Stiege brüllte er:

»Ich hab Sie gesehen! Ich hab gehört, was Sie im Fernsehen gesagt haben! Kein Anlaß zur Besorgnis!«

Jetzt erinnerte ich mich, daß neben dem Mikrophonkind noch ein anderes mit einem andern Gegenstand in der Hand postiert gewesen war und daß irgend etwas leise gesurrt hatte, während ich mich zur Lage äußerte.

In diesem Augenblick ging das Telefon.

»Ich danke Ihnen«, sagte eine zittrige Frauenstimme. »Ich lebe seit sechzig Jahren in Jerusalem und danke Ihnen im Namen der Menschheit.«

Die ersten Blumen trafen ein. Der Sprecher des Parlaments hatte ihnen ein Kärtchen beigelegt: »Ihr unverzagter Optimismus bewegt mich tief. Ich wünsche Ihren Unternehmungen viel Erfolg und bitte um zwei Fotos mit Ihrem Namenszug.«

Immer mehr Nachbarn kamen, stellten sich längs der Wände auf und betrachteten mich ehrfurchtsvoll. Ein paar Wagemutige traten näher an mich heran, berührten den Saum meines Gewandes und wandten sich ab, um ihrer Gefühlsaufwallung Herr zu werden.

Es waren glorreiche Tage, es war eine wunderbare Zeit, es war die Erfüllung lang verschollener Jugendträume. Auf der Straße blieben die Menschen stehen und raunten hinter meinem Rücken:

»Da geht er . . . Ja, das ist er . . . Kein Anlaß zur Besorgnis . . . Er hat es im Fernsehen gesagt . . .«

Die Verkäuferin eines Zigarettenladens riß bei meinem Eintritt den Mund auf, japste nach Luft und fiel in Ohnmacht. Damen meiner Bekanntschaft, die mich bisher nie beachtet hatten, warfen mir verräterisch funkelnde Blicke zu. Und Blumen, Blumen, Blumen . . .

Auch im Verhalten der besten Ehefrau von allen änderte sich etwas, und zwar zu meinen Gunsten. Eines Nachts erwachte ich mit dem unbestimmten Gefühl, daß mich jemand ansah. Es war meine Ehefrau. Das Mondlicht flutete durchs Zimmer, sie hatte sich auf den Ellbogen gestützt und sah mich an, als sähe sie mich zum erstenmal im Leben.

»Ephraim«, säuselte sie. »Im Profil erinnerst du mich an Ringo Starr.«

Sogar an mir selbst nahm ich Veränderungen wahr. Mein Schritt wurde elastischer, mein Körper spannte sich, meine Mutter behauptete, ich wäre um mindestens drei Zentimeter gewachsen. Wenn ich an einem Gespräch teilnahm, begann ich meistens mit den Worten: »Gestatten Sie einem Menschen, der sich auch schon im Fernsehen geäußert hat, seine Meinung zu sagen . . .«

Nach all den Fehlschlägen der vergangenen Jahre, nach all den vergeblichen Bemühungen, mit Enzyklopädien und Symphonien und derlei läppischem Zeug etwas zu erreichen, schmeckte ich endlich das süße Labsal des Ruhms. Nach konservativen Schätzungen hatten mich am Dienstag sämtliche Einwohner des Landes auf dem Bildschirm gesehen, mit Ausnahme eines gewissen Jehuda Grünspan, der sich damit entschuldigte, daß gerade bei meinem Auftritt eine Röhre seines Apparats zu Bruch gegangen sei. Aus purer Gefälligkeit habe ich das Interview für ihn brieflich rekonstruiert.

Aller Voraussicht nach wird unsere Straße in »Interview-Straße« umbenannt werden, vielleicht auch in »Boulevard des keinen Anlasses«. Ich habe jedenfalls neue Visitenkarten in Auftrag gegeben:

> **EPHRAIM KISHON**
> Schöpfer des Fernsehkommentars
> »Kein Anlaß zur Besorgnis«

Manchmal, an langen Abenden, fächere ich diese Karten vor mir auf und betrachte sie. Etwas Tröstliches geht von ihnen aus, und ich kann Trost gebrauchen. Die undankbare Menge beginnt mich zu vergessen. Immer öfter geschieht es, daß Leute auf der Straße glatt an mir vorbeisehen oder durch mich hindurch, als ob ich ein ganz gewöhnlicher Mensch wäre, der noch nie im Fernsehen aufgetreten ist. Ich habe in Jerusalem nachgefragt, ob eine Wiederholung der Sendung geplant ist, um das Erinnerungsvermögen des Publikums ein wenig aufzufrischen. Die Antwort war negativ.

Ich treibe mich auf der Straße herum und halte Ausschau nach Kindern mit Mikrophonen oder surrenden Gegenständen in der Hand. Entweder sind keine da, oder sie fragen mich nicht. Unlängst saß ich in der Oper. Kurz vor dem Aufgehen des Vorhangs kam ein Kameraträger direkt auf mich zu – und richtete im letzten Augenblick den Apparat auf meinen Nebenmann, der in der Nase bohrte. Auch ich begann zu bohren, aber es half nichts.

Vor ein paar Tagen benachrichtigte man mich, daß ich für meine jüngste Novelle den Bialik-Preis gewonnen hätte. Ich eilte in die Sendezentrale und erkundigte mich, ob das Fernsehen zur Preisverteilung käme. Da man mir keine Garantie geben konnte, sagte ich meine Teilnahme ab. Beim Verlassen des Gebäudes hat mir eine Raumpflegerin der Aufnahmehalle B versprochen, mich unter die Komparsen der Sendereihe »Mensch ärgere dich nicht!« einzuschmuggeln. Ich fasse neuen Mut.

Um Haareslänge

Der Jom-Kippur-Krieg hat tiefe Spuren in der Seele meines zweitgeborenen Sohnes Amir hinterlassen. Unter dem Eindruck des historischen Ereignisses hat der Knabe aufgehört, seine Zähne zu putzen, und lehnt es noch unversöhnlicher als vorher ab, sich die Haare schneiden zu lassen. Er findet, daß man sich mit derlei lächerlichen Kleinigkeiten nicht abgeben könne, während unsere Soldaten an der Front stehen.

Was die Abschaffung des Zähneputzens betrifft, waren wir nicht übermäßig beunruhigt. Auch Gelb ist eine hübsche Farbe. Aber Amirs lockiges Haar – welches obendrein, wie man weiß, rot ist – reicht ihm bereits bis zur Schulter, und vorne fällt es ihm dergestalt über die Augen, daß er nicht einmal annähernd wie ein wohlerzogenes Kind aus guter Familie aussieht, sondern wie ein tibetischer Chow-Chow zur Winterszeit. Der schmerzliche Unterschied besteht darin, daß Hunde mit einem scharfen Geruchssinn ausgestattet sind, der sie für die Beeinträchtigung ihrer Sehkraft schadlos hält. Amir hingegen kann sich nur noch tastend vorwärtsbewegen.

»Ephraim«, sprach seine Mutter zu mir, »dein Sohn ähnelt immer mehr dem von Wölfen aufgezogenen Dschungelknaben Mowgli.«

Warum sie das mir gesagt hat und nicht ihm, weiß ich nicht. Jedenfalls beharrt der kleine Wölfling auf seinem ideologisch unterbauten Standpunkt, daß er sich die Haare nicht eher schneiden lassen würde, als bis wir offiziell Frieden haben. Meinem Alternativ-

Vorschlag, es lieber umgekehrt zu halten – also sich bis auf weiteres einem regelmäßigen Haarschnitt zu unterziehen und erst nach Abschluß eines Friedensvertrags damit aufzuhören –, wollte er nicht nähertreten. Damit brachte er seine Eltern in eine schwierige Lage, denn wir verabscheuen es, ihm unsere Autorität aufzuzwingen, teils aus pädagogischen Gründen, teils weil er beißt. Andererseits bin ich allergisch gegen Miniatur-Hippies, besonders im eigenen Haus.

Nicht daß wir vor dem Oktoberkrieg ein leichtes Leben gehabt hätten. Amir entwickelte schon im Alter von zwei Jahren einen heftigen Widerstand gegen jegliche Haarpflege, womit er sich durchaus im Einklang mit den Anti-Establishment-Tendenzen der Yeah-Yeah-Generation auf der ganzen Welt befand. Dabei ist es in den seither vergangenen Jahren geblieben. Das letztemal gelang es uns im Februar, ihn zum Friseur zu schleppen, und auch das nur unter Anwendung des Systems Dr. Kissinger: es würden, so versprachen wir ihm, nur ganz kleine Grenzkorrekturen an beiden Seitenfronten seines Kopfes vorgenommen werden, und dafür winkte ihm reicher Lohn im nächstgelegenen Spielzeugladen . . .

»Der Sohn eines angesehenen Schriftstellers«, gab seine Mutter ihm zu bedenken, »kann nicht wie ein Zottelhund herumlaufen, das mußt du doch zugeben.«

Der Sohn nickte verzweifelt und ließ sich mit der Miene eines zum Tode Verurteilten in den Friseursessel fallen. Er bat sogar um einen Rabbiner, aber das überhörten wir. Die Prozedur ging dann verhältnismäßig glatt vonstatten, Amir trat den Haarschneider nur zweimal ins Schienbein, schwor ihm abschließend ewige Rache und sah hernach geradezu menschlich aus. Diese Täuschung blieb noch wochenlang aufrecht.

Und dann kam der Oktoberkrieg – mit einer unerwarteten moralischen Rechtfertigung für Amir. Als im Fernsehen die Aufnahmen von der Überquerung des Suezkanals gezeigt wurden, deutete Amir triumphierend auf den Bildschirm:

»Seht ihr? Auch unsere Soldaten lassen sich nicht die Haare schneiden!«

Das traf tatsächlich zu, wahrscheinlich infolge der Eile, mit der man sie fünf Minuten vor zwölf einberufen hatte. Fast unter allen Helmen lugten die langen Haare unserer tapferen jungen Samsonsöhne hervor, ohne die leiseste Rücksicht auf Amirs Eltern. Nach den Fernsehbildern zu schließen, hat die israelische Armee auch keine Zeit zum Rasieren. Natürlich beeindruckt das einen kleinen rothaarigen Trotzkopf wie Amir.

Mein Schwiegervater versuchte es mit ökonomischer Bestechung:

»Wenn du dir die Haare schneiden läßt, bekommst du von mir ein Abonnement auf die ›Tierwelt‹. Ein Jahresabonnement!«

Amir entschied sich gegen die wilden Tiere und für die wilden Haare.

Ich bot ihm ein Fahrrad an. Als er auch das ablehnte, wußte ich, daß es ihm ernst war.

»Diesmal wird er kämpfen«, prophezeite die beste Ehefrau von allen, und sie hatte recht. Unserem Versuch, ihn im Badezimmer zu überwältigen, begegnete er mit einem Geheul von so unheimlich stereophonischer Lautstärke, daß wir den Rückzug antraten.

Vielleicht wird der oder jener sich fragen, warum wir ihn nicht im Schlaf mit dem Ausruf »Eltern über dir, Amir!« seiner Haartracht entledigten. Nun, erstens sind wir keine Philister, und zweitens schläft Amir mit einem stählernen Lineal unterm Kopfpolster. Es sind unsichere Zeiten.

Seit dem Zwischenfall im Badezimmer trägt er offene Siegessicherheit zur Schau, läßt seine Mähne absichtlich über die Augen fallen und stößt mehrmals am Tage gegen diverse Möbelstücke.

Einem bedrängten Vater bleibt unter solchen Umständen als letzte Hoffnung ein Gespräch unter vier Augen, von Mann zu Mann:

»Was hast du eigentlich dagegen, dir die Haare schneiden zu lassen, mein Sohn?«

»Ich trage sie lieber lang.«

»Und warum?«

»Dazu wachsen sie ja. Gott hat es so gewollt.«

»Also dürften wir uns auch nicht die Nägel schneiden?«

»Richtig.«

Kein sehr überzeugendes Argument, das ich da gebraucht hatte. Ich muß intelligenter zu Werke gehen:

»Wenn du so lange Haare trägst, werden dich die Leute für ein Mädchen halten.«

»Ist es eine Schande, ein Mädchen zu sein?«

»Nein. Aber du bist keines.«

»Und dafür willst du mich bestrafen?«

Es war nichts mit dem männlichen Gespräch.

Ich bat die beste Ehefrau von allen zu einer vertraulichen Konferenz in die Küche, wo wir einen erfolgverheißenden Schlachtplan entwarfen. Wir würden ihm die Haare unter Narkose kürzen, beschlossen wir. Ich packe Amir von hinten und halte ihn eisern umklammert, während Mutter ihm ein chloroformgetränktes Taschentuch unter die Nase hält. Dann haben wir zehn Minuten Zeit für die Operation. Vielleicht können wir ihm bei dieser Gelegenheit auch die Zähne putzen. Und sogar seine Socken wechseln.

Amir scheint etwas zu ahnen. Seit neuestem streicht er immer nur mit dem Rücken zur Wand durchs Haus, eine Hand in der Tasche. Sollte er bewaffnet sein?

Höchste Zeit, daß es zu einem offiziellen Friedensschluß kommt.

Mit den Frauen geht es aufwärts

In der letzten Zeit mußte ich an mir ein beunruhigendes physiologisches Phänomen feststellen: ich schrumpfe. An sich ist das bei Personen von intellektueller Prägung nichts Außergewöhnliches, zumal wenn sie älter sind als vierzig Jahre. Ich jedoch verliere in einem noch nicht dagewesenen Ausmaß an Höhe. Seit meiner Erschaffung galt ich immer als hochgewachsener Mann und konnte mit den meisten meiner Mitmenschen von oben herab verkehren – jetzt verringere ich mich mit einer Schrumpfungsrate von 1,3 mm im Monat. Bis vor kurzem wußte ich zum Beispiel mit absoluter Sicherheit, daß ich, bequem in meinem Stuhle lümmelnd, die Frisur der besten Ehefrau von allen direkt in Augenhöhe hatte, wenn sie vor mir stand. Im Januar dieses Jahres traf mein Blick im Sitzen nur noch auf ihre Stirne, im März standen wir einander Aug in Aug gegenüber, und seit April reiche ich ihr bestenfalls bis zum Kinn. Wenn das so weitergeht, werde ich ihr demnächst wie ein ungezogenes Kind unter den Armen durchschlüpfen. Das ist ein peinlicher Gedanke, besonders im Hinblick auf unsere ungezogenen Kinder.

»Liebling«, wagte ich endlich zu bemerken, »möchtest du nicht endlich aufhören, diese verdammten neumodischen Schuhe zu kaufen?«

»Warum? Sie sind doch sehr hübsch!« lautete die unwidersprechliche Antwort der besten Ehefrau von allen. Ich war also zu einem Zwergendasein verurteilt, nur weil die internationale Mafia der Schuhfabrikanten beschlossen hatte, die Absätze und Sohlen der weiblichen Erdbevölkerung in direkter Proportion zur Abwertung des Dollars zu erhöhen. Wenn meine Frau in ihrem Maxirock neben mir auf der Straße geht, sieht niemand, wie es um ihre Schuhe bestellt ist; die Leute sehen nur eine schlanke, große Frauensperson und neben ihr einen brillentragenden Gnom. Jeder Blick in den Spiegel erschüttert mich aufs neue. Und in der Abenddämmerung gehe ich mit meiner Frau überhaupt nicht mehr aus, weil mich die Schatten, die wir aufs Pflaster werfen, zutiefst deprimieren.

Die beste Ehefrau von allen tut, als merke sie nichts:

»Sei nicht kindisch«, sagt sie. »Gewöhn' dir endlich deine lächerlichen Minderwertigkeitsgefühle ab.«

Natürlich habe ich Minderwertigkeitsgefühle. Wie sollte ich nicht. Ein Mann von meiner Statur – um nicht zu sagen: von meinem Format – ist plötzlich gezwungen, zu seiner Frau aufzublicken! Und sie versäumt keine Gelegenheit, mich diese beschämende Neuordnung fühlen zu lassen. Sie bückt sich demonstrativ, wann immer sie eine Türe durchschreitet. Der Elevationsquotient ihrer jüngst erworbenen Fußbekleidung beläuft sich auf 12 cm, und die internationalen Schuhgangster in Zürich drohen uns bereits ein Modell mit einer Absatzhöhe von 20 cm an. Wie soll sich ein Mensch von natürlichem Wachstum gegen diesen Unfug behaupten?

Auch das allgemeine Straßenbild hat sich dementsprechend verändert. Wohin das Auge fällt, sieht man Schwärme riesenhafter Amazonen, wahre Gullivers in Weibsgestalt, zwischen denen männliche Liliputaner vorsichtig umhertrippeln und scharf achtgeben müssen, um nicht von ihnen zertreten zu werden. Nur in den Restaurants ist die Lage halbwegs erträglich geblieben. Dort, während sie sitzen, halten die Frauen noch die traditionelle Position, die unsere Gesellschaftsordnung ihnen zuweist. Aber wenn sie aufstehen, gnade uns Gott . . .

Mein Nachbar Felix Selig ist von Haus aus einen Kopf größer als seine Gattin Erna. Das heißt, er war es. Gestern sah ich Erna in der Türe stehen und hörte sie rufen:

»Felix, wo bist du?«

Felix stand dicht vor ihr, auf lächerlich flachen Schuhsohlen. Er mußte in die Höhe springen, um von ihr überhaupt bemerkt zu werden.

Es ist sehr schwer, sich an die neue Situation zu gewöhnen. Wenn unsere Frauen zu Hause von ihren Kothurnen heruntersteigen, hat man immer das Gefühl, daß sie in die tiefe Kniebeuge gehen. Vergangene Nacht beobachtete ich meine Frau, wie sie sich auf halbmast hißte. Besaß sie überhaupt Beine? Oder ist alles an ihr nur noch Schuh?

Und ist es das, wofür die Frauenemanzipation kämpft?

Soviel ich weiß, kämpft sie für die Gleichberechtigung der Frauen. Aber was wäre das für eine Gleichberechtigung, wenn der eine Teil oben auf dem Bergesgipfel thront und der andere tief unten im Tale hockt?

Neuerdings habe ich zu einer Gegenmaßnahme gegriffen. Wenn zwischen uns ein ehelicher Disput ausbricht, springe ich mit affenartiger Behendigkeit auf den Tisch und führe das Gespräch von dort aus, um mich als gleichrangig zu erweisen. Auch trainiere ich das Gehen auf Stelzen. Stehen kann ich schon.

Berufssorgen mit Amir

Sooft mein Blick in der letzten Zeit auf meinen langbeinigen, rothaarigen Sohn Amir fällt, überkommt mich die Sorge, welchen Beruf er ergreifen soll. Die Entscheidung läßt sich nicht mehr lange aufschieben. Er wird bald dreizehn, und obwohl die hoffentlich zahlreichen Schecks, die er zur Feier seiner Bar-Mizwah einheimsen wird, ihm und seinen geplagten Eltern eine freundliche Zukunft sichern müßten, läßt es sich auf die Dauer nicht umgehen, einen passenden Beruf für ihn auszusuchen. Aber welcher Beruf paßt für ihn?

Amirs undurchdringliche Wesensart läßt nicht die leiseste Vorliebe für eine bestimmte Art des Broterwerbs erkennen. Andere Kinder kommen zu ihren Eltern und teilen ihnen rechtzeitig mit, daß sie Autobusfahrer werden wollen oder Zuckerbäcker, Ministerpräsidenten, Löwenbändiger, Generäle – was immer. Nicht so Amir. Als sein Lehrer ihn neulich fragte: »Was willst du einmal werden, Amir?« antwortete er ohne nachzudenken:

»Tourist.«

»Das ist kein Beruf«, unterrichtete ihn der Lehrer.

»Nicht? Dann bleibe ich ein Kind.«

Dieser Vorsatz verriet zweifellos eine philosophische Einstellung zum Leben und schien ihn somit für die Philosophenlaufbahn zu prädestinieren. Aber wieviel verdient so ein Philosoph? Wo rangiert er in der Einkommensskala unserer Gesellschaft? Und vor allem: Muß er Empfangsbestätigungen ausstellen? Eines steht fest: Unser Sohn soll keinen Beruf ergreifen, der ihn zur Ausstellung von Empfangsbestätigungen nötigt, denn das könnte ihn in Schwierigkeiten mit der mörderisch hohen israelischen Einkommenssteuer bringen. Oder wie seine Mutter es formulierte:

»Der ideale Beruf ist, wenn man die Einnahmen als Spesen absetzen kann.«

Aus dieser Erwägung sowie im Hinblick auf Amirs manuelle Geschicklichkeit beschlossen wir, entweder einen Maurer oder einen Gynäkologen aus ihm zu machen. Wir kamen jedoch bald wieder davon ab, weil der erste dieser beiden Berufe gefährlich ist – man muß auf Leitern steigen, und das sieht Mutti nicht gerne –, der zweite hingegen könnte ihn langweilen oder aufregen; weder das eine noch das andere erschien uns wünschenswert.

Amirs einzig konstruktiver Gegenvorschlag lautete:

»Billetteur im Kino.«

Und damit ließ sich nicht viel anfangen.

Wenn er wenigstens musikalisch wäre! Dann könnte er Klavierstimmer werden und 150 Pfund für die halbe Stunde kassieren, bitte in bar, danke, auf Wiedersehen.

Oder wenn er eine andere künstlerische Neigung hätte, beispielsweise zum Malen! Wir würden ihn als Kraftwagenkennzeichentafelmaler ausbilden lassen und hätten ausgesorgt. Die Prozedur ist denkbar einfach. Man muß nur an der einschlägigen Stelle – dort, wo die Führerscheine ausgestellt oder erneuert werden – einen guten Freund finden, der dem Antragsteller zu verstehen gibt, daß seine etwas undeutlich gewordene Nummerntafel dringend der Auffrischung bedarf – und schon saust dieser, von wilder Panik erfaßt, in die Arme des zufällig draußen stehenden Auffrischers. Ein paar kräftige Pinselstriche – 25 Pfund in bar – besten Dank. Man hört von israelischen Nummernmalern, die auf eine Tageseinnahme von tausend Pfund kommen. Und der Beruf verlangt keine akademische Schulung.

»Lieber Gott, bitte, laß unseren Sohn nicht studieren wollen!« pflegt seine gute Mutter zu beten. »Sonst wird er am Ende noch ein Universitätsprofessor.«

Nein, wenn er schon ein Lehramt ausüben soll, dann das eines Fahrlehrers. Noch besser täte er, sich in Safed einen Laden mit Auto-Ersatzteilen einzurichten. In dieser mittelalterlichen Stadt,

dem Juwel Galiläas, werden im Zuge der Sanierungsarbeiten allnächtlich Dutzende geparkter Autos von rücksichtslosen Straßen-
arbeitertrupps beschädigt, weshalb Dinge wie Rückspiegel, Scheinwerfer, Scheibenwischer und dergleichen ständig gefragt sind. Ein
aussichtsreicher Beruf.

Was gäbe es sonst noch?

Amir ist leider nicht religiös und kommt infolgedessen als Über-
wacher einer koscheren Konservenfabrik nicht in Betracht. Schade.
Er hätte nichts weiter zu tun, als sich einen langen Bart wachsen zu
lassen, gravitätisch die Herstellungsräume zu durchschreiten und im
gegebenen Augenblick wegzuschauen. Leckere Kostproben und
knisternde Banknoten unterm Teller vervollständigen den Reiz dieses Erwerbszweiges.

Schließlich kann man noch den Sport ins Auge fassen, genauer
– schon um die Gefahr körperlicher Überanstrengung auszuschließen – das Amt eines Trainers. Es ist zwar gegen Empfangsbestätigungen nicht gefeit, bringt aber allerlei Auslandsreisen, Siegesprä-
mien und andere Vergünstigungen mit sich. Und vor allem: es ist
leicht zu erlernen. Die hochempfindlichen Mikrophone, die neuerdings bei Fernsehübertragungen von Basketballspielen verwendet
werden, haben das für jedermann deutlich gemacht.

Früher hörte man den Trainer »Time!« rufen und sah, wie er auf
die ihn umdrängenden Spieler gebärdenreich einsprach. Was er
sagte – und was von geheimen Zauberformeln zu strotzen schien –,
hörte man nicht. Jetzt, seit sich die neuen Supermikrophone ganz
nahe an ihn heranpirschen, hört man's:

»Ihr Idioten!« sagt er. »Patzt nicht soviel im Mittelfeld herum!
Mehr laufen! Mehr kombinieren! Mehr Körbe! Los!« Vielleicht
wendet er sich auch noch an den schwarzen Gast-Star: »Du viel
Geld kriegen, Bastard! Du besser spielen! Sonst –!«

Das ist alles. Und das müßte auch unser Amir können. Ich werde
ihn in einen Kurs für Basketballtrainer einschreiben.

Ephraim Kishon

... und die beste Ehefrau von allen

Ein satirisches Geständnis

1

Was kann ein Mann schon über eine Frau schreiben, die erstens seine eigene und zweitens völlig in Ordnung ist?

Leo Tolstoi hat's da leicht gehabt. Er konnte zwei dicke Bände über Anna Karenina vollschreiben, denn diese Dame versorgte ihn mit allem nötigen Material. Und als die Handlung des Romans nicht mehr weiterging, warf sie sich in lobenswerter Hilfsbereitschaft unter die Räder einer heranbrausenden Lokomotive. Wer kann schon mit so etwas konkurrieren? Oder nehmen wir jene lebenslustige Madame Bovary, die mit wachsender Begeisterung über 285 engbeschriebene Dünndruckseiten hinweg ständig ihre Liebhaber wechselte. Das sind literarische Vorlagen! Aber was um Gottes willen schreibt man über seine eigene Lebensgefährtin, die weithin als die beste Ehefrau von allen bekannt ist?

Die Idee, meine berühmte bessere Ehehälfte zwischen zwei Buchdeckel zu pressen, kam mir seltsamerweise auf dem Züricher Flughafen. Ich stand gerade neben jenem Perpetuum mobile, das die Gepäckstücke der Passagiere im Kreis zu drehen pflegt, und unterhielt mich mit einer neben mir stehenden Dame in den zweitbesten Jahren. Da stürzte ein intelligent aussehender junger Mann auf uns zu, in der Hand ein offenes Notizbuch. Er bat um ein Autogramm der besten Ehefrau von allen. Ich klärte ihn über sein Mißverständnis auf. Von meiner Erklärung offensichtlich enttäuscht, wandte sich der Autogrammjäger ab und schritt von dannen. „Hallo", rief ich ihm nach, „ich bin doch da, der Gatte, der sie geschrieben hat!" Darauf drehte sich der junge Idiot auf dem Absatz um: „Sie? Von Ihnen gibt's ohnehin schon Unmengen von Autogrammen!"

So kam ich drauf, daß ich das Schicksal jenes Zauberlehrlings von Goethe teile, der so viel über seinen Besen schrieb, daß der letzten Endes viel populärer wurde als er selbst. Schließlich kam es so weit, daß der Lehrling in der sintflutartigen Verehrerpost seines eigenen Besens beinahe ertrunken wäre. Es ist die alte Geschichte von Frau Golem, die sich gegen ihren Schöpfer kehrte.

Die beste Ehefrau von allen bekommt tatsächlich Waschkörbe von Leserbriefen, in denen ihr ein langes Leben gewünscht wird — sowie mehr Glück bei der Auswahl ihrer nächsten Ehegatten.

Einige sowohl zornige als auch weibliche Leser fragten sie, warum sie sich von mir für sogenannte humoristische Glossen mißbrauchen läßt.

Ein Spielzeugfabrikant machte sich allen Ernstes erbötig, eine Puppe mit ihren Gesichtszügen zu produzieren, und erst kürzlich wollte eine angesehene Wochenzeitschrift eine literarische Würdigung meiner gesammelten Werke veröffentlichen, unter der Bedingung, daß meine Frau ihrem Reporter ein Interview gewährt. Oho, sagte ich mir, das ist der klassische Fall eines Mannes, der von seinem gesetzlich angetrauten Besen geprügelt wird.

Wenn also so viele Leute darauf aus sind, das Mysterium der besten Ehefrau von allen zu enthüllen, warum sollte ich eigentlich meine Position als ihr langfristiger Ehemann nicht dahingehend ausnützen? Wenn ich richtig informiert bin, wurden auch die Nacktfotos der „schönsten Ehefrau von allen", Bo Derek, von ihrem eigenen Gatten geknipst. Wer kennt meine Frau besser als der Schreiber dieser Zeilen, der schließlich jene grandiosen Geschichten über seine Frau seit einem Vierteljahrhundert an ihren Haaren herbeigezogen hat?

„Existiert sie überhaupt?" erkundigte sich kürzlich mißtrauisch eine Matrone irgendwo in Europa. Ich fragte, was sie für einen Grund hätte, an der Existenz der besten Ehefrau von allen zu zweifeln, worauf sie mir folgenden Gedankenbrocken in den Weg legte:

„Wenn es diese Frau wirklich gäbe, hätte sie schon längst eine Ehrenbeleidigungsklage gegen Sie eingereicht."

Was die Matrone im Herzen Europas offensichtlich nicht in Erwähnung zog, ist die Tatsache, daß meine Frau und ich im Orient leben. In dieser Gegend sind die Männer öfter als man glaubt mit vier kräftigen, arbeitsamen Frauen verheiratet. Der handelsübliche Orientale ist bekanntlich der wahre Herr der Schöpfung und hat legitime, historisch verbriefte Rechte, auf die er pochen kann. Zum Beispiel das altehrwürdige und durchaus angemessene Gesetz des Ostens, welches besagt, daß ein Weib, das ihrem Mann, nun ja, nicht in absoluter Treue ergeben ist, jederzeit auf dem Marktplatz gesteinigt werden kann. Oder wenn sie einen guten Anwalt hat, zumindest von Haus und Herd vertrieben wird. Wohingegen wir Gatten, falls uns die Monogamie zu monoton erscheint (das ist natürlich nur ein hypothetisches Beispiel), ärgstenfalls einem minderen Kavaliersdelikt frönen, welches keine rechtlichen Folgen hat. Wir Männer fühlen uns daher sehr wohl im Orient. Es steht ja auch ausdrücklich im Koran: ,,So wisse und beherzige denn, daß jeder Mann über sein Weib schreiben möge, wie und wo ihm der Sinn steht, sie aber möge hingehen und den Mund halten."

Woraus klar ersichtlich ist, daß das Copyright der besten Ehefrau von allen mein uneingeschränktes Eigentum ist.

Was ihr Äußeres betrifft, so besteht eine tatsächliche Ähnlichkeit zwischen ihr und jenem weiblichen Wesen, das ständig in meinen Büchern auftaucht. Sie ist auch im Leben eher rundlich und attraktiv, hat ebenso wie ihre beiden Kinder einen feurigen Rotschopf und ist das, was man in ihrer Heimat eine Sabre nennt. Ihr Leben ist eine einzige Erfolgsstory, besonders seit sie mich vor etwa 22 Jahren geheiratet hat. Sie begann schon im zarten Alter von fünfzehn Jahren, sich auf diese Traumehe vorzubereiten, indem sie Klavierunterricht nahm, und zwar in den versnobtesten Musikschulen von New York und Philadelphia. Dies tat sie ausschließlich zu dem Zweck, mein kurzes und kärgliches Junggesellentum ein für allemal zu beenden.

Es geschah eines Tages, daß die beste Freundin von allen sich an einen Flügel setzte, um sich mit ihren zarten Händen den dornigen Weg durch eine Chopin-Polonaise zu ertasten. Sie war dabei so erfolgreich, daß ich stehenden Fußes um eine der beiden Hände bat. Sie hauchte das übliche errötende Ja, und knapp zehn Minuten nach der Hochzeitszeremonie legte sie den Flügel auf Eis und begann zu malen. Ihr Ziel war schließlich erreicht. Doch von Zeit zu Zeit empfindet sie ob dieses Verrats an der Musik die Nadelstiche eines schlechten Gewissens. Darauf setzt sie sich ans Klavier und widmet oben erwähntem polnischen Heiratsvermittler ein zehnminütiges Entschuldigungskonzert. Es ist dies vermutlich die kürzeste und gleichzeitig lärmendste Dokumentation eines schlechten Gewissens im gesamten Vorderen Orient.

Was ihre Malerei betrifft, so steht sie auch hier über den Dingen. Das heißt, daß sie einen Pinsel nicht von einem Eispickel unterscheiden kann (woher soll sie schließlich malen können?), aber sie ist ungemein tüchtig, meine Beste. Sie hat schon früh im Leben erkannt, daß die einfachste Methode, zu gut gemalten Bildern zu gelangen, folgende ist: Man lasse sie von anderen malen. Die Folge davon: die beste Ehefrau von allen ist seit zehn Jahren stolze Besitzerin der ,,Sarah-Kishon-Kunstgalerie''.

Woraus klar zu entnehmen ist, daß die kunstverständigste Ehefrau von allen eigentlich Sarah heißt. Es steht zu erwarten, daß die Enthüllung dieses bis dato wohlgehüteten Geheimnisses die Sensation des vorliegenden Buches sein wird.

Nachdem mein Entschluß feststand, die beste Ehefrau von allen auch für kommende Generationen zu verewigen, beschloß ich, das Rohmaterial hierfür aus unserer alltäglichen Realität zu schöpfen. Es soll den interessierten Verehrern der Obenerwähnten die Möglichkeit geboten werden, zu erfahren, wie wir gemeinsam in ein und demselben Haushalt leben, und warum.

Eines grauen Arbeitstages stand ich also auf und schrieb alles nieder, was wir während einer 24stündigen Zeitspanne unseres Ehelebens taten. Sie als pianistische Galerie-Hausfrau, und ich als rigoros verheirateter Federfuchser.

Das Folgende ist die getreue Beschreibung eines durchschnittlichen Wochentages, wie er in seiner beglückenden Friedfertigkeit so typisch ist für unser trautes Heim.

„Solltest du die Kinder in die Schule bringen", eröffnete die beste Ehefrau von allen unsere Betriebssitzung am Frühstückstisch, „dann hol mir auch sechs Flaschen Milch. Der Milchmann ist auf Weltreise."

„Ich kann überhaupt nichts holen", lautete mein Gegenangebot. „Heute vormittag muß ich die Rechnung bezahlen."

„Welche Rechnung?"

„Keine Ahnung."

Seit zwei Monaten lag irgendein blauer Zettel auf der Küchenvitrine herum, vermutlich von der Stadtverwaltung, denn er enthielt die Worte „Zahlungsrückstand" und „Müllabfuhr". Vor einigen Wochen versuchte ich ihn zu lesen, aber als ich zu der Stelle kam, wo die Ziffern vierstellig wurden, regte ich mich so auf, daß ich den blauen Zettel sofort in der Tiefkühltruhe deponierte. Dort landete er neben einem orangefarbenen Schriftstück, auf dem als Überschrift zu lesen war: „Straßenbelag-Zuschlag."

„Was kann ,Straßenbelag' heißen?" fragte ich die beste Ehefrau von allen. „Seit wann werden Straßen belegt?"

„Woher soll ich das wissen?"

„War das nicht die Geschichte, für die wir im vorigen Winter diese städtischen Wechsel unterzeichnen mußten?"

„Nein, damals ging's um die Kanalisation."

„Also was kann das hier sein?"

„Keine Ahnung."

Sie kam mir irgendwie rastlos vor, die beste Ehefrau

von allen. Tags zuvor hatte sie das Keuchhusten-Attest unserer Tochter Renana mit der Gebrauchsanweisung für die neue italienische Nudelmaschine verwechselt und konnte daher kein Gas besorgen, was zur Folge hatte, daß wir den ganzen Tag nichts Warmes zu essen hatten, und seither hustet auch die Nudelmaschine.

„Straßenbelag", grübelte ich vor mich hin, „das muß irgend etwas mit Straßen zu tun haben. Vielleicht hat man sogar eine Straße gebaut, ohne daß wir es gemerkt haben."

„Unsinn", entgegnete meine Allerbeste, „mein Instinkt sagt mir, daß es etwas mit der Wasserrechnung zu tun hat. Sie fangen schon wieder damit an."

Wasser ist eines unserer Existenzprobleme. Für die Monate April und Mai bekamen wir eine Wasserrechnung in Höhe von 111 630 Pfund. Ich teilte den Leuten in einem geharnischten Brief mit, daß sie uns wohl mit dem Städtischen Freibad verwechselt hätten und ich nicht bereit wäre, für einen amoklaufenden Computer die Kastanien aus dem Wasser zu holen. Ich erhielt auch postwendend eine grellgelbe Antwort: „Letzte Mahnung, ehe das Wasser gesperrt wird."

Anschließend wurde ich für 26 Tage zum Reservedienst eingezogen. Das mag der Grund dafür sein, daß wir die Sache ein wenig verschlampt haben. Als ich wieder daheim war, fand ich einen weiteren Zettel in der Küche, der besagte, daß es uns bei strengster Strafe verboten sei, einen Wasserhahn aufzudrehen. Dieser Zettel war übrigens rosa.

Selbstverständlich legte ich Berufung ein. Das Ergebnis war ein grasgrüner Zettel, der besagte: „Achtung! Der Inspektor ist bereits unterwegs!" Damit sollte uns deutlich gemacht werden, daß der Inspektor bereits sein Büro verlassen hatte, um uns das Waser abzudrehen. Er kam niemals an. Seither läßt man uns in Ruhe. Nur einmal hörten wir wieder von den Leuten, als sie uns sechzehn Pfund und zwei Piaster zurückerstatteten. In Hellbraun.

Jetzt meldeten sie sich wieder, und zwar auf dem Umweg über den Straßenbelag.

,,Bring das in Ordnung", sagte die beste Ehefrau von allen. ,,Sprich mit diesem mageren Kassierer, dessen Namen du dir nicht merken kannst. Und wenn du schon dabei bist, kümmere dich auch um die Sozialversicherung."

Ich erbleichte.

,,Tu mir das nicht an! Alles, nur nicht die Sozialversicherung. Ich weiß nicht einmal, was das ist."

,,Ich auch nicht."

Schon seit Wochen waren wir bemüht, das Problem zu lösen. Die Sozialversicherung hatte uns fünf Formulare ins Haus geschickt, weil wir leichtsinnig genug gewesen waren, eine Putzfrau einzustellen. Es ging um 7,1 Prozent Altersversorgung, 0,7 Prozent Arbeitsunfallversicherung sowie 1,8 Prozent für Kinder und andere Unselbständige. Mindestens zweimal versuchten wir diese Formulare auszufüllen. Beim zweiten Anlauf hatten wir gerade die erste Hälfte geschafft, da ging die Putzfrau in die Flitterwochen oder sonstwohin, und wir sagten uns, daß wir auch nach ihrer Rückkehr weitermachen könnten. Wir hofften, daß sie nie wiederkäme.

,,Ich glaube", sagte die beste Ehefrau von allen, ,,man kann auch ohne Putzfrau auskommen. Es ist weniger anstrengend."

Vorgestern hätten wir gepfändet werden sollen. Es er-

schien ein verschreckter Greis mit einem schwarzen Akten-
koffer, der ständig mit den Augen zwinkerte. Meine Frau
versprach ihm stehenden Fußes hinzugehen, um die Sache
in Ordnung zu bringen. Dann aber ging sie doch nicht hin.
Vor allem deshalb, weil der Zwinkerer vergessen hatte, ihr
zu sagen, woher er überhaupt kam.

Der Plattenspieler im Wohnzimmer begann wieder einmal zu streiken. Er spielte zwar noch, aber nur ganz langsam. Also brachte ich ihn zum Radiofachmann, der gerade eine Regatta segelte. Seine Frau sagte mir: ,,Er kommt
Ende der Woche zurück, wenn er nicht wieder ertrinkt.''

Während sie mir das erzählte, bekam ich wegen falschen
Parkens ein Strafmandat, gegen das ich keinen Protest
einlegen konnte, weil ich es zusammen mit meinem Personalausweis verlor. Es war ein gewöhnlicher Alltag, wie gesagt.

Bei meiner Rückkehr fragte ich die beste Ehefrau von
allen: ,,Wo sind die Zeitungen?''

,,Ich habe dir doch gesagt, daß der Zeitungsjunge Mi-
gräne hat und erst am Ende der Woche wieder kommen
kann. Du mußt dir deine Zeitungen schon selber holen.''

Ich holte mir lieber ein Glas Wasser. Die Leitung war
noch nicht abgesperrt, wenigstens das nicht. Einige bunte
Mahnungen flatterten von der Küchenvitrine. Wir sollten
etwas gegen den Luftzug unternehmen, vielleicht den Balkon mit Glas verschalen. Aber wo, wenn überhaupt, bekommt man dafür ein Baugenehmigung?

Keine Ahnung.

Auch die Rundfunkgebühr sollten wir bezahlen und die
Hausratversicherung, ganz zu schweigen von der Grund-
steuer, sowie die Importbewilligungsgebühr für die Nudel-

maschine, die wir dem Fiskus oder sonstwem schuldeten. Es erschien sinnvoll, mir am Nachmittag ein Paar strapazierfähige Schuhe anzuschaffen.

„Hast du etwas Geld?" fragte die beste Ehefrau von allen. „Ich muß die Fernsehantenne bezahlen."

Vorgestern hat sie der Wind vom Dach geweht.

„Ich habe nicht einen Groschen", teilte ich ihr mit. „Du wirst zur Bank gehen müssen. Wenn du schon in der Stadt bist, bring ein paar Patronen für den Syphon mit."

„Geh lieber du. Ich muß Krach schlagen wegen dem Geschirrspüler."

Irgendwo im Haus haben wir sicher die Garantiekarte. Da gibt es gar keinen Zweifel. Nur, wo sie ist, wissen wir nicht. Wir bestellten einen Mechaniker, während wir die Rechnung suchten, aber er läßt sich gerade scheiden und kann erst im Juni nach der Hochzeit kommen.

Auch die Hypothek auf unser Haus wäre fällig. Wir fragten bei der Bank, wann wir das Geld für die Zwangsanleihe aus dem Jahr 1966 zurückbekämen, aber sie hatten keine Ahnung. Möglicherweise, sagten sie, zu Ostern oder übernächstes Jahr oder vielleicht am 2. Februar 1995.

Da wären noch die Bücher, die wir in die Bibliothek zurückbringen sollten. Wir kamen nicht einmal dazu, einen Blick hineinzuwerfen. Irgendwie hat man viel zu wenig Zeit zum Lesen. Sie haben uns schon die dritte Mahnung geschickt, diesmal in Rot.

Um die Mittagszeit bringe ich das Pipi meines Sohnes ins Labor, auf dem Rückweg lasse ich den Wagen für eine gründliche Motorwäsche in der Werkstatt und kaufe Batterien für den Transistor sowie eine Melone. Und einen gebrauchten Rasenmäher.

Noch was für heute?

„Ephraim", sagte die beste Ehefrau von allen, „sollten wir nicht irgend etwas gegen die Inflation tun?"

„Gern, aber was?"

Ich hatte keine Ahnung.

„Eigentlich wollte ich unsere Pässe erneuern lassen", informierte ich meine Gattin, „dann hatte ich vor, bei der Heeresverwaltung um eine Freistellung anzusuchen. Auch gegen Cholera muß ich mich noch impfen lassen. Leider schließt das Gesundheitsamt um elf und ist nur an ungeraden Tagen geöffnet. An geraden Tagen haben sie Malaria."

„Das hat Zeit", meinte die Beste. „Auf dem Rückweg mach einen Sprung in die Wäscherei. Du trägst seit zwei Wochen das gleiche Hemd."

„Ich weiß", sagte ich. „Aber wer bringt die Katze zum Tierarzt?"

„Welche Katze?"

Sie hat recht. Wir haben gar keine Katze. Ich war ein bißchen durcheinander. Ich eilte zum Telefon und wollte die Feuerwehr anrufen, aber schon nach der ersten Zahl war die Nummer blockiert. Also setzte ich mich auf den Fußboden und aß den rosa Zettel. Den mit dem Straßenbelag.

„Was sitzt du da herum?" fragte die beste Ehefrau von allen. „Wir haben wieder eine Regierungskrise. Mach die Nachrichten an."

„Unmöglich. Das Radio ist zusammengebrochen", sagte ich. „Ich übrigens auch."

„Wovon?"

„Keine Ahnung."

Seither sitze ich am Küchenboden und kaue farbige Zettel. Die blauen sind noch immer die geschmackvollsten. Besonders wenn sie frisch sind.

Aus dem vorhergegangenen Tagesbericht läßt sich mühelos ableiten, daß der Schreiber dieser Zeilen einen wesentlichen Teil der Haushaltspflichten auf sich nimmt. Vorausgesetzt, daß er daheim ist und nicht im Ausland. Das ist wahrscheinlich einer der Gründe, warum ich Weltreisen so gern habe. Nicht, daß ich etwas gegen Männer im Haushalt hätte. Im Gegenteil, es gibt verschiedene Haushaltspflichten, die ich ehrlich mag, zum Beispiel einkaufen. Das war schon immer eines meiner geheimen Hobbys. Hin und wieder schlage ich meiner Frau am Frühstückstisch vor, daß sie aufs Finanzamt gehen soll, während ich den Kramladen an der Ecke aufsuche, um Vorräte einzukaufen. In der Regel akzeptiert sie mein Angebot; nicht etwa, weil sie an Steuerproblemen so interessiert ist, sondern weil sie auf dem Standpunkt steht, daß es Männersache ist, schwere Pakete nach Hause zu schleppen. Zugegeben, wenn ich einkaufen gehe, sind die Pakete besonders schwer. Ich bin einfach nicht in der Lage, Viktualien, egal in welcher Form oder Farbe, zu widerstehen. Speziell, wenn diese Viktualien Form und Farbe von Salami annehmen. Die meisten Ladenbesitzer erkennen meine Schwäche im Handumdrehen und nützen sie in der schamlosesten Weise aus.

Vor einigen Jahren gab es gegenüber von uns ein Delikatessengeschäft. Als ich dort zum ersten Mal einkaufen ging, ersuchte ich Joseph um 100 Gramm Mortadella.

„Gern, mein Herr", sagte Joseph höflich, „150 Gramm Mortadella."

Bevor ich noch gegen diese willkürliche Ausweitung meines Kaufgesuchs protestieren konnte, hatte er schon eine massive Portion der würzigen Kostbarkeit auf der Waage:

„Ein kleines bißchen über 200 Gramm. In Ordnung?"

„In Ordnung."

„Genaugenommen sind es 320 Gramm", erklärte Joseph. „Was dagegen, wenn ich 400 Gramm abwiege? Nein? Hab' ich mir doch gleich gedacht. Wenn Sie sich bitte zur Kasse bemühen würden. Sie bezahlen genau ein halbes Kilo Mortadella."

Nach sechs Monaten dieser Geschäftsbeziehung erreichten unsere Verkaufsgespräche einen Grad außerordentlicher Konzentration:

„Ich hätte gern 100 Gramm Limburger Käse", teilte ich Joseph mit, worauf dieser den ganzen Block auf die Waage warf und mich fragte:

„Könnten es eineinhalb Kilo sein?"

Mit der Zeit haben Joseph und seine Brüder ihr Geschäft aufgegeben, oder besser gesagt, sie wurden von einem Riesensupermarkt verschlungen. Ich persönlich bin kein Freund von Supermärkten, vor allem deshalb, weil ich mir da drinnen immer vorkomme, als würde ich einen Kinderwagen schieben, eine Tätigkeit, die nicht unbedingt meiner Lebensphilosophie entspricht. Wir waren daher überglücklich, ich und die übrigen Ehemänner unserer Nachbarschaft, als der alte Petschik auf einem Ruinengelände hinter dem Supermarkt ein kleines Lebensmittelgeschäft eröffnete, um für die spärlichen Individualisten der

Gegend eine Alternative zu bieten. Petschik und sein Kramladen haben sich über Nacht zum Lieblingsaufenthalt der vereinigten Ehemänner unseres Wohnblocks entwickelt.

Ich möchte nun ein aufwühlendes Erlebnis schildern, das mir bei Petschik zuteil wurde. Die beste Ehefrau von allen tritt zwar in diesem Ensemble nicht auf, aber ein Ehemann sollte doch auf gewisse Rechte in seinem eigenen Buch pochen dürfen. Abgesehen davon, gäbe es mich nicht, hätte sie selber zu Petschik gehen müssen.

Die folgende Geschichte kann also als eine Art von Umwelterforschung betrachtet werden, aber auch als Nebenerscheinung der Frauenemanzipation, oder beides oder keins von beidem oder vice versa, oder was weiß ich.

Es ist müßig zu sagen, daß „Chez Petschik" ein eher ungemütliches Etablissement ist, mit etlichen wirr eingeräumten Regalen innen sowie einigen Körben Obst und Gemüse davor. Daß dieses Mini-Unternehmen in unserer modernen Zeit überleben kann, ist vermutlich der Tatsache zuzuschreiben, daß Männer das Schlangestehen vor einer elektronischen Registrierkasse erniedrigend finden. Und bei Petschik gibt es keine Kasse, nur Petschik. Ein weiterer Vorteil gegenüber dem Supermarkt ist der absolute Mangel an Auswahl. Denn bei Petschik gibt es nur die allernötigsten Waren, und auch die nur am Wochenbeginn.

Der alte Petschik selbst ist Angehöriger eines aussterbenden Stammes: ein freundlicher Bulgare mit wenig Launen und vielen falschen Zähnen. Übrigens waren es die Zähne, die das Drama ins Rollen brachten.

Es war ein Morgen wie jeder andere. Herr Blum fischte eingelegte Gurken aus einer rostigen Blechdose, Dr. Shapiro, der Junggeselle, besprach mit Herrn Geiger, dem Wirrkopf, die Vor- und Nachteile diverser Waschpulver, und Frau Sowieso, als Repräsentantin des schwachen Geschlechts, vertiefte sich gerade in eine Tomatenkiste.

Da erschien der Fremde. Ein hochgewachsener, bebrillter Mensch mit einer rabenschwarzen Aktenmappe unterm Arm. Wir Stammkunden tauschten irritierte Blicke. Was will der hier, fragten wir uns, warum geht er nicht in den Supermarkt?

Der Fremde steuerte direkt auf Petschik zu und kommandierte:

,,200 Gramm Trüffelpastete und 150 Gramm geräucherten Truthahn.''

Uns verschlug es die Rede. Wo glaubte der Mann denn zu sein, in einem Delikatessengeschäft?

,,Hab' ich nicht'', sagte der alte Petschik scheuen Blicks, ,,keine Paste... kein Truthahn...''

Der Fremde hob eine Augenbraue.

,,Kein Truthahn? Also, was haben Sie statt dessen zu bieten?''

,,Eine Zahnbürste... bulgarischen Schafkäse...''

Der alte Petschik hat, wie erwähnt, viele falsche Zähne. Sowohl zu ebener Erde als auch im ersten Stock. Diese Zähne erzeugen den ungewollten Eindruck, daß er ständig lacht. Auch wenn ihm gar nicht danach zumute ist. Es sind einfach die Zähne.

,,Also gut'', sagte der Fremde, ,,dann geben Sie mir eine Schachtel Camembert.''

„Hab' ich leider nicht... kein Kamberger...", und wieder blitzten die großen falschen Zähne.

„Bier?"

„Nur Sodawasser."

„Cola?"

„Nein."

Der Fremde verlor die Beherrschung:

„Verdammt", fluchte er, „was gibt's denn überhaupt in diesem Scheißladen?"

„Oliven", murmelte der alte Petschik zitternd. „Petersilie..."

Seine ängstliche Verlegenheit förderte immer mehr lächelnde Zähne zutage. Der Fremde starrte ihn an.

„Sie!" knarrte er. „Können Sie mir sagen, was da so komisch ist?"

„Petersilie...?"

„Ich frage, was ist an Petersilie so komisch?"

„Der Name", griff ich ein. „Finden Sie nicht auch, daß er einen merkwürdigen Klang hat? Pe-ter-si-li-e..."

Ich mußte einfach in die Bresche springen. Der alte Petschik stand hilflos mit dem Rücken zum Heringsfaß, seine Augen fixierten in stummem Schrecken den Fremden, der ihn mit seiner Brille und der schwarzen Aktenmappe zu bedrohen schien. Unter uns Petschik-Fans entstand plötzlich echte Solidarität. Jeder von uns war bereit, dem Alten in seiner schweren Stunde beizustehen.

Der Eindringling wandte sich mir zu. Petschik seufzte erleichtert auf.

„Komisch?" bellte der Fremde. „Was soll an Petersilie komisch sein?"

Sofort eilte mir Geiger zu Hilfe.

„Sogar der Anblick von Petersilie ist komisch", behauptete er, „erinnert irgendwie an einen winzigen Regenschirm, den der Sturm umgedreht hat."

Herr Blum brach in ein irres Gelächter aus und holte ein Bündel besagten Krautes aus seiner Einkaufstasche, um den Fall zu demonstrieren.

„Bei uns daheim wird über Petersilie immer sehr gelacht", teilte er mit. „Sie hat so einen kitzelnden Geruch..."

„Genau", pflichtete Frau Sowieso bei, „Petersilie ist unheimlich amüsant."

„Fürwahr", nahm Shapiro das Stichwort auf, „der Ursprung des Wortes ist das altgriechische ‚Petroselinon'. Das bedeutet: ‚einen Stein zum Lachen bringen'."

Der Fremde warf Shapiro einen zweifelnden Blick zu, aber offensichtlich konnte er nicht Griechisch.

„Wollen Sie uns weismachen", schoß ich dazwischen, „daß Sie den epochemachenden Essay von Jones nie gelesen haben: ‚Humor von Petersilie bis Peter Sellers'?"

„Nein", sagte der Fremde, sich an seine Aktenmappe klammernd, „ich glaube nicht..."

Es stellte sich heraus, daß er uns Profis wehrlos ausgeliefert war. Ich legte einen freundlichen Arm um seine Schultern und nahm ihn zur Seite, während sich der gesamte Petschik-Club um uns versammelte. Ich wage die Behauptung, daß es noch nie soviel Einigkeit unter Menschen gegeben hat — mit der möglichen Ausnahme von Präsident Sadat und Premier Begin.

„Im Mittelalter", belehrte ich den Eindringling, „nannte man die Pflanze ‚Kichergrün'. Sie war eines der seltensten Gewächse der Welt. Die Monarchen Europas pflegten ein Bündel davon mit purem Gold aufzuwiegen."

„Daher", dozierte mein gelehrter Kollege Shapiro, „spricht man heute noch von ‚petrifizieren‘, wenn man Werte für die Ewigkeit aufbewahren will."

Der Fremde zerbröckelte vor unseren Augen.

„Ich", stotterte er, „ich habe die einschlägige Literatur nicht gründlich durchgearbeitet..."

„Undenkbar", rief ich, von kreativem Schaffensdrang beflügelt, „Sie müssen doch zumindest den populären Vers kennen: ‚Frau Wirtin pflanzte eine Lilie,/ doch was dann wuchs, war Petersilie./ Was konnte man da machen?/ Die Wirtin samt Familie,/ sie wälzte sich vor Lachen..."

„Natürlich", Geiger trat wieder in Aktion, „kennen Sie die klassische Anekdote, wie sich zwei Petersilien in der Eisenbahn treffen..."

Der Fremde brach zusammen.

„Verzeihung", murmelte er, „ich hab' eine dringende Verabredung..."

Er ergriff die Flucht.

Wir waren wieder allein mit Petschik und seinen mißverstandenen Zähnen. Der Alte — Gott segne ihn — blickte verständnislos in die Runde. Er hatte nicht die leiseste Ahnung, worum es hier gegangen war.

„Weißt du was, Petschik", sagte ich, „jetzt will *ich* schon so ein Bündel ‚Kichergrün‘."

Alle schüttelten sich vor Lachen. Frau Sowieso kamen sogar die Tränen. Die Wände wackelten, die Nachbarschaft wurde munter...

Vielleicht ist wirklich etwas Wahres daran, daß Petersilie komisch ist.

Ich möchte hier ausdrücklich klarstellen, daß ich nicht der einzige Einkaufsnarr in der Familie bin. Die Leidenschaft einzukaufen hat auch die beste Ehefrau von allen befallen, sogar in noch gefährlicherem Maße als mich.

Wenn mich mein Gedächtnis nicht trügt (und warum sollte mein Gedächtnis ausgerechnet mich betrügen?), ist es noch nie der Fall gewesen, daß meine Frau bei Tageslicht das Haus verlassen hat, ohne einige Zeit später mit einem Paket zweifelhaften Inhalts zurückzukommen. Besonders anfällig ist sie für „Gelegenheitskäufe". Sie ist bereit, ohne Widerrede alles zu erwerben, was ihr unter dem Motto „preisgünstig" angeboten wird. Egal, ob es sich um einen gebrauchten Flugzeugmotor in erstklassigem Zustand oder eine vergoldete, wenig gebrauchte Sicherheitsnadel handelt. Völlig hilflos aber wird sie, wenn es um Ware geht, welcher das berauschende Flair der Gesetzesübertretung anhaftet.

Neulich kam die beste Ehefrau von allen beschwingt von einem Einkaufsbummel aus der Stadt nach Hause.

„Ephraim", rief sie wohlgelaunt, „ich habe dir echte Rasierklingen gekauft."

Nein, diese Überraschung!

Echte Rasierklingen, mmm...

Die Ernüchterung kam erst nach einigen Stunden, als mir einfiel, daß ich einen elektrischen Rasierapparat benutze, und das schon seit Jahren. Wer also braucht Rasierklingen? Die Wahrheit kam bald zutage. Meine Herzensgute war durch die Dizengoffstraße geschlendert und dort mit einem neuen Symptom des privaten Unternehmertums konfrontiert worden. Es handelte sich um einen tragbaren

Geschäftsladen in der Form eines offenen Koffers, der auf dem Bürgersteig lag.

„Schmuggelware", ihre Stimme bebte vor allergrößter Erregung. „Ein Matrose verkauft diese Sachen unter der Hand."

Ich fragte sie, was das für eine Hand sein könnte, unter der man im hellen Tageslicht auf einer Hauptstraße kommerziell tätig wird, aber sie sprach von der Spannung und von der Aufregung, die solche Transaktionen mit sich bringen.

Sie hatte natürlich noch einige Kleinigkeiten gekauft: original koreanisches Rosenwasser mit Fichtennadelextrakt, eine Tafel israelischer Schokolade, die unter Lizenz in Singapur hergestellt wird, sowie einen Schlüsselring, der an einem kleinen Kompaß befestigt war. Ich teilte ihr mit, daß letzterer uns besonders nützlich sein könnte, wenn wir uns einmal in der Wüste Sahara verlaufen sollten. Ein Blick auf den Schlüsselkompaß, und wir wüßten, in welcher Richtung das dazu passende Haus zu finden sei.

Die beste Ehefrau von allen weigerte sich einen ganzen halben Tag lang, mit mir zu kommunizieren, dann aber wurde sie weich.

„Ich weiß natürlich, daß wir dieses Zeug nicht brauchen", gestand sie, „aber ich konnte nicht widerstehen. Ich hab' so eine Schwäche für Matrosen."

Es stellte sich heraus, daß sie in der Zwischenzeit einen weiteren Einkaufsbummel absolviert hatte. Mit Stolz führte sie mir ihre neuerworbenen Vorräte für schwere Zeiten vor. Da waren zunächst einmal drei Familienflaschen eines malaysischen Haarfestigers, ein Dutzend Tuben mit echter Zahnpasta und ein Paar Pantoffeln, chinesische Handarbeit, die auf dem Umweg über Tibet in die Dizengoffstraße eingeschmuggelt worden waren.

„Diese Matrosen verlangen nicht nur exorbitante Preise", wehklagte die beste Ehefrau von allen, „sie sind auch ausgesprochen impertinent. Keiner ist bereit, Auskunft über die Herkunft der Ware zu geben. Am liebsten hätte ich die Polizei gerufen."

Im Laufe des Nachmittags durchstöberte ich ihre Handtasche, es war eine nagelneue aus Bambus, und stieß auf eine weitere Schmuggelbeute: ein echt versilbertes Feuerzeug aus Griechenland für mich. Ich bin Nichtraucher.

„Weib", fauchte ich sie an, „noch ein Matrose, und ich beantrage getrennte Rechnungen!"

Die beste Ehefrau von allen senkte reuevoll den Blick und schien ein für allemal von ihrer Seekrankheit geheilt zu sein. Von Zeit zu Zeit pflegte ich aber doch eine kleine Stichprobe zu machen, und so fand ich eines Tages ein Stück indonesischer Lavendelseife, die zwischen ihrer Leibwäsche versteckt war, gemeinsam mit einem Tiegel Schönheitscreme, die verdächtig nach Ozean roch.

„Tut mir leid", sagte die beste Ehefrau von allen kleinlaut, „es war das letzte Mal."

Und dann, eines finsteren Donnerstags, wurde sie rückfällig. Sie kam bleich nach Hause und ließ sich in den Sessel fallen.

„Ich muß übergeschnappt sein", stöhnte sie. „Ich habe einen Affen gekauft."

Sie konnte es selbst nicht begreifen. Während der letzten Tage hatte sie sich ausschließlich auf die nichtkommerzielle Seite der Dizengoffstraße beschränkt, um den ausgestreckten Fängen der Matrosen zu entgehen. Aber heute plötzlich war einer dieser Gauner mit seinem Seekoffer auf ihre Seite herübergekommen. In seinem Sortiment befand sich dieser süße kleine batteriebetriebene Affe, made in Hongkong, der eine Trommel schlug.

Schmuggelware natürlich.

H-i-l-f-e!

„Es tut mir leid", sagte meine Frau tränenüberströmt, „ich kann einem Matrosen nicht widerstehen."

Ich nahm sie bei der Hand und schleifte sie schnurstracks zur Dizengoffstraße. Der Matrose war immer noch da, komplett mit Seekoffer und Schmuggelgut. Er kam mir igendwie bekannt vor.

„Sagen Sie", sprach ich ihn an, „sind Sie nicht der Kerl, dem diese kleine Parfümerie am Rothschildboulevard gehört?"

„Doch", sagte er, „warum?"

Ich warf einen Blick auf meine seekranke Gattin und sah, wie ihr Duft der großen weiten Welt sich in Nichts verflüchtigte. Das indische Shampoo, welches sie bereits dem Seekoffer entnommen hatte, glitt zu Boden...

„Dabei hat mir schon meine Mutter gesagt", hauchte die Beste, „ich soll niemals einem Matrosen trauen."

Daheim angekommen, entfernte sie mit gebrochenem Herzen die Batterie aus dem chinesischen Spielzeug. Wen interessiert schon ein normal verzollter, völlig legal trommelnder Affe?

2

Wie schon erwähnt, erblickte die beste Ehefrau von allen das Licht der Welt im altvorderen Orient. Mehr noch: auch ihre Eltern und einige ihrer Großeltern stammen von hier. Das bedeutet in dieser Gegend, ein Angehöriger der wahren Aristokratie zu sein. Ich hingegen werde für alle Zeiten der ewige Neueinwanderer bleiben. Mit anderen Worten: ein Zugereister mit Wohnrecht. Sie ist die Lady — ich bin der Tramp. Sie la belle — und ich le bête, sie die Prinzessin — ich der Frosch.

Unsere unterschiedliche Herkunft führt selbstverständlich hin und wieder zu Reibereien. Vornehmlich, wenn es um solche Dinge geht wie Wohnkultur, Eßkultur, Kultur, Gesellschaft, Kunst, Erziehung, Politik, Religion, Eheleben, das Leben im allgemeinen und den undefinierbaren Geschmack von schwarzen Oliven. Über alle anderen Punkte sind wir uns mehr oder weniger einig. Vor allem, wenn es um unsere gemeinsame Zukunft geht. Was unsere unvereinbare Vergangenheit betrifft, so möchte ich mich lieber nicht in Einzelheiten verlieren. Wann immer ich sie zum Beispiel zu einem ihrer jährlichen Klassentreffen begleite, komme ich mir vor wie von einem anderen Stern. Über diesen Krieg der Sterne habe ich bereits in einem meiner früheren Bücher eine höchst belehrende Abhandlung verfaßt, und dies scheint mir eine willkommene Gelegenheit zu sein, wieder einmal darauf zurückzugreifen.

Mein Verleger allerdings warnte mich mit jenem leicht hysterischen Brio in der Stimme, welches erfolgreiche von erfolglosen Verlegern zu unterscheiden pflegt, daß ich diesem neuen Buch unter keinen wie immer gearteten Umständen auch nur eine einzige alte Geschichte beifügen dürfe. Die Leute, so sagte er, wollen nur nagelneue Satiren aus meiner Feder fließen sehen, sonst schreiben sie ihm ordinäre Briefe und nennen ihn einen heruntergekommenen Altwarenhändler, obwohl er eher emporgekommen aussieht. Ich persönlich glaube nicht so fanatisch an die Meriten neuer Nägel. Im Laufe der Jahre habe ich auf jedes mögliche Thema, dem ich über den Weg lief, etliche Tropfen Honig wie auch Essig recht wahllos versprüht. Jetzt, bei Durchsicht meiner vielen Bücher, glaube ich berechtigt zu sein, einige meiner liebsten Geschichten, die demselben Thema gewidmet sind, unter einem Dach zusammenzuführen.

Der Disput zwischen mir und meinem geliebten Verleger war turbulent und kompromißlos und endete, so wie alles im Leben, mit einem Kompromiß. Ich erhielt die Erlaubnis, insgesamt sieben „klassische" Geschichten, weil sieben eine heilige Zahl ist, über die beste Ehefrau von allen diesem Buch einzuverleiben. Dies erreichte ich unter leidenschaftlichem Hinweis auf die Tatsache, daß die Auslassung dieser Geschichten die Figur meiner Frau „zu flach" machen würde.

Wie jeder weiß, ist eine Friedensverhandlung eine Sache sowohl des Gebens als auch des Nehmens. Also habe ich meinen verängstigten Verleger dadurch zum Schweigen gebracht, daß ich jede einzelne dieser sieben Geschichten mit einem warnenden Stigma versehen habe.

Nun kann der Leser selbst entscheiden, ob er das Risiko eingehen möchte, diese unsterbliche Geschichte nochmals zu lesen, oder ob er sie mit einem wissenden Lächeln überschlagen will. Ausschlaggebend für seine Entscheidung ist seine Kenntnis meiner gesammelten Werke, sein Geisteszustand und seine Beziehung zum Verlagswesen.

Beim genaueren Überlegen kommt mir der erstaunliche Gedanke, daß dies der erste Fall in der Literaturgeschichte ist, wo der Autor in seinem Buch eine Art von literarischer Apartheit praktiziert.

Und hier ist nun mein erstes literarisches Selbstplagiat.

Mit gewinnendem Lächeln wandte sich die beste Ehefrau von allen an mich:

,,Höre, Liebling. Am nächsten Sonntag haben wir unsern Abituriententag.''

,,Wer — wir?''

,,Der Jahrgang 1953 meines Gymnasiums. Alle werden dort sein. Alle meine ehemaligen Schulkameradinnen und Schulkameraden. Wenn's dir nichts ausmacht, ich meine, wenn du Lust hast, dann komm bitte mit.''

,,Es macht mir etwas aus. Ich habe keine Lust. Bitte geh allein.''

,,Allein geh ich nicht. Du willst mir nicht den kleinsten Gefallen tun. Es ist immer dasselbe.''

Ich ging mit.

Alle waren dort. Alle waren in bester Laune, wie immer bei solchen Gelegenheiten. Kaum erschien jemand neuer, wurde er von allen umarmt. Auch meine Frau wurde von allen umarmt und wurde mit „Poppy" angesprochen. Poppy! Man nannte sie Poppy! Und meine Frau fühlte sich auch noch wohl dabei. Ich hingegen fühlte mich so einsam und verlassen wie Israel im Weltsicherheitsrat.

Die fröhliche, wohlgelaunte, lärmende Unterhaltung hüpfte von einem Thema zum andern.

„Weiß jemand etwas von Tschaschik? Stimmt es, daß er beim Rigorosum durchgefallen ist? Würde mich nicht überraschen. Er war ja nie ein großes Kirchenlicht... Wie geht es Schoschka? Sie soll angeblich sehr gealtert sein... Nein, das liegt nicht nur daran, daß ihr zweiter Mann um zwanzig Jahre jünger ist als sie... Erinnerst du dich, wie sie damals das Stiegengeländer hinuntergerutscht ist, mit Stockler dicht hinter ihr? Und dann das nächtliche Bad mit Niki, bei Vollmond..."

Tosende Heiterkeit brach aus. Einige schlugen sich auf die Schenkel.

„Das ist noch gar nichts. Benny hat sie ja später mit Kugler zusammen erwischt... Wir wollten damals vor Lachen beinahe zerspringen... Besonders Sascha. Und ausgerechnet er mußte mit Bergers Mutter Charleston tanzen, der Idiot... Und die Sache mit Moskowitsch war auch nicht ohne..."

Ich kam mir vor wie ein Ausgestoßener. Ich kannte keine Seele des Jahrgangs 1953. Ich gehöre zum Jahrgang 1948 des Berzsenyi-Realgymnasiums in Budapest. Hat jemand etwas dagegen?

Eine schrille Frauenstimme lenkte die allgemeine Aufmerksamkeit auf sich:

„Was glaubt ihr, wen ich vor zwei Jahren in Paris gesehen habe? Klatschkes! Hat keinen guten Eindruck auf mich gemacht. Angeblich verkauft er ordinäre Ansichtskarten an ausländische Touristen. Er hatte ja schon immer eine sonderbare Beziehung zur Kunst."

„Na ja", warf ich ein. „Von Klatschkes war ja schließlich nichts anderes zu erwarten."

Jemand widersprach mir:

„Immerhin wollte er ursprünglich Architekt werden."

„Mach dich nicht lächerlich", gab ich zurück. „Klatschkes und Architektur. Ich möchte wetten, daß er keine gerade Linie zusammenbringt."

Mit dieser Bemerkung erntete ich einen hörbaren Lacherfolg, der mein Selbstvertrauen erheblich steigerte.

„Ist es wahr, daß Joske und Nina geheiratet haben?" fragte mich mein Nebenmann. „Ich kann mir das gar nicht vorstellen. Joske und Nina!"

„Ich kann mir nicht einmal vorstellen, wie sie auf der Hochzeit ausgesehen haben", bemerkte ich und rief damit neuerliche Heiterkeit hervor. „Man braucht sich ja nur zu erinnern, wie Nina damals ihren Büstenhalter verloren hat. Und Joske mit seinen Kaninchen! Immer, wenn ich einen Krautkopf sehe, muß ich an Joske denken..."

Das war mein größter Lacherfolg bisher. Das Gelächter wollte kein Ende nehmen.

Von da an gab ich die Zügel der Konversation nicht mehr aus der Hand. Immer neue Erinnerungen an die guten alten Zeiten kramte ich hervor, zum jauchzenden Vergnügen des Jahrgangs 1953. Als besonders wirksam erwies sich die Geschichte, wie Sascha seinen alten schäbigen Wagen zweimal verkauft hatte, und was Berger in seinem Bett fand, als er von einer nächtlichen Kegelpartie mit Moskowitsch zurückkam...

Auf dem Heimweg blickte die beste Ehefrau von allen bewundernd zu mir auf:

„Du hast die ganze Gesellschaft in deinen Bann geschlagen. Ich wußte gar nicht, daß du über solchen Esprit verfügst."

„Das liegt an dir", entgegnete ich mit nachsichtigem Lächeln. „Du warst ja nie eine gute Menschenkennerin, Poppy!"

Laßt uns die Dinge beim Namen nennen: Es gibt einen gähnenden Abgrund zwischen mir und meinem Weib. Vor allem in Glaubensfragen. Ich bin — wie man weiß — ein Mann der eisernen Logik, ein professioneller Zyniker von Geburt an, wohingegen die beste Ehefrau von allen, wie bei ihrer noblen orientalischen Herkunft nicht anders zu erwarten, von einem mystischen Glauben erfüllt ist.

Um auch bei diesem sensitiven Thema alle Mißverständnisse von vornherein auszuschließen: Sie frönt einem Aberglauben. Das heißt, es ist jetzt nicht die Rede vom Allmächtigen, sondern von kleinen schwarzen Katzen. Mit dem Allmächtigen selbst hatte die beste Ehefrau von allen schon in früher Jugend eine schwere Krise. Wie sie mir eines Tages gestand, betete sie damals Abend für Abend vor dem Einschlafen und schloß mit der Bitte: „Lieber Gott, mach, daß ich lange Beine bekomme!" Nach fünfzehn Jahren inbrünstigen Flehens, als sie einsehen mußte, daß sie nie Basketballspielerin werden könnte, hatte die beste Ehefrau von allen ihren Glauben an den Monotheismus verloren.

Nach meiner persönlichen Meinung hat sie ausgesprochen hübsche Beine, aber das ändert nichts an der Tatsache, daß meine Frau heute eigentlich an nichts glaubt als an Katzen, zerbrochene Spiegel, die Zahl 13 und toi-toi-toi, klopf auf Holz. Nach ihrer Erfahrung sind dies allein die Grundelemente, auf die man sich in allen Lebenslagen verlassen kann.

Hin und wieder aber vermischt sie ihren Aberglauben mit einer gewissen Ehrfurcht vor Medizinern und Wunderheilern, und zwar mit abstrusen Ergebnissen.

Vor einiger Zeit behauptete meine Frau urplötzlich, neu geboren zu sein. Die Neugeburt vollzog sich eines Tages beim Abendbrot, als sie mit einer dünnen, neoprimitiven Kette an ihrem rechten Handgelenk nach Hause kam.

,,Ein Gesundheitsband", teilte sie mir mit. ,,Das einzig Wahre gegen Rheumatismus. Ein echtes Wunder. In dem Moment, da ich es anlegte, waren die Schmerzen in meiner rechten Schulter wie weggeblasen."

,,Wie schön", sagte ich. ,,Andererseits höre ich zum ersten Mal, daß du in deiner rechten Schulter Schmerzen hattest."

,,Ich wollte nicht, daß du dir Sorgen machst. Aber jetzt bin ich wie neugeboren."

,,Gratuliere", sagte ich. Ich mußte ihr recht geben, sie hatte immerhin den Verstand eines Neugeborenen.

Tags darauf erzählte ich in der Redaktion einem meiner Kollegen, wie kindisch meine Frau ist.

,,Aber lassen Sie sie doch", sagte mein Kollege mit geduldigem Lächeln. ,,Diese Kette kann doch nicht schaden."

,,Hoffentlich nicht", sagte ich, ,,aber schließlich sind wir erwachsene Menschen."

„Die Sache ist irgendwie psychosomatisch", belehrte mich der Redakteur. „Diese Armbänder bestehen aus einer Kupfer-Zink-Legierung, und die Moleküle, die ständig zwischen den beiden Metallen hin und her fluktuieren, haben einen günstigen Einfluß auf die elektrische Strömung des Körpers. Natürlich klingt das alles ziemlich dubios. Man fragt sich allen Ernstes, wie so eine kleine Kette eine ernste Krankheit wie Rheumatismus heilen soll."

Eben, sagte ich mir, während ich auf das Armband an seinem Handgelenk starrte.

Auf dem Heimweg traf ich unsere Nachbarin Erna Selig.

„Gott sei Dank", seufzte ich erleichtert, als ich ihr nacktes Handgelenk sah. „Ich habe schon geglaubt, daß ich der einzige normale Mensch bin."

„Ach, Sie meinen die kleinen Ketten? Ich glaube, das hat irgend etwas mit Selbsthypnose zu tun. Haben Sie die Geschichte von dem alten Langstreckenläufer gehört? Er war seit zwanzig Jahren ischiasgelähmt. Da hat ihm ein Amateur-Heilkundiger diese Kette besorgt, und sofort begann er mit Jogging, spielte Tennis..."

„Der Heilkundige?"

„Nein, der Ischiasgelähmte."

„Spielt er gut?"

„Seien Sie nicht so sarkastisch. Wissen Sie, was dann geschah? Eines Tages, mitten im täglichen Jogging, bleibt der Mann mit dem Armband irgendwo hängen, das Zeug zerreißt, und ob Sie es glauben oder nicht, der alte Langstreckenläufer bleibt stehen. Wie vom

Blitz getroffen, nicht einen Schritt kann er mehr laufen."

„Ich bin zutiefst gerührt", sagte ich. „Soll er halt von jetzt an nur noch Kurzstrecken laufen."

„Das ist überhaupt nicht komisch."

„Entschuldigen Sie", sagte ich zu Erna, „wenn Sie diesen Ketten so vertrauen, dann frage ich mich, wieso tragen *Sie* keine?"

„Tu ich ja", erwiderte Erna Selig und wies auf ihren rechten Knöchel. Womit wieder einmal klar bewiesen war, daß man einer Frau nicht auf den ersten Blick trauen darf. Eigentlich auf den zweiten auch nicht. Aber das ist schon eine Kettenreaktion.

Langsam kamen die Fakten ans Tageslicht. Das Wunderband ist so alt wie der Vodoo-Zauber, aber alle Jahre wird es neu entdeckt und verbreitet sich um die Welt wie eine asiatische Grippeepidemie. Heuer ist es wieder einmal „in", und natürlich kuriert es so ziemlich alles, außer Wahnsinn.

„Es ist wirklich zu dumm", sagte ich zu meiner Frau, „eine simple Bauernfängerei."

„Bist du ein Fachmann?" fragte die beste Ehefrau von allen. „Ich kann dir nur eines sagen, seit ich dieses Armband habe, schlafe ich wie ein Murmeltier."

„Also gut", sagte ich pikiert, „laß es mich auch versuchen. Gib her!"

„Nein, du mußt fest daran glauben, sonst wirkt es nicht."

In dieser Nacht streckte ich verstohlen meine Hand hinüber und nahm das Kettchen vorsichtig vom Handgelenk meiner Frau. Mit Befriedigung stellte ich fest, daß sie auch ohne das Armband weiterschlief.

Ich schnallte das Zeug auf mein rechtes Handgelenk und begann im Schlafzimmer auf und ab zu gehen. Zuerst fühlte ich überhaupt nichts, aber nach etwa zehn Minuten begann ich langsam müde zu werden.

Ich weckte die beste Ehefrau von allen auf.

„Ich habe es angelegt. Aber bei mir bewirkt es überhaupt nichts."

„Blödsinn, seit wann hast du denn Rheumatismus?"

Ich begann die Leute um mich herum zu beneiden. Jeder leidet an irgend etwas, legt die Kette an und wird wie durch Zauber kuriert. Seligs Rückenschmerzen sind dahin, Frau Blums Schnupfen, sogar Zieglers Hühneraugen. Auch Premier Begin wird von Tag zu Tag jünger. Jeder blüht auf, jeder strotzt vor neuer Lebensfreude, nur ich bleibe wieder einmal auf der Strecke.

In meiner großen Verzweiflung kaufte ich mir auch so eine Kette.

Der nächste logische Schritt war, irgendwie einen gut erhaltenen Rheumatismus aufzutreiben. In dieser Nacht öffnete ich das Fenster, um Zugluft hereinzulassen. Ich legte mich hin und wartete auf die Schmerzen. Sie kamen nicht.

Am nächsten Morgen ging ich unter die kalte Dusche und trocknete mich provokativ nicht ab. Ich war voller Hoffnung, aber nichts geschah. Ich fühlte mich erbärmlich schlecht.

„Endlich bin ich im Besitz der wundersamsten Kur aller Zeiten, und mir fehlt die dazu passende Krankheit", sprach ich zu mir. „Warum verkauft man nicht beides zusammen?"

In der folgenden Nacht wachte ich auf und stellte fest, daß ich die Hand nicht bewegen konnte. Freudig jauchzte ich auf und weckte meine Frau. Es stellte sich heraus, daß sie die ganze Zeit auf meinem Arm gelegen hatte. Wieder nichts.

„Lieber Gott", flehte ich, „gib mir doch wenigstens ein rheumatisches Zeichen, nur ein kleines."

Mein Gebet wurde erhört. Am nächsten Morgen konnte ich den Kopf nicht drehen. Herrlich, ich hatte einen verstauchten Halswirbel. Befriedigt band ich meine Kette um, setzte mich gemütlich in den Lehnstuhl und wartete, daß der Schmerz aufhörte. Er tat es nicht. Genaugenommen wurde er immer stärker.

„Weib", flüsterte ich, „meine Kette funktioniert nicht."

„Weil du noch immer nicht dran glaubst."

„Wie kann ich an etwas glauben, das nicht funktioniert?"

Ich fürchte, wir werden ein Schiedsgericht anrufen müssen. Inzwischen gebe ich ein Inserat auf: „Gut erhaltener Hexenschuß aus erster Hand an meistbietenden Kettenraucher abzugeben."

Soviel zum Thema Gesundheit. Trotz allem wäre es falsch, leichtfertig anzunehmen, daß die beste Ehefrau von allen medizinischen Wissenschaften vertraut. Sie ist im Gegenteil vermutlich die erste Hypochonderin, die weder an Ärzte noch an Krankheiten glaubt, oder, um es genauer zu formulieren, sie findet sich mit beidem ab, aber in umgekehrter Reihenfolge. Ihrer Ansicht nach sollte ein vernünftiger Mensch nicht zum Arzt gehen, wenn er krank ist, weil man sofort krank wird, sobald man zum Arzt geht. Vielleicht finden sich in dieser These sogar einige Körnchen Wahrheit, selbst wenn sie vorläufig noch nicht wissenschaftlich untermauert ist. Angeblich gibt es Stämme in Afrika, die fest daran glauben, daß ein Schirm den Regen herbeiführen kann. Vielleicht sollte man das wirklich einmal ausprobieren.

Diese beste Ehefrau von allen ist eine Frau der Prinzipien und eine Kämpfernatur. Es genügt ihr nicht, die Medizin einfach zu ignorieren, sie führt auch einen ständigen Kampf gegen dieselbe. Sie geht zwar zum Zahnarzt, aber nur wenn sie keine Zahnschmerzen hat. Was ihre Ansichten über Gynäkologen betrifft, so würden diese das Papier zum Erröten bringen. Nein, die beste Ehefrau von allen glaubt tief und fest an die alles heilende Natur. Sie ist davon überzeugt, daß sie im Krankheitsfall der Natur helfen muß, die ärztliche Behandlung zu überwinden. Ihr diesbezügliches Glaubensbekenntnis, das man auch als gesunden Abscheu vor jeder Art von Medikamenten bezeichnen könnte, kann schlagartig zu höchst militanten Handlungen führen, wenn zum Beispiel das Gesundheitsministerium bestrebt ist, einer hilflosen Bevölkerung seinen Willen aufzuzwingen. Im Folgenden ist zu lesen, was geschieht, wenn sich die Regierungsgewalt mit der besten Ehefrau von allen konfrontiert sieht.

Vor einiger Zeit mußte ich wie gewöhnlich plötzlich ins Ausland. Ich sah meine Dokumente durch und mußte zu meinem Schrecken feststellen, daß mein Pocken-Impfzeugnis abgelaufen war.

Natürlich kann man kreuz und quer durch ganz Europa

fahren, ohne auch nur ein einziges Mal nach einem Impfzeugnis gefragt zu werden. Aber das ist ein Hasardspiel. Hat man Pech, so genügt das Gerücht, daß irgendein Derwisch in Timbuktu zwei Pickel auf der Nase hat, und schon beginnen sie auf jedem Flughafen völlig hysterisch deine Papiere zu kontrollieren.

Die Wirkung des Pockenserums hält drei Jahre vor. Ich war bereits im vierten.

„Scheußlich", sagte die beste Ehefrau von allen. „Du armer Teufel mußt jetzt in dieses blöde Gesundheitsministerium, und irgendeine frustrierte Krankenschwester wird dir ihre Nadel in den Arm rammen. Der ganze Arm wird anschwellen, weh tun und teuflisch jucken, denn genaugenommen verpassen sie dir einen leichten Pockenanfall. Angeblich sind die Bakterien, die sie in dich hineinpumpen, tot. Aber sie haben noch nie ihren Totenschein gezeigt."

Sie rief ein Konzilium von Freunden, Bekannten und Reisegefährten zusammen.

„Ihr Mann könnte versuchen, mit dem abgelaufenen Impfzeugnis durchzukommen", schlug Ingenieur Glück vor. „Am Heathrow-Flughafen zum Beispiel gibt es diesen spitznasigen Beamten, der mit der hebräischen Schrift nicht zurechtkommt, weil er sie in der falschen Richtung liest. Wenn Ephraim Glück hat, kommt er bei ihm durch."

„Ja", fügte seine Gattin hinzu, „aber wenn er nicht durchkommt, gibt man ihm gleich dort am Flughafen eine Spritze. Dann nützt ihm das ganze Abreiben nichts."

Sie hatte recht. Auch meine Frau war überzeugt davon, daß es nur eine einzige Methode gibt, sich gegen die Behörden und ihre albernen Methoden zu wehren: Man muß sich sofort nach der Impfung ins nächste Klo einsperren und dort die Einstichstelle so lange mit einem Taschentuch reiben, bis das Gift aus dem Körper heraus ist.

„Wenn man ganz sicher gehen will", schloß die beste Ehefrau von allen das Palaver, „nimmt man statt des Taschentuches sterile Gaze."

Meine Frau ist bekanntlich gewohnt, praktisch zu denken. Sie hat eine Apotheke in der Stadt entdeckt, die eine ganz spezielle Antipockenimpfungsgaze vertreibt. Manche Leute verwenden zwar nur Watte und benützen das Taschentuch zum Abbinden des Armes, um die Verbreitung des Serums zu verhindern. Frau Blum riet zu Eau de Cologne: großzügig über den Einstich gegossen, neutralisiert es die Impfung sofort.

„Oder", sagte sie, „man könnte auch wie bei Schlangenbissen verfahren. Einfach die Wunde absaugen..."

Um es kurz zu machen, die beste Ehefrau von allen und ich gingen mit der modernsten Ausrüstung ins Gesundheitsamt. Wir hatten ein tischtuchgroßes Taschentuch, eine Literflasche Alkohol, Gaze und sicherheitshalber auch mehrere Rollen Löschpapier dabei.

Meine Frau durchsuchte ihre Küche noch nach einem Metallputzlappen, aber ihr Vorrat war gerade ausgegangen.

Ein schlechtes Omen!

Die Prozedur im Gesundheitsamt hatte sich seit dem letzten Mal nicht verändert. Ich zahlte meine Gebühr, rollte meinen linken Ärmel auf, und die Krankenschwester stach ihre Nadel in den Arm, während die beste Ehefrau von allen mit dem gesamten Arsenal vor der Türe wartete.

An meinem Schmerzensschrei konnte sie erkennen, daß die Krankenschwester das Teufelszeug ganz besonders tief in meinen Arm hineinschoß. Offenbar um die Garantie zu haben, daß sich das Gift überall gleichmäßig in meiner geplagten Anatomie verteilte.

„Daß ein nettes jüdisches Mädchen einem anderen Juden so was antun kann, werde ich nie verstehen", sagte meine Frau, nachdem die peinliche Prozedur überstanden war.

Die Schwester rief mir nach:

„Eine Woche lang dürfen Sie nicht baden!"

Wir rannten spornstreichs zur nächsten Toilette, aber leider hatte ich keinen guten Tag. Ein brutal aussehender jugendlicher Krimineller erreichte eine Schrecksekunde vor uns die Tür und schloß sich ein.

Mir brach der Angstschweiß aus.

„Im Fall einer Pockenimpfung zählt jede Sekunde", keuchte die beste Ehefrau von allen, während wir händeringend den Korridor auf und ab liefen. „Wenn man nicht sofort auf die kleinen Bestien losgeht, beginnen sie im Nu ihren tödlichen Lauf durch deine Adern."

Wir hetzten kreuz und quer durch das ganze Gesundheitsamt, um irgendeine ruhige Ecke zu finden, in der wir mit der notwendigen Abreibung beginnen könnten, aber alle waren von verbissen reibenden Patienten besetzt. In den meisten Räumen faulenzten apathische Beamte, und draußen im Hof spazierte seelenruhig eine arrogante Krankenschwester, die uns ironisch zulächelte...

„Verdammt", fluchte meine Frau, „zum Wagen!"

Wir rannten zu unserem Auto, sprangen hinein, und dort endlich, vom Lenkrad einigermaßen behindert, begann die beste Ehefrau von allen verzweifelt meine Wunde abzureiben.

Aber die verlorenen Minuten waren nicht mehr einzuholen.

Schon beim Abflug begann mein Arm zu jucken, und über Rom war er bereits geschwollen. Als wir endlich London erreichten, fühlte ich mich wie eine wandelnde Pockennarbe und schrie auf, sobald mich jemand an der Schulter berührte. Eine Woche lang litt ich wie ein Tier.

,,Ich kann das nicht verstehen'', beklagte sich meine Frau, ,,ich habe dich mit aller Sorgfalt abgerieben.''

Wir erkundigten uns in unserer Londoner Botschaft, wieso die Spritze dann doch gewirkt hatte, obwohl wir die Wunde vorschriftsmäßig behandelt hatten.

,,Ganz einfach'', lautete die höfliche Antwort, ,,wir haben für israelische Staatsbürger ein spezielles neues Serum entwickelt. Es wirkt nur, wenn man es in die Haut einreibt.''

So also wurde die beste Ehefrau von allen in ihrem medizinischen Unabhängigkeitskrieg von hohen Mächten und Mikroben besiegt. Besonders verletzt fühlte sie sich deshalb, weil sie doch so gern ins Ausland fährt. Egal ob mit dem Gatten oder mit Kindern oder allein. Alles, was sie dazu braucht, ist die Andeutung einer plausiblen Ausrede, wie die Tatsache, daß sie eine Galerie besitzt oder die Angetraute ihres eigenen Gatten ist.

Ich habe sie auf meinen Reisen eigentlich ganz gern bei mir, weil es lustiger ist, zu zweit bummeln zu gehen, gemeinsam die Rechnungen der Restaurants zu kontrollieren, oder gemeinsam die eingekauften Pakete auszupacken. Ausnahmen sind jene seltenen Anlässe, wo es einfach bequemer ist, ohne Gattin zu reisen. Die Restaurantrechnungen sind dann wesentlich niedriger, ganz zu schweigen von den elenden Einkaufsbummeln, die ja ohnehin in erster Linie Frauensache sind. Nehmen wir als Muster unsere letzte gemeinsame Urlaubsreise: sie scheiterte beinahe an einem grünen Strich.

Diesen Urlaub hatten wir seit langem geplant, nun sollte er endlich Wirklichkeit werden. Harte Tage, angefüllt mit Reisevorbereitungen aller Art, waren vorbei und wir unterwegs.

Eine Woche Paris! Oh-la-la!

Schon im Luftraum von Rhodos überkam uns jenes für die Israelis so typische Glücksgefühl, weit weg zu sein von unserem gelobten Land, und als wir unser scheußliches Pariser Fünfsterne-Hotel betraten, hielt die Verzückung noch an. Sie sollte noch zwanzig Minuten lang währen.

Doch dann geschah es.

Ich stand am Hotelfenster und genoß die prachtvolle Aussicht auf die Pariser Fernsehantennen. Plötzlich hörte ich einen schrillen Schreckensruf hinter mir.

,,Oj weh!''

Ich wandte mich um und sah, wie die beste Ehefrau von allen mit verstörtem Blick und hektischen Bewegungen ihre Handtasche durchwühlte.

Ich habe an der Seite dieser starken Frau die meisten Kriege im Nahen Osten durchgestanden. Mehr noch, wir haben gemeinsam von der Stadtverwaltung Tel Avivs eine Baugenehmigung erkämpft. Aber in solch hemmungsloser Verzweiflung hatte ich sie noch nie erlebt.

„Mein Gott", jammerte sie, „ich habe ihn verloren!"

Und weg war sie, um sich in den Schluchten der Groß-stadt zu verlieren. Mich ließ sie mutterseelenallein zurück, inmitten der Ruinen halbentleerter Koffer. Stunden ver-gingen, und ich begann mir langsam Sorgen zu machen. Nur meine lausige französische Aussprache hielt mich da-von ab, die Polizei einzuschalten...

Plötzlich wurde die Tür aufgerissen, und die bleich-ste Ehefrau von allen warf sich haltlos schluchzend aufs Bett.

„Ich kann ihn nicht finden... In ganz Paris gibt es ihn nicht..."

„Wen denn, um Gottes willen?"

„Meinen grünen Stift."

Es stellte sich heraus, daß die Gute bei unserer Ankunft et-was vermißte, was sie wie einen Augapfel zu hüten ge-wohnt war: einen grünen fettigen Stift, der allein ihren Mandelaugen die rechte Kontur verleihen kann. Ein simp-ler Buntstift.

Nach ihm hatte sie ganz Paris durchforstet, sich von Boutique zu Parfümerie und wieder zurück geschleppt, Dutzende von Stiften ausprobiert, um endlich zerknirscht festzustellen, daß ihr ganz besonderes Grün in Paris nicht zu finden war. Bei dieser Gelegenheit erfuhr ich übrigens, daß es sich um ein Produkt namens „Velvet Green" han-delte, hergestellt von einem gewissen „Maybelle of Michi-gan". Alles andere gilt nicht.

„Aber Liebling", versuchte ich sie zu trösten, „hinter deinen Gläsern kann ohnehin kein Mensch die grünen Konturen um deine schöne Augen sehen."

„Und was ist, wenn ich die Gläser abnehme, du Dumm-kopf, um sie zu putzen?"

Ich habe niemals vorgegeben, Frauen und ihre unaus-lotbaren Seelen verstehen zu können. Das schwache Geschlecht lebt eben in einer eigenen Welt mit eigenen Gesetzen und eigenen Buntstiften. Frauen sind einfach ganz anders als wir, die Männer. Unter anderem sind sie verrückt.

Mein Weib zum Beispiel setzte sich allen Ernstes hin und begann ein Wehklagen: Unter diesen Umständen sei sie nicht in der Lage, morgen abend zum Empfang in der Botschaft zu gehen.

„Ohne mein gewohntes Make-up komme ich mir nackt vor", erklärte sie. „Geh du allein."

Sie zeigte mir ihre geröteten Augen.

„Schau dies hier an, das habe ich noch mit meinem al-ten Stift geschminkt. Und da, auf meinem linken Auge, kannst du sehen, wie das scheußliche Zeug aussieht, das man mir hier in Paris andrehen wollte. Siehst du den Un-terschied?"

Ich musterte die beiden Augen mit aller mir zu Gebote stehenden Sorgfalt und konnte nicht den geringsten Unter-schied feststellen. Ein grüner Strich ist ein grüner Strich. Punktum. Vielleicht war der linke sogar ein kleines biß-chen hübscher. Oder war's der rechte?

„Du hast vollkommen recht", sagte ich. „Kein Ver-gleich mit ,Velvet Green'."

Unsere unvergeßliche Urlaubswoche in Paris drohte in ei-ne grüne Tragödie auszuarten. Die beste Ehefrau von allen verbrachte eine schlaflose Nacht. Von Zeit zu Zeit stand sie auf, um sich im Spiegel zu betrachten. Dann weckte sie mich:

„Schau nur, wie ich aussehe. Eine Katastrophe."

Sie hatte nicht ganz unrecht. Mit ihrem tränenüberströmten Gesicht und den verschwollenen Augen war sie wirklich kein erfreulicher Anblick.

Bei längerem Nachdenken stellte ich fest, daß mir die farbigen Striche rund um weibliche Augen noch nie aufgefallen waren. Außer vielleicht bei Miss Piggy von den Muppets.

„Jetzt schlaf, mein Liebling", murmelte ich unter meiner Decke, „morgen ersuchen wir den amerikanischen Botschafter, dein Zeugs mit diplomatischem Kurier direkt aus Michigan kommen zu lassen."

Am nächsten Morgen blieb sie im Bett.

Womit das Problem zwar nicht gelöst, wohl aber auf eine andere Ebene geschoben war. Ich habe einmal von einer Frau gehört, die eine Plastikspange verloren hatte, mit der sie ihre Haare unterhalb des Kleinhirns zusammenbündelte. Grund genug, aus dem Fenster zu springen...

Wegen einer Spange!

„Ich weiß, wie es passiert ist", wehklagte mein Weib. „Im Taxi ist mir die Handtasche aufgegangen, und der Stift muß herausgefallen sein. Und warum? Weil ich keine einzige Handtasche besitze, die anständig schließt..."

Sie hat daheim Handtaschen in erschreckendem Überfluß. Sie besitzt sie in jeder denkbaren Farbschattierung des Regenbogens. Handtaschen aus Leder, Seide, Nylon, Perlon, Dralon, Stroh, Fiberglas, Plexiglas, eine sogar aus Holz. Und zwei aus Blech.

„Morgen", verkündete sie, „kaufen wir eine neue Handtasche."

Der Kauf einer neuen Handtasche scheint die Lösung sämtlicher Probleme zu sein. Besonders im Ausland. Einmal, es war in Rom, gerieten wir in einen Streik der Transportarbeiter. Sie kaufte auf der Stelle eine rote Handtasche. In Zypern verstauchte ich mir den Fußknöchel. Sie ging hin und kaufte — erraten. Es war eine besonders große, wenn ich mich recht erinnere, aus gelbem Zelluloid.

„Einen Moment!" sagte ich zu meinem Klageweib, während meine Gehirnzellen heftig rotierten, „was hältst du davon, es im Einkaufscenter der US-Army zu versuchen? Ich bin fast sicher, daß wir dort deinen Stift finden werden."

„Mach dich nicht lächerlich", erwiderte sie, aber ich war schon unterwegs. Unser Glück stand auf dem Spiel, vielleicht unsere Ehe. Vor allem aber unsere Urlaubswoche in Paris.

Zunächst ging ich in den nächstbesten Frisierladen und kaufte einen einfachen grünen Stift ohne irgendeine Markenbezeichnung. Dann suchte ich einen Juwelier in der Nähe der Oper auf und bat ihn, auf die Hülle des Stiftes die Worte „Velvet Green, Maybelle of Michigan" in goldenen Lettern einzugravieren.

Der Juwelier verzog keine Miene. Er kennt seine Touristinnen.

Um es kurz zu machen: Einige Stunden später kam ich ins Hotel zurück, näherte mich der verweintesten Ehefrau von allen und überreichte ihr den Stift.

„Tut mir leid, Liebling, ich habe den Amiladen von oben bis unten durchsucht, aber das ist alles, was ich gefunden habe."

Die Gute erblickte meinen Buntstift, und ihr Antlitz verklärte sich.

„Du Trottel!" schrie sie. „Das ist er doch! Das ist genau der, den ich überall vergeblich gesucht habe!"

Sie stürzte zum Spiegel und zog einige sehr grüne Striche um ihre leuchtenden Augen.

„Na also! Siehst du den Unterschied?"

„Natürlich. Ich bin doch nicht blind."

Meine dankbare Gemahlin überreichte mir sämtliche 43 Augenstifte, die sie in 43 Pariser Geschäften gekauft hatte. Sie stellte mir anheim, damit nach Gutdünken zu verfahren.

Und so setzte ich mich hin und schrieb — zum Unterschied von George Gershwin, dessen Gattin vermutlich blaue Augenstifte verwendet haben dürfte — diese Rhapsodie in Grün.

3

Die Legende vom grünen Strich hat somit der wißbegieri-
gen Welt ein weiteres Geheimnis der besten Ehefrau von
allen enthüllt, nämlich daß sie insgeheim eine Brille trägt.
Sie wäre ein kurioses Pendant zu H. G. Wells' „unsichtba-
rem Mann", und zwar als sichtbare Frau, die niemanden
sehen kann. Sie ist nämlich selten bereit, in der Öffentlichkeit eine Brille zu tragen. Vor allem dann, wenn sie sie am
dringendsten braucht, etwa, wenn sie das Haus verläßt.
Ich denke manchmal voller Nostalgie an die schöne Zeit
zurück, da sie sich beinahe an Kontaktlinsen gewöhnt hatte. Ich schrieb damals einen wahrheitsgetreuen Bericht
über diese Entwicklung und präsentiere ihn hier, getreu
meiner Abmachung mit meinem geschätzten Verleger, als
Selbstplagiat Nr. 2.

„Ephraim", sagte die beste Ehefrau von allen, „Ephraim,
bin ich schön?"

„Ja", sagte ich. „Warum?"

„Eine Frau mit Brille", sagte sie, „ist wie eine gepreßte
Blume."

Dieser poetische Vergleich war nicht auf ihrem Mist gewachsen. Sie mußte den Unsinn irgendwo gelesen haben.
Wahrscheinlich in einem Zeitungsinserat. Die ganze zivilisierte Welt ist voll damit. Zwei winzige gläserne Linsen,

höchstens fünf Millimeter im Durchmesser, die man ganz einfach auf den Augapfel aufsetzt, und schon ist alles in Ordnung. Es ist ein Wunder und eine Erlösung, besonders für kurzsichtige Schauspielerinnen, Korbballspieler und alte Jungfern.

Auch über unser kleines Land hat der Zauber sich ausgebreitet. „Ein Mannequin aus Haifa", so hieß es auf einem der jüngsten Werbeplakate, „begann Kontaktlinsen zu tragen — und war nach knapp drei Monaten bereits die geschiedene Frau eines gutaussehenden südamerikanischen Millionärs."

Eine sensationelle Erfindung. Es lebe die Kontaktlinse. Nieder mit den altmodischen, unbequemen Brillen, die eine starre Glaswand zwischen uns und die Schönheit weiblicher Augen schieben.

„Ich habe mir die Adresse eines hervorragenden Experten verschafft", informierte mich meine Gattin. „Kommst du mit?"

„Ich?"

„Natürlich du. Du bist es ja, für den ich schön sein will."

Im Wartezimmer des hervorragenden Experten warteten ungefähr tausend Patienten. Die meisten von ihnen waren mit dem Gebrauch von Kontaktlinsen bereits vertraut. Einige hatten sich so sehr daran gewöhnt, daß nicht einmal sie selbst mit Sicherheit sagen konnten, ob sie Kontaktlinsen trugen oder nicht. Das war offenbar der Grund, warum sie den hervorragenden Experten aufsuchten.

Ein Herr in mittleren Jahren demonstierte gerade die Leichtigkeit, mit der sich die Linse anbringen ließ.

Er legte sie auf die Spitze seines Zeigefingers, dann, bitte aufzupassen, hob er den Finger direkt an seine Pupille — und ohne mit der Wimper zu zucken — halt — wo ist die Linse?

Die Linse war zu Boden gefallen. Achtung! Vorsicht! Bitte um Ruhe! Bitte um keine wie immer geartete Bewegung!...

Wir machten uns das entstandene Chaos zunutze und schlüpften ins Ordinationszimmer des Spezialisten, eines netten jungen Mannes, der seinen Beruf als Optiker mit enthusiastischer Gläubigkeit ausübte.

„Es ist ganz einfach", verkündete er. „Das Auge gewöhnt sich nach und nach an den Fremdkörper, und in erstaunlich kurzer Zeit —"

„Verzeihung", unterbrach ich ihn. „In *wie* erstaunlich kurzer Zeit?"

„Das hängt davon ab."

„Wovon hängt das ab?"

„Von verschiedenen Umständen."

Der Fachmann begann eine Reihe fachmännischer Tests durchzuführen und erklärte sich vom Ergebnis hoch befriedigt. Die Beschaffenheit des Okular-Klimas meiner Gattin, so erläuterte er, sei für Kontaktlinsen ganz besonders gut geeignet. Dann demonstrierte er, wie einfach sich die Linse auf die Pupille placieren ließ und wie einfach sie sechs Stunden später wieder zu entfernen war. Ein kleines Schnippen des Fingers genügte.

Die beste Ehefrau von allen erklärte sich bereit, die riskante Prozedur auf sich zu nehmen.

Eine Woche später wurden ihr die perfekt zugeschliffenen Linsen in einem geschmackvollen Etui zugestellt, wofür ich einen geschmackvollen Scheck auszustellen hatte.

Noch am gleichen Abend, im Rahmen einer gelegentlichen Familien-Reunion, begann sie mit dem Gewöhnungsprozeß, streng nach den Regeln, an die sie sich fortan halten wollte: erster Tag — 15 Minuten, zweiter Tag — 20 Minuten, dritter Tag — Dritter Tag? Was für ein dritter Tag, wenn ich fragen darf? Genauer gefragt: Was für ein zweiter? Und ganz genau: Was für ein erster?

Kurzum: Nachdem sie die beiden mikroskopisch kleinen, unmerklich gewölbten Dinger vorschriftsmäßig gesäubert hatte, legte sie die eine Linse auf ihre Fingerspitze und bewegte ihren Finger in Richtung Pupille. Der Finger kam näher, immer näher — er wurde größer, immer größer — er wuchs — er nahm furchterregende Dimensionen an —

„Ephraim, ich habe Angst!" schrie die beste Ehefrau von allen in bleichem Entsetzen.

„Nur Mut, nur Mut", sagte ich beruhigend und aufmunternd zugleich. „Du darst nicht aufgeben. Schließlich habe ich für das Zeug ein kleines Vermögen gezahlt. Versuch's noch einmal."

Sie versuchte es noch einmal. Zitternd, mit zusammengebissenen Zähnen, führte sie den Finger mit der Linse an ihr Auge heran — näher als beim ersten Versuch — schon war er ganz nahe vor dem Ziel — schon hatte er das Ziel angepeilt und schwupps! war er im Weißen ihres Auges gelandet.

Es dauerte ungefähr eine halbe Stunde, bis die Linse richtig auf der Pupille saß. Aber dann war's herrlich! Keine Brille — das Auge bewahrt seine natürliche Schönheit — seinen Glanz — sein Glitzern — es ist eine wahre Pracht. Natürlich gab es noch kleine Nebeneffekte und

Störungen. Zum Beispiel waren die Nackenmuskeln zeitweilig paralysiert, und der Ausdruck des ständig nach oben gekehrten Gesichts war ein wenig starr. Aber anders hätte das bejammernswerte Persönchen ja überhaupt nichts gesehen, anders hätte sie unter ihren halb geschlossenen Augenlidern auch noch zwinkern müssen. Und mit dem Zwinkern wollte es nicht recht klappen. Es tat weh. Es tat, wenn sie es auch nur ansatzweise versuchte, entsetzlich weh. Deshalb versuchte sie es gar nicht mehr. Sie saß da wie eine tiefgekühlte Makrele, regungslos gegen die Rückenlehne des Sessels gelehnt, und die Tränen liefen ihr aus den starr zur Decke gerichteten Augen. Volle fünfzehn Minuten lang. Dann ertrug sie es nicht länger und entfernte die Linsen.

Das heißt: Sie würde die Linsen entfernt haben, wenn sich die Linsen hätten entfernen lassen. Sie ließen sich aber nicht. Sie trotzten den immer verzweifelteren Versuchen, sie zu entfernen. Sie rührten sich nicht.

„Steh nicht herum und glotz nicht so blöd!" winselte die beste Ehefrau von allen. „Tu etwas! Rühr dich!"

Ich konnte den tadelnden Unterton in ihrer Stimme wohl verstehen. Schließlich hatte sie all diese Pein nur meinetwegen auf sich genommen. Ich suchte in meinem Werkzeugkasten nach einem geeigneten Instrument, mit dem sich die tückischen kleinen Gläser hätten entfernen lassen, schüttete den gesamten Inhalt des Kastens auf den Boden, fand aber nur eine rostige Beißzange und mußte zwischendurch immer wieder die Schmerzensschreie meiner armen Frau anhören. Schließlich rief ich telefonisch eine Ambulanz herbei.

„Hilfe!" schrie ich ins Telefon. „Ein dringender Fall!

Zwei Kontaktlinsen sind meiner Frau in die Augen gefallen! Es eilt!"

„Idiot!" rief die Ambulanz zurück. „Gehen Sie zu einem Optiker!"

Ich tat, wie mir geheißen, hob die unausgesetzt Jammernde aus ihrem Sessel, wickelte sie um meine Schultern, trug sie zum Auto, raste zu unserem Spezialisten und stellte sie vor ihn hin.

In Sekundenschnelle, mit einer kaum merklichen Bewegung zweier Finger, hatte er die beiden Linsen entfernt.

„Wie lange waren sie denn drin?" erkundigte er sich.

„Eine Viertelstunde freiwillig, eine Viertelstunde gezwungen."

„Nicht schlecht für den Anfang", sagte der Experte und händigte uns als Abschiedsgeschenk eine kleine Saugpumpe aus Gummi ein, ähnlich jenen, die man zum Säubern verstopfter Abflußrohre in der Küche verwendet, nur viel kleiner. Die Miniaturpumpe sollte man, wie er uns einschärfte, direkt auf die Miniaturlinse ansetzen, und zwar derart, daß ein kleines Vakuum entsteht, welches bewirkt, daß die Linse von selbst herausfällt. Es war ganz einfach.

Man würde kaum glauben, welche Mißhandlungen das menschliche Auge erträgt, wenn es nur will. Jeden Morgen, pünktlich um 9.30 Uhr, überwand die beste Ehefrau von allen ihre panische Angst und preßte die beiden Glasscherben in ihre Augen. Dann machte sie sich mit kleinen, zögernden Schritten auf den Weg in mein Zimmer, tastete sich mit ausgestreckten Armen an meinen Schreibtisch heran und sagte:

„Rate einmal, ob ich jetzt die Linsen drin habe."

Das stand im Einklang mit dem Text des Inserats, demzufolge es völlig unmöglich war, das Vorhandensein der Linsen mit freiem Auge festzustellen. Daher ja auch die große Beliebtheit dieses optischen Wunders.

Den Rest der täglichen Prüfungszeit verbrachte meine Frau mit leisem, aber beständigem Schluchzen. Bisweilen schwankte sie haltlos durch die Wohnung, und über ihre vertrockneten Lippen kamen ein übers andere Mal die Worte: „Ich halt's nicht aus... ich halt's nicht aus..."

Sie litt, es ließ sich nicht leugnen. Auch ihr Äußeres litt. Sie wurde, um es mit einem annähernd zutreffenden Wort zu sagen, häßlich. Ihre geröteten Augen quollen beim geringsten Anlaß über, und das ständige Weinen machte sich auch in ihren Gesichtszügen nachteilig geltend. Obendrein dauerte die Qual von Tag zu Tag länger. Und dazu die täglichen Eilfahrten zum Optiker, damit er die Linsen entferne. Denn die kleine Gummipumpe war ein Versager, das zeigte sich gleich beim ersten Mal, als meine Frau sie in Betrieb nahm. Das Vakuum, das programmgemäß entstand, hätte ihr fast das ganze Auge herausgesaugt.

Niemals werde ich den Tag vergessen, an dem das arme kleine Geschöpf zitternd vor mir stand und verzweifelt schluchzte:

„Die linke Linse ist in meinen Augenwinkel gerutscht. Wer weiß, wo sie sich jetzt herumtreibt."

Ich erwog ernsthaft, eine Krankenschwester aufzunehmen, die im Entfernen von Kontaktlinsen spezialisiert wäre, aber es fand sich keine. Auch unsere Gespräche über die Möglichkeit einer Emigration oder einer Scheidung führten zu nichts.

Gerade als ich alle Hoffnung aufgeben wollte, buchstäblich im letzten Augenblick, erfolgte die Wendung zum Besseren: Die beiden Linsen gingen verloren. Wir wissen bis heute nicht, wie und wo. Sie sind ja so klein, diese Linslein, so rührend klein, daß sie augenblicklich im Großstadtverkehr verschwinden, wenn man sie zufällig aus dem Fenster gleiten läßt...

„Und was jetzt?" jammerte die beste Ehefrau von allen. „Jetzt, wo ich mich gerade an sie gewöhnt habe, sind sie weg. Was soll ich tun?"

„Willst du das wirklich wissen?" fragte ich.

Sie nickte unter Tränen und nickte abermals, als ich sagte:

„Trag wieder deine Brille."

Es geht ganz leicht. Am ersten Tag fünfzehn Minuten, am zweiten zwanzig — und nach einer Woche hat man sich an die Brille gewöhnt. Deshalb kann die beste Ehefrau von allen aber trotzdem von Zeit zu Zeit ohne Brille zu einer Party gehen und vor aller Welt damit prahlen, wie großartig diese neuen Kontaktlinsen sind. Man sieht sie gar nicht. Wenn man nicht gerade das Pech hat, den Büfett-Tisch umzuwerfen, glaubt's einem jeder, man wird zum Gegenstand allgemeinen Neides, und das allein zählt.

Unser kurzer Kontakt mit Linsen fand in jenen fernen Tagen statt, ehe wir fruchtbar wurden und uns vermehrten. Jedoch mit zwei Kindern im Haus überwindet sich eine Frau eher dazu, eine Brille zu tragen. Sie will doch von Zeit zu Zeit wissen, wie ihre Kinder aussehen. Umsomehr, als sie zu meinem größten Leidwesen auch noch die beste Mutter von allen ist. Die Hingabe an ihre Brut grenzt schon an Hörigkeit. Sie ist, wenn ich so sagen darf, nachwuchsfixiert: es ist nahezu ein Fall von umgekehrtem Ödipuskomplex.

Hier muß ich der Annahme entschieden entgegentreten, daß ich etwa ein schlechter Vater wäre. Ich besorge meinen Kindern lastwagenweise quergestreiften Kaugummi, und ich habe sie auch noch nie geprügelt, außer natürlich in Notwehr. Aber meine Kinderliebe läßt sich nicht mit der meiner Allerbesten vergleichen. Sie hat irgendwann beschlossen, eine Mustermutter zu werden, und klebt an diesem Image wie eine Klette.

Diese schonungslosen Enthüllungen über die beste Ehefrau von allen wage ich nur deshalb zu veröffentlichen, weil ich weiß, daß sie sie niemals mißverstehen wird. Sie ist letzten Endes eine sehr klarsichtige, selbstkritische Persönlichkeit, die jederzeit in der Lage ist, sich selbst aus der Vogelperspektive zu betrachten.

Außerdem liest sie keine deutschen Bücher. Und was die Vogelperspektive betrifft, so stelle ich bei längerem Nachdenken fest, daß auch der Strauß ein Vogel ist.

Bei noch längerem Nachdenken muß ich Sie, werter Leser, bitten, meiner Frau nichts von dem zu erzählen, was ich in diesem Kapitel über sie schreibe.

Vielen Dank.

Die überschäumende Kinderliebe der besten Ehefrau von allen begann etwa achtzehn Monate vor der Geburt unseres gemeinsamen Erstgeborenen Amir. Jenes Amirs, der blauen Auges und flammenden Haares durchs Leben schreitet, ebenso wie König David in den Tratschkolumnen der Antike beschrieben wurde. Wachsam und umsichtig wie immer hat die beste Ehefrau von allen schon in diesem frühen Stadium unserer Familienplanung entdeckt, daß das wesentliche Problem der Kindererziehung die Anschaffung eines verläßlichen Babysitters ist. Das ist zwar ein weltweites Problem, aber es ist nahezu unlösbar in einem Staat, der gerade in dem Moment seine Jungen und Mädchen zum Militär schickt, da sie die notwendige Reife für einen Babysitter erreichen. Sogar wenn einmal ein solcher greifbar ist, bekommt man ihn nicht ohne erschwerende Umstände. Die Bedingungen für ein verläßliches Exemplar sind folgende: eine wilde Orgie für den Babysitter und seinen Freundeskreis in sämtlichen Räumen unseres Hauses, einige Tonbänder mit heißer Tanzmusik, kühle Erfrischungen, freier Transport hin und zurück sowie ein drahtloses Funkgerät (auch „Walkie-talkie" genannt). „In Mühsal und Plage sollt ihr eure Kinder großziehen", sagt die Bibel und nimmt damit sicherlich Bezug auf das Babysitterproblem.

„Ich glaube", sagte die beste Ehefrau von allen, als sie unseren König David im fünften Monat unter dem Herzen trug, während ihr Blick, das Land der Griechen mit der Seele suchend, weit über das Meer schweifte, „ich glaube, Medea hat ihre Kinder nur deshalb getötet, weil sie keinen Babysitter bekommen konnte."

Ein Gedanke, der nicht so ohne weiteres von der Hand zu weisen ist.

Im siebten Monat ihrer Schwangerschaft mit Amir kam sie eines Tages gefolgt von einer älteren Dame nach Hause. Diese ließ sich prompt im Wohnzimmer nieder, holte aus ihrer Tasche einen größeren Vorrat an Frauenmagazinen sowie Stricknadeln und einen überdimensionalen Wollknäuel hervor. Sie vertiefte sich mit einem Augen in die Lektüre, mit dem anderen strickte sie zwei glatt, zwei verkehrt. Nach etwa drei Stunden wurde ich etwas nervös und verlangte eine Erklärung von meiner Frau.

„Ich habe nicht die Absicht, erst im letzten Moment unser Land nach einem Babysitter zu durchkämmen", teilte mir das kleine Weib mit dem großen Bauch mit. „Frau Fleischhacker wird bis zur Ankunft des Babys dreimal wöchentlich kommen und danach fünfmal wöchentlich. Sie hat als Babysitter langjährige Erfahrung, und ich lege größten Wert darauf, sie mir nicht vor der Nase wegschnappen zu lassen..."

Meine Frau produzierte zur vorgesehenen Zeit unseren ersten Freudenspender ohne größere Schwierigkeiten, und nach einem flüchtigen Blick auf das rosa Etwas, das vorläufig noch vornamenlos neben ihr lag, rief sie aus:

„Sag selbst, sieht er nicht wie ein kahler blonder Engel aus?"

In der Farbe hat sie sich geirrt. Was den Engel betrifft, so mußten wir gemeinsam mit unseren Nachbarn (sofern sie nicht weggezogen sind) bald die Entdeckung machen, daß unser Sohn, hätte er zur Zeit des Falles von Jericho gelebt, in der Lage gewesen wäre, diese Mauern eigenhändig zu Fall zu bringen — oder sollte ich sagen eigenstimmig? Er konnte stundenlang brüllen, unser Amir, er brüllte, bis sein Gesicht blau anlief, und nur eines konnte ihn davon abhalten: Bewegung. So wie jeder waschechte Israeli war er nur dann schweigsam und glücklich, wenn er auf Reisen war. Ich könnte ein ganzes Buch über dieses Thema schreiben: „Wanderjahre mit meinem Sohn". Genau das war's, was wir die ersten drei Jahre seines Lebens taten: Kinderwagen schieben. (Davon blieb mir bis zum heutigen Tag die traumatische Abneigung gegen Supermärkte.) Wann immer ich an der Reihe war, den Kinderwagen zu schieben, und versuchte, mich dem vorsichtig zu entziehen, erklärte mir die beste Mutter von allen, daß das Kind unter Winden im Bäuchlein leide.

„Freilich", erwiderte ich, während ich erschöpft meinen Nachkömmling auf der Terrasse hin und her schob, „und wenn ich ihn im Kinderwagen schaukle, hat er keine Winde?"

„Nein", sagte die beste Ehefrau von allen, „dann nicht."

Das Ergebnis dieser verpfuschten Erziehung sollte siebzehn Jahre später klar zutage treten. Amir bekam einen Tobsuchtsanfall, als meine Frau sich weigerte, ihm zwei Minuten nach seiner bestandenen Fahrprüfung ihren Wagen zu leihen. Als ich sah, wie sich mein rothaariger Sohn in seiner ganzen Länge auf den Boden warf und schrie: „Auto! Amir will Auto!", sagte ich meiner Frau mit der mir eigenen Ruhe:

„Ich glaube, das Kind hat noch immer Winde im Bäuchlein."

Die Antwort meiner Allerbesten soll aus dem Protokoll gestrichen werden.

Zum Thema Kindererziehung, wie gesagt, hatten wir schon immer divergierende Ansichten. Die beste Ehefrau von allen zum Beispiel führte die letzten achtzehn Jahre ein gerüttelt Maß von Kinderfotos in ihrer Handtasche mit. (Vor Amirs Geburt waren es Röntgenaufnahmen.) Und alle diese Fotos zeigte sie denen, die an Kindern interessiert waren oder nicht.

„Ein Kind mag sich ändern", argumentierte sie, „aber auf dem Foto bleibt er immer so, wie er ist."

Das habe ich nie verstanden. Wann immer mir jemand das Foto eines kleinen roten Brüllaffen in der Wiege zeigt, pflege ich zu sagen:

„Das wird sich hoffentlich einmal ändern."

Worauf jeder über einen so komischen Kauz wie mich zu lachen beginnt.

Was unsere beiden Kinder betrifft, so sind sie natürlich sehr lieb und klug und neurotisch vom Scheitel bis zur Sohle. (Zum Unterschied von Rafi, dem Sohn aus meiner ersten, sozusagen gescheiterten Ehe, der ein ruhiges und ausgeglichenes Naturell hat.) Als Erklärung dafür, daß meine beiden anderen, die Kinder einer glücklichen Ehe, so überzeugte Neurotiker geworden sind, möchte ich hier einen Luftpostbrief veröffentlichen, den mir die beste Ehefrau von allen vor sechzehn Jahren geschrieben hat. Ich habe ihn als inkriminierendes Beweismaterial bis zum heutigen Tag aufbewahrt.

Mein lieber Ephraim,

seit Du weg bist, ist viel passiert in unserem Land. Ich werde versuchen, Dir alles Wesentliche zu berichten. Solange es geht, das heißt, solange Amir noch im Garten spielt.

Du wirst Deinen Sohn nicht wiedererkennen, wenn Du zurückkommst. Er ist ein lieber, ruhiger, guterzogener Bub geworden. Jetzt spielt er ganz alleine im Garten, ohne daß jemand auf ihn aufpaßt. Der süße Kleine.

Er ist auch sehr gewachsen. Wenn er zum Beispiel auf den Zehenspitzen steht, kann er die Wäsche erreichen, die zum Trocknen auf der Leine hängt, und ein Wäschestück nach dem anderen herunterziehen.

Soweit also Amir. Jetzt will ich Dir über die politische Lage in unserem Land berichten. Aber vorher möchte ich Dir erzählen, wie ich meine Tage verbringe.

Also, mein Tag beginnt normalerweise um drei Uhr in der Nacht. Um diese Zeit wacht nämlich Amir auf und kriecht unter meine Decke. Er hängt so an mir, der kleine Goldschatz. Kaum daß er mich sieht, macht er sein Mündchen auf und ruft: „Dadada." Was er damit sagen will, weiß ich nicht. Vielleicht glaubt er, daß es mein Name ist. Übrigens passiert es sehr oft, daß ich mich frage, was er meinen könnte. Er plappert nämlich den ganzen Tag, er ist ein ungewöhnlich begabtes Kind. Nur verstehe ich nicht, was er sagt.

Also, was die Lage betrifft: Zwischen drei Uhr nachts und neun Uhr vormittags spielen wir, Amir und ich. Dann, wenn wir müde sind, geht Amir schlafen. Du müßtest ihn mal sehen, wenn er schläft: wie ein kleiner Engel. Stell Dir vor, er streckt sich ganz in seinem kleinen Bett aus, mit seinem goldroten Lockenkopf auf dem Polster, und schließt die Augen! Und das ist noch nicht alles! Er atmet durch seine hübsche kleine Nase aus und ein und ein und aus.

Wie findest Du das?

Ich war gerade im Garten, um nachzusehen, was er macht. Du wirst es nicht für möglich halten, aber er fängt Schmetterlinge. Er liebt Schmetterlinge. Unser neuer Hausarzt sagt, daß es ihm nicht schaden wird. Ich meine seinem Magen.

Da fällt mir ein, dieser aufdringliche Doktor sagt, daß er bei uns einziehen sollte. Er will sich offenbar das ewige Hin- und Herfahren von seinem Haus zu unserem ersparen.

Jetzt zu den neuesten Ereignissen in unserem Land. Zu dumm, daß ich sie nicht sehen konnte. Unser Fernsehapparat ist nämlich kaputt, weil Amir ihn getreten hat. Der Kleine hat geglaubt, daß es ein eckiger Hund war. Ist das nicht merkwürdig, wie er vor nichts und niemand Angst hat, unser Bub?

Gestern hat er alles, was auf Deinem Schreibtisch lag, aus dem Fenster geworfen. Der Doktor sagt, das sei vollkommen natürlich, weil er Zähne bekommt. Amir, nicht der Doktor. Vielleicht hat er recht. Neulich hat Amir beispielsweise seine kleinen Zähne in ein Polster gegraben und es dann kräftig durchgebissen. Dann hat er die Federn aus dem Polster geschüttelt und durch das ganze Zimmer gewirbelt. Und dieses Kind hat noch nie in seinem Leben Schnee gesehen!

Ich habe eben hinausgesehen. Amir ist jetzt in den Nachbargarten gegangen, weil es in unserem Garten keine Blumen mehr gibt. Er liebt die Blumen genauso wie die Schmetterlinge. Er hat sich jetzt gerade eben mit der Katze unserer Nachbarn angefreundet. Er versucht, sie am Schwanz durch den Zaun zu ziehen. Die Katze nennt er auch „Dadada".

Jetzt wollte ich Dir über die Inflation berichten, aber er weint draußen. Ich schaue nach, was los ist.

Du wirst es nicht erraten, was passiert ist! Du erinnerst Dich doch sicher, wie gern Amir Schallplatten spielt? Jedenfalls hat er jetzt eine nach der anderen über den Gartenweg gerollt, aber plötzlich ist Tschaikowskys Erstes Klavierkonzert davongetrudelt, und da begann er zu weinen. Ich kann es nicht aushalten, wenn er weint, es bricht mir das Herz.

Also habe ich ihn gefragt: „Amiri, mein kleiner Liebling, sag doch Dadada, wo Tschaikowskys Klavierkonzert ist." Da zeigte er mit seinem kleinen süßen Finger auf den Akazienstrauch auf der anderen Straßenseite. (Du erinnerst Dich, wo wir die zerbrochene Fensterscheibe hingeworfen haben.) Also gehe ich hin zu den Akazien, um Tschaikowsky zu holen. Was glaubst Du, was ich dort fand? Nichts! Er hat mich an der Nase herumgeführt, der kleine Fuchs!

Daß Du derzeit krank bist, tut mir leid. Amir hat gestern auch geniest. Kein Wunder, schließlich ist er knöcheltief durchs kalte Wasser gewatet. Ich habe übrigens vergessen, Dir zu erzählen: Während ich ihm Milchschokolade besorgte, hat er alle Wasserhähne im Haus geöffnet. Glaub ja nicht, daß ihm das irgend jemand gezeigt hat. Das hat er ganz allein herausgefunden.

Mach Dir keine Sorgen, die Versicherungsleute sind sehr zuvorkommend. Sie haben mir ein Stipendium angeboten, wenn ich Amir zu Dir ins Ausland schicke. Sie haben sich in das Kind auf den ersten Blick verliebt.

Das wäre also alles, was ich über die Lage in unserem Land zu berichten habe. Schreib mir bald wieder und erzähle mir, wo Du überall warst, und vor allem, was die Kinder dort anziehen, was sie essen und wie alt sie sind.

In Gedanken stets bei Dir

Deine Dadada

PS: Wenn Du mir wieder einen Brief schreibst, ruf mich an und lies ihn mir vor. Unser Briefträger will nicht mehr kommen. Er hinkt.

Inzwischen ist Amir zu einer respektablen Größe aufge-
schossen. Er hat entdeckt, worüber junge Mädchen zu kichern pflegen, und außerdem zeigt er eine unerwartete Be-
fähigung für die Wissenschaft der Mikroprozessoren. So
sehr, daß man ihn an das Weizmann-Institut nach Recho-
vot gesandt hat, um ihn dort wie einen wirklichen Erwachsenen im Umgang mit elektronischen Computern zu schu-
len. Die beste Mutter der Welt wollte ihm dabei natürlich
nicht im Wege stehen, daher ist sie nicht mit ihm gefahren.
Sie telefoniert nur täglich einige Stunden mit ihm. Durchschnittlich zwölfmal am Tag. Es geht bei diesen Gesprä-
chen vornehmlich um Gesundheit und gutes Benehmen.

„Das Kind", ließ sie mich wissen, „hängt so an mir."

Durch einen blindwütigen Zufall gelang es mir, einige
dieser Gespräche zwischen dem jungen Wissenschaftler
und seiner Mama abzuhören, und ohne größere Mühe gelang es meiner Phantasie, ein Telefonat zu erfinden, das
die beste Ehefrau von allen vielleicht in einem Jahrzehnt
mit ihrem Sohn führen wird. Zu einem Zeitpunkt also, da
das Kind — wie ihrem Mutterherzen schon heute bewußt
ist — ein weltberühmter Wissenschaftler, der größte leben-
de Experte auf dem Gebiet der magnetischen Felder, pro-
minentes Mitglied der Kommission für Atomenergie und
Nobelpreisträger für Physik sein wird.

Während dieses vorausgesehenen Telefonats hält sich
Amir bei einem Kongreß in San Fransisco auf.

Das Gespräch spielt sich ungefähr so ab.

Mama: Hallo! Wer da?
Prof. A. Kishon: Amir, shalom.
Mama: Großer Gott, was ist denn passiert?

Prof. A. Kishon: Nichts, Mama, alles in Ordnung. Ich habe nur ein paar Unterlagen zu Hause vergessen. Und zwar mein Konzept für ein Referat über die Veränderung flüssiger Körper unter dem Einfluß kosmischer Bestrahlung. Wahrscheinlich liegt es auf meinem Schreibtisch.

Mama: Ich hab's doch gewußt, daß du was vergessen würdest. Du bist immer so zerstreut, mein Lieber. Ich möchte nur wissen, wozu du deinen Kopf eigentlich mitgenommen hast.

Prof. A. Kishon: Mama, ich bin in Eile, ich muß zurück zur Sitzung. Montag bin ich an der Reihe, ich brauche das Referat dringend.

Mama: Warum bist du so heiser?

Prof. A. Kishon: Heiser?

Mama: Amir, erzähl mir nicht, daß du nicht heiser bist, wo ich's doch selber höre. Du hast wieder kaltes Wasser getrunken. Warst du schon beim Arzt?

Prof. A. Kishon: Ich brauche keinen Arzt. Bitte, Mama, schau, daß du das Referat findest. Vielleicht schreibst du dir's auf: ,,Veränderung flüssiger Körper...''

Mama: Mach dir einen heißen Wickel, wenn du schlafen gehst, und versuch zu schwitzen, dann bist du morgen wieder gesund.

Prof. A. Kishon: Ja, Mama, aber...

Mama: ,,Ja, Mama, ja, Mama'', und dann geht er hin und tut doch, was ihm paßt. Als ob man einem Tauben predigte. Wenn dein Vater Halsweh hat oder Rückenschmerzen, schluckt er ein Pulver. Hast du wenigstens eine warme Bettdecke?

Prof. A. Kishon: Ja, Mama, ich habe alles, was ich brauche. Aber dieses Referat...

Mama: Verlang eine Daunendecke. Sag den Leuten, ich hätte es gesagt. Und lauf nicht ohne Schal herum.

Prof. A. Kishon: Um Himmels willen, Mama, hier ist es heiß wie...

Mama: Ja, und nachts wird es dann kalt! Du weißt doch, wie anfällig du bist. Ich frage mich nur, von wem du das hast. Ich war mein Leben lang nicht einen Tag krank, und auch dein Vater ist beinahe kerngesund. Iß ja keine rohe Salami! Hörst du, Amir?

Prof. A. Kishon: Ja, Mama.

Mama: Ich mach' mir wirklich Sorgen um dich. Ich hätte dich nicht weglassen dürfen um diese Jahreszeit. Wann kommst du zurück?

Prof. A. Kishon: In circa zehn Tagen.

Mama: Warum so spät?

Prof. A. Kishon: Ich muß noch nach London zu einer Nuklearkonferenz, um die Welt vor einer Atomkatastrophe zu bewahren.

Mama: Mußt du da unbedingt hin?

Prof. A. Kishon: Ich bin der Vorsitzende.

Mama: Dein Vater hat vierzig Jahre lang zu Hause an seinem Schreibtisch gesessen und war glücklich dabei. Kannst du denn nicht einmal absagen?

Prof. A. Kishon: Ich habe eine persönliche Einladung von der Königin.

Mama: Dann zieh dich anständig an. Nicht die graue Hose, die beult an den Knien immer so aus. Und vergiß nicht, dich zu verbeugen, und „Euer Majestät" zu sagen, man sagt nicht einfach „Hallo" zu einer Königin. Die Königin soll nicht denken, ich hätte dich schlecht erzogen, hörst du, Amir?

Prof. A. Kishon: Gewiß, Mama.

Mama: Ich bin sicher, du träumst wieder mit offenen Augen. Gibt's da, wo du bist, fließendes Wasser?

Prof. A. Kishon: Also, Mama...

Mama: Dann wasch dich und vergiß nicht, täglich die Unterwäsche zu wechseln.

Prof. A. Kishon: Natürlich, Mama.

Mama: Gut. Aber ich wollte dir noch was sagen. Was war das denn nur? Erst gestern sagte ich zu deiner Tante Sabina: „Das muß ich dem Jungen erzählen, das interessiert ihn bestimmt." Was war das nur?

Prof. A. Kishon: Beim nächsten Mal ist dir's sicher wieder eingefallen...

Mama: Unterbrich mich nicht. Stell dir vor: Herr Jacobsohn, du weißt doch, der nette, seriöse Herr von nebenan, er wurde zum Mitglied des Einwohnerrats gewählt, als Nachfolger von Herrn Großmacher, der zu seiner Tochter nach Brasilien gezogen ist. Sie soll wieder schwanger sein. Jetzt sind wir natürlich alle mächtig stolz auf Herrn Jacobsohn. Er ist immerhin noch ein recht junger Mensch, ungefähr in deinem Alter — und schon im Einwohnerrat! Das ist eine große Ehre, nicht wahr? Ich denke, du solltest ihm mit ein paar Zeilen gratulieren und ihm ein Geschenk aus Amerika mitbringen, am besten etwas aus Plastik. Aber wie ich dich kenne, vergißt du auch das.

Prof. A. Kishon: Ja, Mama.

Mama: Du hörst mir ja überhaupt nicht zu, Amir. Schreib's dir lieber auf, du behältst ja nichts. Also: „Herr Jacobsohn, Strich, Plastikgeschenk." Hast du das?

Prof. A. Kishon: Ja.

Mama: Gut, und jetzt geh wieder zu deinen Freunden.

Und sei höflich zu allen. Und wenn jemand mit dir spricht, schau ihm in die Augen und nicht an die Decke.

Prof. A. Kishon: Natürlich, Mama.

Mama: Schön, daß du angerufen hast. Wolltest du was Bestimmtes?

Prof. A. Kishon: Ich? Äh... nicht daß ich wüßte...

Mama: Hör auf zu stottern. Also mach's gut, mein Junge, und denk dran, Mama liebt dich, auch wenn du ein bißchen schlampig bist.

Prof. A. Kishon: Danke, Mama. Adieu.

Mama: Dein Schal!

Etwa um diese Zeit betrat unsere süße kleine Renana die Szene und beherrschte sie von Stund an. Unser Nachwuchs war somit verdoppelt, und ebenso verdoppelte sich der daraus resultierende Lärm.

Lärm? Falsch. Das rechte Wort dafür muß noch erfunden werden. Es handelte sich um eine Collage von Schreien und Brüllen, begleitet vom Stampfen unzähliger Füße, von Türenknallen, ohrenbetäubendem Krach herumgeworfener Gegenstände. Man brauchte viel Zeit, bis man sich dran gewöhnt hatte.

„Ist dir schon aufgefallen", bemerkte eines Tages die beste Ehefrau von allen mit nachdenklichem Blick, „wie öd und leer unser Haus wirkt, wenn die Kinder nicht daheim sind?"

Meine Einstellung war da wesentlich gemäßigter. Meiner Meinung nach kann hin und wieder ein bißchen Leere nicht schaden. Natürlich spreche ich nicht von üblichen Werktagen, an denen die Kinder in den Mauern ihrer Schule eingekerkert sind und als Folge davon in unserem

Haus eine himmlische Ruhe einkehrt. Nein, ich spreche von der teuflischen Erfindung „Schulferien", wenn die Kinder den ganzen Tag daheim verbringen und uns langsam aber sicher dem Wahnsinn in die Arme treiben.

Die einzige Erlösung aus diesem Pandämonium heißt „Ferienlager", es möge blühen und gedeihen. Dies ist ein gesegneter Ort, an den die Kinder und ihr Lärm für die gesamte Dauer der schulfreien Zeit verbannt werden.

Man hat zum Glück eine reichhaltige Auswahl. Es gibt Lager, in denen die schönen Künste Priorität haben, andere betonen Sport und körperliche Ertüchtigung der Kinder, wieder andere widmen sich dem intellektuellen Training, und schließlich gibt es Lager, die an hohen Einnahmen interessiert sind. Alle haben ein Wesentliches gemein, sie erzeugen Ruhe und Frieden in den Elternhäusern. Außer natürlich im Elternhaus meiner Kinder.

Die beste Mutter von allen weigerte sich nämlich standhaft, auch nur einen einzigen Tag ohne ihre kleinen Engel zu leben. Ich habe ihr in diesem Punkt zwölf ohrenbetäubende Sommer lang nachgegeben. Warum? Schließlich bin ich doch ihr liebender Papi, und ich finde mich damit ab, mit dümmlichem Grinsen alles zu erdulden. Insgeheim bin auch ich vernarrt in unsere Kinder, und die daraus resultierende Verlegenheit kompensiere ich, indem ich in meinen Büchern schamlos den strengen Vater spiele.

Deshalb ertrug ich also das Chaos zwölf Jahre lang. Wir schickten unsere Brut nicht einmal in jenes berühmte Sommerlager von Ejn Gedi, in welchem den Kindern eine perfekte Opernausbildung zuteil wird.

Zwölf Jahre lang — dann brachen wir zusammen.

„Hör zu", sagte die beste Ehefrau von allen plötzlich

im letzten Sommer, während sie sich die Watte aus den Ohren zog, ,,glaubst du nicht auch, daß ein Ferienlager für die geistige Entwicklung unserer Kinder vielleicht von Vorteil sein könnte?"

So geschah es also, daß wir Renana während der diesjährigen Schulferien bei Elisheva Holzer deponierten. Wir sagten uns, es könnte ihr nichts schaden. Sie würde Spaß haben, könnte mit Gleichaltrigen zusammensein, würde sich anpassen, unabhängiger werden — kurz: weg von zu Hause.

Nicht, daß uns die kleine Renana etwa auf die Nerven ginge. O nein! Sie ist ein süßes kleines Mädchen, auch wenn sie nicht bereit ist, etwas anderes zu essen als ihre Fingernägel, sich weigert, vor Mitternacht ins Bett zu gehen, den ganzen Tag ihr Haar kämmt, weder Milch noch Grammatik mag, bei jedem unserer unauffälligen Erziehungsversuche zu brüllen beginnt, mit Dingen um sich wirft und arabisch flucht...

Also brachten wir sie zu Elisheva Holzer. Wir taten es nur ihr zuliebe. Nur ihr Wohlergehen hatten wir im Auge und den nahöstlichen Friedensprozeß im allgemeinen. Anfangs hatten wir das schöne Feriencamp mit den bezaubernden Ponys erwogen, aber Elisheva Holzer lag näher.

Wir lieferten unsere Renana an Elishevas Tor ab und fuhren davon, ohne auch nur einen einzigen Blick durch den Rückspiegel zu riskieren. Mehr noch: wir schworen einander hoch und heilig, uns während einer ganzen Woche nicht nach ihr zu erkundigen.

Erst als wir zu Hause ankamen, stürzte die beste Ehefrau von allen zum Telefon und fragte Frau Holzer, ob sich unser armes Küken mit seinem Schicksal abgefunden hätte, und überhaupt, wie es ihr gehe.

„Ich bin sicher, daß Ihr Kind hier sehr glücklich sein wird", sagte Elisheva, „vorausgesetzt, daß die Kleine nicht ununterbrochen belästigt wird."

Wir teilten den Holzerschen Optimismus nur bedingt. Schließlich kannten wir den kleinen Satansbraten einige Zeit länger. Wir beneideten die Holzer nicht eine Sekunde.

„Also", sagten wir uns, „sollen die beiden zusehen, wie sie zurechtkommen, die Holzer und unser Fratz."

Zwei Tage vergingen. Dann kam die beste Ehefrau von allen mit einem genialen Vorschlag: Wir könnten doch ganz beiläufig an Elishevas Ferienlager vorbeifahren, um einen Blick hineinzuwerfen. Ich hatte grundsätzlich nichts dagegen, und so begaben wir uns auf eine Erkundungsreise. In unseren Köpfen spukte die Vision von einem tränenüberströmten kleinen Mädchen und einer kurz vor dem Nervenzusammenbruch stehenden Holzer.

„Die arme Elisheva", seufzte die beste Ehefrau von allen, „eigentlich ist sie doch eine sympathische Person."

Die Realität ließ unsere Schreckensvision in Nichts zerstieben. Ein Blick über den Zaun zeigte uns eine Renana, die mit anderen Kindern im Gras kauerte und ein Buch las. Ein echtes Buch! Und sie blätterte es nicht nur mißmutig durch, sie las darin. Und das zu einer Zeit, da im Fernsehen schon der Zeichentrickfilm begonnen hatte! Niemals — ich sage niemals — wäre so etwas zu Hause denkbar gewesen. Erschüttert brachen wir das Tor ein und liefen der Holzer direkt in die Arme. Sie drängte uns in eine Ecke.

„Das Kind paßt sich an", flüsterte sie, „warum stören Sie?"

„Verzeihen Sie", sagten wir, „wir wollten nur wissen, wie Sie das Kind während des Trickfilms zum Lesen bringen."

Wortlos führte uns Frau Holzer zu einer schwarzen Tafel, auf der ein „Tagesplan" verzeichnet war.

„Das Kind liest nicht", belehrte sie uns mit einem herablassendem Lächeln. „Renana nimmt an einem ‚Buch-Festival' teil. In Kürze werden wir uns dem Abendessen zuwenden."

„Was", keuchte meine Frau, „was gibt's denn zum Abendessen?"

„Verschiedene Milchspeisen."

Milch! Wir konnten es nicht fassen. Um den Wahrheitsgehalt von Elishevas Behauptung zu überprüfen, blickten wir wieder auf die Tafel, und dort lasen wir weiß auf schwarz:

„Heute um 18.30 Uhr Beginn des großen Milch-Symposions und um 21 Uhr Startschuß zur Schlaf-Olympiade."

„Um neun Uhr", rief die beste Ehefrau von allen verdattert. „Sie geht, verdammt noch einmal, um ein Uhr zu Bett!"

Die Holzer hingegen lächelte nur. Wir überflogen das Programm des nächsten Tages. Es begann mit einem „Zahnputz-Konzert", gefolgt von einem „Reinigungs-Trip". Was uns den Rest gab, war ein „Grammatik-Hürdenlauf", der gleich nach dem „Geschirrspül-Jamboree" stattfinden sollte.

„Madame", ich verneigte mich tief vor Elisheva, „Sie sind ein Genie."

„Na ja", meinte sie, „so sagt man allgemein."

Unsere Tochter hatte uns inzwischen erspäht. Fröhlich tanzte sie auf uns zu. Ihr Gesicht glühte vor penetranter Lebensfreude.

„Gleich gibt's Abendessen!" jodelte sie. „Wiedersehn!"

Und weg war sie, um am „Fingernägel-Karneval" teilzunehmen. Das war ein gesellschaftliches Ereignis, dessen besonderes Merkmal darin bestand, daß die Teilnehmer ihre Fingernägel mit der Schere zu schneiden hatten, anstatt sie ungekocht zu verzehren.

Ich spürte, wie die beste Ehefrau von allen an einem akuten Minderwertigkeitskomplex zu leiden begann. Mit Recht übrigens, die Holzer war eine meisterhafte Pädagogin.

Meine Frau wandte sich an die große Erzieherin:

„Fabelhaft! Ich bewundere Sie!"

Wir verabschiedeten uns. Am Tor fing uns Renana ab und zog unsere Köpfe zu sich herunter.

„Gestern", kicherte sie selig in unsere Ohren, „gestern hatten wir um acht Uhr eine ‚Licht-aus-Orgie'!"

Um acht Uhr! Sie ist tatsächlich um acht Uhr ins Bett gegangen, diese kleine Schlange.

Auf der Heimfahrt war die Luft in unserem Wagen ein wenig stickig. Meine Frau schlug vor, Renanas Aufenthalt bei Elisheva Holzer drastisch abzukürzen, auf daß sie nicht Schaden nähme an Leib und Seele.

„Warum?" fragte ich, „sie scheint doch sehr glücklich zu sein."

„Eben darum! Je glücklicher sie sich dort fühlt, desto niedergeschlagener wird sie zu Hause sein."

Ich mußte ihr recht geben. Unsere Kleine würde die

Heimkehr als schrecklichen Abstieg empfinden. Also beschlossen wir, die Beste und ich, der großen Holzer einige Ideen zu stehlen, um ihre Pädagogik-Gags auch zu Hause anzuwenden.

Als Renana am Vorabend des ersten Schultages an unseren Busen zurückkehrte, schloß sie sich zunächst einmal in ihrem Zimmer ein. Dort fand sie über dem Bett folgende Nachricht: „Hurra! Morgen gibt's eine Früh-Aufsteh-Fiesta und anschließend einen Wieder-zur-Schule-Marathon!"

Ihre Zimmertür öffente sich, und gemessenen Schrittes kam sie auf uns zu.

„He!" sprach sie ihre Eltern an, „wer hat diesen Blödsinn verzapft?"

„Das war Mami", sagte ich mit öligem Lächeln, „wir haben nämlich beschlossen, auch solche schöne Spiele und Partys zu veranstalten wie..."

„Zu Hause?" Renana zuckte die Achseln und ließ uns stehen. Wir verwarfen natürlich sogleich den Plan eines „Spinat-Kongresses", und zum Abendbrot aß unsere Kleine, von einigen Fingernägeln abgesehen, so gut wie nichts.

Ich schlug der besten Ehefrau von allen vor, unsere Tochter das ganze Jahr bei Elisheva Holzer zu lassen, worauf mich meine Gattin einen Unmenschen nannte. Ich legte ihr nahe, an einem „Besenstiel-Rodeo" teilzunehmen, worauf sie etwas von einer „Idioten-Enquete" murmelte...

Was die Holzer betrifft, so haben wir sie immer schon für eine widerliche Ziege gehalten.

4

Wenn es sich nicht um ihre Kinder dreht, kann die beste Ehefrau von allen eine unerwartete Intelligenz an den Tag legen. Dann funktioniert ihr Denkapparat klug und rasch. Vielleicht ein bißchen mehr rasch als klug, aber was kann ich schon erwarten von einer Frau, die unbedingt mich zum Mann wollte? Es war gerade diese flinke Klugheit, oder wie immer wir das nennen wollen, in die ich mich kurz nach unserer überstürzten Heirat verliebt habe.

Dafür enthält unser Familienarchiv zahlreiche Dokumente.

Unser erstes Untermieter-Logis bezogen wir bei einer vornehmen alten Dame (im Folgenden kurz ,,Die Hexe'' genannt), die sogar in ihrer eigenen Wohnung immer einen Hut aufhatte. Sie überreichte uns einen Schlüssel mit folgenden Verhaltensmaßregeln: In unserem Zimmer durfte nicht gekocht und im Badezimmer nicht gewaschen und heiß gebadet werden. Besuchern war es nicht gestattet, über Nacht zu bleiben, ferner durfte es kein Techtelmechtel geben, keine Schwangerschaft, ganz zu schweigen von Kindern, egal welcher Art und Größe. Gestattet war nur eine Jahresmiete im voraus, und das wär's.

Danke sehr.

Selbstverständlich übertraten wir freudigen Herzens jedes einzelne Gebot der Hexe. Wir kochten, wuschen Wäsche und badeten heiß. Wir techtelten etliche Mechtel und vermehrten uns sogar, ohne daß sie es merkte.

Wie wir das zuwege brachten?

Vor einiger Zeit stieß ich beim Durchstöbern vergilbter Familiendokumente auf ein Papier mit dem vielversprechenden Titel:

„DIE KUNST DES ÜBERLEBENS ALS UNTERMIETER".

Meine Gefährtin hatte es verfaßt, und es war seinerzeit in unserem Zimmer, mit ihrer Unterschrift versehen, als Lebenshilfe auf der Innenseite einer Truhe mit rostigen Reißnägeln befestigt gewesen.

Für das Überlisten unserer Hexe hatte meine humorvolle Gute unter anderem folgende Richtlinien erfunden:

§1 Koche unter dem Bett auf einer elektrischen Kochplatte, aber nur dann, wenn überall im Hause die Lampen an sind. Kontrolliert die Hexe den Stromzähler, kann sie nicht wissen, wem sich die Rädchen drehen.

§2 Drehst du den Heißwasserhahn im Badezimmer auf, achte darauf, daß du anschließend kaltes Wasser nachlaufen läßt. Du kannst Gift darauf nehmen, daß die Hexe die Temperatur des Wasserhahns eigenhändig nachprüft.

§3 Dasselbe gilt für die Seife. Wenn du, wie nicht anders zu erwarten, ihre Seife reichlich benützt, trockne sie anschließend mit dem Handtuch ab.

§4 Schlage keinen Krach, wenn du entdeckst, daß die Hexe die Neigung hat, dein Zimmer und deinen Kleiderschrank leidenschaftlich durchzustöbern. Es ist kein

Zufall, daß du keinen einzigen Schrankschlüssel hast. Lege einfach einen kleinen Zettel zwischen deine Unterhosen mit der Aufschrift: „Steck deine Nase nicht in fremde Dinge, du neugierige alte Jungfer!" Es wirkt prompt und spurlos.

§5 Will einer deiner taktlosen Freunde über Nacht bleiben, führe ihn unter lauten Streitgesprächen bis zur Haustür, öffne sie und schlage sie dann möglichst wütend wieder zu. Dann schleiche mit deinem Gast auf Zehenspitzen wieder zurück ins Zimmer. Am nächsten Morgen kann er an der Regenrinne hinunterrutschen oder die Wohnung auf allen vieren als Schäferhund verlassen.

§6 Hast du illegale Wäsche zu waschen, vergiß nicht die Dusche aufzudrehen und dazu aus vollem Hals den Rakoczi-Marsch zu singen. Die Hexe wird annehmen, daß du eine kalte Dusche nimmst, denn bekanntlich singt kein Mensch unter einer heißen Brause (außer Untermieter bei Hexen).

§7 Was immer auch geschieht, verwende niemals und unter keinen Umständen das Toilettenpapier der Hexe. Es ist numeriert.

§8 Räumst du in einer schwachen Stunde dein Zimmer auf, kehre den Staub niemals unter den Schrank. Dort wird er dem Hexenauge nicht verborgen bleiben. Kehr ihn vielmehr in eine Ecke, stell einen schwarzen Koffer darauf, und, wenn nötig, setze dich auf den Koffer.

Nicht schlecht für eine Amateurin, oder?

Es ist meine feste Überzeugung, daß es für jedes junge Paar von Vorteil wäre, etwa so wie wir oder weiland Hänsel und Gretel das Zusammenleben unter der Knute irgendeiner Hexe zu beginnen. Es ist sehr erzieherisch.

Die beste Ehefrau von allen hat allerdings im Laufe der Jahre selbst manche Angewohnheit einer Hexe angenommen, und zwar just zu jenem Zeitpunkt, als sie Besitzerin eines Hauses wurde. Plötzlich begann sie nämlich mit ihren Gästen umzugehen, als handelte es sich um Untermieter. Besonders dann, wenn es darum ging, ausdauernde Besucher loszuwerden. Auf diesem Gebiet hat sie sich zur internationalen Großmeisterin entwickelt.

Ich kann mich noch gut an den Abend erinnern, da die Spiegels sich nicht von der Stelle rührten, so als hätte sie jemand an die Lehnstühle geleimt. Mitternacht war längst vorbei, und ich fühlte mich zusehends dahinwelken, als die beste Ehefrau von allen mit einem Glas Wasser und zwei Aspirin erschien.

,,Vergiß deine Pillen nicht, Ephraim'', sprach sie, ,,du weißt, was dir der Doktor gesagt hat. Genau zehn Minuten vor dem Schlafengehen zwei Tabletten...''

Ein anderes Mal zog sie um 2.45 Uhr den Seligs zuliebe die Vorhänge auf, ,,um den Sonnenaufgang gemeinsam zu beobachten...''

Den Feigenbaums ließ sie um 1.45 Uhr folgende Warnung zuteil werden:

,,Schrecklich, diese Rowdies. Kein Mensch fühlt sich mehr sicher. Jede Nacht gegen 2 Uhr pflegen sie die Luft aus den Autoreifen zu lassen...''

Aber die beste Ehefrau von allen übertraf sich selbst, als Professor M. B. Lefkowitz eines Nachts selbst um 3.05 Uhr noch keine Anstalten zum Aufbruch machte. Ich konnte meine Augen nur noch mittels zweier Finger offenhalten. Plötzlich stand meine geniale Gattin auf, streckte sich herzhaft gähnend und verkündete:

„Es tut mir aufrichtig leid, lieber Professor, aber jetzt müssen wir wirklich gehen. Es ist eine Schande, wie lange wir Sie wachgehalten haben."

„Aber liebe gnädige Frau", Professor Lefkowitz sprang verstört auf, „*ich* besuche doch *Sie*!"

„Mein Gott, wie dumm von mir", entschuldigte sich meine Frau. „Sie wollen wirklich schon gehen, Professor, warum denn so eilig?"

Wie eingangs erwähnt, kann sie zuweilen eine verblüffende Intelligenz an den Tag legen, die beste Ehefrau von allen. Einige ihrer schnippischen Bonmots wurden sogar in den Familienannalen für kommende Generationen archiviert.

Anläßlich der überraschenden Heirat von Jacqueline und Onassis fragte zum Beispiel alle Welt nach den Hintergründen dieser Eheschließung. Meine Frau war vermutlich die einzige, die den wahren Grund erkannte:

„Onassis braucht eine Mutter für seine Enkelkinder."

Bei unserer eigenen Eheschließung bewies die beste Ehefrau von allen nicht weniger Inspiration. Sie schmiegte sich an mich und flüsterte mir zärtlich ins Ohr: „Ich bin sicher, Ephraim, daß wir viele Kinder haben werden. Hoffentlich sind sie von einer Seite so hübsch wie ich, und von der anderen Seite so klug wie ich."

Manchmal offenbart sie auch ungeahnte philosophische Abgründe. Auf dem absoluten Tiefpunkt eines lustigen Purimfestes lamentierte ein steinreicher Gast, alles auf der Welt sei zu kaufen, außer Liebe.

Die beste Ehefrau von allen dachte kurz nach.

„Noch etwas ist nicht käuflich" sagte sie, „Neid."

Sie platzt vor Lebenserfahrung, meine weise Beste.

Als die göttliche Vorsehung mich mit einem Nierenstein bedachte, wahrscheinlich, um mir eine Vorstellung von Geburtswehen zu geben, schenkte meine Frau ihm den Kosenamen Albert (geb. Einstein).

Aber wer kann schon alle Bonmots meiner Frau festhalten.

Ich.

So also werde ich von der überragenden Intelligenz der besten aller Ehefrauen gelenkt, belehrt und behütet. In ihrer Funktion als mein persönlicher Hofberater hat sie mich immer vor Pannen bewahrt. Moment: Habe ich „immer" gesagt?

Also nicht immer. Die beste Ehefrau von allen ist nämlich nicht nur meine Gattin, tief in ihrem Innersten ist sie auch eine praktizierende Frau. Daraus folgt, daß es eine einzige ganz besondere Situation gibt, in der sie mir nicht für Beratungen zur Verfügung steht. Wo sie für mich und die Außenwelt völlig unerreichbar ist.

Dieser Fall tritt ein, wenn sie reibt.

Und zwar irgendeine Creme in ihr Gesicht.

Diese kosmetische Kulthandlung wird üblicherweise spät am Abend zelebriert. Sie hat den Zweck, ihren zarten Teint zu erhalten, zumindest für die wichtigen Nachtstunden. Noch nie in meinem Leben habe ich irgend jemand, tot oder lebendig, gesehen, der so tief in sich versunken ist wie die beste Ehefrau von allen, wenn sie sich diesem Ritual hingibt.

In so einem Fall ist ihr Spiegel wie eine Scheidewand zwischen uns und sie selbst unnahbar wie eine Löwin im

Zoo zur Zeit der Fütterung. Es kann aber hin und wieder passieren, daß der Gatte meiner Frau nicht bis zum Ende der Creme-Orgie warten kann, weil er irgendein dringendes Problem mit ihr diskutieren möchte, bevor sie Schicht Nr. 4 aufträgt.

So geschah es auch in jener finsteren Nacht, als ich die Bilanz meines Lebens ziehen wollte, sowohl als Mensch wie auch als Künstler, als ich mich wog und zu leicht befand...

Dieses menschliche Drama wurde für die Nachwelt aufgezeichnet, auch wenn es sich als drittes Selbstplagiat in diesem Buch erweisen sollte. Ich füge diese Geschichte ausschließlich zur Ernüchterung der neuen Bewunderer der besten Ehefrau von allen ein.

Ich liege voll angekleidet auf meiner Couch. Hell leuchtet die Lampe über meinem Kopf. Und in diesem Kopf jagen einander die wildesten Gedanken.

Vor dem Spiegel am anderen Ende des Zimmers sitzt die beste Ehefrau von allen und krümmt sich. Das tut sie immer, wenn sie ganz genau sehen will, was sie tut. Jetzt eben bedeckt sie ihr Gesicht mit Bio-Placenta-Creme, diesem bekanntlich wunderbaren Mittel zur Regenerierung der Hautzellen. Ich wage nicht, sie zu stören. Noch nicht.

Für einen schöpferischen Menschen meines Alters kommt unweigerlich die Stunde der Selbsterkenntnis. Seit Wochen, nein, seit Monaten bedrängt mich ein grausames Dilemma. Ich kann es allein nicht bewältigen. Einen Schritt, der über den Rest meines Lebens entscheiden wird, muß ich mit jemandem besprechen. Wozu bin ich verheiratet? Ich gab mir einen Ruck.

„Liebling", sagte ich mit ganz leicht zitternder Stimme, „ich möchte mich mit dir beraten. Bitte reg dich nicht auf und zieh keine voreiligen Schlüsse. Also. Seit einiger Zeit habe ich das Gefühl, daß ich am Ende meiner kreativen Laufbahn angelangt bin und daß es besser wäre, wenn ich mit dem Schreiben Schluß mache. Oder zumindest für ein paar Jahre pausiere. Was ich brauche, ist Ruhe, Sammlung und Erholung. Vielleicht geht's dann wieder... Hörst du mir zu?"

Die beste Ehefrau von allen bedeckte ihr Gesicht mit einer neuen Lage Bio-Placenta und schwieg.

„Was rätst du mir?" fragte ich zaghaft und dennoch eindringlich. „Sag mir die Wahrheit."

Jetzt wandte sich die Bio-Placenta-Konsumentin um, sah mich lange an und seufzte.

„Ephraim", sagte sie, „wir müssen etwas für die Klassenlehrerin kaufen. Sie wird nach Beer-Schewa versetzt und fährt Ende der Woche weg. Es gehört sich, daß wir ihr ein Abschiedsgeschenk machen."

Das war, genaugenommen, keine befriedigende Antwort auf meine Schicksalsfrage. Und darüber wollte ich Madame nicht im unklaren lassen.

„Warum hörst du mir eigentlich niemals zu, wenn ich etwas Wichtiges mit dir besprechen will?"

„Ich habe dir genau zugehört." Über die Bio-Placenta-Schicht lagerte sich eine ziegelrote Salbe. „Ich kann mich an jedes Wort erinnern, das du gesagt hast."

„Wirklich? Was habe ich gesagt?"

„Du hast gesagt: Warum hörst du mir eigentlich niemals zu, wenn ich etwas Wichtiges mit dir besprechen will? Wirklich? Was habe ich gesagt?"

„Stimmt. Und warum hast du mir nicht geantwortet?"

„Weil ich nachdenken muß."

Das hatte etwas für sich. Es war ja schließlich kein einfaches Problem, mit dem ich sie da konfrontierte.

„Glaubst du", fragte ich vorsichtig, „daß es sich vielleicht nur um eine vorübergehende Lustlosigkeit handelt, die ich aus eigener Kraft überwinden könnte? Eine schöpferische Pause, sozusagen?"

Keine Antwort.

„Hast du mich verstanden?"

„Natürlich habe ich dich verstanden. Ich bin ja nicht taub. Eine schöpferische Pause aus eigener Kraft überwinden, oder so ähnlich."

„Nun?"

„Wie wär's mit einer Bonbonniere?"

„Wieso?"

„Das schaut nach etwas aus und ist nicht übermäßig teuer, findest du nicht auch?"

„Ob ich's finde oder nicht — mein Problem ist damit nicht gelöst, Liebling. Wenn ich für ein bis zwei Jahre zu schreiben aufhöre, oder vielleicht für drei — womit soll ich mich dann beschäftigen? Womit soll ich das intellektuelle Vakuum ausfüllen, das in mir entstehen wird? Womit?"

Jetzt wurden die cremebedeckten Wangen einer Reihe von leichten Massage-Schlägen ausgesetzt, aus deren Rhythmus man mit ein wenig Phantasie das Wort „Klassenlehrerin" heraushören konnte.

„Hörst du mir zu?" fragte ich abermals.

„Frag mich nicht ununterbrochen, ob ich dir zuhöre. Natürlich höre ich dir zu. Was bleibt mir schon übrig. Du sprichst ja laut genug."

„So. Und wovon habe ich jetzt gesprochen?"

„Von der Beschäftigung mit einem Vakuum, das du intellektuell ausfüllen willst."

Sie hat tatsächlich jedes Wort behalten. Ich nahm den Faden wieder auf.

„Vielleicht sollte ich's mit der Malerei versuchen? Oder mit der Musik? Nur für den Anfang. Gewissermaßen als Übergang."

„Ja, meinetwegen."

„Ich könnte natürlich auch auf die Wasserbüffel-Jagd gehen oder Reißnägel sammeln."

„Warum nicht."

Ein Löschpapier über die ziegelrote Creme, künstliche Wimpern unter die Augenbrauen, und dann ihre Stimme:

„Man muß sich das genau überlegen."

Darauf wußte ich nichts zu sagen.

„Warum sagst du nichts, Ephraim?"

„Meiner Meinung nach ist es höchste Zeit, die Leiche unserer Waschfrau auszugraben und sie in den grünen Koffer zu sperren. Hast du mir zugehört?"

„Die Leiche der Waschfrau in den Koffer sperren."

So leicht ist meine kleine Frau nicht zu beeindrucken. Jetzt bürstet sie mit einem winzigen, selbstverständlich aus dem Ausland importierten Bürstchen ihre Augenlider. Ich unternehme einen letzten Versuch.

„Wenn sie kinderlieb ist, die Bienenkönigin, dann könnten wir ihr ein Zebrapony schenken."

Auch das ging ins Leere. Meine Gesprächspartnerin stellte das Radio an und sagte:

„Keine schlechte Idee."

„In diesem Fall", schloß ich ab, „laufe ich jetzt rasch

hinüber zu meiner Lieblingskonkubine und bleibe über Nacht bei ihr."

„Ja, ich höre. Du bleibst über Nacht."

„Also?"

„Wenn ich's mir richtig überlege, kaufen wir ihr doch besser eine Vase als eine Bonbonniere. Lehrerinnen lieben Blumen."

Damit verfügte sich die beste Ehefrau von allen ins Badezimmer, um sich von der Gesichtspflege zu reinigen.

Ich werde wohl noch eine Zeitlang schreiben müssen.

Die beste Ehefrau von allen hat in meinem geistigen Leben einen unumstößlichen Stammplatz. Immer wenn ich mit Problemen konfrontiert werde oder wenn ich wieder einmal einen der vielen Rubikons meines Lebens überschreiten muß, mache ich von ihrer weiblichen Logik dankbar Gebrauch.

Als mich beispielsweise unsere Regierung einlud, als eine Art stellvertretender Minister zu fungieren, redete sie mir diese Einladung mit folgenden stichhaltigen Argumenten aus.

„Hör zu, Ephraim", sprach sie, „der Posten des Ministers ist überhaupt nichts für dich. Erstens bist du nicht senil genug, und zweitens hast du irgendwo den Funken einer Führernatur, der sich störend auswirken könnte. Was die übrigen Ministerqualifikationen betrifft, so könnte man dich eventuell als Kandidaten betrachten, aber so leid es mir tut, dies feststellen zu müssen, es hat keinen Sinn. Ich will einfach nicht, daß du Minister wirst.

Der Posten ist voller Fallstricke. Zum Beispiel: In all

deinen Dokumenten steht als Beruf ‚Schriftsteller'. Jetzt
frage ich dich, wer hat die Nerven, von einem Amt zum
anderen zu laufen, um das auf ‚Minister' ändern zu lassen? Ferner müßten wir sämtliche Opernpremieren absit-
zen, die unter deiner Schirmherrschaft stattfinden. Wenn
du dort wieder einschläfst, müßte ich deinen Adjutanten
aufwecken, damit er dich vorsichtig wachrüttelt. Und das
Unangenehmste: Wir müßten dein Haar dunkel färben,
und das ist bei deinem Alter ein unangenehmer Gedanke.

Ganz zu schweigen von persönlichen Beziehungen. So
wie ich unsere Presse kenne, würden sie spätestens nach
drei Monaten täglich schreiben, daß es ein fataler Fehler
war, dich zum Minister zu machen. ‚Mag sein, daß er ein
guter Humorist ist', würde in den Leitartikeln stehen,
‚aber er ist zweifellos ein lausiger Staatsbeamter.' Jetzt
frage ich dich, wozu brauchst du das? Denk an dein Auftreten in der Öffentlichkeit. Du kennst doch unseren pop-
cornkauenden Pöbel. Ich bin sicher, daß sie bei jedem da-
hergelaufenen Fußballstar wie wild zu applaudieren beginnen würden, bei dir aber würde sich kaum eine Hand rühren. Nein, mein lieber Ephraim, das ist kein Geschäft für
dich.

Du würdest es auch nicht aushalten, von jedem ausländischen Diplomaten ‚Euer Exzellenz' tituliert zu werden.
Sogar wenn du's aushalten würdest, *ich* könnte mir sicherlich nicht das Lachen verbeißen. Und wenn Präsident Sadat dich einmal privat unter vier Augen fragen würde:
‚Sag mal, Ephraim, denkst du überhaupt daran, jemals
von Jerusalem wegzuziehen?', würdest du nicht wissen,
was du antworten sollst, weil du sofort rot wirst, wenn du
lügst. Aus demselben Grund könntest du auch bei Wirt-

schaftskonferenzen niemals über den bevorstehenden Konjunkturaufschwung reden. Und wie in aller Welt könntest du je dem bolivianischen Präsidenten zu seiner glücklichen Genesung gratulieren, wenn du ihn nicht einmal kennst, und wo ist überhaupt Bolivien?

Sie sollen dich mit solchen Anträgen in Ruhe lassen.

Ich bin auch nicht bereit, wegen deiner öffentlichen Tätigkeit unser glückliches Familienleben aufs Spiel zu setzen. Ich müßte verschiedene sinnlose Dinge tun, wie zum Beispiel das Patronat für den Kampf gegen die Jugendkriminalität übernehmen. Auch ohne solche Nebenbeschäftigungen komme ich nicht dazu, anständiges Obst einzukaufen. Wenn ich einmal damit beginne, diese Früchtchen auf den rechten Weg zu führen, kannst du sicher sein, daß wir einen leeren Kühlschrank haben werden. Ich habe auch nicht das leiseste Interesse daran, eine Stunde und sechsundzwanzig Minuten mit der belgischen Königinmutter zu diskutieren. Erna Selig kann ich auch nicht riechen, aber wenn sie mir auf die Nerven geht, bin ich in der Lage, jederzeit das Gespräch abzubrechen, weil sie nur Mutter und nicht Königin ist. Und warum solltest du vor der Weltkonferenz der vereinigten Zionistinnen Vorträge halten und dich bemühen, die delegierten Damen von deinem Charme zu überzeugen, wenn du, wie jeder weiß, nicht für Weiber mit den Maßen 93-93-93 schwärmst. Wir brauchen auch kein rotes Telefon neben unserem Bett mit einem direkten Draht zur Parteizentrale. In der Nacht möchte ich ruhig schlafen können.

Und solltest du einmal im Fußballtoto gewinnen, würden alle Leute sofort irgendwelche finsteren Machenschaften vermuten. Es gäbe nur einen einzigen Anlaß für dich,

Minister zu werden: Du wünschst dir doch einen Literatur-
preis. Andererseits würdest du es sicherlich nicht sehr ge-
nießen, deinen Namen auf alle möglichen Hauswände
geschmiert zu sehen, noch dazu mit wenig schmeichelhaf-
ten Adjektiva versehen. Wir kennen schließlich deine
Schwächen. Warum solltest du mit ihnen in die Öffentlichkeit gehen?

Glaube mir, es hat keinen Sinn. Ich will auch nicht sehen müssen, wie du die rosigen Wangen kleiner Mädchen
küßt, die dir zu allen möglichen und unmöglichen Gelegenheiten Blumen überreichen. Du und ich, wir lieben unsere Kinder, alle anderen haben selbst Eltern, die sich um
sie kümmern sollten. Und ich seh' dich auch nicht die Pa-
tenschaft für irgendein Zehntgeborenes übernehmen, weil
du bekanntlich bei Beschneidungen ohnmächtig wirst. Ich
habe auch kein Interesse daran, daß du dich mit irgendwelchen Bauern über die diesjährige Ernte unterhältst. Du
weißt, tief in meinem Inneren lehne ich jede Form von Regen ab, weil sich unsere Besucher niemals die schmutzigen
Schuhe abputzen.

Und die ganze Zeit würden unsere besten Freunde Wetten abschließen, wer der nächste Minister wird, während
du noch Minister bist.

Nein, mein lieber Ephraim. Ich bin den Leuten sehr
dankbar, die dir diesen Posten angeboten haben, aber du
bist noch nicht reif dafür. Bis auf weiteres werden sie ohne
dich auskommen müssen. Gib nicht nach. Wenn sie unbedingt im Kabinett den Namen Kishon haben wollen, dann
empfiehl ihnen deine Frau.''

5

Bei Sonnenuntergang sitzt die beste Ehefrau von allen stundenlang vor dem Spiegel, nicht etwa weil sie, Gott behüte, die lebenswichtigen Vitamine ihrer dubiosen Salben so dringend benötigt. Der wahre Grund ist vielmehr, daß sie, wie jede kluge Frau, die ich kenne, ihre weibliche Schönheit sehr ernst nimmt.

Kein Zweifel, sie ist hübsch, meine Beste. Wenn sie einen guten Tag hat, oder besser gesagt einen guten Abend, wenn ein samtweiches Licht vorherrscht und sie ein Nachmittagsschläfchen hinter sich hat, wenn die Raumpflegerin da war und meine Frau Zeit hatte, sich die Haare zu waschen, wenn ich meinerseits zu alledem noch einige Aperitifs in mir und irrtümlicherweise meine Lesebrille aufhabe — kurz, wenn alle diese notwendigen Vorbedingungen erfüllt sind, dann bin ich, ihr ureigenster Gatte, jederzeit in der Lage, mich wieder Hals über Kopf, oder zumindest über beide Ohren, in sie zu verlieben.

Die beste Ehefrau von allen ist von Natur aus sehr lebenslustig. Obwohl ihre Chancen, innerhalb unseres Ehealltags ihrer Lebenslust zu frönen, eher klein sind.

Sie selbst ist übrigens auch ziemlich klein.

Wäre sie ein kleines bißchen größer geraten — etwa eine Winzigkeit von, sagen wir, dreißig Zentimetern —, hätte aus ihr vielleicht eine der Pompadours der modernen Geschichte werden können. Oder, wie sie es selbst zu formulieren beliebt, eine gefährliche „Courtisane forte", was immer das ist. Hin und wieder scheint also mangelnde Körpergröße auch ein Vorteil zu sein.

Wie dem auch sei, wenn es nach ihr ginge, würde sie liebend gern an wilden Orgien teilnehmen, würde hemmungslos mit Trägern von Lesebrillen flirten und bis zum Anbruch des hellen Tages oder zum Abbruch der hohen Stöckel tanzen. Was der Verwirklichung dieser bescheiden legitimen Gelüste im Wege steht, ist die Tatsache, daß es im Staat der Juden zwar viele Partys gibt, aber keine davon ist wild oder gar unzüchtig. Niemand flippt aus, und Spaß wird, wenn überhaupt, klein geschrieben. Im Hebräischen gibt es ohnehin keine Großbuchstaben.

Diese tristen Landessitten können, wie jede andere Einschränkung, auf historische Wurzeln zurückgeführt werden und sind schon im Buch Esther des Alten Testaments ausführlich beschrieben worden.

Vor vielen, vielen Jahren, wie man weiß oder wissen sollte, brachten nämlich die Juden etwa tausend altpersische Antisemiten um und hängten Haman, deren Führer, an einen Baum. Dieser einmalige Konterpogrom ist der Anlaß zum Purim, unserem alljährlich wiederkehrenden Schadenfreudenfest.

Die Chronik berichtet, daß der Kostümball, der damals am königlichen Hofe veranstaltet wurde, besonders gelungen war. Königin Esther, die jüdische Heldin der Festspiele, erschien in schwarzem Trikot und ebensolchen Netzstrümpfen, während sich ihr Onkel Mordechai als Verkehrspolizist verkleidet hatte. Aber auf die Dauer soll das Ganze nicht sehr lustig gewesen sein, und so trollte man sich nach einiger Zeit still von dannen.

Viele Jahre der Diaspora gingen ins Land, aber das Purim-Gesetz wurde strengstens befolgt. Unsere Vorväter verkleideten sich als Haman der Verkehrspolizist, unsere Vormütter hingegen als Königin Esther im schwarzen Trikot und gelegentlichen Netzstrümpfen. Sie tranken Wein und sangen und tanzten bis zum Morgengrauen, aber die Umstände wollten es, daß niemand wirklich Spaß an der Sache hatte, man war vielmehr ziemlich niedergeschlagen, und das mit Recht.

Der große Wendepunkt kam im Jahre 1948 mit der Geburt des Judenstaates. Die junge Nation feierte zum ersten Mal ein Purimfest in voller Freiheit. Die Männer verkleideten sich feierlich als Verkehrspolizisten, und die Frauen schlüpften in schwarze Trikots. Mehr noch, Judith Glück, die Frau des gleichnamigen Ingenieurs, sprang in ihren Netzstrümpfen auf den Tisch und vollführte einige hemmungslose Tänze. Endlich, endlich konnte man im ganzen Land richtig Spaß haben. Um es ehrlich herauszusagen, nicht wirklichen Spaß, aber immerhin. Es war kurz nach Mitternacht, als die Stimmung etwas gedrückt wurde, die Straßen leerten sich, und die Leute schlichen stumm und deprimiert nach Hause.

In den Jahren danach sollte eine Wendung zum Besseren eintreten. Die Kostüme wurden phantasievoller. Wir, die Ehemänner zogen königliche Pyjamas über unsere Verkehrspolizistenuniformen, während unsere Frauen in Trikots und Netzstrümpfe schlüpften, in Schwarz. Ich selbst wurde zu mehreren Partys eingeladen, aber irgendwie geschah es, daß ich immer neben diesem netten Ingenieur Glück zu sitzen kam, der merkwürdigerweise bei jeder Party in der Stadt benötigt wurde. Wir sangen und tanzten im kuscheligen Halbdunkel, aber der Spaß war kein echter Spaß, wirklich nicht. Einige brachen in Tränen aus, während andere in tiefe Melancholie verfielen.

Im Mai 1960, wenn ich mich recht erinnere, unterbrach ein Rechtsanwalt, der als Verkehrspolizist verkleidet war, das hemmungslose Tischballett der Frau Ingenieur Glück und rief mit bitterer Stimme zu ihr empor:

,,Netzstrümpfe``, dröhnte er, ,,sind nichts Abendfüllendes!``

Wir begaben uns alsbald in die Küche und diskutierten über dieses Phänomen bis zur letzten Konsequenz. Wir Juden sind ein Volk wie andere Völker und haben auch das Recht auf eine obrigkeitsgesteuerte Karnevalsatmosphäre. Trotzdem, wenn ich die Purimfeste, die ich während der letzten 25 Jahre besucht habe, vor meinem geistigen Auge Revue passieren lasse, fällt mir nur ein einziges ein, das als echter Erfolg bezeichnet werden darf. Vielleicht lag das daran, daß auf dem Höhepunkt der Party Judy Glück in ihren hübschen Netzstrümpfen auf den Tisch sprang und einen hemmungslosen Tanz vollführte, den wir alle mit jugendlichem Schwung und rhythmischem Händeklatschen begleiteten.

Aber wirklichen Spaß machte das Ganze doch nicht. Im Gegenteil, um 1.30 Uhr waren wir völlig verzweifelt. Unser Gastgeber verschwand im Badezimmer und erhängte sich an der Dusche, aber das Seil war zu lang, und er überlebte. Es war eigentlich eine der miesesten Partys, die ich je erlebt habe.

,,Weil wir noch keine wirkliche Volksfesttradition besitzen", meinte eine Kindergärtnerin in Trikot und Netzstrümpfen. Manche behaupten, daß wir von Natur aus ein pessimistisches Volk sind. Wir gehen am Vorabend des Purimfestes müde, abgespannt und gereizt zu Bett, und am Morgen des Feiertages rollen wir uns verquollen und aufgedunsen aus den Federn, um einige Tranquilizer zu schlucken.

Wir haben auch noch nicht gelernt, wie man Schnaps hinter die Binde gießt. Jedes Getränk, das etwas stärker ist als Orangensaft, wirft uns um.

Glück, der vielbegehrte Ingenieur, gestand mir in einem Augenblick der Schwäche, daß er immer vor Purim von wilder Verzweiflung gepackt wird. Er pflegt in hysterisches Schluchzen auszubrechen, wann immer er allein gelassen wird, und seine Frau steht vor jedem einzelnen Fest unter medizinischer Kontrolle.

„Die Juden sind ein seltsames Volk", sagte einer der Gäste, ein Verkehrspolizist von Beruf, der sich die Verkleidung erparen konnte. „Fordert man uns auf, fröhlich zu sein, sind wir traurig. Sagt man uns, daß wir traurig sein sollen, dann sind wir es auch."

Das schien uns sehr vernünftig.

Trotzdem, es ist doch falsch zu behaupten, daß wir niemals Spaß haben. Natürlich gibt es Spaß, aber er ist nicht echt. Oder vielleicht ist er manchmal echt, aber dann ist es wieder kein Spaß.

In diesem Jahr war Purim so wie immer, nur noch viel mehr. Ich verkleidete mich als Verkehrsfachmann und die beste Ehefrau von allen als babylonische Tempeltänzerin in irgendeinem schwarzen Trikot. Wir tanzten im Disco-Rhythmus die Hora. Judith Glück sprang auf den Tisch, aber mittendrin brach sie in Tränen aus:

„Ich kann nicht mehr", schluchzte die arme Frau. „Ich kann nicht!"

Unsere Stimmung sank unter Null. Ich streichelte die schwarzen Netzstrümpfe meiner Allerbesten:

„Tempeltänzerin", fragte ich sie, „macht's dir Spaß?"

„Nicht wirklich", antwortete die beste Ehefrau von allen. „Ich glaube, wir sollten eines Tages der Realität ins Auge sehen und Purim zum Volkstrauertag erklären."

So also ist das bei uns mit offiziellen Feiertagen. Es gibt überhaupt nur ein einziges rot angestrichenes Datum, das den Israeli aus seiner Tristesse befreien kann, und das ist erstaunlicherweise das Neujahrsfest der Nichtjuden. Nicht wegen meiner zionistisch bedingten rassischen Vorteile finde ich das seltsam, sondern deshalb, weil weder Neujahr noch Silvester für uns irgendeine Bedeutung haben können.

Wir Juden führen unsere eigene Zeitrechnung, die spätestens mit der Schöpfung der Welt beginnt, und wir haben daher auch unseren eigenen Neujahrstag. Er heißt Roschha-Schana und findet zufällig im Oktober statt. Daraus folgt, daß der 31. Dezember für uns ein Arbeitstag wie jeder andere ist, oder sein sollte.

Wenn also ein snobistischer Schwachkopf fremde Sitten nachäffen und am Silvesterabend unbedingt feiern will, dann muß er dies in der stillen Abgeschiedenheit seiner Wohnung tun, oder besser noch, in der seines Nachbarn. Das ist übrigens genau das, was die halbe Bevölkerung Israels auch tut.

Da Silvester im Gedanken an den Papst gleichen Namens zelebriert wird, feiern wir dieses Fest mehr oder weniger unter dem Tisch, mit dem Ergebnis allerdings, daß sich jedermann in diesem Untergrund sauwohl fühlt und aus Leibeskräften jubiliert. Ein weiterer Vorteil einer Silvesterparty ist, daß man sich dafür nicht verkleiden muß. Man geht hin, wie man eben ist, basta.

Dieses Wie-man-eben-ist ist natürlich reine Theorie. In der Praxis ist eine Neujahrsparty mit all ihren Glaubens- und Kleidungsfreiheiten eine teuflische Falle für jeden israelischen Gatten. Wie erwähnt, jede unserer Ehefrauen weiß, was sie zum Purimfest zu tragen hat (ein enges schwarzes Trikot beispielsweise und eine Netzstrumpfhose). Aber, was zum Teufel, trägt man bei einer Party, die keine Kostüme vorschreibt?

Was trägt man, wozu trägt man, und wie lange erträgt man es, um Himmels willen?

Mein Lösungsvorschlag zu diesem hochgeistigen Problem wurde von einigen Jahren in einer Zeit- und Bewegungsstudie dargelegt, die niemals unaktuell werden kann, solange es auf der Welt Ehefrauen gibt, sowie Gatten und Modeschöpfer und kleine Spiegel.

Außerdem stellt dies — was soll ich machen? — Selbstplagiat Nr. 4 dar. Aber wer zählt schon?

,,Ephraim!'' rief die beste Ehefrau von allen aus dem Nebenzimmer. ,,Ich bin beinahe fertig!''

Es war halb neun und der 31. Dezember. Meine Frau saß seit Einbruch der Dämmerung vor dem kleinen Spiegel ihres Schlafzimmers, um für die Silvesterparty, die unser Freund Tibi zu Ehren des Gregorianischen Kalenders veranstaltete, Toilette zu machen. Die Dämmerung bricht am 31. Dezember kurz nach drei Uhr nachmittags ein. Aber jetzt war sie beinahe fertig, meine Frau. Es sei auch Zeit, sagte ich, denn wir haben Tibi versprochen, spätestens um zehn Uhr bei ihm zu sein.

Mit einer Viertelstunde Verspätung rechne ein Gastgeber sowieso, replizierte die beste Ehefrau von allen, und eine weitere Viertelstunde würde nicht schaden. Silvesterpartys seien am Anfang auch immer stimmungslos, die Atmosphäre entwickle sich erst nach und nach. Und überdies, so schloß sie, wisse sie noch immer nicht, welches Kleid sie nehmen solle. Lauter alte Fetzen. ,,Ich habe nichts anzuziehen", sagte die beste Ehefrau von allen.

Sie sagt das bei jeder Gelegenheit, gleichgültig wann und zu welchem Zweck wir das Haus verlassen. Dabei kann sie die Türe ihres Kleiderschranks kaum noch ins Schloß pressen, denn er birst vor lauter Garderobe. Daß Bemerkungen wie die oben zitierte dennoch zum Wortschatz ihres Alltags gehören, hat einen anderen Grund: Sie will mir zu verstehen geben, daß ich meinen Unterhaltspflichten nicht genüge. Ich meinerseits, das gebe ich gerne zu, verstehe nichts von Frauenkleidern. Ich finde sie entsetzlich, alle ohne Ausnahme. Dessen ungeachtet schiebt meine Frau die Entscheidung, was sie heute anziehen soll, jedesmal auf mich ab.

,,Ich könnte das glatte Schwarze nehmen", erwog sie jetzt. ,,Oder das hochgeschlossene Blaue."

,,Ja", sagte ich.

,,Was ja? Also welches?"

,,Das Hochgeschlossene."

,,Paßt zu keiner Silvesterparty. Und das Schwarze ist zu feierlich. Wie wär's mit der weißen Seidenbluse?"

,,Klingt nicht schlecht."

,,Aber wirkt eine Bluse nicht zu sportlich?"

,,Eine Bluse sportlich? Keine Spur!"

Eilig sprang ich herzu, um ihr beim Zuziehen des Reißverschlusses behilflich zu sein und einer neuerlichen Meinungsänderung vorzubeugen. Während sie nach passenden Strümpfen Ausschau hielt, zog ich mich ins Badezimmer zurück und rasierte mich.

Es scheint ein elementares Gesetz zu sein, daß passende Strümpfe niemals paarweise auftreten, sondern immer in Unikaten. So auch hier. Von den Strümpfen, die zur Bluse gepaßt hätten, war nur ein einziger vorhanden, und zu den Strümpfen, von denen ein Paar vorhanden war, paßte die Bluse nicht. Folglich mußte auf die Bluse verzichtet werden. Die Suche unter den alten Fetzen begann von vorne.

„Es ist zehn Uhr vorbei", wagte ich zu bemerken. „Wir kommen zu spät."

„Wenn schon. Dann versäumst du eben ein paar von den abgestandenen Witzen, die deine Freunde immer erzählen."

Ich stand fix und fertig da, aber meine Frau hatte die Frage „Perlmutter oder Silber" noch nicht entschieden. Von beiden Strumpfgattungen gab es je ein komplettes Paar, und das erschwerte die Entscheidung. Vermutlich würde sie bis elf Uhr nicht gefallen sein.

Ich ließ mich in einem Fauteuil nieder und begann, die Tageszeitungen zu lesen. Meine Frau suchte unterdessen nach einem zu den Silberstrümpfen passenden Gürtel. Den fand sie zwar, fand aber keine Handtasche, die mit dem Gürtel harmonierte.

Ich übersiedelte an den Schreibtisch, um ein paar Briefe und eine Kurzgeschichte zu schreiben. Auch für einen längeren Essay schwebte mir bereits ein Thema vor.

„Fertig!" ertönte von nebenan die Stimme meiner Frau. „Bitte hilf mir mit dem Reißverschluß!"

Manchmal frage ich mich, was die Frauen täten, wenn

sie keine Männer als Reißverschlußhelfer hätten. Wahrscheinlich würden sie dann nicht auf Silvesterpartys gehen. Meine Frau hatte einen Mann als Reißverschlußhelfer und ging trotzdem nicht. Sie setzte sich vor den Spiegel, schmückte sich mit einem schicken Nylonfrisierumhang und begann, an ihrem Make-up zu arbeiten. Erst kommt die flüssige Teintgrundlage, dann Puder. Die Augen sind noch unberührt von Wimperntusche. Die schweifen umher und hoffen auf Schuhe zu stoßen, die zur Handtasche passen würden. Das eine Paar in Beige ist leider beim Schuster, die schwarzen mit den hohen Absätzen sind wunderschön, aber nicht zum Gehen geeignet, die mit den niedrigen Absätzen sind zum Gehen geeignet, aber sie haben niedrige Absätze.

„Es ist elf", sagte ich und stand auf. „Wenn du noch nicht fertig bist, gehe ich allein."

„Schon gut, schon gut! Warum die plötzliche Eile?"

Ich bleibe stehen und sehe, wie meine Frau den Nylonumhang ablegt, weil sie sich nun doch für das schwarze Cocktailkleid entschieden hat. Aber wo sind die dazugehörenden Strümpfe?

Um halb zwölf greife ich zu einer schon in unserer Untermieterperiode praktizierten List. Ich gehe mit weithin hörbaren Schritten zur Wohnungstüre, lasse eine wütenden Abschiedsgruß erschallen, öffne die Türe und schlage sie krachend zu, ohne jedoch die Wohnung zu verlassen. Dann drücke ich mich mit angehaltenem Atem an die Wand und warte.

Nichts geschieht. Es herrscht Stille.

Eben. Jetzt hat sie den Ernst der Lage erkannt und beeilt sich. Ich habe sie zur Raison gebracht. Ein Mann muß gelegentlich auch seine Souveränität hervorkehren können.

Fünf Minuten sind vergangen. Eigentlich ist es nicht der Sinn der Silvesternacht, daß man sich in einem dunklen Vorzimmer reglos an die Wand preßt.

„Ephraim! Komm und zieh mir den Reißverschluß zu!"

Nun, wenigstens hat sie sich jetzt endgültig für die Seidenbluse entschieden (am schwarzen Kleid war eine Naht geplatzt). Sie ist auch schon im Begriff, die Strümpfe zu wechseln. Perlmutter oder Silber.

„So hilf mir doch ein bißchen, Ephraim! Was würdest du mir raten?"

„Daß wir zu Hause bleiben und schlafen gehen", sagte ich, entledigte mich meines Smokings und legte mich ins Bett.

„Mach dich nicht lächerlich. In spätestens zehn Minuten bin ich fertig."

„Es ist zwölf Uhr. Das neue Jahr hat begonnen. Mit Orgelton und Glockenschlag. Gute Nacht." Ich drehte die Bettlampe ab und schlief ein. Das letzte, was ich im alten Jahr noch gesehen habe, war meine Frau, die sich vor dem Spiegel die Wimpern tuschte im Nylonumhang. Ich haßte diesen Umhang, wie noch kein Umhang je gehaßt wurde. Der Gedanke an ihn verfolgte mich bis in den Schlaf. Mir träumte, ich sei der selige Charles Laughton, und zwar in der Rolle König Heinrichs VIII. Sie erinnern sich, sechs Frauen hat er köpfen lassen. Eine nach der anderen wurde unter dem Jubel der Menge zum Schafott geführt, eine nach der anderen bat um die letzte Gunst, sich noch einmal im Nylonumhang zurechtmachen zu dürfen...

Nach einem tiefen, wohltätigen Schlummer erwachte ich

im nächsten Jahr. Die beste Ehefrau von allen saß in einem blauen, hochgeschlossenen Kleid vor dem Spiegel und pinselte sich die Augenlider schwarz. Eine große innere Schwäche kam über mich.

„Ist dir klar, mein Junge", hörte ich mein Unterbewußtsein wispern, „daß du eine Irre zur Frau hast?"

Ich sah nach der Uhr. Es ging auf halb zwei. Mein Unterbewußtsein hatte recht: Ich war mit einer Wahnsinnigen verheiratet. Schon zweifelte ich an meiner eigenen Zurechnungsfähigkeit. Mir war zumute wie den Verdammten in Sartres „Bei geschlossenen Türen". Ich war zur Hölle verdammt, ich war in einen kleinen Raum gesperrt, mit einer Frau, die sich ankleidete und auskleidete und ankleidete und auskleidete für immer und ewig...

Ich fürchte mich vor ihr. Jawohl, ich fürchte mich. Eben jetzt hat sie begonnen, eine Unzahl von Gegenständen aus der großen schwarzen Handtasche in die kleine schwarze Handtasche zu tun und wieder in die große zurück. Sie ist beinahe angekleidet, auch ihre Frisur steht beinahe fest, es fragt sich nur noch, ob die Stirn frei bleiben soll oder nicht. Die Entscheidung fällt zugunsten einiger Haarsträhnen, die über die Stirn verteilt werden. So schwinden nach längerer Betrachtung die letzten Zweifel, daß eine freie Stirne doch besser wirkt.

„Ich bin fertig, Ephraim! Wir können gehen."

„Hat das denn jetzt überhaupt noch einen Sinn, Liebling? Um zwei Uhr früh?"

„Mach dir keine Sorgen. Es werden noch genug von diesen ungenießbaren kleinen Zahnstocherwürstchen übrig sein..."

Sie ist mir offenbar ein wenig böse, die beste Ehefrau von

allen, sie nimmt mir meine hemmungslose Ungeduld und mein brutales Drängen übel. Aber das hindert sie nicht an der nunmehr definitiven Vollendung ihres Make-up. Sie hat sogar den kleinen, schicken Nylonumhang schon abgestreift. Er liegt hinter ihr auf dem Fußboden. Leise, mit unendlicher Behutsamkeit manövrierte ich mich an ihn heran...

Ich habe den Nylonumhang eigenhändig verbrannt. In der Küche. Ich hielt ihn ins Abwaschbecken und zündete ihn an und beobachtete die Flammen, die ihn langsam auffraßen. So ähnlich muß Nero sich gefühlt haben, als er Rom brennen sah.

Als ich ins Zimmer meiner Frau zurückkam, war sie tatsächlich so gut wie fertig. Ich half ihr mit dem Reißverschluß ihres schwarzen Cocktailkleides, wünschte ihr viel Erfolg bei der Strumpfsuche, ging in mein Arbeitszimmer und setzte mich an den Schreibtisch.

„Warum gehst du weg?" rief schon nach wenigen Minuten meine Frau. „Gerade jetzt, wo ich beinahe fertig bin? Was treibst du denn?"

„Ich schreibe ein Theaterstück."

„Mach schnell! Wir gehen gleich!"

„Ich weiß."

Die Arbeit ging zügig vonstatten. In breiten Strichen umriß ich die Hauptfigur — es müßte ein bedeutender Künstler sein, vielleicht ein Maler oder ein Tennisvirtuose — oder ein satirischer Schriftsteller — er hat voll Tatendrang und Lebenslust seine Laufbahn begonnen — die aber nach einiger Zeit hoffnungslos versickert und versandet, er weiß nicht, warum. Endlich kommt er drauf: Seine Frau bremst und lähmt ihn, hemmt seine Bewegungsfreiheit, hält ihn immer wieder zurück, wenn er etwas vorhat. Er kann's nicht länger ertragen. Er wird sich aus ihren Fesseln befreien. In einer langen, schlaflosen Nacht beschließt er, sie zu verlassen. Schon ist er auf dem Weg zur Türe —

Da sieht der unglückliche Held meines neuen Stückes seine Frau im Badezimmer vor dem Spiegel stehen, wo sie gerade ihr Gesicht säubert. Die Farbe ihres Lidschattens hat ihr mißfallen, und sie will einen neuen auflegen. Dazu muß man das ganze Make-up ändern, mit allem, was dazugehört, abschmieren, Öl wechseln, Batterie nachschauen, alles...

Nein, ein solches Leben hat keinen Sinn. Hoffentlich ist der Strick, den er neulich in der Gerätekammer liegen sah, noch dort. Und hoffentlich hält er...

Irgendwie muß meine Frau gespürt haben, daß ich bereits auf dem Stuhl unterm Fensterkreuz stand.

„Ephraim!" rief sie. „Laß den Unsinn und mach mir den Reißverschluß zu. Was ist denn jetzt schon wieder los?"

Ach, nichts. Gar nichts ist los. Es ist halb drei am Morgen, und meine Frau steht im Badezimmer vor dem Spiegel und sprüht mit dem Zerstäuber Parfüm auf ihr Haar, während ihre andere Hand nach den Handschuhen tastet, die seltsamerweise im Badezimmer liegen. Und seltsamerweise beendet sie beide Operationen erfolgreich, die Parfümzerstäubung und die Handschuhe. Es ist soweit. Kaum zu fassen, aber es ist soweit.

Ein leiser, schwacher Hoffnungsstrahl schimmert durch das Dunkel. So war's also doch der Mühe wert, geduldig auszuharren. In einer kleinen Weile werden wir wirklich weggehen, zu Tibi, zur Silvesterparty, es ist zwar schon halb drei Uhr früh, aber ein paar Leute werden bestimmt noch dort sein und noch in guter Stimmung, genau wie meine kleine Frau, sie funkelt von Energie und Unternehmungslust. Sie tut die Gegenstände aus der großen Handtasche in die kleine weiße, sie wirft einen letzten Blick in den Spiegel, und ich stehe hinter ihr, und sie wendet sich scharf zu mir um und sagt:

„Warum hast du dich nicht rasiert?"

„Ich habe mich rasiert, Liebling. Vor langer, langer Zeit. Als du begannst, Toilette zu machen. Da habe ich mich rasiert. Aber wenn du meinst...

Ich ging ins Badezimmer. Aus dem Spiegel starrte mir das zerfurchte Gesicht eines jäh gealterten, von Schicksalsschlägen heimgesuchten Melancholikers entgegen, das Gesicht eines verheirateten Mannes, dessen Gattin im Nebenzimmer steht und von einem Fuß auf den andern steigt, bis sie sich nicht mehr beherrschen kann und ihre mahnende Stimme an sein Ohr dringt:

„So komm doch endlich! Immer muß man auf dich warten!"

So wurden wir von dem großen Zippverschluß niedergerungen. Ich habe schon immer die These vertreten, daß die Menge von Kleidern, die einer Frau zur Verfügung steht, in einem genau ausgewogenen Verhältnis zur Zeit steht, die sie ihren Gatten warten läßt. Je mehr, desto mehr.

Was Wunder also, daß ich einen aussichtslosen Kampf gegen die Zuwachsrate im Kleiderschrank meiner Frau führe. Doch all meine Bemühungen fallen in sich zusammen angesichts des altehrwürdigen femininen Dogmas, demzufolge man a) niemals dasselbe Kleid zweimal in ein und derselben Gesellschaft tragen darf und b) schon gar nicht ein Kleid, das auch nur im entferntesten dem eines anderen weiblichen Wesens ähnlich wäre, möge sie in der Hölle braten.

„Sag mir", fragte ich die beste Ehefrau von allen, „ich flehe dich an, sag mir doch, wie viele Kleider, um Gottes willen, braucht eine Frau?"

Sie blickt mir kalt ins Auge und sagt:

„Du weißt ganz genau, daß das nicht von mir abhängt, Ephraim, sondern von den Umständen."

Das soll heißen, daß jeder Umstand ein eigenes Kleid erfordert. Sonst ist es kein Umstand.

Eine entwaffnende Theorie, wie ich zugeben muß, wenn wir davon absehen wollen, daß sie sich im Lauf der Zeit in ihr Gegenteil verkehrt hat: Zunächst einmal kauft man eine umwerfende Bleu-d'Azur-Seidenrobe, und dann sucht man nach einer passenden Gelegenheit, um sie zu tragen.

Das Ergebnis? Wann immer die beste Ehefrau von allen strahlend aus ihrer Lieblingsboutique heimkommt, muß ich damit rechnen, zur nächstbesten langweiligen Party gehen zu müssen, damit sie ihre neueste Eroberung amortisieren kann.

Das eben erwähnte d'Azur-Dilemma zum Beispiel sollte sein Debut beim Eröffnungskonzert der israelischen Philharmonie haben. Was aber tut Gott in seiner Freizeit? An jenem Abend der als musikalisches Ereignis getarnten Modenschau versorgt er mein Weib mit einem Hexenschuß, der sie temporär zu einer Salzsäule unter Hausarrest erstarren läßt. Obendrein setzt er die Gesundheitskette außer Betrieb.

„Das ist wirklich unfair", klagte sie tränenden Auges, „ich hätte so gern mein neues Bleu d'Azur hergezeigt."

„Ich habe einen Vorschlag", schlage ich vor. „Wie wär's, wenn ich allein ins Konzert ginge und dein Kleid am Kleiderhaken mitnähme? In der Pause könnte ich damit im Foyer auf und ab gehen. Wenn ich es hoch über den Kopf halte, könnten es noch viel mehr Leute sehen, als wenn du es anhättest."

„Sehr witzig!" Die beste Ehefrau von allen war zutiefst verletzt. Sie hätte mir auch sicher eine kalte Schulter zugewandt, wenn der Hexenschuß es zugelassen hätte. Von Rachlust besessen ging sie tags darauf hin und kaufte sich einen umwerfenden Schlangenledergürtel und ein Paar italienische Schuhe made in Belgium, im Farbton genau zum Côte d'Azur passend. Vermutlich in Erwartung der nächsten philharmonischen Saison. Sie teilte mir auch mit, daß sie sich von mir als nächste Geburtstagsüberraschung einen ärmellosen Bolero für das noch jungfräuliche Kleid erhoffe. Der einzige Bolero, den ich bis zu diesem Zeitpunkt bei einem Konzert akzeptiert hatte, war der von Ravel.

Ich entwarf daher eine höchst subtile Strategie. Ich nahm den Kopf meiner Frau zärtlich in meine Hände und blickte ihr tief in die braunen Augen.

„Mein Kind", sprach ich. „Wenn du einen Bolero willst, wirst du selbstverständlich einen Bolero bekommen. Solange die Bank noch bereit ist, unser Konto überziehen zu lassen, bin ich für alles zu haben. Die Sache ist nur die: Es ist allgemein bekannt, daß nur die schlechtesten Ehemänner teure Geschenke kaufen. Nur jene, die sich wie Bestien benehmen, ihre Frau mit nassen Wäscheleinen prügeln und erst vor Tagesanbruch im Zick-Zack den Weg nach Hause finden, nur so ein entmenschter Ehemann hat es nötig, seine Reue in Form eines extravaganten Geschenks an seine Frau zu dokumentieren. Wenn du mich fragst, so empfinde ich nichts als Mitleid mit der armen Frau, die man auf so billige Weise versöhnen will. Geschenke in der Art eines solchen Boleros sind nichts anderes als ein Beweis dafür, daß eine Ehe gescheitert ist. Hör also auf die Stimme, die aus meinem Herzen kommt, und entscheide du selbst. Was willst du?"

„Ich will", sagte die beste Ehefrau von allen, „einen Bolero."

Jetzt laßt uns wieder zu Tibis Neujahrsparty zurückkehren.

Wir kreuzten dort etwa um vier Uhr früh auf, und das Fest war noch in vollem Gange. Vermutlich hatte ich eine unheimliche Menge Alkohol in mir, um den nichtjüdischen Charakter dieses Festes würdig zu dokumentieren. Ich bin und war nie ein Berufstrinker und hatte daher einen hohen Preis für meinen Dilettantismus zu zahlen. Wenn ich den Informationen trauen darf, die mir nach dem Fest zugetragen wurden, hat mein Weib mich zornentbrannt verlassen, weil ich angeblich mit einer grell geschminkten Frauensperson Wange an Wange getanzt haben soll, und das, um meine Frau zu zitieren, „in einer Art, daß sich jedem anständigen Menschen dabei der Magen umdrehen mußte".

Ich hingegen kann mich an nichts erinnern. Alles, was mein vernebeltes Hirn an Erinnerungen hervorzubringen vermag, ist ein Telefonat, das ich am nächsten Morgen von meinem Krankenlager aus führte, während jeder einzelne meiner Knochen seinen eigenen Katzenjammer anzustimmen schien. Ein überdimensionaler Kater stand zwischen mir und meiner Frau. Es schien nicht nur das Ende der Welt, sondern auch das Ende unserer Ehe zu sein.

Das Gespräch lief ungefähr so ab.

Hallo, hallo, hier ist Tibi — flüsterte ich in den Hörer — Blödsinn, dort ist Tibi, hier bin ich. Ich bin noch ein bißchen durcheinander, Tibi, gerade aufgewacht. Ich habe teuflische Kopfschmerzen, und wie geht's dir, mein Freund?... Aha, soso... Hör zu, ich rufe an, weil ich nicht sicher bin wegen gestern abend... Sag einmal, Tibi, ehrlich, war ich denn gestern bei dir auf einer Party?...

Nein, ich mach' keine blöden Witze, ich kann mich nämlich an nichts erinnern — au! — ich darf nicht lachen, meine Rippen... Meine Frau sagt, daß ich wie ein Besenbinder getrunken habe... vielleicht war's wirklich ein Glas zuviel... Du verstehst, Silvester und so... Ich trinke immer, wenn ich mich fürchte. Wovor? Das weiß ich nicht mehr, vielleicht war's Angst, daß der Schnaps zu Ende geht...

Meine Frau? Die beste Ehefrau von allen? Ich glaube, sie ist allein nach Hause gefahren... Ich kann sie nicht fragen, sie spricht nicht mit mir... Aber es war wohl eine großartige Party, oder nicht?... Ich nehme an, daß es eine großartige Party war, sonst wäre ich doch nicht erst gegen sieben Uhr nach Hause gekommen... Um neun? Interessant! Was?...

Auf der Schulter getragen? Mich?... Tibi, da fällt mir ein, habe ich vielleicht einen Schuh bei dir vergessen? Nur einen, schwarz... ja, braun, das ist er, möcht' nur wissen, warum ich ihn ausgezogen habe... wer, ich? Am Tisch?... Das gibt's nicht, das kann ich nicht gewesen sein. Ich kann ja gar nicht Csardas tanzen... Was, alle Weingläser? Ah, darum hab' ich mir die Schuhe ausgezogen... tut mir leid, das mit der Politur, ehrlich... Warum hast du mich nicht zurückgehalten? Was?...

Nein, an den kann ich mich nicht erinnern, wußte gar nicht, daß du einen Schwager hast... Was hab' ich? Mit dem schweren Kerzenleuchter?... Mein Gott! Lebt er noch?... Gott sei Dank! Du weißt doch, daß ich Gewalt verabscheue... ja... vielleicht habe ich gestern meinen Abscheu überwunden. Das waren die Getränke, ich hätte nicht soviel... Was, ich? Was soll ich deinem Schwager gesagt haben?... Das gibt es nicht! Ich kann doch gar nicht Arabisch... Also, das habe ich sicher nicht wörtlich gemeint... Unmöglich! Ich habe seine Mutter noch nie gesehen... Sag ihm, daß ich ergebenst entschuldigen lasse. Auch bei seiner Mutter... Also dann bei seiner ganzen Familie. Sag ihm, daß ich mich an nichts erinnern kann. Was?...

Fußball? Ja, hab' ich einmal ganz gut gespielt, besonders Elfmeter. Früher einmal, hör zu, Tibi, früher einmal, als ich noch Sport trieb, da habe ich — was für eine Vitrine? Du hast eine antike Vitrine?... Ah, gehabt?...

Tibi, alter Freund, ich kann dir gar nicht sagen, wie leid mir das tut, warum, zum Teufel, hast du mich nicht einfach gepackt und, was?... Ich am Luster? Ich bin doch kein Tarzan... Nein, ich lache doch nicht, ich weiß, daß dein Luster keine Schaukel ist... Noch ein Glück, daß er nicht heruntergestürzt ist — er ist?... Wieso Kurzschluß? Mitten in der Party?... Tibi, ich sage doch, man sollte zu solchen Partys immer einen Elektriker mit einladen... Ah, du hast einen eingeladen... Was, ausgerechnet auf seinen Kopf? Man kann nicht vorsichtig genug sein...

Ja, Tibi, ich weiß, daß ich keinen Alkohol vertrage... Was, alle Gläser ausgetrunken? Ich? Eau de Cologne? Eine ganze Flasche?... Tibi, du weißt, daß man solche Sachen unter Verschluß halten soll. Das hätte mein Tod sein können... Nein, es tut mir leid, wirklich... Über deinen Teppich, einen neuen Teppich? Mein Gott, deine Frau wird mir

109

das niemals verzeihen... Was? Ich mit deiner Frau?... Wo?... Sag einmal, Tibi, bist du sicher, daß du mich nicht mit irgendwem verwechselst? Ich bin der mit der Brille und den schwarzen, nein, blonden... warte einen Augenblick... mit den grauen Haaren... Tibi, du kennst mich und weißt, daß ich vor deiner Frau die größte Hochachtung habe. Nicht einmal im Traum würde mir einfallen — was für ein Zippverschluß?... Ganz herunter? Vor allen Leuten?... Natürlich ist das geschmacklos, aber du bist auch ein bißchen schuld daran, weil du mich nicht gleich gepackt hast. Was?...

Goldhamster?... Ja, jetzt erinnere ich mich, ein süßer kleiner Kerl... Heiliger Bimbam! Mit dem Käfig! War denn das Fenster nicht geschlossen?... Mach keine Witze, Tibi... Glassplitter?... Nein, ich bin nicht verletzt, glaube ich. Wir müssen noch froh sein, daß unter deinem Fenster gerade niemand vorbeigegangen ist — oh! — bist du wenigstens versichert?... Mir sagst du das? Was glaubst du, wie ich mir vorkomme?...

Du hast recht, du hast vollkommen recht. Genau! Selbstverständlich werde ich für den Schaden aufkommen. Und was das Aufräumen betrifft, so werde ich deinem Dienstmädchen natürlich ein entsprechendes Trinkgeld, was?... Also, jetzt übertreibst du! Mit ihr auch?... Ich schwöre dir, Tibi, daß ich nicht einmal weiß, wie dein Dienstmädchen aussieht... Aber ich war doch nicht in deiner Küche... Entschuldige, aber es ist wirklich nicht meine Gepflogenheit, vor wildfremden Frauen auf die Knie zu fallen... Wieso Heiratsantrag? Ich bin doch schon verheiratet!... Frau meiner Träume? Blödsinn!... Bitte, kann ja sein, daß dein Dienstmädchen gut aussieht, aber... Mich umbringen? Ich soll gesagt haben, daß ich mich umbringe, wenn sie nicht... Aber das ist doch ganz gegen meine Natur, ich hab' mich noch nie umgebracht. Was?...

Was heißt Gasofen?... Na und, jede Küche hat einen Gasofen — ach! — das also war dieser gewaltige Krach... Ja, ja, ich auch, ich hab' mich schon gewundert, was heute mit meinen Ohren... Ja, jetzt kann ich mich erinnern, tschinnbummkrach... Tibi, ich bitte dich, bring mich nicht zum Lachen, das tut weh — wer lacht hier? Ich lache? Ich weine, Tibi! Ich weine bittere Tränen, vergiß nicht, daß auch meine Hose gebrannt hat... Was, in deinem Aquarium?... Die armen Goldfische... Ich hab' gedacht, tropische Fische sind doch Hitze gewohnt...

Du hast natürlich recht, Tibi, ich kann dir gar nicht sagen, wie leid mir das tut, was?... Ruß? Alles schwarz? Am besten mit Terpentin und eine harte Bürste... Natürlich ist das viel Arbeit, Ruß ist bekanntlich sehr hartnäckig... Was, ich? Jetzt? Tut mir leid, Tibi, jetzt nicht, jetzt muß ich im Bett bleiben, mein Kopf ist kurz vorm Zerplatzen... Ausgeschlossen, lieber Freund, das kommt nicht in Frage... Bitte sei nicht lästig, du bist auf dem besten Wege, mir die Erinnerung an eine großartige Party zu zerstören...

Was Wunder also, daß angesichts meines abscheulichen Benehmens die beste Ehefrau von allen einen heiligen Eid schwor, nie und unter keinen Umständen in ihrem Haus eine Party zu veranstalten.

Ich glaube, daß sie nur ein einziges Mal von dieser Regel abwich, als sie eines Tages beschloß, mir zu Ehren eine Überraschungs-Party zu veranstalten. Und zwar eine so überraschende Überraschungs-Party, daß ich sie ein ganzes Leben lang nicht vergessen werde. Auch wenn ich es wollte.

Zuerst meldete sich eine jugendliche Stimme an meinem Telefon. Sie behauptete, bei unserem Soldatensender „Galej Zahal" mitzuarbeiten, und fragte höflich nach dem Datum meines Geburtstags. Ich nannte es und wollte natürlich wissen, wen das interessieren könnte.

„Unwichtig", sagte die Stimme, „kann ich Ihre Frau kurz sprechen?"

Ich gab ihr den Hörer. Die beste Ehefrau von allen hörte eine Weile zu, dann erwiderte sie im Flüsterton:

„Nicht jetzt, er steht direkt neben mir."

Sie hängte ab. Ich fragte sie, was das zu bedeuten hätte. Die Beste: Nichts, ein Fehler in der Leitung oder ähnliches.

Bald vergaß ich die Sache. Das Leben war kompliziert genug, auch ohne rätselhafte Anrufe jugendlicher Stimmen.

Mir fiel auch nichts Besonderes auf, als ein Armeelastwagen mit der Aufschrift „Galej Zahal" vor unserem Haus hielt. Vermutlich will jemand die Kanalisation überprüfen, folgerte ich messerscharf und ging wieder an die Arbeit. Die drei Jungen, die dem Armeewagen entstiegen, verschwanden im Zimmer meiner Frau, und zwei Stunden lang hörte ich nichts von ihnen.

Nur einmal unterbrach die beste Ehefrau von allen ihre Konferenz, um mich zu fragen, ob ich nicht irgendwann etwas über Geburtstage geschrieben hätte.

„Ja", bestätigte ich, „warum?"

„Nur so", sagte sie, „ich war nicht sicher."

Ich gab ihr einige Bücher, in denen ich zu diesem Thema

in dieser oder jener Form Stellung bezogen hatte, und wollte weiterarbeiten. Das Telefon auf meinem Schreibtisch wollte es nicht. „Ich spreche hier vom Soldatensender", sagte eine jugendliche Stimme. „Können Sie mich mit Ronny verbinden?"

„Was für ein Ronny?"

„Ronny. Der wegen der Überraschungs-Party bei Ihnen ist."

Ich klopfte an die Tür meiner Gattin und sagte, daß ein Ronny überraschend wegen einer Party ans Telefon gerufen werde.

Ich fand das Ganze ein wenig seltsam, aber was ging's mich an.

„Die Leute vom Radio veranstalten irgendeine Befragung oder so", erklärte meine Frau beim Essen, und die Kinder brachen in wildes Gelächter aus. Eine ungezogene Brut!

Überhaupt benahmen sie sich zu diesem Zeitpunkt wie die Irren: sie rannten im Haus herum, flüsterten miteinander, dann begannen sie sinnlos zu kichern.

Allerdings waren einige ungewöhnliche Vorgänge in unserem Haus festzuhalten. Zum Beispiel die beiden Soldaten, die ich eines Abends beim Heimkommen vorfand. Sie krochen im Wohnzimmer herum, um die Steckdosen zu zählen.

„Hier könnten wir die Mikrophone aufstellen", hörte ich einen der beiden sagen. „Und Sheike könnte seine Festrede dort vom Sofa aus halten."

Sie verfielen in eisiges Schweigen, als sie meiner ansichtig wurden, zwinkerten einander einige Male zu und verschwanden. Ich konnte mir beim besten Willen nicht erklären, was da vor sich ging.

Befragung, dachte ich mir, schön und gut, aber wie lange kann es schon dauern, bis so eine simple Angelegenheit erledigt ist?

Ich wollte es genau wissen und wandte mich an meine Beste:

„Wie lange wollen sie dich noch mit dieser dummen Fragerei belästigen?"

„Oh", sagte meine Frau, während sie beiläufig das Teppichmuster studierte, „das macht mir nichts aus."

Bei dieser Gelegenheit verlangte sie von mir eine Liste aller meiner alten Freunde, rückwirkend bis zu meinen Kibbuztagen. Das war leicht, denn für alte Freunde habe ich ein gutes Gedächtnis.

Während ich an der Liste werkte, klingelte wieder einmal das Telefon auf meinem Schreibtisch.

„Hallo", sagte ich.

„Ich hab' immer noch nicht das Manuskript der Festrede vom ‚Galej Zahal' bekommen", erklang am anderen Ende die Stimme von Sheike.

„Welchen Text?"

„Vergiß es", sagte Sheike und hängte ab.

Natürlich war es die Inflation. Anders konnte ich es mir nicht erklären, daß sich die Menschen so seltsam benahmen. Sogar die Zeitungen begannen, unverständliches Gewäsch zu drucken. Zum Beispiel las ich in einer Klatschkolumne folgendes:

„Da gibt es Gerüchte, daß unser Soldatensender die Übertragung einer Überraschungs-Party beabsichtigt, die für einen unserer bekanntesten Humoristen anläßlich Kishons Geburtstag steigen soll."

„Wer kann dieser Humorist sein?" überlegte ich laut in Gegenwart meiner Frau. „Und warum sollte man ihm ausgerechnet an meinem Geburtstag eine Überraschungs-Party geben?"

„Ach", meinte die beste Ehefrau von allen, „du weißt ja, wie Journalisten sind. Denen fallen oft die verrücktesten Dinge ein..."

Wir wechselten das Thema. Meine Frau fragte, ob ich ihr einen kleinen Gefallen tun könnte: Ich möge doch bitte an meinem Geburtstag nicht später als elf Uhr vormittags das Haus verlassen und pünktlich um 19.15 Uhr wieder da sein.

„Es kommen nämlich einige Putzfrauen", erklärte sie. Das also war's. Ich bin sehr dafür, daß mein Haus sauber gehalten wird.

Eine der Putzfrauen, ein dralles, freundliches Wesen, kam sogar schon am Vor-Putztag, während meine Frau gerade unterwegs war.

„Ich möchte mich nur erkundigen, Herr, wie viele Gäste sie erwarten", wollte sie von mir wissen. „Ich bereite das Essen für sechzig Paare vor. Geht das in Ordnung?"

„Meine Liebe", sagte ich höflich, „Sie sind hier offensichtlich an der falschen Adresse."

„Verdammt", sagte die Dralle, über beide Ohren errötend. „Sie haben ja recht, Ihre Frau hat gesagt, daß Sie nichts erfahren dürfen."

„Was?"

„Nichts. Entschuldigen Sie..."

Und weg war sie.

Ich war etwas verwirrt. Ich hatte eine dunkle Vorahnung, daß irgend etwas auf mich zukam, aber sosehr ich mir das Hirn zermarterte, ich kam nicht darauf, was es sein könnte.

Die Dinge spitzten sich zu, als ich zwei Tage vor meinem Geburtstag merkte, daß unser Kühlschrank mit gefülltem Fisch so vollgestopft war, daß er beinahe platzte. In unserem Hinterhof türmten sich Kisten mit Wein, Bier und Cola...

„Hör zu", sprach ich zu meiner Gattin, „ich weiß, daß die Preise steigen, aber man kann das Hamstern auch übertreiben."

Meine durchaus vernünftige Äußerung war Anlaß zu einer völlig unmotivierten Kicherorgie meiner Nachkommenschaft. Sie zerrten bereits an meinen Nerven.

„Keine Sorge", sagte die Allerbeste mit leuchtenden Augen. „Nur keine Sorge."

An meinem Geburtstagsmorgen erschienen zwei Raumpfleger in Armeeuniform, und ich zog es vor, schleunigst zu verschwinden, um ihnen beim Großreinemachen nicht im Weg zu sein. Die Kinder, aus unerfindlichen Gründen nicht in der Schule, standen daneben und grinsten wie Halbidioten.

„Sie werden beim Putzen helfen", sagte ihre Mutter. Sie steckte sich ein Taschentuch in den Mund und rannte aus dem Zimmer.

„Warum tragen sie denn ihre besten Kleider?" rief ich ihr nach. „Sollten sie sich nicht lieber umziehen?"

Alle pflichteten mir bei, aber sonst geschah nichts. Mein Geburtstag schien allen Beteiligten die Sinne verwirrt zu haben.

„Vergiß nicht", rief mir meine Tochter nach, „sieben Uhr fünfzehn! Und las dir unterwegs die Haare schneiden, Papi!"

116

Als ich um sieben Uhr fünfzehn zurückkam, konnte ich nicht einmal in die Nähe meines Hauses fahren, denn die ganze Straße war von Autos blockiert. Mein Blick erhaschte die Umrisse einiger meiner Bekannten, die sich heimlich durch unsere Eingangstür stahlen. Zwei Radio-Übertragungswagen unserer Armee parkten vor unserem Haus. Ein dicker Kabelstrang führte direkt in unser Wohnzimmer...

Was sollte das bedeuten?

Das Haus lag in völliges Dunkel gehüllt.

„Ich bin da", rief ich, durch den finsteren Vorraum tappend, „ist das Abendessen fertig?"

In diesem Moment geschah das Unfaßbare. Alle Lichter gingen an. Ich fiel beinahe in Ohnmacht. In meinem Wohnzimmer saßen alle meine Freunde, alle meine lieben Bekannten, auch die vom Kibbuz, und mit verzücktem Gesichtsausdruck sangen sie unter der Stabführung von Sheike in die Mikrophone von „Galej Zahal":

„Hoch soll er leben, hoch soll er leben, dreimal hoch!"

Der Schock der Überraschung würgte mich in der Kehle. Sie hatten eine Party für mich vorbereitet, die guten Menschen, und noch dazu in dieser absoluten, nahezu militärischen Geheimhaltung!

Genial, ich finde kein anderes Wort dafür, schlechthin genial.

Hut ab vor meiner Familie, ich kann nur sagen, Hut ab vor der besten Ehefrau von allen!

Hut ab vor unserer Armee!

Wie Sie merken, fehlen mir die Worte.

6

Das im letzten Kapitel so überraschend enthüllte Organisa-
tionstalent der besten Ehefrau von allen wirft andererseits
einen gewissen Schatten auf unser gesellschaftliches Leben.
Sie hat erstaunlich viel Willenskraft, meine bessere Hälfte.
Außerdem ist sie ziemlich wählerisch. Mit ihr auszugehen,
kann ein ziemlich ermüdendes Abenteuer werden. Oder,
um es anders zu formulieren, wenn man mit ihr ausgeht,
kann man leicht eingehen. Als Dokumentation hierzu
Selbstplagiat Nr. 5. Dieses Stück Literatur gelangt in dieses
Buch vor allem wegen der darin enthaltenen Studie über
Massenpsychologie in übervölkerten Ländern.

Gershon lief mir über den Weg und sagte hallo, höchste
Zeit, lange nicht gesehen, und warum kommen wir nicht
heute abend zusammen und gehen irgendwohin oder in ein
anderes Lokal. Ich stimmte zu, und wir wollten nur noch
unsere Frauen zu Rate ziehen, jeder die seine, und dann besprechen wir's endgültig.

Ich muß vorausschicken, daß meine Frau und ich mit
Gershon und Zilla befreundet sind und uns immer freuen,
sie zu sehen, ganz ohne Formalitäten, einfach um gemütlich
mit ihnen beisammen zu sitzen und zu plaudern, nichts weiter.

Als ich Gershon gegen Abend anrief, war Zilla noch in

ihrem Yoga-Kurs, sie käme ungefähr um halb sieben, sagte er, und dann würde er sofort zurückrufen und unser Rendezvous fixieren. Der Einfachheit halber schlug ich als Treffpunkt „Chez Mimi" vor, ein neues Lokal, aber Gershon sagte nein, ausgeschlossen, neue Lokale sind bekanntlich immer überlaufen und man bekommt nie einen Tisch, gehen wir doch lieber ins „Babalu", dort gibt es wunderbare Käsepalatschinken.

An dieser Stelle griff die beste Ehefrau von allen ein, riß den Hörer an sich und machte Gershon aufmerksam, daß eine einzige Käsepalatschinke 750 Kalorien enthalte, und „Babalu" käme nicht in Frage, in Frage kommt „Dudiks Gulaschhütte", Ende der Durchsage. Papperlapapp, sagte Gershon, die Gulaschhütte ist auch nicht mehr was sie war, und er persönlich hätte nun einmal eine Schwäche für Käsepalatschinken, Kalorien oder nicht. Es wurde beschlossen, die Wahl des Lokals in Schwebe zu lassen und Zillas Heimkehr vom Yoga abzuwarten.

Bald darauf erfolgte ein Anruf von Frau Frankel. Die Frankels sind alte Bekannte von uns. Sie leben in Peru, befanden sich auf Kurzbesuch in Israel, waren soeben aus Jerusalem nach Tel Aviv gekommen und würden sich wahnsinnig freuen, wenn sie uns noch heute abend sehen könnten, morgen fliegen sie nach Peru zurück. Ich informierte sie, daß wir bereits eine Verabredung mit einem befreundeten Ehepaar hätten, zwei reizende Leute, die ihnen bestimmt gefallen würden. Na schön, dann sollen sie in Gottes Namen mitkommen, sagte Frau Frankel. Ich versprach ihr, im Hotel anzurufen, sobald wir von Gershon und Zilla Nachricht bekämen.

Kaum hatte ich den Hörer aufgelegt, verlieh mir die beste

Ehefrau von allen den Titel eines Idiotenkönigs. Gershon, so behauptete sie, würde den Frankels ganz und gar nicht gefallen, denn er benähme sich zu ausländischen Besuchern immer sehr schlecht, besonders zu peruanischen Juden.

Wie recht du doch hast, Liebling, sagte ich, daran hatte ich nicht gedacht, aber jetzt hilft nichts mehr.

Andererseits brauchen wir uns nicht den Kopf zu zerbrechen, denn von Gershon und Zilla läge ja noch keine Nachricht vor, und vielleicht sagen sie überhaupt ab.

Zu diesem Zweck rief meine Frau Gershon an, aber Zilla war noch immer nicht da, sie würde sich offenbar verspäten. Außerdem sei ein neues Problem aufgetaucht: Gershons Töchterchen Mirjam, der kleine Schwachkopf, hatte wieder einmal den Wohnungsschlüssel vergessen, und man müsse warten, bis sie nach Hause käme, mindestens bis halb acht.

Unter diesen Umständen schien es uns wenig sinnvoll, die Sache mit den Frankels zu erwähnen. Keine Eile. Es kann ja noch alles mögliche passieren. Man soll die Brücken hinter sich erst abbrechen, wenn man vor ihnen steht, sagt das Sprichwort. Oder so ähnlich.

Für alle Fälle begannen wir mit den Vorbereitungen für einen gemütlichen Abend. Die Studentin Tirsa, die bei uns gewöhnlich als Babysitter fungiert, war nicht zu Hause, aber ihr kleiner Bruder meinte, wir könnten sie bei Tamar, ihrer besten Freundin, telefonisch erreichen.

Daran hinderte uns zunächst ein Anruf von den Frankels, diesmal von ihm: ob uns neun Uhr in der Hotelhalle recht wäre? Gewiß, sagte die beste Ehefrau von allen, nur müßten wir das erst mit unseren Freunden abstimmen, wir rufen zurück.

Bei Gershon antwortete Zilla, fröhlich und yogagestärkt und ganz Ohr für meine Mitteilung, daß wir Besuch von Freunden aus Peru hätten, reizende Leute, sie warten in der Halle ihres Hotels und würden ihr bestimmt gefallen, oder vielleicht möchte sie lieber ein anderes Mal mit uns zusammenkommen?

Nein, warum, sagte Zilla, sie hätte nichts dagegen, unsere Freunde zu sehen, Gershons Einverständnis vorausgesetzt, er sei gerade mit dem Hund draußen, in ein paar Minuten käme er zurück und würde uns Bescheid geben. Aber warum in der Hotelhalle? Hotelhallen sind kalt und ungemütlich. Warum nicht im Café Tutzi? Ausgeschlossen, sagte die beste Ehefrau von allen, dort hatte sie Krach mit der schielenden Kellnerin, schüttet ihr Zwiebelsuppe über die Bluse und entschuldigt sich nicht einmal, warten wir lieber auf Gershon und verständigen wir uns dann über einen anderen Treffpunkt.

Jetzt konnte meine Frau endlich bei Tamar anrufen, aber Tirsa war schon weggegangen. Sie würde sich vielleicht noch einmal bei ihr melden, sagte Tamar, und wir sollten später nachfragen.

Als nächstes kam der fällige Anruf von Gershon: Zilla hätte ihm von den Peruanern erzählt, und was mir denn einfiele, als ob ich nicht wüßte, daß er gegen Touristen allergisch sei. Ich beruhigte ihn, die Frankels wären keine gewöhnlichen Touristen und vor allem keine gebürtigen Peruaner, es handelte sich um reizende Leute, die ihm gefallen würden, und wir sind jetzt alle um neun Uhr in der Hotelhalle verabredet. Also gut, sagte Gershon, hoffentlich käme seine schwachsinnige Tochter bis dahin nach Hause.

Dann rief Tamar an, Tirsa hätte sie angerufen und sie käme zu uns babysitten, allerdings nicht vor 9.45 Uhr, sie wäre soeben dabei, sich die Haare zu waschen, und da sie, Tamar, jetzt eine Verabredung hätte und wegginge, müßten wir uns sofort entscheiden, ob wir mit 9.45 einverstanden wären, ja oder nein.

Ich bat sie, zwei Minuten zu warten und rief Gershon an, um die Verschiebung mit ihm zu klären. Glücklicherweise hatte sich das Problem mit seiner Tochter Mirjam inzwischen erledigt, sie war mit Juki, ihrem Freund, ins Kino gegangen und würde Gershons Berechnung zufolge nicht länger als bis 9.30 fortbleiben, also spräche nichts gegen 9.45.

Schon wollte ich den Hörer auflegen, als ich aus Gershons Hintergrund die Stimme Zillas hörte, das wäre doch blödsinnig, sich quer durch die halbe Stadt zu schleppen, und warum treffen wir uns nicht in irgendeinem Espresso irgendwo in der Nähe.

Daraufhin ertönte aus meinem eigenen Hintergrund die Stimme der besten Ehefrau von allen, sie denke nicht daran, den Abend in einem schäbigen Espresso zu verbringen, sie nicht, vielleicht Zilla, aber sie nicht.

Wir ließen die Frage offen, und ich legte den Hörer auf.

Gleich danach nahm ich ihn wieder ab, es war Frau Frankel, um unser gemütliches Treffen auf 10.15 zu verschieben. In Ordnung, sagte ich, 10.15 ist eine angenehme Zeit, aber wir haben Freunde aus Peru zu Besuch, reizende Leute, die wir in ihrer Hotelhalle treffen sollen. Das trifft sich gut, sagte Frau Frankel, sie selbst und ihr Mann wären unsere Freunde aus Peru, und dann hätten also alle Beteiligten den neuen Zeitpunkt akzeptiert. Den Zeitpunkt schon, sagte ich, aber als Treffpunkt lehne Zilla einen Espresso ganz entschieden ab. Frau Frankel reagierte überraschend sauer, wieso Espresso, was soll das, wenn sie und ihr Mann eigens nach Tel Aviv kämen, um uns zu sehen, könnten wir uns wirklich etwas Besseres aussuchen als einen schäbigen Espresso. Richtig, sagte ich, das stimmt, und sie sollte mir nur noch ein wenig Zeit für eine Rückfrage bei meinen Freunden geben.

Die beste Ehefrau von allen rief sofort bei Tamar an, um Tirsas 9.45 zu bestätigen, aber Tamar war bereits von ihrem Freund abgeholt worden und hatte bei der Hausfrau lediglich eine Telefonnummer zurückgelassen, wo wir Tirsa nach 10 Uhr erreichen könnten.

Dann war Herr Frankel am Telefon und wollte wissen, warum das alles so lange dauert, und da seine Stimme nun schon recht ungehalten klang, schlug die beste Ehefrau von allen ihm vor, den gordischen Knoten einzufädeln, und sich direkt bei Gershon nach Mirjam und Juki zu erkundigen, wir würden unterdessen alles mit Tirsa regeln und könnten uns anschließend im Café Colorado auf der Dizengoffstraße gemütlich zusammensetzen.

Meine Versuche, Tirsa zu erreichen, blieben erfolglos, weil die Nummer, die Tamar für mich hinterlassen hatte, immer besetzt war, aber dafür erreichte mich Zilla: sie hätte ein langes Telefongespräch mit Herrn Frankel gehabt und fände ihn sehr sympathisch, spätestens um halb elf, wenn die Kinder nach Hause kämen, könnten sie und Gershon weggehen.

Ins Café Metropol, rief Gershon dazwischen. Das Café Metropol schließt um elf, sagte die beste Ehefrau von allen, nur das Colorado hat dann noch auf. Das glaube ich nicht, sagte Zilla. Aber sie würde für alle Fälle dort anrufen und uns das Ergebnis mitteilen.

Als nächstes hörten wir von Frau Frankel: ihr Taxi wartete schon seit einer Viertelstunde, und sie hätte vergessen, wo sie uns und das Ehepaar Zilla treffen sollte. Nein, sagte ich, nicht Zilla, sondern Juki, im Café Colorado, falls es noch offen wäre, und sie täte am besten, Tirsa danach zu fragen, die Nummer liegt bei Mirjams Hausfrau.

Was weiter geschah, weiß ich nicht mehr genau. Ich glaube, daß Gershon gegen halb zwölf aus dem Kino zurückkam und warten mußte, bis Tamar den Hund gewaschen hatte, während ihr Freund und Frau Frankel ins Metropol fuhren, aber da es dort nichts mehr zu essen gab, landeten sie schließlich im Café Tutzi bei einem Gulasch, das die schielende Kellnerin über Jukis Hosen schüttete.

Wir selbst, die beste Ehefrau von allen und ich, blieben zu Hause, stellten das Telefon ab und fielen in unsere Betten. Dann kam unser Babysitter. Was mich betrifft, so können sich sämtliche peruanischen Yogakursteilnehmer am nächsten Laternenpfahl gemütlich aufhängen.

Das ist es, was man üblicherweise unter „gesellschaftlichem Streß" versteht. Zumindest wenn man von jenem Duell ausgeht, das meine Gattin und ich nach dem peruanischen Alptraum auszufechten hatten.

Meine Enttäuschung kannte keine Grenzen. Ich habe nämlich meine Frau vor allem deswegen geheiratet, weil sie die metaphysische Begabung hat, sämtlichen Kishons alle Steine daheim oder auswärts aus dem Weg zu räumen. Mehr noch, sie betrachtet dies als ihr alleiniges und ausschließliches Recht, und seien die Steine noch so groß.

Wenn man der Statistik trauen darf, so besitzen alle menschlichen Wesen, einschließlich der weiblichen, von Geburt an eine bestimmte natürliche Begabung. Nehmen wir zum Beispiel diese Russin mit den erstaunlichen spiritistischen Fähigkeiten oder diese Eingeborene auf den Philippinen, die jede Krankheit durch Handauflegen kuriert. Die beste Ehefrau von allen hingegen ergattert Karten für jedes Theaterereignis. Das ist *ihre* Begabung. Niemand übertrifft sie in der Kunst, überall auf Biegen und Brechen hineinzukommen.

Egal, ob wir im letzten Moment oder noch später kommen, egal, ob das Theater ausverkauft ist, egal, ob es ein Film, ein Konzert oder ein sozialkritisches Drama ist, die bloße Anwesenheit meiner Allerbesten ist eine Garantie für zwei Plätze in der Mitte.

Nicht daß ich etwa ungeschickt oder schwerfällig bin, aber ich bin keine Kämpfernatur wie sie. Wenn mir der Kerl hinter der Kasse sagt, daß keine Karten mehr da sind, pflege ich eine Kehrtwendung zu machen und gehe nach Hause.

Sie aber verschwindet durch eine Hintertür und erzählt, daß wir Touristen sind, besticht den Platzanweiser, verbrüdert sich mit dem Eisverkäufer, manchmal dringt sie auch auf dem Umweg über die Damentoilette ein. Kurz, wir kommen überall hinein. Ich brauche nur zu warten, bis sie auftaucht und mir zuwinkt: „Komm schnell, es ist alles erledigt!"

Das ist der wahre Grund, warum ich sie geheiratet habe. Sie öffnet die Tore überfüllter Opernhäuser vor mir und die Pforten von Museen, die wegen Renovierung ewig geschlossen sind. Sie behext Manager, Kartenverkäufer, Billeteure und Oberkellner. Auch in Restaurants bestimmt sie, wo wir sitzen. Und sie ist es, die unser Menü auswählt. Diese Art des femininen Patriarchats, um einen neuen Ausdruck zu prägen, ist nicht nur bequem, sondern führt auch zu einer gewissen Verweichlichung. Es ist also kein Wunder, daß ein Mann, der so von den Unannehmlichkeiten seiner Umwelt hermetisch abgeschirmt ist, sofort hilflos wird, wenn seine Impresario-Gattin nicht hinter ihm, oder besser gesagt, vor ihm steht.

Als Illustration hierfür ein Zwischenfall in jenem Künstlercafé, dessen Stammgäste wir sind oder zumindest waren, ehe das haarsträubende Abenteuer an jenem Mittwoch stattfand.

Wir saßen friedlich mitten im Lärm. Ich schlürfte meinen Tee, und die beste Ehefrau von allen blätterte in Illustrierten. Da erschien plötzlich ein kleiner Mann mit struppigen Haaren, dessen Geschäft in Gestalt einer Schublade vor seinem Bauch hing. Der Hausierer blieb im Eingang stehen und warf einen taschendurchbohrenden Blick auf die Besucher, welche die drohende Gefahr noch gar nicht bemerkt hatten.

Ein Blick auf den Mann, und ich lehnte mich bequem in meinem Sitz zurück, der Dinge harrend, die da kommen sollten. Die Art, wie Hausierer ihre schwachköpfigen Opfer mit sicherem Instinkt auswählen, hat mich immer schon fasziniert. Es ist die uralte Konfrontation von einem zögernden Kunden und einer berufsmäßigen Nervensäge.

Eben wollte ich die beste Ehefrau von allen auf das nun beginnende Spektakel vorbereiten, als sie plötzlich aufstand, um in einem jener Nebenräume zu verschwinden, welche die Damen benötigen, um ihre Nasen zu pudern.

Ich saß also allein am Tisch.

Und dann geschah etwas überaus Seltsames.

Das forschende Auge des Hausierers blieb an mir hängen.

Er beschritt alsogleich die Direttissima zu meinem Tisch, als würde er von einem unsichtbaren Magnet angezogen. Je näher er kam, desto mehr fiel mir auf, daß sich in seinem Bauchladen ein Sortiment von grellfarbenen Kämmen befand.

„Kaufen Sie einen Kamm", hub er an.

„Danke", gab ich zurück. „Ich hab' schon einen."

„Dann kaufen Sie noch einen."

„Danke, ein Kamm genügt mir zur Zeit."

„Qualitätskämme, ausländisches Erzeugnis, Superware. Garantiert zweitausend Striche, oder Sie bekommen Ihr Geld zurück."

„Danke, nein."

„Versuchen Sie einmal einen zu zerbrechen. Stahlhart."

„Hören Sie, mein Freund, mit Ihrem Geschwätz werden Sie mich nicht dazu bewegen, einen Kamm zu kaufen."

„Und was ist, wenn ich Sie in den Hintern trete?"

„Wenn Sie mich was?"

„In den Hintern treten, mein Herr."

Die Sache wurde unheimlich. Der Hausierer stand freundlich lächelnd vor mir und zwinkerte mir vertraulich zu, als ob er sagen wollte: Das Leben ist voller Überraschungen. Und die beste Ehefrau von allen war gerade jetzt nicht da.

Ich raffte mich auf:

„Sind Sie verrückt?"

„Warum?" Der Hausierer kam näher und mit ihm seine Alkoholfahne. „Glauben Sie, ich hab' mir das nicht gründlich überlegt, mein Herr? Wenn ich Sie jetzt mit voller

Wucht trete, wird Ihnen das zunächst einmal weh tun, nicht wahr? Dann kommen zwei Polizisten, und damit beginnen die Schwierigkeiten. Sie können sich darauf verlassen, ich werde vor Gericht unter Eid aussagen, daß Sie mich in unflätiger Weise und noch dazu auf ungarisch beschimpft haben: ,Geh zum Teufel, du verstunkene Wanze!' Dann haben Sie mir einen Kinnhaken angedroht, und was immer ich getan habe, tat ich in Notwehr. Da kaufen Sie doch lieber einen Kamm. Er kostet nur ein halbes Pfund. Hart wie Stahl, mein Herr."

„Mich werden Sie nicht einschüchtern", sagte ich mit fester Stimme, und mein Blick schweifte in Richtung Nebenraum. Was macht sie nur so lange?

„Es ist nicht eine Frage des Einschüchterns, mein Herr. Hier geht es um nüchterne Logik", erklärte der Hausierer. „Erlauben Sie mir einen Vergleich. Irgendein gemeingefährlicher Verrückter kommt daher und stellt Sie vor folgende Alternative: Entweder Sie zahlen ein halbes Pfund, oder Sie gehen auf die Polizei, engagieren einen Rechtsanwalt, unterschreiben Protokolle, forschen Zeugen aus und verplempern weiß Gott wie viele Stunden vor Gericht. Wetten, Sie entscheiden sich für die erste Möglichkeit und zahlen das halbe Pfund, besonders wenn Sie bedenken, daß Sie für dasselbe Geld noch einen erstklassigen Qualitätskamm gratis mitgeliefert bekommen."

Nach seinem Monolog beugte sich mein Gast über den Tisch und trank meinen Kaffee aus. Dann wartete er geduldig auf Antwort. Ich wollte aufstehen und die beste Ehefrau von allen um Hilfe rufen, aber irgendwie war mir das peinlich.

„Was sind das für Manieren", stotterte ich. „Sie sind besoffen."

„Also, dann bitte sehr", sagte der Hausierer, stellte seinen Bauchladen auf meinen Tisch und begann sein rechtes Hosenbein aufzukrempeln. „Ich verstehe Sie nicht: Polizei, Anwälte, Protokolle, Zeugen. Zahlt sich das aus? Ausländisches Erzeugnis. Hart wie Stahl."

Ich fühlte, wie mein Kragen immer enger wurde. Und ausgerechnet in so einer Situation steht die beste Ehefrau von allen vor irgendeinem läppischen Spiegel und starrt hinein.

„Also gut", sagte ich entschlußfreudig. „Sie haben Glück, mein Freund. Der Zufall will es, daß ich ohnehin dringend einen Kamm brauche. Geben Sie mir diesen roten... oder vielleicht doch den gelben... nein, lieber den blauen..."

Ich stöberte nachdenklich in seinem Kammsortiment herum und ließ mir viel Zeit, um dem Kerl zu zeigen, daß ich nicht daran dachte, seinen kindischen Drohungen nachzugeben. Ich wollte einfach die Gelegenheit wahrnehmen, meinen privaten Vorrat an Kämmen aufzufrischen. Ich ging sogar so weit, die Qualität seines Angebotes zu kritisieren, aber er stand nur da und lächelte verständnisvoll. Letzten Endes wählte ich einen grünen Kamm, stahlhart, und bezahlte ihn mit verächtlicher Herablassung.

„Danke", sagte der Verbrecher, „falls Sie wieder einmal einen Qualitätskamm brauchen, mein Herr, ich pflege immer um diese Tageszeit in diesem Café aufzukreuzen. Es war mir eine Ehre. Auf Wiedersehen!"

Kurz danach kam die beste Ehefrau von allen an den Tisch zurück. Sie blickte lächelnd dem Hausierer nach.

„Dieser Kerl besitzt eine unglaubliche Frechheit", erzählt sie, „weißt du, was er macht? Du wirst es nicht für möglich halten, aber er attackiert die Gäste! Wenn sie ihm nichts abkaufen, droht er ihnen, sie in den Hintern zu treten."

„Aber nein", sagte ich, „du machst Witze."

„Keine Spur", antwortete die beste Ehefrau von allen, „manche Gäste haben ihn deswegen schon krumm und lahm geprügelt."

„Natürlich", sagte ich, „was denn sonst?"

Nicht, daß wir oft ausgehen. Schließlich haben wir einen Fernsehapparat daheim. Wir hatten ihn nicht immer, denn zuerst einmal waren wir dagegen. Wir weigerten uns, diese Glotzkiste in unser Haus zu bringen, da sie eine Bedrohung unseres Kulturlebens und des geistigen Wachstums unserer Kinder darstellen würde. Dann aber kündigte Präsident Sadat seinen historischen Besuch an, den wir um keinen Preis versäumen wollten. Seitdem steht das Monstrum mitten in unserem Wohnzimmer. Von unserem Kulturleben ist keine Spur übriggeblieben, und die geistige Entwicklung unserer Kinder macht Riesenschritte nach rückwärts. Das ist es, was der Friede mit Ägypten uns angetan hat.

Seit wir der großen Familie von Fernsehzuschauern beigetreten sind, haben wir zwar Ruhe im Nahen Osten, aber nicht in unserem Haus. Leicht zu erraten warum: Ich zum Beispiel will am heimischen Kanal ein Fußballspiel sehen, die beste Ehefrau von allen möchte ein paar Tränen vergießen über „Lady Hamilton und Admiral Nelson", eine uralte Serie, die im benachbarten jordanischen Sender wiederholt wird. Ganz zu schweigen von den Kindern, die alles auf einmal sehen wollen, immer und immer wieder, jetzt auf der Stelle und alles gleich noch einmal.

Ich hasse alte Filme, denn sie erinnern mich daran, was

für ein ungeschlachter Lümmel ich in meiner Jugend war. Wohingegen meine Frau eine tieffundierte Abneigung gegen das Fußballspiel hat. Sie hat offenbar diesen Sport nie betrieben. Während der gesamten Übertragungen der vorletzen Fußballweltmeisterschaft hat sie nur einen einzigen Blick auf den Bildschirm geworfen, und da hat gerade irgendein Bulgare den schwarzen Diamanten Pele so gegen den Knöchel getreten, daß er aus dem Verkehr gezogen werden mußte.

„So ein Blödian", sagte meine Frau im Vorübergehen. „Warum tritt er nicht zurück?"

Um mich zu revanchieren stand ich mitten in der Schlacht von Trafalgar am Jordan auf. Der Sturm tobte, der Großmast landete gerade auf Sir Laurence Oliviers Admiralshut, und Lady Hamilton fiel anläßlich einer gefilterten Großaufnahme in eine dekorative Ohnmacht, da also stand ich auf, gähnte ostentativ und sagte beiläufig zu meiner Frau:

„Weck mich auf, Mylady, wenn die Wettervorhersage kommt."

Zugegeben, solche Dinge sind dem Eheleben nicht gerade zuträglich. Der absolute Tiefpunkt unserer häuslichen Beziehungen allerdings wurde erreicht, als das Fernsehen uns jene unvergleichliche britische Fortsetzungsserie bescherte, die uns tagelang an den Schirm fesselte.

Ich führte damals eine Art von Tagebuch über unsere zwischenmenschlichen Beziehungen. Diese Aufzeichnungen sollen dazu dienen, den TV-Effekt auf den Geisteszustand des fernsehenden Ehemannes aufzuzeigen.

Ich, Tiberius Drusus Nero Germanicus Ephraim, hatte während der letzten Monate nichts Wesentlicheres zu tun, als jeden Freitagabend vor dem Fernsehapparat zu sitzen, um die einzelnen Folgen zu sehen, die nach Robert Graves' berühmten Roman „Ich, Claudius, Kaiser und Gott" gestaltet wurden. Es handelte sich um die letzten schönen blutigen Tage des römischen Imperiums.

Während der Woche, zwischen den einzelnen Freitagen, war ich, wie alle, damit beschäftigt herauszufinden, wer wer ist und warum. Mit anderen Worten, ich führte endlose Diskussionen mit den übrigen Mitgliedern meiner Familie, ob Marcellus aus der ersten Folge nun der dritte Sohn Octavias war oder der zweiten Ehe ihres Gatten entsproß. Und ob Augustus wirklich der Enkel von Cäsar war oder nur sein Großvater oder beides. Die einzige Persönlichkeit, die diese unübersichtliche Fernsehfamilie aus dem alten Rom zusammenhielt, war die knorrige Figur der Gattin Augustus', die liebe alte Oma Livia. Genau betrachtet war sie die Gattin von mindestens fünfzig Prozent aller Opas in dieser Schauspielertruppe, und während der 186 Jahre ihres Lebens ist es ihr gelungen, so ziemlich jeden Kretius und Pletius in ihrer Familie zu vergiften. Ausgenommen nur der dumme Claudius, an den gutes Gift zu verschwenden einfach sinnlos gewesen wäre. Außerdem hätte die Serie ohne ihn ein vorzeitiges Ende gefunden.

Was mich betrifft, so entwickelte ich mit der Zeit einen gewissen Spürsinn: Ich konnte fast immer erraten, wen Oma Livia als nächsten vergiften würde. Von Freitag zu Freitag schloß ich mit meiner Familie Wetten ab, die ich fast immer gewann.

Unsere häusliche Krise brach irgendwann zwischen der vierten und fünften Fortsetzung aus, als Drusus ins Giftgras biß. Zum gegenwärtigen Zeitpunkt möchte ich nicht näher darauf eingehen, wer oder was Drusus war, solange er noch war. Wollen wir es dabei bewenden lassen, daß gerade in dem Moment, als Oma Livia wieder einmal im Sud rührte, die beste Ehefrau von allen mich ansprach:

„Willst du etwas Obst?"

Ich frage mich, ob es an einem fremden Unterton in ihrer Stimme lag, oder hatten mir die römischen Götter ein Zeichen gegeben? Wie dem auch sei, ich wendete meinen Blick vom vergifteten Bildschirm ab und starrte auf drei sehr reife Bananen im Obstkorb, den meine Frau mir entgegenhielt.

Heiliger Jupiter, sagte ich mir, warum ausgerechnet Bananen?

„Komm schon, nimm eine", drängte mich die Beste. „Etwas Obst wird dir guttun, Liebling."

Liebling? Ich warf ihr einen bohrenden Blick zu und fragte:

„Und dir?"

„Ich mag kein Obst, mein Magen ist ein bißchen durcheinander."

„Meiner auch."

Ich rührte diese Bananen nicht an. Schließlich war auch Livia nach außen hin immer sehr freundlich. Ich gehe kein Risiko ein. Nicht, daß ich irgendwelche Beweise gegen die beste Ehefrau von allen hätte. Im Gegenteil, soweit bei Gattinnen möglich, scheint sie mir sehr verläßlich zu sein. Außerdem bin ich ja ihr gesetzlich angetrauter Mann. Aber Drusus war schließlich auch Livias Schwiegersohn oder so etwas. Trotzdem hat sie ihn zehn Minuten vor Schluß der fünften Folge glatt vergiftet.

Wenn ich in diesen Wochen etwas gelernt habe, dann dies: Ein Mann kann, was seine Familie betrifft, nicht vorsichtig genug sein. Man darf nicht vergessen, daß auch

Agrippa, er möge in Frieden ruhen, vor zwei oder drei Freitagen Obst angeboten bekam. Um es kurz zu machen: An
jenem schwarzen Freitag des Drusus und der gelben Bananen öffnete ich mir selbst eine Konservendose zum Abendessen. Und dachte an Friedrich die Türglocke.

Friedrich war unser Papagei, die Erde werde ihm leicht.
Er bewies sich als großer Redner vor dem Herrn, und wir
mochten ihn alle sehr. Bis zu jenem Tag, da der altkluge
Vogel lernte, die Türglocke nachzumachen. Im Zusammenhang damit ergab sich die Frage: Wie oft kann ein Mensch
aufstehen und die Tür öffnen, um festzustellen, daß niemand dasteht?

„Friedrich wird uns noch ins Grab bringen", sagte die
beste Ehefrau von allen. „Wir hätten ihn niemals kaufen
sollen."

Genau drei Tage nach dieser giftigen Bemerkung fand ich
Friedrich mit den Beinchen in der Höhe auf seinem Rücken
im Käfig liegen. Ich habe nie herausgefunden, was wirklich
die Ursache war, aber in der Nacht der Bananen konnte ich
nicht umhin, an diesen Vorfall zu denken. Mehr noch, es
fielen mir einige weitere seltsame Begebnisse ein, deren
wahre Bedeutung ich nicht gleich erkannt hatte.

Zum Beispiel Onkel Egon. Meine Frau konnte ihn nie ausstehen, weil er immer vergaß, den Aschenbecher zu benützen. Und dann, eines Tages beim Abendessen, schob Onkel
Egon mit letzter Kraft den grünen Avocadosalat von sich,
griff nach seinem Magen und wankte aus dem Zimmer...

Wir holten sofort den Arzt, der nichts feststellen konnte.
Aber wenn man zwei und zwei zusammenzählt, beziehungsweise den Aschenbecher und den Avocadosalat, ist man sofort im Bilde.

Apropos Bild. Dort zeigte man uns gerade den Todeskampf der Herren Gaius und Postumus. Beide gingen Omas Weg, um den Kaiserstuhl für Tiberius zu räumen. Ich glaube, er war der Sohn von Livia Borgia oder so etwas.

Gütiger Himmel, dachte ich mir, kann es sein, daß die beste Ehefrau von allen auch darauf aus ist, die Dinge so zu wenden, daß *ihre* Kinder alles erben? In dieser Nacht schloß ich kein Auge. Erst im frühen Morgengrauen fiel mir ein, daß ihre Kinder schließlich auch meine Kinder sind, und so gesehen, wozu dann die ganze Veranstaltung?

Um ganz sicher zu gehen, schüttete ich meinen Frühstückskaffee in den Ausguß. Der Kaffee hatte eine sehr verdächtige braune Farbe, und sein Geschmack war seltsam bittersüß. Auch das Geräusch, das er während des Abfließens machte, hat mir gar nicht gefallen. Es war so ein verdächtiges Glugg-glugg-glugg...

Dann aber nahm ich die gelben Bananen und gab sie unserem Hündchen. Franzi weigerte sich, sie anzurühren. Sie schnupperte, wurde blaß und zog sich mit eingezogenem Schwanz zurück.

Aha, flüsterte ich mir zu, aha. Von nun an werde ich nur jene Speisen akzeptieren, die der Hund zuerst gekostet hat. Wenn nötig, werde ich mich auch an Knochen gewöhnen. Andererseits, warum rührte meine Frau nicht den wunderschönen rötlichen Käse an, den ich ihr aus Holland mitgebracht habe?

Eigenartig.

Augustus starb an Magenbeschwerden. So um die sechste Folge herum hatte er gewisse Zweifel, seine liebe Frau betreffend. Angesichts der systematischen Ausrottung all seiner Brüder, Söhne, Onkel und Neffen war das nicht sehr verwunderlich. An jenem Freitag beschloß der Kaiser, keine Speisen mehr anzurühren. Das einzige, was er zu sich nehmen wollte, waren frische Feigen, direkt vom Baum. Er hat nicht geahnt, daß seine Allerbeste auch den Baum vergiftet hatte.

Ich verkündete auf der Stelle, daß wir von jetzt an jeden Samstag nur noch in Restaurants essen würden.

„Bei den hohen Preisen?" fragte mich die beste Ehefrau von allen mit einer deutlichen Aggressivität in der Stimme. „Sei nicht dumm!"

Vor meinem inneren Auge erschien der Geist meines Onkels Sandor aus Hodmezövásárhely.

„Bleib ruhig dumm, mein Junge", flüsterte der Onkel. „Bleib dumm wie Claudius, und du bleibst am Leben."

Inzwischen ist Oma Livia selbst dahingeschieden, und die vergiftete Atmosphäre unseres Hauses hat sich ein bißchen entspannt.

Andererseits, wer weiß? Kaiser Caligula könnte kommenden Freitag weiterrühren. Obwohl er, soweit mir bekannt ist, nie mit Gift gearbeitet hat. Er hielt mehr davon, Kehlen durchzuschneiden. Ich fürchte, das ist genau das, was er an den nächsten Freitagen seinen Lieben antun wird...

Schöne Aussichten für mein Familienleben.

7

Es geschah noch zweimal, daß sich die Abneigung der besten Ehefrau von allen gegen die Kulturinstitution Fernsehen dämpfen ließ. Die erste Dämpfung ergab sich, als Frank Sinatras großes Wohltätigkeitskonzert live aus Jerusalem übertragen wurde.

Daß meine Frau eine gewisse Schwäche für den berühmten Starsänger hat, ist allgemein bekannt, und daraus resultieren auch einige Würmer im Apfel unserer sonst glücklichen Ehe. Nicht daß ich etwa eifersüchtig auf Sinatra bin. Schließlich ist nicht anzunehmen, daß zwischen ihm und meiner Frau irgendwelche leidenschaftlichen Beziehungen bestehen. Aber trotzdem, wäre die beste Ehefrau von allen von Frankieboys goldener Stimme fasziniert, ich hätte es verstanden. Schließlich ist sie eine frustrierte Pianistin. Doch es ist ausgerechnet seine männliche Ausstrahlung, nach der sie verrückt ist.

Unter uns, ich bin viel männlicher. Aber lassen wir das.

An jenem Abend, als die beste Ehefrau von allen vor dem Bildschirm saß und bis zum Hals in Frankies Schmalz versunken war, stand ich auf und ging auf Zehenspitzen aus dem Zimmer. Niemand ist vollkommen, tröstete ich mich. Ich schwärme für grüne Zwiebeln, meine Frau für Sinatra.

Das zweite Mal verzieh die beste Ehefrau von allen dem Fernsehen aufgrund der erstaunlichen Möglichkeiten, die es verlassenen Ehefrauen erschließt. Diese Entdeckung hatte auch mit dem grandiosen Konzert in Jerusalem zu tun, doch das Bindeglied war diesmal unsere alte Freundin Gloria Birnbaum, Mischas Gattin.

Gloria kam uns besuchen, und wir fanden, daß sie etwas rundlicher geworden war. Sie schien inzwischen auch nicht mehr ganz taufrisch zu sein, doch kratzbürstig wie eh und je. Es war uns in den letzten Monaten zu Ohren gekommen, Gloria habe sich von Mischa scheiden lassen und sei wieder im Rennen. Aber ehe ich sie noch danach fragen konnte, kuschelte sie sich in meinen Lehnstuhl und seufzte:

„Es ist alles anders gekommen, als ich dachte. Und daran ist euer blödes Fernsehen schuld."

Der Schlamassel, so erfuhren wir, hatte im vergangenen Herbst begonnen.

„Da habe ich Mischa, dieses Schwein, mit seinem Corpus delicti in unserem Ehebett erwischt", erzählt unsere Freundin.

„Wirklich im Ehebett?" fragte die beste Ehefrau von allen.

„Sag' ich doch. Ich hab' sogar einen Zeugen, Isaak Wechsler, mit dem ich damals ein kleines Techtelmechtel hatte, absolut belanglos, reine Routine, ehrlich. Wir gehen an jenem Vormittag zu mir nach Hause, Isaak und ich, denn wir haben uns prinzipiell morgens getroffen, und was passiert? Ich öffne nichtsahnend die Haustür, und rufe, nur um ganz sicher zu gehen, nach meinem Ehemann: ‚Hallo, Mischalein, Liebling, bist du da?' Ich habe den Kerl nämlich geliebt. Als keine Antwort kommt, bringe ich Isaak ins Schlafzimmer, und dort — ich werde jetzt noch sauer, wenn ich daran denke — liegt der Schweinekerl mit seiner kleinen Nutte im Bett..."

„Ekelhaft!" sagte die beste Ehefrau von allen. Ich schwieg.

„Zum Kotzen. Als er mich kommen hörte, wollte er sich in panischer Eile anziehen, aber der Reißverschluß seiner Hose klemmte. Ich wandte mich auf der Stelle an meinen Rechtsanwalt. Isaak Wechsler, der neben mir auf der Türschwelle stand, kümmerte sich nämlich auch um meine juristischen Probleme. Er sagte prompt, daß ich im Rahmen der Abfindung auch den Wagen verlangen könnte. Mischa ließ es natürlich auf eine gerichtliche Auseinandersetzung ankommen. Sein Anwalt bot mir 20 000 und den Fiat 500. Er schlug vor, daß Mischa den Telefonanschluß bekommen sollte, falls mir unser Sohn Sascha zugesprochen würde. Schließlich haben wir uns darauf geeinigt, daß Sascha am Vormittag bei meiner und am Nachmittag bei Mischas Mutter bleibt. Buchstäblich in letzter Minute konnte ich dann noch das chinesische Teeservice retten. Dafür hat sich mein Mann das Piano geschnappt und sämtliche Glühbirnen in der Wohnung ausgeschraubt. Außerdem hat er wenige Minuten vor mir das ganze Geld von unserem gemeinsamen Konto abgehoben, der schäbige Gauner."

„Skandalös!" bemerkte die beste Ehefrau von allen, die prinzipiell gegen jede Art von Scheidungen ist.

„Es kommt noch schöner", fuhr Gloria fort, „vor ungefähr zwei Wochen schlug dann auch noch das Fernsehen zu. Der neue Intendant hatte nämlich in letzter Sekunde die Ausstrahlung einer Sendung über das Jahreseinkommen der israelischen Zahnärzte verboten. Da standen sie nun also mit einem Loch im Programm und griffen im Archiv nach der erstbesten Sendung, die ihnen in die Hände kam. Es war die Wohltätigkeits-Gala ‚Frank Sinatra in Jerusalem‘. Die brachten sie als Wiederholung.“

„Traumhaft. Ich habe die Sendung beim ersten Mal gesehen“, schwelgte meine Frau in seliger Erinnerung. „War ungefähr vor anderthalb Jahren, nicht wahr?“

„Genau. Ich war damals mit Mischa im Konzert. Zu der Zeit liebte ich den Kerl ja noch. Nun gibt es ja doch immer diese Zwischenschnitte aus dem Publikum. Und als Frankie also das Lied ‚Strangers in the night‘ singt und an die rührende Stelle kommt, wo er ‚schu-bi-du-bi-duu‘ macht, zeigt die Kamera ausgerechnet Mischa und mich in Großaufnahme. Ich flüsterte ihm gerade etwas zu, und es sah aus, als knabberte ich an seinem Ohrläppchen, der Schweinekerl.“

„Aber das war doch vor anderthalb Jahren“, warf ich ein.

„Sicher, aber die Wiederholung war jetzt! Die Hölle brach los. Alle unsere Freunde und Bekannten sahen auf dem Bildschirm, wie ich am Ohr meines Mannes knabberte, und rannten zum Telefon. ‚Wußt’ ich’s ja‘, kreischte mein Friseur, ‚wußt ich’s ja, daß ihr getrennt nicht leben könnt!‘ Ich versuchte ihm zu erklären, daß es sich um eine Wiederholung handelte, aber es war für die Katz. Das Telefon schellte und schellte. Mein Onkel aus Tiberias verfiel in einen Freudentaumel, eine alte Schulfreundin schluchzte vor Rührung, und meine Flamme Isaak Wechsler verreiste ins Ausland.“

„Wie klug von ihm“, bemerkte die beste Ehefrau von allen. Sie steht immer auf der Seite des gesetzlich angetrauten Ehemannes. Ich meinerseits schwieg.

„Es war eine Katastrophe“, fuhr Gloria fort, „ich schrieb dem Fernsehen, sie sollten den Abend mit Sinatra noch einmal ansetzen und an der Stelle mit dem ‚schu-bi-du-bi-duu' und Mischas Ohrläppchen eine Schrift einblenden: AUFGENOMMEN VOR DER SCHEIDUNG. Sie haben abgelehnt. Glaubt ihr, daß ich sie auf Schadenersatz verklagen kann?"

„Du könntest es immerhin versuchen", meinte meine Gattin.

„Wann kommt denn Isaak Wechsler wieder zurück?" fragte ich.

„Nächste Woche. Aber inzwischen hat eine Frauenzeitschrift eine ‚Ode an die Unzertrennlichkeit' veröffentlicht und sie Gloria und Mischa gewidmet. Ehrlich, ich bin am Ende. Mein kleiner Sascha freut sich wie ein Schneekönig. Er steht am Fenster und schreit auf die Straße hinunter: ‚Mami und Papi machen bussi-bussi.' Ich bin fix und fertig. Pausenlos muß ich Glückwünsche entgegennehmen. Und stell dir vor, ein paar gemeinsame Freunde haben sogar eine Versöhnungs-Party veranstaltet."

„Du bist hingegangen?" wollten wir wissen.

„Mischa hielt es für einen hübschen Einfall."

„Hast du Mischa gesagt?"

„Ja doch! Hab' ich das nicht erzählt? Den haben die pausenlosen Anrufe genauso genervt wie mich. Da haben wir beschlossen, es noch einmal miteinander zu versuchen. Nur wegen der ewigen Telefonanrufe, ehrlich. Jetzt beantworten wir sie abwechselnd. Also haben wir erst mal die Scheidungskosten eingespart und können den Wagen wieder gemeinsam benützen."

Sieh an, dachte ich mir, eine klassische Fernsehromanze: Zwei Unterbelichtete finden sich durch die Mattscheibe wieder.

„Herzlichen Glückwunsch", sagte die beste Ehefrau von allen zu Gloria und fügte gerührt hinzu: „Du solltest Frank Sinatra ein paar Blumen schicken."

Ich schwieg.

Nun, in Anbetracht dieser glücklichen Wendung innerhalb der gemeinsamen und individuellen Lebensgewohnheiten von Gloria, Mischa und Isaak Wechsler, hatte sogar die beste Ehefrau von allen einige positive Worte für das Fernsehen als Kulturmedium übrig.

„Ich glaube", sagte sie träumerisch, nachdem uns Gloria verlassen hatte, um an den Busen ihres Gatten zurückzukehren, „ich glaube, daß das Fernsehen mehr Sendungen wiederholen sollte..."

Nicht etwa, daß meine Frau behaupten würde, die Ehe wäre der Menschheit größte Erfindung seit dem Rad. Nein, sie ist ein Wesen mit klarem Verstand, sie weiß genau, daß die Institution Ehe eine Schnapsidee der modernen Gesellschaft ist. Wenn auch die moderne Gesellschaft dies nie zugeben würde.

Wir hatten einige ausführliche Gespräche zu diesem Thema, meine Beste und ich. Sie stimmte mir zu — wenn auch mit einigen Vorbehalten —, daß die Menschheit durch die Anerkennung der Monogamie als der allein seligmachenden Lebensform sich selbst in den ewigen Untergrund der Ehebrüche verdammt hat. Nichts verleitet die Menschen leichter zum gewohnheitsmäßigen Lügen und flotten Betrügen als die moderne Ehe.

Vielleicht mit Ausnahme der zweiten Schnapsidee unserer Gesellschaft, der Einkommensteuer. Man mag es drehen und wenden, wie man will, aber es scheint, daß sowohl die

Institution der Ehe als auch die der Steuer sich gegen die menschliche Natur richten. Der Mensch hat, vermutlich durch sein Streben nach Unsterblichkeit, die unwiderstehliche Neugier, immer wieder neue Frauen — oder Männer — wie soll ich es sagen, kennenzulernen. Es ist derselbe Drang eines existentiellen Urinstinktes, der ihn dazu veranlaßt, die Früchte seiner Arbeit nicht mit irgendeiner grauen Maus im Finanzamt zu teilen. Blicken wir doch den Tatsachen mutig ins Auge. Jeder Mann möchte in seinem tiefsten Inneren ein bißchen Junggeselle und ein bißchen Schweizer sein.

„Ich bin ganz deiner Ansicht", sagte die beste Ehefrau von allen in einer ihrer gelegentlichen Stunden der Wahrheit. „Die Ehe ist eine absolute Absurdität."

In diesem Punkt ist sie sehr umgänglich. Wenn auch festgehalten werden muß, daß sie vor unserer Hochzeit über dieses Thema ganz anders dachte. Aber nach mehr als zwanzig Jahren unseres Ehestandes und nach zwei neurotischen Engeln entwickelte die beste Ehefrau von allen eine gewisse Großzügigkeit. Eines regnerischen Tages ging sie sogar so weit, zumindest de jure anzuerkennen, daß ein Mann unter gewissen Umständen eine theoretische Polygamie zumindest in Erwägung ziehen könnte. Ich war zutiefst bewegt, ging vor ihr in die Knie und nannte sie „die wahre Frau des 20. Jahrhunderts". Ich sagte ihr, daß sie das einzige weibliche Wesen in und außerhalb der Emanzenbewegung sei, welches versteht, daß ein Mann eine selbständige biologische Einheit ist und schon aus psychosomatischen Gründen hin und wieder einen kleinen Seitensprung auf ein Nebengleis vollziehen sollte.

Wenn ich ganz ehrlich sein will, muß ich zugeben, daß die oben beschriebene perfekte Harmonie unserer Ehe doch etwas gestört wurde, als die beste Ehefrau von allen mit ihrem weiblichen Spürsinn herausfand, daß Petschiks Tochter im Kramladen ihres Vaters in heißen Höschen herumlungerte, das kleine Luder. Und daß ich manchmal einen verstohlenen Blick auf sie riskierte, wenn sie sich über das Olivenfaß beugt, um ganz von unten einige schmackhafte Exemplare herauszufischen. Das Unwetter, das aus diesem Anlaß über meinem Haupt herniederging, wurde in unserer Nachbarschaft als die größte Multimediashow in der Geschichte des Fischens bekannt.

Nach dieser gründlichen Erleuchtung wurde mir ein für allemal der fundamentale Unterschied zwischen de jure und de facto klar. Ich zog mich daraufhin an meinen Schreibtisch zurück und entwarf ein kleines Drama über abstrakte Polygamie und ein konkretes Eheweib. Genauso wie in Polizeistaaten, wo die Dichter ihre Kritik in Symbolik kleiden müssen, um den Zensor zu hintergehen, schrieb ich diesmal eine Allegorie, und zwar aus genau dem gleichen Grund.

Es ist eine höchst transparente Allegorie. In den Hauptrollen agieren zwei Komödienfiguren in vorgerückten Jahren. Eine von ihnen ist klug, die andere bin ich.

Abends.
Ein uralter Herr sitzt allein auf der Veranda, auf seinen Stock gestützt, einen warmen Schal um den Hals. Er döst vor sich hin.
Seine uralte Frau kommt mit einer Tasse Tee heraus. Ihre Pantoffeln schlurfen über den Boden.
Sie: Du solltest deinen Tee trinken, solange er heiß ist.
Er: Hast du Zucker hineingetan?
Sie: *(setzt sich neben ihn)* Zwei Löffel.

Er: Gut. Ein Mann braucht ein bißchen Wärme. Hast du Zucker hineingetan?

Sie: Zwei Löffel.

Er: *(trinkt seinen Tee. Die Schlürfgeräusche verraten, daß er ihn genießt.)* Hoppla.

Sie: Was ist denn?

Er: Hoppla.

Sie: Was hast du?

Er: Mir fiel eben etwas ein. Ich hab's in irgendeiner Zeitung gelesen. Ein Jude aus dem Jemen hat um die Erlaubnis angesucht, sich eine zweite Frau zu nehmen. Angeblich hat das Rabbinat in Jerusalem zugestimmt.

Sie: Ich hab' davon gehört.

Er: Er hat keine Zeit vergeudet und gleich noch einmal geheiratet, schon am nächsten Tag.

Sie: Ich hab' auch davon gehört.

Er: Das ist doch etwas recht Außergewöhnliches, oder nicht? Ein Mann, der zwei Frauen hat?

Sie: Hältst du es für besser, eine Geliebte zu haben?

Er: Hab' ich eine Geliebte?

Sie: Nicht du. Die Männer im allgemeinen.

Er: Geliebte? Wer kann sich schon so was leisten heutzutage, hoppla.

Sie: Wieso schon wieder hoppla?

Er: Sie dürfen alles, diese orientalischen Juden. Aber wir, wir mußten unter den Bannfluch von diesem Rabbi Gershom geraten. Für uns europäische Juden ist es strengstens verboten, eine zweite Frau zu haben.

Sie: Wann hat er denn gelebt?

Er: Wer?

Sie: Gershom.

Er: Im elften Jahrhundert.

Sie: Warum berufst du dich dann auf ihn? Was geht dich das Mittelalter an? Willst du dahin zurück?

Er: Damit, meine Liebe, triffst du den Nagel auf den Kopf. Nach uraltem jüdischen Gesetz waren mehrere Frauen nicht nur gestattet, sie waren sogar eine Gottespflicht.

Sie: Siehst du! Warum hast du dann hoppla gesagt?

Er: Ich hatte ganz einfach nicht erwartet, daß du mit soviel Intelligenz gesegnet bist. Ich nahm an, du würdest ein wenig protestieren. *(Schlürft seinen Tee.)* Hör zu, meine Gute, ich hätte nichts dagegen, wenn du mir den Tee stärker brauen würdest, viel stärker...

Sie: Schon gut, schon gut.

Er: Du hast ja hundertprozentig recht, unsere Vorfahren hatten drei oder vier Frauen. Was sage ich, drei oder vier? Acht.

Sie: Sechzehn!

Er: Und mehr! Hoppla... Ein Mann kann sich von vielen Frauen sexuell angezogen fühlen, von vielen gleichzeitig. Das behaupten alle Anthropologen.

Sie: Wenn die das behaupten, bin ich sicher, daß es stimmt.

Er: Meine Liebe, ab morgen tust du mir etwas Zitrone in meinen Tee. Ich brauche Vitamine, viel Vitamine. Eines kann ich dir sagen: Wenn die beiden Frauen sich bemühen miteinander auszukommen, ist das die ideale Lösung.

Sie: Warum sollten sie das nicht?

Er: Das hängt von ihrem guten Willen ab.

Sie: Versteht sich von selbst. Du würdest mir doch nicht so eine geschwätzige Ziege ins Haus bringen.

Er: Eine Ziege, wieso eine geschwätzige Ziege?

Sie: Die redet mir zuviel.

Er: Nicht alle. Das kannst du nicht so verallgemeinern. Aber wenn du sagst, du willst keine geschwätzige Ziege, dann bringe ich dir auch keine ins Haus.

Sie: Abgesehen davon bietet diese Situation auch viele Möglichkeiten.

Er: Hoppla. *(Schlürft seinen Tee.)* Du glaubst also, daß es funktionieren kann?

Sie: Was kann funktionieren?

Er: Dieses Arrangement.

Sie: Ich finde es sehr praktisch. Zwei Frauen könnten sich die ganze Hausarbeit teilen.

Er: Genau. Darum bin ich auch dafür. Es ist so praktisch.

Sie: Wir stehen beide am Morgen auf. Sie bringt dir den Kaffee ans Bett, und ich räume auf und spüle ab.

Er: Sehr richtig. Ihr teilt euch die Arbeit.

Sie: Später gibt sie dir dann deine Tropfen...

Er: Tropfen, hoppla, die Tropfen.

Sie: Inzwischen bügle ich deine Unterwäsche, trage den Dreck hinaus und lasse ein heißes Bad für dich ein.

Er: Ein lauwarmes. Im Sommer nur ein lauwarmes.

Sie: Hauptsache, daß Abigail glücklich ist.

Er: Abigail?

Sie: Ich hätte so gern, daß du sie Abigail nennst. Meiner Meinung nach paßt nur dieser Name zu ihr.

Er: Meine Liebe, du kannst mir nicht solche Vorschriften machen. Was ist, wenn ich keine Abigail finde? Willst du etwa, daß ich die ganze Stadt nach Abigails absuche?

Sie: Ich hoffe, daß sie ein umgängliches Wesen hat. Wir könnten zusammen zur Schneiderin gehen, zum Supermarkt, in den Kosmetiksalon...

Er: In was für einen Kosmetiksalon willst du?

147

Sie: Ich doch nicht. Abigail.

Er: Natürlich. Sie muß sich ja schön machen. Das ist sehr wichtig. Cremes, Parfüms und dieser ganze Firlefanz...

Sie: Danach machen wir uns über dich her. Zu gleichen Teilen, gleiches Recht für beide.

Er: Hoppla!... Morgen, meine Beste, tust du auch einen Schuß Brandy in den Tee, ja? Das wird ihm das gewisse Etwas geben.

Sie: Schon gut, ich hab' verstanden.

Er: Das muß ich dir lassen, meine Liebe, du bist die wunderbarste Frau in meinem Leben. Zumindest bis jetzt. Ich schwöre dir: Ganz gleich, was auch geschieht, und ganz gleich, was für eine zweite oder dritte Frau in dieses Haus kommt, du wirst immer meine erste, meine echte, meine wahre sein. Die beste Ehefrau von allen.

Sie: Das ist sehr großzügig von dir, mein Schatz.

Er: Nein, nein, in solchen Fällen gibt es verbriefte Vorrechte. Ich habe mich schon eingehend mit dieser Problematik befaßt. Die neue Ehefrau muß wissen, was ihr rechtmäßig zusteht. Selbst wenn sie die umwerfendste, bestaussehende Traumfrau auf Gottes Erdboden ist, sie wird in der Rangordnung immer erst nach dir kommen. Außerdem bist du ja auch um einiges älter als sie, nicht wahr?

Sie: Trink deinen Tee. Er wird kalt.

Er: *(immer schläfriger werdend)* Hoppla! Auf einmal wird alles so einfach. Mit einer Frau wie dir, mit einer Frau, die gesegnet ist mit unendlicher Weisheit... meine Bewunderung kennt keine Grenzen... ich ziehe den Hut vor dir...

Sie: Schön, schön. Zieh den Hut.

Er: Nun habe ich ja tatsächlich schon eine im Auge, lange schon... Eine, die gar nicht weiß, daß ich sie im Auge habe... Ich sehe sie immer im Supermarkt, jeden Tag... Sie ist ein graziöses, zierliches Geschöpf, mit hinreißenden Beinen... Sie hat so schöne Waden... ah... Warum nehme ich sie eigentlich nicht gleich mit nach Hause, und wir leben von nun an glücklich miteinander wie drei Tauben... *(schläft ein)* Drei turtelnde Tauben... Drei...

Sie: *(legt einen Schal um seine Schultern. Seufzt.)* Jeden Abend dieselbe Geschichte.

Hoppla. Hat der verehrte Leser den subtilen Wink mit dem Zaunpfahl verstanden?

Ich möchte hier in aller Deutlichkeit feststellen, daß meiner Ansicht nach das Angebot an verheirateten Frauen in zwei Gattungen zerfällt: in engstirnige, die ihren Angetrauten jeden Weg zu anderen Weibern versperren, und in weitherzige, die ihren Männern ohne weiteres erlauben, sporadisch an dergleichen zu denken. Beide Lager, sowohl die engen als auch die weiten, sind selbstverständlich absolute Gegnerinnen des aktiven Ehebruchs als solchem. Die beste Ehefrau von allen gehört zur Gruppe der weiten. In lichten Momenten wird sie sogar zugeben, wie bereits erwähnt, daß die Ehe nichts anderes ist als ein notwendiger Kompromiß, in dem jeder der beiden Teile sein Möglichstes tut, zur Unbequemlichkeit des anderen beizutragen.

Warum also, meine Herren, bleiben immerhin zwei Drittel aller Paare verheiratet, warum lassen sich nicht alle scheiden?

Ganz einfach, meine Damen, wegen der Kinder. Sie sind der süße Mörtel, der das wacklige Gebäude zusammenhält. Mehr noch: ich habe manchmal das unangenehme Gefühl, daß die im freien Westen geltenden Ehegesetze in Wahrheit für den Nachwuchs und nicht für die Eltern geschaffen wurden. Auch wenn das den Eltern noch gar nicht zum Bewußtsein gekommen ist.

Ich glaube, ich sehe das richtig. Kürzlich erst schrieb ich einen beachtenswerten Essay zu diesem Thema, und zwar wieder in Form einer dramatisierten Fabel. Der Dialog wird zur Abwechslung nicht von mir und meiner Frau, sondern von zwei sehr jugendlichen Darstellern gesprochen. Vielleicht sind es sogar unsere Kinder.

Amir sitzt mit Ball und gelangweilter Miene da. Renana hüpft zwischen einigen Kreidestrichen umher und stößt einen Stein von einem Kreidefeld ins nächste. Dazu singt sie.

Renana: Wenn ich ein Vöglein wär'... und auch zwei Flüglein hätt'...

Amir: *(sitzt da und gähnt)*

Renana: Weißt du, warum Rachel nicht mehr in unsere Schule kommt?

Amir: Nein, warum?

Renana: Weil ihre Eltern nicht mehr zusammen wohnen. Drum haben sie sie in den Kibbuz gesteckt. Komm, spielen wir „zerrüttete Ehe".

Amir: Nein, ich hab' keine Lust. Ich bin durstig.

Renana: Mami kommt bald und wird dir zu trinken geben. Komm, spielen wir „taube Großeltern".

Amir: Nein! Ich will nicht so schreien.

Renana: Dann spielen wir „Papi und Mami", ja?

Amir: Schon wieder?

Renana: Sei nicht ekelhaft. Spielen wir „Vater und Mutter", bitte.

Amir: Ich will nicht „Vater und Mutter" spielen, und du

weißt genau, warum ich das nicht will. Du fängst immer an zu küssen und zu knutschen, und das kann ich nicht ausstehen.

Renana: Ich versprech' dir, daß ich nicht knutschen werde. Bitte, spiel „Papi und Mami" mit mir.

Amir: Nein.

Renana: *(holt ein Lutschbonbon aus ihrer Tasche)* Schau, was ich da habe.

Amir: Wo hast du das her?

Renana: Geht dich gar nichts an. Wenn du mit mir spielst, kriegst du's.

Amir: Ehrenwort?

Renana: Großes Ehrenwort.

Amir: Okay, dann spiel' ich mit. Aber ohne Küssen und Knutschen.

Renana: Okay, versprochen.

Amir: Okay. Fertig?

Renana: Okay. Fang an.

Amir: Okay. Also, du bist eben nach Hause gekommen.

Renana: Okay. Ich bin da. *(Souffliert:)* „Wo bist du gewesen?"

Amir: Ich weiß meinen Text... Also los! Wo bist du den ganzen Tag gewesen?

Renana: Ich war zu Besuch bei Shirli.

Amir: Du willst mir einreden, daß du von 12 Uhr mittags bis 9 Uhr abends bei deiner Freundin warst?

Renana: Wenn du mir nicht glaubst, dann ruf doch Shirli an und frag sie.

Amir: Ist das ein Benehmen, den ganzen Tag ausfliegen und mich mit den Kindern allein zu lassen?

Renana: Entschuldige vielmals. Daß ich mit dir verheiratet

bin, heißt noch lange nicht, daß ich die Absicht habe, deine Sklavin zu sein.

Amir: Wer sagt mir, daß du wirklich bei Shirli warst?

Renana: Könntest du mir bitte sagen, woher du dir das Recht nimmst, meine Worte anzuzweifeln?

Amir: Wer bist du überhaupt, daß du mir das Recht streitig machst, deine Worte anzuzweifeln, entschuldige vielmals.

Renana: Wer hat dich ermächtigt, mich zu fragen, wer ich überhaupt bin, daß ich dir das Recht streitig mache, meine Worte anzuzweifeln, kannst du mir das bitte sagen?

Amir: Woher nimmst du die Frechheit, mich zu fragen, wer mich ermächtigt hat, dich zu fragen, wer du überhaupt bist, daß du mir das Recht streitig machst, deine Worte anzuzweifeln, entschuldige vielmals.

Renana: Hör auf zu schreien. Die Kinder schlafen. Sie müssen nicht alles wissen, was in diesem Haus vorgeht.

Amir: Sie schlafen tief und fest. Die bekommen nichts mit.

Renana: *(schaut in Richtung Kinderschlafzimmer)* Amir hat schon wieder seine Decke hinuntergestrampelt. Ich möchte wissen, warum der Kleine so nervös ist.

Amir: *(schaut auch)* Ganz verschwitzt, das Kind.

Renana: Wir sollten mit ihm zum Arzt gehen.

Amir: Dann geh doch. Du könntest wirklich einmal etwas Nützliches tun, statt den ganzen Tag bei Shirli herumzusitzen und zu klatschen und zu tratschen.

Renana: Was denn sollte ich den ganzen Tag tun? Warten, bis du die Gnade hast, mir zehn Minuten lang dein Angesicht zu zeigen?

Amir: Ich bin eben Schwerarbeiter.

Renana: Schwerarbeiter? Gestatte, daß ich lache. Haha!

Amir: Wie komm' ich eigentlich dazu, mir in meinem eigenen Haus diesen „Unsinn" anzuhören?

Renana: Wenn du die Güte hättest auszuziehen, bräuchtest du dir diesen „Unsinn" nie mehr anzuhören.

Amir: Sag das nicht noch einmal. Wenn du's genau wissen willst, ich trage mich schon lange mit dem Gedanken, auf und davon zu gehen.

(Kleine Pause. Spannung.)

Renana: *(souffliert)* „Was ist denn los, Amir?"

Amir: Ich weiß ja meinen Text... Was ist denn los, Amir, bist du durstig? Papi bringt dir ein Glas Wasser. *(Zu Renana)* Amir könnte sich auch einmal etwas Neues einfallen lassen. *(Er spielt „Wasserholen".)* Scheiße.

Renana: *(hüpft inzwischen wieder herum)* „Wenn ich ein Vöglein wär'..."

Amir: *(kommt zurück)* Amir war gar nicht durstig.

Renana: Parlez français. Les enfants écoutent.

Amir: Est-ce qu'ils nous ont entendu?

Renana: Non, ils dorment... Genug von dem blöden Französisch.

Amir: Okay. Wo sind wir stehengeblieben?

Renana: Du hast gesagt, daß du schon längst auf und davon gehen wolltest.

Amir: Hab' ich nicht gesagt. Ich hab' gesagt, daß ich mich mit dem Gedanken trage.

Renana: Dann pack doch deine Sachen zusammen und verschwinde.

Amir: So sprichst du mit dem Vater deiner Kinder?

Renana: Du verdienst nichts Besseres, du alter Esel. Zieh ab und laß mich endlich mit meinen Kindern allein.

Amir: Das könnte dir so passen, du dumme Pute.

Glaubst du, daß ich jemals auf die kleinen Engel verzichte?

Renana: Und glaubst du, daß ich jemals auf die kleinen Engel verzichte?

Beide: Sie haben es gut, sie kennen das Leben noch nicht. Was haben sie schon vom Leben zu erwarten, ohne Vater?

Renana: Die zwei kleinen Engel.

Amir: Nein, das hatten wir schon. Mami sagt: ,,Zwei arme Würmchen."

Renana: Okay, Würmchen. Was soll nur aus ihnen werden?

Amir: Nein, nein, ich hab's nicht so gemeint, o mein Gott! Glaubst du wirklich, daß ich meine Kinder verlassen könnte? Niemals, eher würde ich sterben.

Renana: Gott behüte. Was täte ich dann ohne dich?

Amir: Sarah!

Renana: Ephraim! *(Sie fällt ihm um den Hals und knutscht ihn ab.)*

Amir: *(befreit sich mühsam)* Ich hab's doch gewußt! Ich hab's gewußt, daß du wieder zu knutschen anfängst! Siehst du, drum will ich nicht ,,Vater und Mutter" spielen.

Renana: Kann ich vielleicht was dafür, daß sich Papi und Mami immer wieder wegen uns versöhnen?

Amir: Rachel hat's gut. Ihre Eltern wohnen nicht mehr zusammen. Die müssen sich nicht mehr versöhnen und abknutschen. Und jetzt will ich mein Lutschbonbon haben.

Renana: Kommt nicht in Frage.

Amir: Du hast mir's versprochen.

Renana: Jetzt mag ich nicht mehr. Das war überhaupt kein

schönes Spiel heute. Du bist auch nicht besser als dein Vater. *(Sie beginnt seelenruhig wieder herumzuhüpfen)* Wenn ich ein Vöglein wär'... und auch zwei Flüglein hätt'...

Will man aus der sprühenden Intelligenz der beiden Kleinen meines Mini-Dramas Schlüsse ziehen, dann ruht meine Ehe mit der besten Ehefrau von allen auf ziemlich sicheren Fundamenten. Wenn es trotzdem zu einem gelegentlichen Knacks kommt, dann rührt er nicht von emotionellen, oder vorsichtig ausgedrückt, pseudosexologischen Gründen her. Nein, so ein Knacks wird uns von außen ins Haus geliefert. Ich denke dabei an die rüde Einmischung der zehnten Muse, beziehungsweise der kinematographischen Kunst, in unser Privatleben.

Vor einigen Monaten gingen wir beispielsweise ins Kino und sahen den Film „Kramer gegen Kramer". Das war ein Fehler. Wie Sie vermutlich wissen, geschieht in diesem Film folgendes: Frau Kramer, Dustin Hoffmans blonde Gattin, geht eines Tages in sich und findet dort ihre eigene Wahrheit. „Wie zum Teufel komm' ich eigentlich dazu, mit einem kleinen Kind am Hals sinnlos herumzusitzen und darauf zu warten, daß mein Herr Gemahl nach Hause kommt, die Tür mit seinem Schlüssel aufsperrt, es ist immer der gleiche blöde Schlüssel, und dann sein Abendessen vom ewig gleichen Teller stumm in sich hineinschaufelt?" Frau Hoffman fragte sich empört: „Soll das alles sein? Ist das mein Leben?" Und schon geht sie los, ermutigt von Drehbuchautor und Regisseur, um ihr wahres Ich zu suchen. So gelangt sie an die Westküste, wird emanzipiert und läßt ihren Hoffman endgültig sitzen.

Das war natürlich ein schwerer Fehler.

Denn am Morgen nach dem Kinobesuch ertappte ich meine Gattin dabei, wie sie gleich nach dem Aufwachen nachdenklich ins Leere starrte.

„Ich hab' genug", verkündete sie mißmutig, „ich bin es leid, jeden Morgen dieselben zwei Füße in meine Pantoffeln steigen zu sehen."

Natürlich war mir sofort klar, daß sie den Kramer-Virus hatte. Es konnte gar nichts anderes sein, denn kurz danach fragte sie mich, während sie angestrengt ihr Spiegelbild betrachtete, ob es mir nicht aufgefallen wäre, daß wir seit urdenklichen Zeiten immer und immer wieder dieselben Dinge verrichteten.

Ich pflichtete ihr bei. Auch ich habe mich schon oft gefragt, ob ich nichts Besseres zu tun hätte, als immer wieder ein- und auszuatmen, von früh bis spät, ohne jede Abwechslung, genau wie ein hirnloser Roboter.

Noch während meiner Worte zog sich meine Gemahlin vollkommen in den Spiegel zurück. Ihr Blick schweifte weit über Berge und Einbauküchen hinweg und führte zu der unvermeidlichen Frage:

„Sag mir doch, Ephraim, was mache ich hier eigentlich? Und überhaupt, wer bin ich?"

Ich mußte mir eingestehen, daß ich an dieses Problem noch nicht allzu viele Gedanken verschwendet hatte. Aber nun, da sie selbst die Rede darauf brachte, mußte ich mich ernstlich fragen: Tatsächlich. Was sucht sie eigentlich in meinem Haus?

„Liebling", bemerkte ich, „wenn du beabsichtigen solltest, deine Haare blond zu färben, warum sagst du mir das nicht gleich ohne Umschweife?"

Sie ließ mich wortlos stehen und kam erst gegen Abend wieder. Ihre stoische Selbstbeherrschung ließ mich Gefahr wittern.

„Ich habe nichts gegen dich, Ephraim", informierte sie mich. „Das ganze Problem tangiert nur mich und mein Ego. Weißt du, was ich den ganzen Tag lang getan habe? Ich habe nachgedacht: Was bin ich? Wer bin ich? Wo finde ich meine wahre Identität?"

„Du bist meine Frau", sagte ich hilfreich. „Frau Kishon. Das steht in deiner Identitätskarte."

„Ja, aber warum bin ich ich?"

Eine gute Frage. Wenn sie an jenem vernieselten Mittwoch vor zwanzig Jahren statt mich Dr. Joseph Friedlaender geheiratet hätte, dann wäre sie jetzt nicht meine Frau, sondern Frau Friedlaender, ohne Zweifel.

„Das ganze Leben", sagte sie mit einem traurigen Lächeln, „ist nur Zufall."

Wem sagt sie das? Wir hätten genausogut auch in ein anderes Kino gehen können.

Die beste Ehefrau von allen zog sich in ihr Zimmer zurück und erschien erst zur Abendschau wieder. Ein Blick in ihr Antlitz kündigte mir an, daß ich bald mit Simone de Beauvoir konfrontiert würde. Die große französische Autorin kam tatsächlich daher, als ich gerade beim Zähneputzen war. Das heißt natürlich, meine Frau kam daher, und zwar mit Simones Buch „Das andere Geschlecht" in der Hand.

„Voilà", sagte sie, „diese fabelhafte Frau lebte 42 Jahre lang mit Sartre zusammen, und sie hat ihn nie geheiratet. Und warum glaubst du, tat sie es nicht?"

„Vielleicht hat Sartre nie um ihre Hand angehalten."

Mein Weib blickte in den Spiegel und studierte eingehend das Profil ihrer Identität.

„Sehen wir doch den Tatsachen ins Auge, Ephraim. Seit ich denken kann, lebe ich in Abhängigkeit. Zuerst war ich meinen Eltern hörig, dann meinen Kindern. Und du, gib's doch zu, du hast mich nur geheiratet, um mich zu deiner Haushälterin zu machen."

„Das wollte ich nicht", entschuldigte ich mich. „Das Leben ist voller Abhängigkeiten. Als ich dir beispielsweise ein paar Tage vor der Hochzeit sagte, daß ich noch etwas Zeit zum Überlegen brauchte, hast du, wenn ich mich recht erinnere, einen grandiosen Tobsuchtsanfall bekommen."

„Schon möglich", sagte die Beste, in süßen Erinnerungen schwelgend, „aber damals wußte ich noch nicht, worauf ich mich einließ."

Mein Gott, betete ich lautlos, bewahre mich wenigstens vor Hara Krishna. Von mir aus kann sie blond, braun oder schwarz werden, aber ich will keine kahle Frau zu Hause haben.

Warum zum Teufel mußten wir auch ausgerechnet in diesen Film gehen? Hätten wir uns nicht genausogut irgend etwas Harmloses ansehen können?

Zum Beispiel „Apocalypse now".

„Ich glaube, ich werde meinen BH ausziehen", teilte die nachdenklichste aller Ehefrauen ihrem Spiegelbild mit. „Ich muß mich selbst finden, Ephraim. Ich will mein eigenes Leben führen."

Wir hätten auch zum „Exorzisten" gehen können. Der hätte gleich Frau Hoffman austreiben können.

„Und ich will mich für keinen Mann schön machen müssen", fuhr meine Gattin fort. „Es ist mir egal, was du davon hältst. Ich werde keine dummen grünen Striche mehr um meine Augen malen, und mein Haar wird nicht mehr mit Henna getönt. Ich will stolz sein auf den silbrigen Schimmer. Ab heute verstelle ich mich nicht mehr. Ich werde Torten und Eiscreme essen, bis ich platze. Ich bin nämlich keineswegs dein Sex-Objekt, mein Lieber. Von nun an wirst du mich so nehmen müssen, wie ich wirklich bin."

Ich wagte keine Widerrede. Mir war alles recht, solange sie sich nicht kahlscheren ließ.

„Simone", sie war nicht mehr zu bremsen, „Simone Signoret sagte einmal: ‚Meine Runzeln sind ein Teil von mir. Wer mich sucht, findet mich in meinen Runzeln'."

Ich muß feststellen, daß es einen gewissen Überschuß an Simones gibt.

„Ich will mich einmal von einer höheren Perspektive aus sehen. Ich muß mir beweisen, daß ich lebe, daß ich existiere, hier und jetzt. Ich will unabhängig werden, hörst du? Ich werde auf die Universität gehen und Literatur studieren. Und Teppichweben will ich lernen, eine einfache Kellnerin will ich sein, eine Astronautin, egal was — wichtig ist nur, daß *ich* es bin!"

Sie rauschte davon, sperrte ihr Ego gemeinsam mit den beiden Simones in ihr Zimmer und telefonierte während der nächsten Stunden mit Freundinnen, die sich auch selbst suchten.

Am Freitag kam sie mit einem nagelneuen Koffer nach Hause, und ich wurde ernstlich besorgt. Wenn sie mich verläßt, bin ich verloren. Ohne sie würde ich, wie schon erwähnt, nie mehr im letzten Moment Kinokarten bekommen. Ich ging zu meiner Mutter.

Sie heißt übrigens auch Hoffman. Sicher eine symbolträchtige Tatsache. Nur heißt sie nicht Dustin, sondern Elisabeth.

Ich sagte ihr, daß meine Frau eben drauf und dran wäre, sich selbst zu suchen.

„Ja, ja", sagte meine Mutter, „im Leben jeder reifen Frau kommt der Augenblick, da sie begreift, daß ihr Weg ins Nichts führt. Die Ideale der Jugendzeit sind verblaßt, und nun sucht ihr rastloser Geist neue Aufgaben."

Meine Mutter ist beinahe neunzig, aber sie ist nicht nur im Vollbesitz ihrer geistigen Kräfte, sie weiß sie auch anzuwenden.

„Also", fragte ich sie, „was soll ich machen?"

„Mein Junge", sagte meine Mutter, „kauf ihr eine Handtasche aus echtem Krokodilleder."

„Aber Mama", schrie ich verzweifelt, „du weißt doch, daß sie Kisten und Kästen voller Handtaschen hat. Was ist das Besondere an Kroko-Taschen?"

„Der Preis, mein Junge, der Preis."

Ich fuhr in die Stadt und kaufte die krokodilste Tasche, die zu finden war. Ein Ding voller braun-grüner Warzen und Höcker. Was den Preis betrifft, so reduzierte er unser Bankkonto auf den Status von Rufen-Sie-möglichst-bald-Ihre-Bank-an-und-verlangen-Sie-Herrn-Rosenthal.

Zu Hause fand ich die Beste vor einem Spiegel und einem halb gepackten Koffer. Ihre Miene hatte etwas von „Adieu, Ephraim" an sich. Es war genau wie bei Frau Dustin, nachdem die Wanderlust sie gepackt hatte. Schnell entfernte ich das Packpapier von den grünen Warzen und offerierte dieselben meiner Gemahlin. Was nun folgte, ist schwer zu beschreiben. Ein elektrischer Schlag ging durch ihren ganzen Körper, mit zitternden Fingern griff sie nach der Tasche, eine euphorische Röte verfärbte ihr Antlitz, und ein ekstatisches Lächelnd flatterte um ihren Mund.

„Kroko", flüsterte sie, „echt Kroko."

Sie flog mir um den Hals und küßte mich, bis ich schwindlig wurde. Im Hintergrund rauschten die Geigen auf, eine Lerche sang — oder war's die Nachtigall? —, Blumen erblühten, und über dem endlosen Horizont dämmerte ein neuer Tag.

„Ich hab' schon immer davon geträumt", sagte die beste Ehefrau von allen mit tränenerstickter Stimme, „aber ich hätte niemals gewagt..."

Sie warf dem wundersamen Lederprodukt einen Blick voll inbrünstiger Leidenschaft zu. Und dann entdeckte sie in ihm, was sie tagaus, tagein gesucht hatte — ihre wahre Identität. Sie hatte plötzlich ihr eigenes Selbst wiedergefunden. Das selbsteste Selbst ihres Lebens — eine Krokodil-Handtasche.

8

Hoffmans Erzählungen kamen dank eines anonymen Krokodils zu einem guten Ende, und unser häusliches Leben kehrte wieder zu seiner friedlichen Koexistenz zurück. Daher ist es nun an der Zeit, einige harte, man könnte auch sagen, intime Tatsachen, auf den Tisch zu legen.

Ich möchte nun von gelegentlichen Scharmützeln zwischen der besten Ehefrau von allen und mir berichten, obwohl das Grundthema dieses Buches bemüht ist, sich einer optimistischen Gratwanderung zu befleißigen. Ich habe lange darüber nachgedacht und kam zu dem Schluß, daß unsere Zwistigkeiten sich immer um gemeinsame Besitztümer ranken. Wie das Telefon, das Auto oder die Kinder.

Was das Telefon betrifft, so habe ich den Stachel aus unserem Fleisch einfach dadurch entfernt, daß ich meine Allerbeste mit einem Apparat versehen habe, der nur für sie ganz allein läutet.

Im Hinblick auf die Kinder haben wir ein Gentlemen's Agreement erzielt. Wir haben die Sorgepflicht aufgeteilt. Die beste Ehefrau von allen kümmert sich um die Kinder bei Tag, ich bei Nacht.

Bleibt noch das Auto. Wie jedes Kind weiß, ist der gemeinsame Besitz eines Wagens gleichbedeutend mit der Aufbewahrung einer Zeitbombe im Haus. Unser Dilemma ist ein besonders unlösbares, und zwar deshalb, weil wir beide ausgesprochene Autonarren sind, die ständig hin und her und kreuz und quer fahren. Nicht, weil wir so dringend wohin müßten, sondern aus Spaß an der Freude. Die Krankheitsgeschichte dieser irren Leidenschaft ist — wer hätte das erwartet? — in einem meiner früheren Bücher niedergelegt.

Klar, daß nach dieser Introduktion wieder ein Eigenplagiat kommen muß. Es ist das vorletzte, ich schwöre. Auch bei rabiatester Ablehnung von Altwaren wird der objektive Leser zugeben müssen, daß dieses Buch ohne diese Wagen-Geschichte keine wahre Auto-Biographie geworden wäre.

Was wir hier beschreiben wollen, sind die Kümmernisse, die von Autofahrten im Kreis der Familie herrühren. Kaum bin ich nämlich zehn Meter gefahren, stößt die beste Ehefrau von allen ihren ersten schrillen Schrei aus: ,,Rot! *Rot!*" Oder: ,,Ein Radfahrer! *Gib auf den Radfahrer acht!*"

Diese Begleittexte kommen immer paarweise: der erste mit einem Rufzeichen, der zweite im Sperrdruck. Früher einmal versuchte ich meiner Gattin beizubringen, daß ich seit meiner Kindheit einen Führerschein besitze und noch keines einzigen Vergehens gegen die Verkehrsordnung schuldig geworden bin, daß ich ebenso viele Augen habe wie sie, vielleicht sogar mehr, und daß ich sehr gut ohne ihren Sperrdruck auskommen kann. Seit einigen Jahren habe ich diesen Zuspruch aufgegeben. Es hilft nichts. Sie hört mir einfach nicht zu. Sie ihrerseits hat mit demselben Wagen schon elf Verkehrsstrafen bekommen, aber an denen bin ich schuld.

Es kann geschehen, daß wir durch eine völlig menschenleere Straße fahren, und plötzlich dringt ihr Schreckensruf an mein Ohr:

„Ephraim! *Ephraim!*"

Ich reiße das Steuer herum, gerate auf den Gehsteig, stoße zwei Abfallkübel um und krache in den Rollbalken einer Wäscherei. Dann stelle ich die Reste des Motors ab und blicke um mich. Weit und breit ist nichts und niemand zu sehen. Die Straße ist so verlassen wie der unwirtlichste Teil der Negev-Wüste.

„Warum hast du geschrien?" erkundige ich mich und füge im Sperrdruck hinzu: *„Warum hast du geschrien?"*

„Weil du unkonzentriert gefahren bist. Überhaupt, wie du fährst! *Wie du fährst!*" Und sie schnallt demonstrativ ihren Sicherheitsgurt etwas fester.

Die Kinder nehmen natürlich Partei für Mami. Das erste Tier, das meine kleine Tochter Renana erkennen lernte, war ein Zebrastreifen. *Ein Zebrastreifen!* Auch ihr Großvater stellt oft und gerne fest, daß ich wie ein Verrückter fahre. *Wie ein Verrückter!* Neulich nahm er mich zur Seite, um von Mann zu Mann ein paar mahnende Worte an mich zu richten:

„Du hast doch Sorgen genug, mein Junge. Du bist ein schöpferischer Mensch. Du denkst beim Fahren an alles mögliche. Warum überläßt du es nicht meiner Tochter?"

Auch die Kinder haben es schon gelernt:

„Papi", tönt es von den Hintersitzen, „du bist nicht konzentriert. Laß doch Mami, *laß doch Mami...*"

Diese entwürdigenden Sticheleien finden ihre Fortsetzung, wenn ich nach Hause komme. „Es ist nur Papi", ruft mein rothaariger Sohn Amir in die Küche. „Nichts ist passiert."

Warum soll etwas passiert sein? Und warum „nur" Papi?

Und ihre Mutter unterstützt sie noch:

„Ich würde lachen, wenn dich jetzt ein Verkehrspolizist erwischt! *Ich würde lachen!*" Oder: „Das kostet dich den Führerschein! *Das kostet dich den Führerschein!*"

Laut eigener Aussage kann sie sich nur entspannen, wenn sie selbst fährt. Manchmal entwindet sie mir das Lenkrad mit Gewalt und unter lautem Beifall der Galerie. Bisher ist sie zweimal mit je einem Fernlaster zusammengestoßen, einmal mit einem Klavier, hat mehrere Parkometer umgelegt und ungezählte Katzen überfahren.

„Weil deine wilde Fahrerei mich ansteckt", erläutert sie.

Neuerdings beteiligt sich sogar unsere Hündin Franzi an der gegen mich gerichteten Verschwörung. In jeder Kurve steckt sie den Kopf zum Fenster hinaus und bellt laut und scharf: „Wau! *Wau!*" Zweimal. Das zweite Mal im Sperrdruck. Sie will, so dolmetscht meine Mitfahrerin, zum Ausdruck bringen, daß ich das Lenkrad mit beiden Händen halten soll. Wie jeder andere. *Wie jeder andere!*

Es gibt auch rückwirkende Zurechtweisungen. Zum Beispiel passiere ich glatt und anstandslos zwei Fußgänger und werde nach ein paar Metern von der besten Ehefrau von allen vorwurfsvoll gefragt:

„Hast du sie gesehen: *Hast du sie gesehen?*"

Natürlich habe ich sie gesehen. *Natürlich habe ich sie gesehen.* Sonst hätte ich sie ja niedergefahren oder wenigstens gestreift, nicht wahr.

„Was machst du denn, um Gottes willen!" lautet der nächste Mahnruf. *„Was machst du?*"

„Ich mache 45 Kilometer in der Stunde."

„Du wirst noch im Krankenhaus enden. Oder im Gefängnis. *Oder im Krankenhaus!*"

Sie selbst fährt einen Stundendurchschnitt von 120 km,

was ungefähr der Schnelligkeitsrate ihrer Kommentare entspricht. Unlängst riß sie den Wagen an sich, sauste zum Supermarkt und wurde unterwegs von einer Verkehrsampel angefahren. Sie kroch unter den Trümmern hervor, bleich, aber ungebrochen, und seither folgt mir ihr vorwurfsvoller Blick auf Schritt und Tritt.

„Stell dir vor, du armer Kerl", will dieser Blick bedeuten, „stell dir vor, was für ein Unglück es gegeben hätte, wenn *du* gefahren wärst."

Ich bin nach längerem Nachdenken zu dem Entschluß gelangt, mir die bewährte Do-it-yourself-Methode zu eigen zu machen, und tatsächlich geht es jetzt viel besser. Um meiner Familie jede Aufregung zu ersparen, stoße ich selbst die entsprechenden Vorwarnungen aus:

„Nach fünfzig Metern kommt ein Stoppzeichen", verlautbare ich bei einer Stundengeschwindigkeit von 30 km. *„Ein Stoppzeichen nach fünfzig Metern!"* Oder: „Nicht bei Gelb, Ephraim! *Nicht bei Gelb!*" Und nachdem ich über eine harmlose Kurve hinweggekommen bin: „Wie ich fahre! *Wie ich fahre!*"

Auf diese Weise herrscht in meinem Wagen nun doch eine Art von Fahrerfrieden. Die beste Ehefrau von allen sitzt mit zusammengepreßten Lippen neben mir, die Kinder verachten mich stumm, der Hund bellt zweimal, und ich fahre langsam aus der Haut.

Die Endlösung konnte natürlich nur eine sein: Ich schaffte für meine Fahrlehrerin einen zweiten Wagen an. Daher steht seit einiger Zeit der Kleinwagen meiner Frau Gemahlin Stoßstange an Stoßstange neben dem meinen.

Es ist ein ziemlich großer Kleinwagen, der nur einen einzigen Fehler hat: er fährt nicht. Genauer gesagt: er fährt, aber nur, wenn man die Handbremse löst. Das heißt, er fährt nicht. Die beste Ehefrau von allen vergißt nämlich mit Vorliebe, die Handbremse zu lösen. Und das lähmt die Zugkraft des Wagens. Er kommt über ein paar ruckartige Ansätze nicht hinaus. Als nächstes beginnen dann die Reifen zu rauchen. Überdies verbreiten sie einen merkwürdigen Gestank, wie nach verbranntem Gummi oder Kautschuk.

Wenn es soweit ist, ruft meine Frau aus einer stadteinwärts gelegenen Werkstatt den Mechaniker Mike herbei.

,,Mike'', sagte sie, ,,als ich heute vormittag —''

,,Ich weiß'', antwortet Mike. ,,Machen Sie die Handbremse los.''

Andererseits hat das handbremsenfeindliche Verhalten meiner Frau auch seine Vorteile. Sie ist dadurch leichter zu orten. Wenn ich sie zu Hause vergebens suche und wissen möchte, wo sie sich gerade befindet, brauche ich nur aufs Dach zu steigen und meine Blicke in Richtung Stadt zu lenken. Dort, wo eine kleine Rauchsäule aufsteigt, ist Frau Kishon. Eine sehr praktische Methode; allerdings keine sehr originelle, denn auch Indianer und Kardinäle verwenden Rauchzeichen.

Das Glück, wie man weiß, ist mit den dümmeren Bataillonen und sorgt dafür, daß der Kleinwagen meiner Frau nicht zu Schutt und Asche verbrennt. Im entscheidenden Augenblick, kurz vor dem tödlichen Infarkt, geht ihm das Benzin aus. Dann holt er tief Atem, hustet noch ein- oder zweimal und bleibt stehen.

Warum fährt meine Frau immer bis zum letzten Tropfen Benzin und noch ein paar Tropfen darüber hinaus? Warum tankt sie nicht rechtzeitig? Künftige Forscher werden das entscheiden müssen. Mir ist es ein Rätsel. Vielleicht hofft sie, daß man irgendwo in Galiläa auf Öl stoßen wird. Vielleicht wartet sie auf ein ähnliches Wunder, wie es sich damals bei der Wiedereroberung des Tempels in Jerusalem begeben hat, als ein kleines Öllämpchen den Makkabäern trotz des Embargos sieben Tage und sieben Nächte lang brannte — zur Erinnerung daran feiern wir ja noch heute unser eigenes, Chanukka genanntes Lichterfest. Vielleicht wohnt der tiefe Glaube in ihr, Gott werde sie sieben Tage und sieben Nächte lang mit einem leeren Tank fahren lassen.

Vorläufig jedoch geschieht nichts dergleichen, der Wagen hustet und bleibt stehen, und da meistens der Ehemann der besten Ehefrau von allen neben ihr sitzt, wendet sie sich an ihn und sagt:

,,O weh. Mir scheint, wir haben kein Benzin mehr. Geh welches holen.‘‘

Da wir auf einem Zebrastreifen stehen, bleibt mir nichts anderes übrig. Es ist, als erwachte ein klassisches Ölgemälde, betitelt ,,Mann mit Kanister‘‘, plötzlich zum Leben. Der Kanister liegt im Kofferraum und müßte eigentlich eine Treibstoffreserve enthalten. Leider vergißt meine Frau, ihn zu füllen. Oder wenn sie ihn füllt, vergißt sie ihn zuzuschrauben, und da wäre es mir immer noch lieber, daß sie ihn zu füllen vergäße. Jedenfalls haben wir kein Benzin. Manchmal haben wir auch keinen Kanister, nicht einmal einen leeren. Dann muß ich mich eben vor einen herankommenden Wagen werfen und darauf vertrauen, daß der erschrockene Fahrer uns im Tausch gegen eine nicht erfolgende Schadenersatzklage etwas Benzin überläßt. Dieser erpreßte Treibstoff wird durch einen stinkenden Gummischlauch aus dem Tank des Spenders gesaugt, und die saugende Person ist immer der gesetzlich angetraute Ehemann meiner Frau. Ich habe mit der Zeit gewisse Vorliebe für Esso Super Oktan 96 entwickelt.

Nun mag ja die nicht gelöste Handbremse eine Folge von Vergeßlichkeit sein. Der nicht gefüllte Tank ist jedoch eine Folge von kühler, wohldurchdachter Berechnung von seiten meiner Frau. Sie hat das Handbuch, das die Erzeugerfirma jedem Wagen mitgibt, sorgfältig gelesen, und dort steht schwarz auf weiß:

,,Wenn der Benzinanzeiger die rote Linie erreicht, enthält der Tank noch Treibstoff für etwa 8 km."

,,Alles in Ordnung", beginnt Madame ihren inneren Monolog. ,,Der Zeiger steht auf Rot, ich habe noch acht oder neun Kilometer bis nach Hause, und das schaffe ich mit Leichtigkeit."

Manchmal schafft sie es wirklich und völlig ungekümmert darum, daß sie am nächsten Morgen nicht anfahren kann, weil der Tank leer ist. Und außerdem: wozu hat sie einen Mann mit Kanister?

Ein- oder zweimal im Monat entfernt sich unser Haus, wenn der Zeiger den roten Distrikt betritt, bis auf 10 km vom Standort des Wagens. Dann steht die beste Ehefrau von allen vor der Alternative, entweder zu tanken oder eine Abkürzung zu nehmen. Tanken kommt, wie man weiß, nicht in Frage. Also abkürzen. Aber wie kürzt man ab? Noch dazu mit angezogener Handbremse?

Natürlich besitzt der Wagen ein kleines rotes Warnsignal, das wie verrückt zu blinken beginnt, wenn die Handbremse angezogen ist. Aber meine Frau muß zuerst feststellen, ob noch genug Benzin im Tank ist, und kann doch nicht gleichzeitig auf das Warnlicht und auf den Benzinanzeiger achten. Entweder — oder.

Einmal, nach einer besonders anstrengenden „Mann-mit-Kanister"-Episode, fuhr ich den Wagen heimlich zu Mike dem Mechaniker und fragte ihn, ob er nicht ein zusätzliches Warnsignal einbauen könnte, etwas, das bei angezogener Handbremse laut zu ticken beginnt oder eine Sirene auslösen würde oder eine kleine Explosion.

Das hätte man ihn schon oft gefragt, sagte Mike. Einer seiner Kunden wollte sogar ein System von entsicherten Drähten installiert haben, das im Bedarfsfall elektrische Schläge austeilt.

Da ich das für übertrieben hielt, entschieden wir uns für eine musikalische Lösung. Dank einer sinnreichen Leitung vom Gaspedal zu einer Musikkassette wird in Hinkunft, wenn meine Frau mit angezogener Handbremse startet, der Toreromarsch aus „Carmen" ertönen.

Sollte einer meiner geneigten Leser demnächst auf einer der Hauptstraßen von Tel Aviv mitten im Stoßverkehr einen Wagen mit rauchenden Pneus stehen sehen, aus dem Bizets mitreißende Melodien erklingen, dann möge er getrost sein. Der Mann mit dem Kanister ist nicht weit.

Soviel über die Transportlage. Dieses Problem ist weit verbreitet und wird nie gelöst werden können, solange man nicht einen Chauffeur engagiert. Die Sache ist nur die, daß in einem Land wie dem unseren, wo die Inflation auch dem schnellsten Sportwagen davongaloppiert, sich kein Mensch einen Privatchauffeur leisten kann. Die einzige mir bekannte Ausnahme ist ein prosperierender Werbefachmann in Tel Aviv. Und sogar über ihn sagt die Fama, daß er sich selbst jeden Morgen die goldbetreßte Chauffeursuniform anzieht, um auf diese ungewöhnliche Weise seine Klienten zu beeindrucken.

Die wesentliche Quelle für Konfliktstoffe in unserem Haus hat aber nichts mit Autos zu tun, obwohl auch sie von der Energiekrise herrührt, wie heutzutage so ziemlich alles.

Wovon ich spreche?

Ich spreche von der beklagenswerten Gewohnheit der besten Ehefrau von allen, niemals und unter keinen Umständen einen Lichtschalter in unserem Haus abzudrehen.

Manche Leute, so der Briefträger, mögen unser Domizil die Kishon-Villa nennen, aber in Wahrheit sollte es als „Haus der tausend Lichter" in die Geschichte unseres Wohnviertels eingehen. In den vielen Jahren unserer Marathonehe ist es mir selbstverständlich geworden, Licht in jedem Raum vorzufinden, den die beste Ehefrau von allen auch nur flüchtig durchschritten hat. Sie dreht die Lichter auch bei strahlendem Sonnenschein an. Sie tut das ganz automatisch. Sie dreht das Licht auf, wenn sie kommt, und läßt es brennen, wenn sie geht. Manchmal habe ich das Gefühl, daß unsere Lichtschalter beginnen, sich ganz von selbst durch Telekinese zu bewegen, ohne daß die beste Ehefrau von allen sie jemals berühren müßte. Und es wird Licht, sobald sie eintritt. Vielleicht hat diese technologische Solidarität auch ihren Vorteil: Taxifahrer haben noch nie Schwierigkeiten gehabt, unsere Adresse zu finden. Sie müssen nur schnurstracks zu dem lokalen „Palais de la lumière" fahren.

Natürlich nehme ich das nicht widerspruchslos hin. Der Kampf zwischen den Töchtern des Lichtes und den Söhnen der Finsternis war mir Anlaß zu oftmaliger Kontemplation.

Manchmal fragte ich mich, ob dieser tiefverwurzelte Komplex meiner Frau nicht vielleicht ein Trauma wäre, ein Überbleibsel aus der Zeit, da wir noch bei der Untermieter-Hexe wohnten und unter dem Terror des Stromzählers standen. Vielleicht ist dies der Versuch meiner Frau, der Schwarzen Magie mittels eines Lichtschalters beizukommen?

Ein anderer Grund für die Lichtgier meiner Besten mag vielleicht in jenen segensreichen Tagen zu suchen sein, da wir in den Genuß von nahezu kostenlosem Strom kamen. Die Sache begann vor etwa einem Dutzend Jahren, als ein neuer Mieter neben uns einzog. Sein Name war zufällig Schechtermann, und eines Tages klopfte er an unsere Tür.

„Ich komme", sagte Schechtermann, „um elektrischen Strom anzubieten."

„Was für elektrischen Strom?"

„Privaten."

Es stellte sich heraus, daß unser Nachbar die niedrigste Stromrechnung aller Zeiten hatte. Während in unserer Nachbarschaft jeder zwischen 70 und 80 Pfund monatlich zu zahlen hatte, belief sich die Rechnung von Herrn Schechtermann auf etwa 1,20 Pfund.

Wieso?

„Ich habe einen faulen Stromzähler", erklärte Herr Schechtermann mit niedergeschlagenen Augen, „er rührt sich nicht."

Zuerst, so berichtete er, dachte er kurz daran, das E-Werk zu benachrichtigen. Doch dann besann er sich eines Besseren und kaufte zwei riesige Waschmaschinen sowie etliche elektrische Öfen und ersetzte alle Lampen seiner Wohnung durch Scheinwerfer. Darauf kletterte seine Stromrechnung auf 1,40 Pfund.

„Kurz gesagt", informierte uns Schechtermann mit vorsichtig gedämpfter Stimme, „ich habe Überschußenergie an der Hand. Ich bin bereit, unsere Nachbarschaft mit billigem Strom zu versorgen."

Das schien uns ein faires Angebot zu sein. Angesichts ihrer Schwäche in Sachen Licht war die beste Ehefrau von allen an dieser Transaktion besonders interessiert.

„Schechtermann", fragte meine praktische Frau, „was kostet bei Ihnen ein Kilowatt?"

„Ich installiere keinen Stromzähler", erklärte unser Nachbar. „Der Verbrauch wird nach der Anzahl der Räume bemessen. Ich versende meine Rechnungen am Ende jeden zweiten Monats."

So kamen wir für eine segensreiche Periode in den Genuß preiswerten Stromes dank eines Kabels, das von Schechtermann direkt in unsere Küche führte. Es muß hier festgestellt werden, daß ich in dieser paradiesischen Zeit meine Frau wegen ihrer Affinität zu Lichtschaltern nicht ein einziges Mal zurechtgewiesen habe. Aber wie alle schönen Dinge im Leben, ging auch Schechtermanns Kraftstation den Weg allen Fleisches, als irgendein mißgünstiger Techniker vom städtischen E-Werk daherkam und den wundersamen Stromzähler ohne ersichtlichen Grund gegen einen anderen austauschte.

Seither leiden wir unter der Energiekrise wie jeder andere. Umsomehr, als der Ölpreis die Schallmauer durchstieß und die Inflation in unserem Land sich auf 130 Prozent im Schatten beläuft. Ich brauche nicht zu beschreiben, daß wir unter diesem Elektroschock zu leiden haben. Seine unseligen Folgen werden nun im folgenden Kapitel geschildert. Es enthüllt auch das verblüffende Improvisationstalent der besten Ehefrau von allen. Mag sein, daß es auch etwas von ihrem angeborenen Talent für subtile Gemeinheit enthüllen wird, aber ohne diese boshafte Ader kann man die wirtschaftlichen Umwälzungen unserer Zeit nicht mehr überleben.

Ich komme also zum Essen nach Hause, und die beste Ehefrau von allen empfängt mich mit grimmigem Gesicht.

„Eben haben wir die Stromrechnung bekommen", verkündete sie, „sie beläuft sich auf 9293 Pfund, und das alles wegen deinem idiotischen Schachcomputer."

„So?" erwiderte ich höhnisch. „Und wer schläft jeden Abend bei angedrehtem Radio ein und läßt, verdammt noch mal, alle Lichter brennen?"

Meine Frau schlug vor, von etwas anderem zu reden, solange wir die Dinge noch unter Kontrolle hatten, und verlegte sich auf die Kinder, die den ganzen Tag den gottverfluchten Plattenspieler laufen ließen. Ich prüfte die Mammutrechnung von hinten und vorn und fand heraus, daß das israelische Elektrizitätswerk die Stirn hatte, 9293 Pfund für die Monate Dezember und Januar zu fordern, zahlbar binnen einer Woche oder...

„Das ist glatte Ausbeutung", kommentierte die beste Ehefrau von allen.

Während ich nachdachte, was sonst noch zu diesem Thema zu sagen wäre, begann das Telefon zu läuten, und Herr Geiger von nebenan stöhnte durch den Hörer:

„Sie wollen von mir 13 712 Pfund..."

Als nächstes erschien Frau Blum, um die Stromrechnungen zu vergleichen. Ihre Rechnung, die sie mit beängstigendem Gekicher unter unsere Nasen hielt, belief sich auf 11 691 Pfund.

„Also gut", sagte ich zu meiner Frau, „dann muß ich eben zum Anwalt gehen."

Ich fand ihn in seinem Büro. Er starrte eben auf eine Stromrechnung in Höhe von 16 310 Pfund. „Scheiße", knurrte er leise vor sich hin. „Eine Schätzung nennen die das, basierend auf dem Durchschnittsverbrauch, der Teufel soll sie holen."

Es stellte sich heraus, daß das E-Werk die herkömmliche Methode, den Stromverbrauch vom Zähler abzulesen, aufgegeben hatte. Sie orientierten sich jetzt an einem „Verbraucherkorb", berechnet nach der weltweiten Energiekrise, dem Goldpreis in Hongkong und den Straßenkämpfen in Kabul.

„Also", fragte ich meinen Anwalt, „was soll ich tun?"

„Zahlen Sie nicht durch die Bank", riet er mir. „Schicken Sie einen Verrechnungsscheck mit der Post. Bis der eintrifft, haben Sie von der Inflationsrate von vier Tagen profitiert."

Ich begab mich nach Hause, kochend wie ein elektrischer Samowar. „Das werden sie mir teuer bezahlen", schwor ich mir mit etwas zweifelhafter Logik. „Zum Henker mit dem E-Werk, und dazu gleich mit der Regierung und Mister James Watt, und dem ganzen Mist..."

„Hallo, warten Sie einen Moment!"

Mein Nachbar Felix Selig lief hinter mir her. Er hatte immer schon einen untrüglichen Instinkt dafür, mich in Gespräche zu verwickeln, wenn ich nicht gestört sein wollte. Jetzt kam er mit mir nach Hause.

„Wie hoch", stöhnte er und wandte sich an die beste Ehefrau von allen, „wie hoch ist Ihre Rechnung?"

Meine Frau überblickte sofort die Situation.

„Wie hoch", entgegnete sie, „wie hoch soll sie schon sein? Dreihundert Pfund und ein paar Piaster, wie immer!"

Ich weiß nicht, warum sie das getan hat. An sich ist er kein übler Bursche, dieser Felix. Einmal hat er sogar meiner Frau einen Reifen gewechselt. Aber jetzt war die beste Ehefrau von allen von dem inneren Drang besessen, sich an irgend jemand schadlos zu halten, egal wer es auch sei.

Wie gesagt, wenn meine Frau will, kann sie recht tückisch sein.

Ich auch.

„Was ist denn los?" fragte ich Felix. „Was ist geschehen, mein Freund?"

Felix zeigte mir seine Rechnung, die aus allen Nähten platzte. Man wollte von ihm siebzehntausendachthunderteinundachtzig Pfund und fünfundsiebzig Piaster.

Die beste Ehefrau von allen betrachtete die Summe mit äußerst erstauntem Gesicht. Madame de Sade in Hochform. Unser armer Nachbar stand ratlos daneben, ein Bild des Jammers.

„Ich verstehe das nicht", hauchte er. „Wir haben doch schon alle unsere Glühbirnen ausgetauscht. Die stärkste hat 40 Watt."

„Was", fragte meine Beste, „Sie beleuchten Ihr Haus immer noch mit elektrischem Strom? Kein Wunder, daß Sie so eine Rechnung bekommen. Wir", flötete sie, „sind schon vor Monaten auf Kerzen übergegangen. Bei Petschik bekommt man ein Dutzend zu fünfzehn Pfund, und das reicht für eine ganze Woche. Wir haben zwei in jedem Schlafzimmer, drei im Wohnzimmer und eine auf dem Klo."

„Es würde mich nicht überraschen", fügte ich hinzu, die Lage überschauend, „wenn Sie mir jetzt erzählen, daß Sie immer noch ihre Waschmaschine verwenden."

Selig schluckte. Wir fühlten eine Welle der schöpferischen Lust in uns aufsteigen.

„Natürlich benützen wir unsere Waschmaschine auch noch", übertraf meine Frau sich selbst, „aber nur Freitag abends. Dann drehen wir sie mit der Hand. Was das Bügeln betrifft, so spritzen wir nur etwas Wasser auf die Wäsche und setzen uns drauf. Was sonst soll man tun? Heißes Wasser verwenden wir nur noch zum Kopfwaschen. Zwei Wochenendbeilagen, ein Streichholz, und schon knistert ein fröhliches Feuerchen im Zimmer, ein Wassertopf darauf und das wär's."

Felix, dieser Verschwender, war kurz vor dem Zusammenbruch. Aber uns konnte nichts mehr zurückhalten. Mit gottesfürchtigem Augenaufschlag eröffnete ich ihm, daß wir das Radio nur noch zur Bibelstunde aufdrehen und den Fernsehapparat schon längst eingemottet haben. Mein Schwager ruft nun täglich um neun Uhr abends an und erzählt die Nachrichten übers Telefon.

Felix blieb sprachlos. Die beste Ehefrau von allen blickte hastig nach der Uhr.

„Oh, meine Güte", rief sie aus, „du mußt dich beeilen, Ephraim, sonst macht man dir die Eisfabrik in Jaffa vor der Nase zu. Wir haben den Kühlschrank nämlich auf Eis umgestellt", erklärte sie Felix. „Jeden zweiten Tag einen halben Eisblock, und er bleibt kalt. Wer braucht überhaupt noch elektrischen Strom?"

„Eine Minute", raffte sich Selig zu einem letzten Widerspruch auf, „und was kostet der Treibstoff nach Jaffa und zurück?"

„Nichts", sagte ich. „Ich gehe natürlich zu Fuß."
Schweigen.

„Dann erklären Sie mir bitte", flüsterte der Verschwender, „wofür zahlen Sie noch dreihundert Pfund?"

„Mein Mann benützt einen elektrischen Bleistiftspitzer", gestand die beste Ehefrau von allen schamhaft. „Aber er hat mir versprochen, daß er sich ab morgen auf Kugelschreiber umstellt."

Schweigend schüttelten wir uns die Hände, und Felix schwankte nach Hause.

Leicht beschwingt unterschrieb ich einen Scheck über 9293 Pfund fürs E-Werk. Dann traten wir ans Fenster und beobachteten Seligs Haus gegenüber. Nach und nach sahen wir alle Lichter ausgehen, und dann betrachteten wir wohlgefällig das flackernde Kerzenlicht in seinem Wohnraum.

„Glühwürmchen", sagte ich zu der besten Ehefrau von allen, „unser armer Nachbar scheint ein Opfer der Energiekrise geworden zu sein."

Wie Sie sehen, können wir auch im Teamwork bestehen, meine Frau und ich. Der einzige Fall, wo keine wie immer geartete Zusammenarbeit zwischen uns denkbar ist, betrifft die zweitgrößte Schwäche meiner Besten: ihre Neigung sich umzudrehen.

Was ich darunter verstehe, wird im garantiert letzten Selbstplagiat dieses Buches erläutert.

Wenn wir, die beste Ehefrau von allen und ich, in einem öffentlichen Lokal sitzen — im Kaffeehaus, im Stadion, im Theater — und wenn hinter uns jemand herannaht, den ich nicht zu sehen wünsche, brauche ich meiner Frau nur ins Ohr zu flüstern:

„Die Seligs kommen. Dreh dich nicht um!" — und schon hat sie sich umgedreht. Im selben Augenblick, ohne auch nur eine Sekunde zu zögern, und möglichst auffallend. Sie starrt die Seligs, die sich angeblich in Scheidung befinden, unverwandt an, während ich vor Scham in den Boden versinken möchte. Die Seligs ihrerseits kehren uns indigniert den Rücken und entziehen uns ihre letzten Sympathien.

Oft und oft habe ich nach solchen Zwischenfällen meine Frau angefleht, sich nicht so hemmungslos gehenzulassen, habe ihr geduldig erkärt, daß der Mensch, einschließlich der Frau, sich beherrschen müsse, daß Neugier der Urgrund allen Übels sei und Disziplin die höchste aller Tugenden — es hilft nichts. Warum ich denn überhaupt soviel Worte mache, will sie wissen. Die Seligs hätten ihren Blick ja gar nicht bemerkt, und ich bilde mir das alles nur ein.

Überflüssig zu sagen, daß die Seligs ihren Blick sehr wohl bemerkt haben. Er vielleicht nicht, aber seine Frau ganz bestimmt. Wahrscheinlich hatte er sie bei unserem Anblick gebeten, sich nicht nach uns umzudrehen.

Manchmal versuche ich, der Katastrophe zuvorzukommen und beschwöre meine Frau gleich beim Eintritt in das betreffende Lokal, sich nach niemandem umzudrehen und niemanden anzustarren, unter gar keinen Umständen, du mußt dich zurückhalten, ich bitte dich inständigst...

Und noch während ich spreche, dreht sie sich um und starrt an.

Selbst die raffiniertesten Tricks, auf die ich gelegentlich verfalle, bleiben erfolglos. „Nicht hinschauen!" zische ich und schaue angestrengt nach rechts, als käme Ziegler, der mir 2000 Pfund schuldig ist, aus dieser Richtung, obwohl er in Wahrheit von links kommt. Infolgedessen dreht sich meine Frau nach links, und Ziegler weiß, daß ich ihr gerade von seiner Schuld erzählt habe. Das ist mir sehr unangenehm.

Der Psychiater, mit dem ich mich beriet, brachte mir volles Verständnis entgegen.

„Auch meine Frau leidet an der Drehkrankheit", gestand er. „Es scheint sich hier um eine archetypische Erbschaft aus dem Paradies zu handeln, um den unwiderstehlichen Zwang, ein von höherer Stelle erlassenes Verbot zu durchbrechen. Denken Sie nur an den Apfel. Oder an Lots Weib. Aber ich kann Ihnen einen guten Rat geben: statt Ihrer Frau das Umdrehen zu verbieten, sollten Sie sie ausdrücklich dazu auffordern!"

Das leuchtete mir ein. Im Café California wandte ich diese Methode erstmals an. Kaum hatte der in eine aufsehenerregende Betrugsaffäre verwickelte Dr. Bar-Honig das Lokal betreten, sah ich meine Frau an und raunte ihr zu:

„Rasch, schau zur Tür hin. Eben ist Bar-Honig gekommen!"

Und meine Frau, die beste Ehefrau von allen, sah folgsam zur Tür hin und starrte Bar-Honig an.

„Hör zu, Liebling", fauchte ich sie in kaltem Zorn an, „könntest du diese peinliche Angewohnheit nicht ablegen?"

„Können kann ich", sagte die beste Ehefrau von allen, „aber wollen will ich nicht."

„Warum?"

„Weil du nie zu Tisch kommst."

180

Zugegeben, das ist fraglos eine weitere dicke Fliege in der Suppe unserer sonst glücklichen Ehe, diese ärgerliche Rücksichtslosigkeit von mir, nicht sofort zu Tisch zu kommen, wenn meine Frau verkündet, daß das Essen serviert ist. Ich schwöre, daß ich nicht weiß, warum ich ihr das antue, und schon gar nicht weiß ich, warum ich ihr das immer wieder antue. Vielleicht ist es ein unbewußter Protest gegen ihre selbstherrliche Art, die Essenszeit zu bestimmen, ohne mich vorher zu konsultieren. Vielleicht haben auch ihre Kochkünste etwas nachgelassen. Vielleicht findet sich auch hier ein unerwarteter historischer Einfluß, wenn wir der folgenden symbolischen Geschichte glauben dürfen. Es ist eine ziemlich perfide Utopie über die letzten Tage des Kaisers Napoleon. Obwohl sie genausogut auch von meinem Waterloo am Familientisch handeln könnte.

Aber jetzt zu unserem Spaziergang ins vorige Jahrhundert.

Die Sonne ging über den Schlachtfeldern auf. Im Sitzungssaal seines Landschlößchens stand der Kaiser, umgeben von seinen Marschällen und Generälen, am Tisch mit der großen Landkarte, um die letzten Anordnungen für den entscheidenden Zusammenstoß mit Europas Monarchen zu treffen. Sein Selbstbewußtsein und sein strategisches Genie hatten unter dem Exil auf Elba in keiner Weise gelitten. Nur sein Haar war ein wenig schütter geworden und zeigte an den Schläfen die ersten silbrigen Strähnen.

Aus der Ferne wurde vereinzeltes Geschützfeuer hörbar: Blüchers Armee marschierte vom Norden her gegen Waterloo. Man glaubte zu spüren, wie die Welt den Atem anhielt.

„Napoleon! Dein Frühstück ist fertig!"

In der Tür erschien Sarah, Napoleons dritte Ehefrau und die beste von allen, ihre Frisur von einem hinten zusammengeknoteten Kopftuch geschützt, in der Hand einen Staublappen.

Der Kaiser hatte sie auf Elba geheiratet. Wie es hieß, entstammte sie einer der besten jüdischen Familien der Insel.

„Das Frühstück wird kalt, Napoleon!" rief die Kaiserin. „Komm zu Tisch! Deine Freunde hier werden nicht weglaufen. Ach Gott, ach Gott..." Und während sie sich mit dem Staublappen an einigen Möbelstücken zu schaffen machte, wandte sie sich an den respektvoll schweigenden Generalstab: „Jeden Tag die gleiche Geschichte. Ich frage ihn: Napoleon, willst du essen oder willst du nicht essen, sag ja oder nein, er sagt ja, ich mach' das Essen, und kaum ist es fertig, hat er plötzlich irgend etwas zu tun, stundenlang läßt er mich warten, ich muß das Essen immer von neuem aufwärmen, erst gestern hat uns das Mädchen gekündigt, und jetzt steh' ich da, ganz allein mit dem Buben... Napoleon! Hörst du nicht? Das Frühstück ist fertig!"

„Einen Augenblick", murmelte der Kaiser und zeichnete auf dem Schlachtplan eine Linie ein. „Nur einen Augenblick noch."

Der Kanonendonner wurde lauter. Die Artillerie des Herzogs von Wellington begann sich einzuschießen. Marschall Ney sah besorgt nach der Uhr.

„Ich kann mich kaum auf den Füßen halten", jammerte Sarah. „Überall in der Wohnung läßt du deine Kleidungsstücke herumliegen, und ich hab' das Vergnügen, sie einzusammeln und in den Schrank zu hängen. Wie soll ich das alles bewältigen? Und steck nicht immer die Hand zwischen die zwei oberen Brustknöpfe, hundertmal hab' ich dir gesagt, daß der Rock davon einen häßlichen Wulst bekommt, der sich nicht mehr ausbügeln läßt... Wirklich, meine Herren, Sie haben keine Ahnung, wieviel mir die schlechten Gewohnheiten meines Herrn Gemahl zu schaffen machen... Napoleon! Komm endlich frühstücken!"

„Ich komm' ja schon", antwortete der große Korse. „Ich hab' nur noch ein paar Worte mit meinen Generälen zu sprechen." Er nahm Haltung an, seine Gesichtsmuskeln spannten sich. „Blücher und Wellington, daran besteht für mich kein Zweifel, werden ihre Armeen vereinigen wollen. Wir müssen einen Keil zwischen sie treiben."

„Das Essen ist schon wieder eiskalt!" kam aus dem Nebenzimmer Sarahs Stimme.

„In einer Stunde greifen wir an", sagte Napoleon abschließend.

Von draußen klang das Geräusch schwerer, eiliger Schritte. General Cambron, Adjutant des Kaisers, nahm immer drei Marmorstufen auf einmal, so eilig hatte er's.

„O nein! Kommt gar nicht in Frage!" Am Treppenabsatz trat ihm Sarah entgegen. „Ziehen Sie zuerst Ihre Stiefel aus! Ich lasse mir von Ihnen nicht das ganze Haus verschmutzen."

In Strümpfen trat General Cambron zu den anderen bestrumpften Heerführern.

„Wenn ich eine Hilfe im Haushalt hätte, wär's etwas anderes", erläuterte die Kaiserin ihre Anordnung. „Aber seit gestern hab' ich keine mehr. Herrn Bonaparte interessiert das natürlich nicht. Den interessiert alles, nur nicht sein eigenes Haus. Jetzt bin ich am Wochenende ohne Mädchen und kann mich wegen eurer dummen Schlacht nicht einmal um einen Ersatz kümmern. Wenn Sie vielleicht von einem anständigen Mädchen hören, lassen Sie mich's bitte wissen. Mit Kochkenntnissen. Und sie muß auch auf den Buben aufpassen. Aber keine Korsin, bitte. Die reden zuviel."

„Gewiß, Majestät." General Cambron salutierte und übergab dem Kaiser ein zusammengefaltetes Papier.

Napoleon las es und erbleichte:

„Meine Herren, Fouché ist zum Feind übergegangen. Was tun wir jetzt?"

„Jetzt frühstücken wir", entschied die Kaiserin und ging ins Nebenzimmer voran.

Noch einmal trat Napoleon an den Tisch und fixierte mit dem Zeigefinger einen Punkt auf der Karte:

„Hier wird sich das Schicksal Europas entscheiden. Wenn der Gegenangriff von Südwesten kommt, fangen wir ihn an der Flanke auf. Meine Herren —"

„Napoleon!" unterbrach Sarahs Stimme. „Willst du Rühr- oder Spiegeleier?"

„Egal."

„Rühreier?"

„Ja."

„Dann sag's doch."

„Meine Herren, vive la France!" beendete Napoleon den unterbrochenen Satz.

„Vive la France!" riefen die Marschälle und Generäle. „Vive l'Empereur!"

„Napoleon!" rief Sarah und steckte den Kopf durch die Türe. „Der Bub will dich sehen!"

„Majestät!" rief Marschall Murat. „Der Feind nähert sich!"

„Ich, lieber Herr", fuhr die Kaiserin dazwischen, „ich bin es, die den ganzen Tag mit dem weinenden Bub auskommen muß, ich, nicht Sie. Wollen Sie dem Kaiser vielleicht verbieten, seinem Sohn einen Abschiedskuß zu geben?"

„Wo ist er?" fragte Napoleon.

„Er macht gerade Pipi."

Und während der Kaiser sich zum Aiglon begab, stimmte die Kaiserin nochmals ihr Klagelied an:

„Ich hab' kein Mädchen. Ich muß alles allein machen. Drei Stockwerke. Wie oft, meine Herren, hab' ich Sie schon gebeten, keine Asche auf den Teppich zu streuen?"

Im Hintergrund erschien Napoleon und strebte mit hastigen Schritten dem Ausgang zu.

„Was soll ich sagen, wenn jemand nach dir fragt?" wollte die Kaiserin wissen.

„Sag, daß ich in der Schlacht bei Waterloo bin."

„Wann kommst du nach Hause?"

„Weiß ich nicht."

„Hoffentlich rechtzeitig zum Mittagessen. Was möchtest du haben?"

„Egal."

„Gestopften Gänsehals?"

„Ja."

„Dann sag's doch", rief sie ihm nach. „Und komm nicht zu spät zum Essen, Ephraim!"

Der Kaiser hatte sein Pferd bestiegen. An der Spitze seiner Heerführer nahm er den Weg durch die eng gewundene Schlucht, die in Richtung Waterloo führte.

Sarah nahm Besen und Schaufel, um die Halle vom Straßenschmutz zu säubern, der von den Stiefeln der Militärs zurückgeblieben war. Sie mußte alles allein machen, denn sie hatte kein Mädchen.

Durch das offene Fenster konnte man jetzt schon das Mündungsfeuer der Geschütze sehen. Blücher und Wellington setzten zu ihrem erfolgreichen Umklammerungsmanöver an.

Die Geschichte weiß zu berichten, daß die beiden siegreichen Feldherren ihre Ehefrauen weit, weit hinter sich gelassen hatten.

Reden wir nicht mehr von verlorenen Schlachten der Vergangenheit.

Die beste Ehefrau von allen war ohnehin wegen dieses historischen Berichts zutiefst beleidigt. Nachdem sie ihn gelesen hatte, drückte sie abrupt ihre Zigarette aus, was bei ihr immer das Zeichen eines drohenden Ungewitters ist.

„Du bist deiner zu sicher", ihre Stimme war kalt wie Suppe, die zu lange auf dem Tisch gestanden hatte. „Ich hoffe, du bist dir darüber im klaren, daß es keinen Ehemann gibt, der nicht jederzeit durch einen anderen ersetzt werden kann. Ich bin sicher, daß es auch für dich eine Alternative geben muß, mein Lieber, und es könnte sein, daß ich bald einen viel besseren Mann mein eigen nenne als dich, mein Schatz."

Ich lachte überlegen in mich hinein. Ich weiß, daß sie verrückt nach mir ist. Und so ging ich guten Mutes, ein Liedchen vor mich hinpfeifend, zu Bett.

Und dann passierte es.

Ich lag im Bett, ohne Böses zu träumen, geschweige denn zu tun, ich öffnete die Augen und sah den Kerl vor mir stehen. Großgewachsen, gutaussehend, bebrillt, und irgendwie kam er mir bekannt vor.

„Guten Morgen", sagte er, „ich bin der Alternativ-Kishon."

Er war durch und durch mein Duplikat. Natürlich wirkte ich um einiges intellektueller, aber das war auch schon der einzige Unterschied, der mir auffiel.

Ich weckte meine Frau und sagte ihr, daß es für mich eine Alternative gäbe.

„Ich weiß", sagte sie, „er hat mir bereits versprochen, den Wasserhahn in der Küche abzudichten."

Der gelinde Vorwurf in ihrer Stimme war unüberhörbar.

Zugegeben, sie hat mich während der letzten zwei Jahre mindestens einmal pro Woche darum ersucht, aber irgendwie kam mir immer etwas dazwischen. Ein wenig schuldbewußt versprach ich ihr, am nächsten Morgen die Dachantenne zu reparieren, die innerhalb der letzten Monate die Gestalt einer Trauerweide angenommen hatte.

„Ich werde überhaupt alles in Ordnung bringen", versichere ich ihr. „Kein Mensch braucht hier einen Alternativ-Kishon. Wo ist er überhaupt?"

„Er führt den Hund spazieren."

Als die beiden zurückkamen, mußte ich feststellen, daß mein Double von unserer Franzi nur um ein Geringfügiges weniger freudig angewedelt wurde als ich. Das zum Thema Hundetreue. Ich nahm eine Wurst aus dem Kühlschrank und reichte sie dem Köter. Franzi schnüffelte kurz daran, machte eine Kehrtwendung und eilte schnurstracks in den Garten, um jenes Steak zu verzehren, das — raten Sie wer — für ihn besorgt hatte. Ich band das Biest an einen Baum und stürmte zurück ins Haus.

„So geht das nicht", brüllte ich die beste Ehefrau an. „Entweder ich oder er! Entscheide dich, und zwar jetzt auf der Stelle!"

„Wozu die Eile?" fragte mein Weib. „Die Kinder sind verliebt in ihn."

Kunststück, in ihn verliebt zu sein, wenn er verspricht, ihnen je ein Travolta-T-Shirt zu besorgen, und wenn er bis nach Amerika und zurück gehen muß.

Natürlich versprach ich ihnen sofort je zwei Elton Johns. Ich war gerade dabei, dies schriftlich festzuhalten, da eröffneten mir die lieben Kleinen, daß er ihnen auch je ein Fahrrad versprochen hätte.

Ich fragte ganz beiläufig, ob nicht ein Motorrad statusgemäßer wäre.

Als nächstes mußte ich erfahren, daß er sich zu einem Sportwagen eskaliert hatte.

Die Kinder sind natürlich begeistert von ihm. Mein Sohn Amir brüstete sich vor seinen Freunden:

„Habt ihr schon gehört? Ich hab' einen Alternativ-Vater!"

Die Befragung meiner Familienmitglieder bewies einen gefährlichen Trend. Auf die Frage „Bevorzugst du deinen eigenen Vater oder seine Alternative?" stimmten 33 Prozent für mich und 33 Prozent für Alter. Weitere 33 Prozent legten sich nicht fest. Meine Frau verdächtigte Renana, einen weißen Stimmzettel abgegeben zu haben, um den häuslichen Frieden zu bewahren.

Was mich betrifft, so wurde meine Lage langsam unhaltbar. Alter verkündete eines Tages, daß er gedenke, die Wohnung im Frühjahr neu ausmalen zu lassen. Mehr als das, er wollte sogar die kaputte Glühbirne im Keller auswechseln.

Prompt ging ich hin und ölte alle Scharniere im ganzen Haus, egal ob sie quietschten oder nicht. Damit nicht genug, ich mähte auch den Rasen. Und plötzlich hatte ich eine gewisse Scheu, im Pyjama durchs Haus zu gehen.

Nach einer weiteren Woche hatte ich genug und ging zum Rabbi.

„Rabbi", beschwor ich ihn, „wir sind einander so ähnlich, daß es keinen Unterschied mehr gibt, warum also ein Alternativ-Kishon?"

Der Rabbi erbat sich einige Tage Bedenkzeit, um die einschlägigen Bücher zu konsultieren. Nach zwei Wochen erklärte er:

„Warum nicht?"

Alle sind sie gegen mich. Und was das kostet! Ich werfe das Geld zum Fenster hinaus, als ob es demnächst abgeschafft und verboten würde. Im Kino zum Beispiel kostet es uns einen zusätzlichen Sitz. Nicht genug damit, kauft Alter in der Pause auch Popcorn, was mich wieder dazu zwingt, Krachmandeln zu spendieren...

Langsam werde ich ein Nervenbündel.

Ich beginne mich nach der guten alten Zeit zurückzusehnen, da Alternativen noch nicht in Mode waren.

Andererseits muß ich zugeben, daß auch Alters Leben kein Honiglecken ist. Unabhängig voneinander lesen wir meiner Frau jeden Wunsch von den Augen ab, und dort gibt es viel zu lesen. Wir sind nur noch je ein Schatten unserer selbst. Aber Weib und Kinder blühen und gedeihen wie nie zuvor.

Dienstag wartete ich an der Ecke mit einem Besen auf ihn.

„Einer von uns beiden muß weg", brüllte ich, und — krach! — der Besen ging auf ihn nieder. Der Rest ist Schweigen. Ich weiß nur noch, daß ich dann irgendwann mit einem geschienten Arm im Bett aufwachte, aber wenigstens war ich jetzt der einzige Kishon. Die beste Ehefrau von allen behauptet zwar, daß ich der andere sei, aber darauf kommt's jetzt nicht mehr an.

Wichtig ist nur, daß ich nun wieder im Pyjama durchs Haus gehen kann.

Was ich aus dieser unerwarteten Begegnung mit meiner Alternative gelernt habe, ist die Erkenntnis, daß gelegentlich auch meine Frau davon träumt, zwei Männer im Haus zu haben. Plötzlich hegte ich gewisse Zweifel an den Vorzügen der heiligen Polygamie.

Ephraim, mein Freund, sagte ich mir, du bist in deinem Buch beim Aufstellen gewisser Regeln ziemlich freizügig, nicht wahr? Du glaubtest bewiesen zu haben, daß Gatte und Gattin sind wie Feuer und Wasser, Hund und Katze, Bremse und Gaspedal, du glaubst, uns ein für allemal davon überzeugt zu haben, daß wir schlagartig in der besten aller Welten leben könnten, wenn in Hinkunft nur noch Frauen heiraten würden, und keine Männer. Du hast von den Freuden des Junggesellentums ein so verlockendes Bild gezeichnet, daß den meisten Ehemännern das Wasser im Mund zusammenlief. Dein ganzes Buch ist faktisch nichts anderes als ein Kreuzzug gegen die weitest verbreitete Institution der Welt, die Ehe. Freund Ephraim, du bist so sicher, so herablassend und so unfehlbar in bezug auf alles, was deine Frau betrifft, daß man nicht umhin kann, dich zu fragen: Wenn der Fall so kristallklar ist, dann erklär mir doch bitte, warum lebst du seit so vielen Jahren mit der besten Ehefrau von allen unter einem Dach, und warum bist du entschlossen, es möglicherweise weiter zu tun für den gesamten Rest deiner Tage?

Lieber Freund, antwortete ich mir, ich liebe sie eben.

»Köstliche«
Satire-
Leckerbissen
über die
»zweitschönste
Sache der Welt«

Ephraim Kishon
Essen ist meine
Lieblingsspeise

Gesammelte Satiren
um die zweitschönste Sache
der Welt

Langen Müller

Wer mit Kishon essen geht, wird nicht dick, aber lustig: Endlich gibt es die Null-Diät mit Schlemmer-Effekt. Der weltberühmte Humorist lädt seine Leser zu ungehemmten Gaumenfreuden ein. Ein wahrer Genuß – garantiert ohne Reue.

Hugo Wiener

Ullstein